강원도 홍천
동학농민혁명

동학총서
005

강원도 홍천 동학농민혁명

신순철 임형진 강효숙 신영우 전석환 채길순 이병규 임상욱 조극훈

해월은 강원도를 중심으로 다시금 포덕 행위를 성공적으로 수행하고, 나아가 오랜 꿈이었던 경전 간행까지 강원도에서 실시할 수 있었다. 그것은 곧 동학이 강원도를 배경으로 조직화되었으며 그를 바탕으로 더 넓은 지역으로 확대될 수 있었고 또 완수했다고 할 수 있다. 1894년의 동학농민혁명은 그런 의미에서 강원도가 없었다면 불가능했다고 단언할 수 있다.

동학 모시는사람들

머리말

　1998년 창립 이래 동학학회는 동학에 대한 학제적 연구를 통하여 한국사상의 정체성을 확립하는 데 기여해 왔습니다. 동학 연구의 범위도 협의의 동학에만 국한시키지 않고 근대사와 근대사상을 포괄하는 것은 물론 동서고금의 사상 및 현대 과학의 사상과도 비교하는 광의의 동학으로 그 외연을 확대하였습니다. 그동안 동학학회는 서울과 지역을 순회하며 38차에 걸친 학술회의를 개최함으로써 동학의 글로컬리제이션(glocalization)에 총력을 기울여 왔습니다. 지역 순회 학술대회는 2011년 경주 추계학술대회를 시작으로 2012년 정읍 춘계학술대회와 고창 추계학술대회, 2013년 보은 춘계학술대회와 예산 추계학술대회, 2014년 영해 춘계학술대회와 남원 추계학술대회, 2015년 대구 춘계학술대회와 홍천 추계학술대회를 개최하였습니다. 그리고 2016년에는 구미 춘계학술대회와 김천 추계학술대회를 개최할 예정입니다. 또한 등재학술지인 『동학학보』를 연 4회 발간함으로써 학회지의 질 제고와 양적 성장의 기틀을 마련하였으며, JAMS 시스템도 구축함에 따라 『동학학보』가 명실공히 권위 있는 학술지로 발돋움하게 되었습니다.

　2015년 10월 30일 동학농민혁명 제121주년을 맞이하여 동학농민혁명의 전개과정에서 매우 중요한 위치를 차지하는 홍천에서 '동학의 글로컬리제이션: 강원도 홍천의 동학농민혁명'을 대주제로 추계학술대회가 개최되었습니다. 거기서 발표된 6편의 논문과 기조강연 및 유관 자료들을 정리하고 별도의 논문 두 편을 추가하여 단행본으로 발간하게 된 것을 매우 뜻 깊고 또한 기쁘게 생각합니다. 홍천군 주최, 동학학회 주관, 그리고 홍천군의회·동학농민혁명기념재단·홍천동학농민혁명추모사업회·동학학회 후원회가 후원한 홍천 추계학술대회는 특히 동학농민혁명사에서 홍천이 차지하는 역사적 위상을 사료 연구를 통해서 실증적으로 입증하고 한국 근대사의 발전과정에서 중요한 역할을 한 강원도 홍천 지역 동학농민혁명의 의의와 가치를 21세기 글로컬 시대의 시각으로 재조명함으로써 홍천 지역 문화의 세계화에 기여함과 동시에 발전적 과제에 대한 통찰을 통해 미래적 전망을 할 수 있게 하는 뜻 깊은 학술대회였습니다.

역사학, 정치학, 철학, 종교학, 국문학 등 다양한 분야의 동학 전문가들이 모여 개최한 홍천 추계학술대회는 홍천에서 동학이 전파된 실상을 밝히고 그 역사적 문화적 의의를 성찰하며 그 결과를 학술대회를 통해 공론화함으로써 홍천 지역의 정체성 확립과 문화적 역량 제고의 계기를 마련하였습니다. 일본이 동학농민군 진압을 위해 후비보병 제19대대를 파견한 후 강원도는 동학농민군이 함경도로 북상하여 만주와 연해주로 이동하는 거점으로 파악했던 지역입니다. 그래서 동학농민군의 북상 길을 막는 궤멸작전을 펼쳤던 곳이기도 합니다. 그러나 지금까지 홍천 서석면의 풍암리전투가 1894년 동학농민혁명에서 갖는 위상을 규명하는 상세한 연구는 이루어지지 않았으며, 또 일본군 진압군이 강원도에 들어와서 수많은 동학농민군을 희생시킨 사건들도 조사되지 않았습니다. 홍천 추계학술대회는 최근에 공개된 일본군 진중일지와 당시의 역사적 사실을 실증적으로 검토함으로써 동학농민혁명사에서 홍천이 갖는 위상을 규명하는 계기를 마련하였습니다. 동시에 강원도지역에서 전개된 동학농민혁명사에 관한 전반적인 검토를 통해 홍천의 동학농민혁명을 재조명함으로써 동학농민혁명에 관한 새로운 연구 성과를 학계에 제공하게 될 것입니다. 특히 홍천 추계학술대회는 동학농민혁명사에서 중요한 위상을 차지하는 홍천에서 지역민들과 전문 연구자 및 대학생들의 참여를 통해 학문적 교류와 소통의 장을 마련하고, 지역적 정체성과 애향심을 고취시켜 애국·애족·애민의 정신을 함양하고, 동학정신과 동학혁명의 가치를 후속세대에 전승하며, 아울러 국내외 전문가를 포함한 인적 인프라 구축을 통해 동학의 글로컬리제이션에 기여할 수 있었다는 점에서 그 의의가 실로 크다 하겠습니다.

동학은 진정한 의미에서의 인간학이고, 동학학회는 이러한 진정한 인간학을 연구하고 그것을 삶 속에 투영시키는 학회입니다. 동학은 상고시대 이래 면면히 이어져 온 민족정신의 맥을 살려 주체적으로 개조·통합·완성하여 토착화시킨 것으로 전통과 근대 그리고 탈근대를 관통하는 '아주 오래된 새것'입니다. 동학의 즉자대자적(卽自對自的) 사유체계는 홍익인간·광명이세의 이념을 현대적으로 구현하는 원리를 제공하고 나아가 평등하고 평화로운 세계를 창조하는 토대가 될 수 있게 한다는 점에서, 백가쟁명의 사상적 혼란을 겪고 있는 오늘의 우리에게 그 시사하는 바가 실로 크다 하겠습니다. 문명의 대전환이라는 맥락에서 볼 때 동학은 새로운 문명의 패러다임, 즉 전일적인 새로운 실재관을 제시함으로써 데카르트-뉴턴의 기계론적 세계관의 근저에 있는 가치체계의 한계성을 극복할 수 있게 한다는 점에서 서구적 근대를 초극하는 의미가 있다 하겠습니다. 특수성과 보편성, 지역화와 세계화, 국민국가와 세계시민사회의 유기적 통일성을 핵심 과제로 안고 있는 오늘의 우리에게 이번에 발간하는 단행본이 해결의 단서를 제공해 주기를 기대해 봅니다.

끝으로, 홍천 추계학술대회 개최와 이번 단행본 발간을 위해 지원과 배려를 아끼지 않으신 홍천군 노승락 군수님과 홍천군의회 허남진 의장님을 비롯한 의원 여러분께 충심으로 감사드립니다. 그리고 이 책을 발간해 주신 '도서출판 모시는사람들'에도 감사의 마음을 전합니다.

2016년 1월 동학학회 회장 최민자

머리말 —— 5

동학농민혁명의 역사상과 강원도 홍천 | 신순철 —————————11

　1. 동학농민혁명 역사상과 지역연구 ——————————12

　2. 동학농민혁명에서 지역 봉기 연구 ——————————15

　3. 홍천 지역 동학농민혁명 연구의 성과와 과제 —————19

강원도 일대의 동학 전파와 홍천의 포 조직 분석 | 임형진 —————25

　1. 시작하는 글 ——————————————————26

　2. 동학 초기의 포덕과 강원도 ——————————————28

　3. 강원도 지역의 포덕 과정 ——————————————33

　4. 홍천 지역의 포 조직과 서석 전투 —————————44

　5. 맺는 글 ——————————————————————51

일본군 제19대대 동로군, 제18대대,

원산수비대의 강원도 농민군 탄압 | 강효숙 ————————53

　1. 들어가는 글 ——————————————————54

　2. 제19대대 파견 과정 ——————————————56

　3. 제19대대 동로군 ——————————————————59

　4. 제18대대(이시모리 부대)와 원산수비대 등 —————64

　5. 맺는 글 ——————————————————————69

강원도 홍천의 동학농민군과 풍암리전투 | 신영우 ——————73

1. 머리말 ——————74
2. 지평민보군의 9월 12일 홍천 필봉 기습 ——————76
3. 기전소모관 맹영재의 경기도 일대 순회 ——————87
4. 홍천에 집결한 동학농민군과 풍암리전투(10월 22일) ——————92
5. 맺는 말 ——————107

해월 최시형의 동학경전 간행의 역사적 의의 | 전석환 ——————113

1. 들어가는 말 ——————114
2. 해월의 동학경전 간행의 역사적 의의 ——————116
3. 해월의 동학경전 간행 계기에 대한 미시적 차원의 음미——121
4. 동학경전 간행의 현대적 의미, 혹은 그 의미의 현재성——128
5. 나가는 말 ——————133

구비 전승담으로 고찰한 홍천 동학농민혁명 전개 양상 | 채길순 ——135

1. 들어가며 ——————136
2. 구비 전승담과 역사적 진실성 관계 ——————137
3. 홍천 동학농민혁명의 전개 양상과 전승담 ——————139
4. 나오며 ——————165

강원도 동학농민혁명 유적지와 동학농민군 | 이병규 ——————167

1. 머리말 ——————168
2. 강원도 동학농민혁명 유적지 현황 ——————168
3. 강원지역 동학농민혁명 유적지 활용 방안 ——————185
4. 강원도 동학농민군 현황 ——————189
5. 강원도 동학농민군 활동 ——————191
6. 맺음말 ——————205

최시형의 퍼실리테이션 지향점 | 임상욱 ————————207

1. 들어가는 말 ————————————————208
2. 최시형의 리더 정체성 —————————————209
3. 퍼실리테이터(Facilitator) 최시형 ——————————217
4. 나가는 말 ————————————————226

동학 개벽사상의 역사철학적 의미 | 조극훈 ————————229

1. 서론 —————————————————230
2. 모심의 철학과 시대정신 ————————————234
3. 개벽사상의 존재구조와 이원성 ———————————239
4. 개벽사상의 역사철학적 의미 ———————————246
5. 결론 —————————————————249

부록 | 동비토론(東匪討論) ————————————253
　　　　임영토비소록(臨瀛討匪小錄)

주석 —— 346

참고문헌 —— 369

찾아보기 —— 377

동학농민혁명의
역사상과
강원도 홍천

신 순 철 _원광학원 이사장

1. 동학농민혁명 역사상과 지역연구

저는 전북에 소재한 대학에서 근현대사 강의를 하면서 동학농민혁명 1백 주년을 맞게 되었고, 1백주년을 앞둔 시점에서 이 사건에 대해 깊은 관심을 가지게 되었습니다. 관심을 가진 이유 중 하나는 이 사건이 발생한 지 100년이 지난 1990년대까지도 참여자 후손들이 반역자의 후손이라는 인식 때문에 선조들의 이야기를 함부로 말할 수 없는 처지에 있다는 것을 알았기 때문입니다. 이런 관심은 1989년 발기인 모임을 시작해서 1993년 6월 전북지역 대학의 연구자들과 시민사회단체가 연합체 형태로 '동학농민혁명백주년기념사업회' 창립으로 이어졌고, 지금까지 동학농민혁명 기념사업에 몸을 담게 되었습니다. 이 과정에서 역사학계 연구 성과를 대중과 공유하려는 노력이 참으로 중요한 일이라는 것을 거듭 확인할 수 있었습니다.

120년이 지난 지금까지도 동학농민혁명의 역사상(歷史像)에 대한 일반 인식은 다음과 같습니다.

"1894년 1월에 고부에서 비롯된 1차 농민봉기는 전봉준을 비롯한 호남일대의 농민들이 관군을 물리치고 전주성을 점령했다가 해산하였다. (이 시기에 집강소를 통한 폐정개혁이 추진되었다.) 그러나 조선정부는 청국에 원병을 요청하였고, 이로 인해 조선에 파병된 일본군이 무력을 앞세워 내정을 간섭함으로써 이해 9월, 농민들은 삼례에서 2차로 봉기하였고, 호남과 충청 일대의 농민들이 서울을 향해 진군하였으나 공주 점령에 실패하여 좌절되었다"라는 것입니다.

동학농민혁명에 대한 이 같은 역사인식의 내용은 1930년대 쓰여진 오지영의 『동학사』에서 제시된 사건 인식의 틀에서 크게 벗어나지 못했음을 볼 수 있습니다. 이렇게 형성된 이 사건에 대한 위와 같은 역사상은 1960년대 이후 국정교과서를 통해 대중의 역사인식으로 계승되어 왔습니다.

그러나 이러한 동학농민혁명에 대한 역사상은 수정되어야 한다는 반성이 동학농민혁명 100주년을 계기로 제기된 바 있었습니다(1994년 전주). 해방 이후 한국사학계가 이루어낸 동학농민혁명에 대한 연구 업적을 바탕으로 일제강점기 때 형성된 이 사건에 대한 역사상을 재정립할 필요가 있다는 문제제기였습니다. 그 가운데에도 핵심적인 내용은 동학농민혁명이 전봉준을 중심으로 하는 호남지역만의 사건이 아니라 전국적인 농민전쟁이었다는 점이었습니다. 그래서 이를 확실하게 입증하기 위해서는 각 지역 봉기 사실을 구체적으로 규명하는 연구를 진전시켜야 한다는 논의가 힘을 얻었습니다.

물론 오지영의 『동학사』에도 지역 봉기를 서술하고 있고 1980년대까지의 연구 업적에서도 지역 봉기를 다루지 않은 것은 아니지만, 자료의 한계로 인해 지역 봉기의 구체적인 실체를 밝히는 데에는 한계가 있었습니다. 그러다가 동학농민혁명 100주년 무렵 지역 봉기 문제가 활발하게 논의되기 시작했습니다. 그 배경으로는 이 시기에 활발하게 관련자료 수집이나 간행, 번역 등이 이루어졌다는 점을 들 수 있습니다. 그 대표적인 성과로는 『동학농민혁명자료대계』의 간행과 『주한일본공사관기록』의 번역 등을 들 수 있을 것입니다.

현재까지 수집된 자료의 대부분이 농민군 측이 남긴 자료가 아니라 관군이나 민보군, 그리고 일본군의 입장에서 농민군 진압 과정을 서술하고 있는 내용이 대부분이라 사료의 한계는 있지만 지역 농민봉기의 대략적인 실상은 밝혀졌다고 할 수 있을 것입니다.

　1894년 동학농민혁명은 전봉준, 손화중, 김개남을 중심으로 하는 호남의 주력과는 별개로 함경도와 평안도를 제외한 전국의 각 지역에서 최소 수천 명에서 많게는 수만 명이 참여한 대규모 농민봉기가 있었다는 사실이 확인되었습니다. 또한 시간적으로는 호남 주력의 지도부가 모두 체포된 12월 이후에도 일부 지역에서는 대규모의 봉기와 전투가 계속되었다는 사실과 함께 황해도 평안도에서는 이듬해 7월까지도 산발적인 전투가 있었음이 확인됩니다.

　따라서 동학농민혁명이 호남지역뿐만 아니라 전국적인 농민전쟁이었다는 사실과 이 사건이 우금치에서 끝난 것이 아니라는 사실을 확인한 역사학계의 성과를 바탕으로 새롭게 동학농민혁명의 역사상을 정립하고 인식시킬 필요가 있는 것입니다. 아울러 『동학사』에서 간과했던 고부봉기와 무장봉기의 차이점에 대해서도 사실 인식의 제고가 필요합니다. 고부봉기는 19세기 후반에 빈번했던 고을 단위의 농민항쟁이었지만 무장기포는 고을 단위의 국지성을 극복하고 전국적인 농민항쟁으로 가는 출발이 되었기 때문입니다.

　한편, 해방 후 동학농민혁명 연구에 있어서 지역 연구가 부진했던 이유는 위에서 언급한 바와 같이 사료의 한계도 있었지만, 동학농민혁명 연구의 핵심 쟁점이 다른 데에 있었던 때문이기도 합니다. 1894년 당시 조선정부는 이 사건을 '동학도들이 일으킨 반란'으로 규정함으로써 그 책임을 삿된 종교 집단인 동학교단으로 돌렸기 때문에, 이 사건을 긍정적으로 해석하는 연구에 있어서도 사건의 배경이나 원인, 그리고 이념적 토대를 동학에서 찾았던 것입니다.

　해방 후 동학농민혁명의 원인이나 배경에 대한 연구가 동학뿐만 아니라 조선 정부의 삼정문란으로 대표되는 봉건적 수취체제의 모순과 이로 인한 관료들의 부패에 있었다는 점이 부각되면서, 이 사건의 배경을 둘러싼 논의는 이를 19세기 후반의 민란의 연장선상에서 보고자 하는 경향이 지배적인 추세가 되었다고 할 수 있습니다. 이 시기 연구의 핵심 쟁점은 이 사건과 동학을 별개로 보고자 하는 입장의 연구자들이 다수여서 종교적인 요인을 강조하는 전통적인 연구자들과의 사이에서 여러 가지 쟁점이 부각되었던 것입니다.

이러한 쟁점은 사건의 이념적 사상적 토대의 문제나 주도세력의 문제, 하부구조의 문제 등 사건 이해의 전반으로 확대되었지만 100주년 무렵이 되면서 이러한 논의는 자연스럽게 양극단을 배제하고 양자 모두가 수용되어야 한다는 방향으로 수렴되었다고 할 것입니다.

2. 동학농민혁명에서 지역 봉기 연구

지금까지의 동학농민혁명 지역 봉기 연구 성과를 통해 밝혀진 호남의 주력 외의 주요 봉기 지역은 일반적으로 '권역'으로 설명되고 있습니다. 권역은 조선의 지방제도인 8도 체제 내에서 몇 개의 군현을 포괄하는 개념으로 사용되고 있습니다. 예를 들면 강원도는 2개의 권역으로 나누어 영월 평창 정선 강릉을 하나의 권역으로 하고 홍천 부근을 또 다른 하나의 권역으로 나누고 있습니다. 충청도는 신영우 교수가 8개의 권역으로 세분한 바 있고, 경상도는 대체로 3개 권역으로 나누고 있습니다. 이에 비해 황해도 지역은 해주를 중심으로 확대되었기 때문에 별도의 권역을 나눈 예는 보이지 않습니다. 호남지역도 남동부 권역이라는 등의 용어를 쓰는 경우가 보이기도 합니다.

1894년 동학농민혁명 과정에서 지역 봉기의 실상을 파악하기 위해서는 호남 농민군이 전주성에서 해산한 이후에 각 지역별로 일어난 농민봉기 상황을 시간적 선후관계에 따라 면밀하게 검토할 필요가 있습니다. 각 도별로 이 시기의 농민군 활동을 개략적으로 살펴보면 다음과 같습니다.

우선 전라도 지역은 5월부터 9월 10일의 재기포 통문이 나오기 전까지, 다시 말하면 집강소를 통해 개혁이 추진되던 시기에도 수백 명 규모의 농민들이 각 군현 단위에서 꾸준히 관아를 공격하는 등의 활동이 지속되고 있었습니다. 그리고 7월 초의 나주 공격에는 수천 명이 참여하였고, 김개남이 중심이 된 남원 지역에서는 수만 명 규모의 농민들이 집결하여 재기포를 선언하기도 하였습니다(8월 19일). 그러나 이 시기에 남원 이외의 군현에서는 농민군의 활동이 현저하게 감소한 것으로 보입니다. 다시 9월 재봉기 선언 이후 12월까지는 각 군현 단위의 농민군 활동이 활발하게 일어났으나 우금치 전투 이후에는 일본군과 관군의 진압 작전에 밀려 그 활동지역이 점차 호남 북부지역으로부터 남부지역으로 이동하고 있음이 두드러지게 나타납니다. 그러나 그 규모는 12월에 접어들면서 오히려 숫자가 늘어나는 양상을 보이고 있었습니다.

이에 비해 충청도 지역은 무장기포 시기인 3, 4월에 영동·황간·옥천지역과 청주지역, 진잠·회덕·연산 지역에서 농민군 집결하고 있다는 보고가 있었고, 회덕에서는 관아를 공격하여 무기를 빼앗은 적이 있었으나 관군에 의해 3일 만에 몰수당하기도 합니다. 7, 8월경에는 보은과 공주 정안지역에서 농민군 활동이 보고되고 있고, 보은에서는 충주수비병과의 전투가 있었습니다. 그러나 호남의 9월 재기포 선언과 최시형의 기포 선언 이후에 청산·청주·음죽 일대에 농민군의 수가 수만 명으로 증가하고 10월 1일부터는 농민군지도자 30명이 검속 당한 내포지역의 농민들이 봉기하여 태안·

서산을 거쳐 홍주성 전투와 승전곡·신례원·해미 전투 과정에서 3만 명 이상으로 증가하였습니다. 뿐만 아니라 이른바 남·북접 연합군에 의한 공주 전투와 김개남에 의한 청주성 공격 등은 갑오년 최대의 격전이었고 이모든 전투가 충청도 지역에서 이루어짐으로써 10, 11월의 농민군 활동은 충청도 일대에 집중되어 있었습니다. 그러나 우금치와 청주성 전투에서 좌절된 농민군들은 수천 명 또는 수만 명씩 이합집산하면서 충청도와 전라도 일대에서 산발적인 항전을 계속하였습니다. 12월에는 관군과 일본군에 밀려서 농민군의 활동지역이 급격하게 줄어들었습니다. 따라서 충청도 지역은 동학농민혁명에 있어서 최대의 격전지가 되었고 농민군의 동원 규모에 있어서도 가장 많은 인원이 동원되었던 지역입니다.

다음으로 경상도 지역은 5월에서 6월까지는 상주·선산·예천 하동 등지에서 동학도들의 움직임에 대한 동향보고 외의 별다른 특이사항은 없었습니다. 그러나 7월 초부터 9월 중순까지는 일부 집강소가 설치되고 관아를 점령하거나 일본군 공병과의 전투가 간헐적으로 보고되고 있습니다. 경상도 역시 재봉기 선언 이후에 경상도 북서부 권역과 남서부 권역을 중심으로 농민군 활동이 활발하지만 그 규모에 있어서는 전라도나 충청도보다는 적은 규모였습니다. 또한 11월이 되면서는 소규모 전투조차도 현저하게 감소했음을 볼 수 있습니다.

호남지역과 충청도 다음으로 농민군 활동이 활발했던 지역은 황해도 지역이었습니다. 황해도 지역에서는 9월 말 이전 농민군 봉기를 나타내는 자료는 아직 보고된 바가 없습니다. 10월 초에 해주성을 점령하고 폐정개혁을 요구하며 1개월여를 주둔한 것으로 보입니다. 이로써 농민군의 활동은 각 군현으로 확산되어 11월에는 해주성과 각 군현에 대한 공방전이 가장 치열했으며, 12월로 접어들면서 점차 그 규모와 활동이 축소되었지만 소규모 전투는 이듬해 4월까지도 계속되었습니다.

　강원도 지역 역시 9월 이전 농민군 활동을 보여주는 자료가 없습니다. 9월 초에 강릉을 점령한 농민군은 3일 만에 민보군의 기습 공격에 밀려 평창으로 퇴각한 후, 정선·영월·제천 등지에서 활동하면서 재공격을 계획하였으나 11월 초순 이후의 활동은 거의 나타나지 않습니다. 그러나 9월 말부터 동학도들의 움직임이 보고되는 홍천 지역은 10월 중순 이후 수천 명이 장야평과 서석전투를 치르면서 많은 사상자를 냈고, 11월 중순까지 산발적인 전투가 이어졌으나 12월 이후에는 움직임이 보이지 않습니다.

　그 외 경기도 지역은 9월 초 수원과 안성을 점령하기도 하고 10월까지 안성·죽산·이천·여주·광주·파주 지역에서 농민군의 동태가 보고됩니다. 평안도 지역은 1895년 7월경에 상원 곡산 지역에서 수십 명에서 수백 명씩 몰려 다니며 관아를 습격하는 등의 활동을 보이는데 이들은 황해도 농민군의 잔여세력일 것으로 보입니다. 함경도 지역은 아직까지 농민군의 봉기나 전투 기록은 발견되지 않았습니다.

　이상에서 살핀 바와 같이, 각 도별 농민군 활동을 시간의 선후관계에 따라 검토하면 동학농민혁명의 역사상을 보완하는데 몇 가지 시사점을 얻을 수 있습니다. 1894년 10~11월의 동학농민혁명 전체 과정에서 가장 큰 격전지는 충청도 지역이었다는 사실입니다. 이 시기의 가장 큰 전투는 우금치전투를 비롯한 공주 일대 수차례의 전투였습니다. 그러나 이보다 앞서 내포지역에서는 홍주성과 승전곡·신례원·해미성 등지에서 수만 명이 참가한 대규모 전투가 벌어졌고, 두 차례에 걸친 청주성 전투 역시 이 시기에 치러졌습니다. 이 시기 충청도 전역으로 분산되어 있었던 농민군 전선은 관군과 일본군 연합부대에 밀려 서남쪽으로 밀렸고, 12월 말경부터 이듬해 초에 이르기까지 호남의 남서부 지역인 장흥성을 둘러싼 공방전에서 3만여 명이

참여한 이래로 더 이상의 대규모 전투는 없었습니다.

3. 홍천 지역 동학농민혁명 연구의 성과와 과제

강원도 지역 동학농민혁명에 관한 대표적인 연구는 1978년 한우근의 논문 「동학농민군의 봉기와 전투 -강원·황해도의 경우」와 1994년 박준성의 「1894년 강원도 농민군 활동과 반농민군의 대응」입니다.

한우근의 논문은 강원도 지역 농민군에 대한 진압자료인 「동비토론」과 「임영토비소록」이 주된 자료로 강원도 지역의 동학농민군 활동을 최초로 소개한 논문입니다. 한편, 홍천군 서석면 자작고개에서 농민군 유골이 다수 발견되어 지역주민들이 위령탑을 세운 것도 비슷한 시기의 일이었습니다. 박준성의 논문 역시 「동비토론」과 「임영토비소록」을 근간으로 하고 있지만 『주한일본공사관기록』을 비롯한 광범한 문헌자료와 그동안 이루어진 현장답사, 지역 주민의 증언 등을 보완하여 강원도 지역 농민군 봉기의 배경과 농민군의 지향을 분석하고 반농민군의 대응 양상을 정리하였습니다.

그 외에 강원도 동학과 농민군 활동을 정리한 논문들이 몇 편 있으나 자료의 한계로 인해 더 이상의 진전이 이루어지지 않고 있습니다.

지금까지의 강원도 동학농민혁명에 관한 연구 성과를 종합하면 강원도 농민군 활동은 오덕보가 중심이 된 평창·정선·영월·강릉 권역의 농민군 활동과 차기석을 중심으로 하는 홍천에서 활동한 농민군 세력으로 구분됩니다. 이 두 지역 사이에 상호 연계가 있었는지는 아직 분명하지 않습니다.

전자는 9월 4일에 강릉부를 점령하였다가 3일 만에 민보군의 반격에 밀려 평창·정선지역으로 퇴각하여 이 지역에서 11월 초까지 활동한 기록이 나타납니다. 홍천 지역은 9월 말경부터 강릉·양양·원주·횡성·홍천 5

읍의 접주였던 차기석이 1천여 명의 농민들을 규합하여 10월 13일 내촌면 물걸리에 있던 강원지역 세곡창고의 하나였던 동창을 습격하여 불태웠습니다.

이 시기는 호남의 농민군이 논산에서 북접군과 합세하였고(12일), 태안·서산지역에서는 봉기한 수만의 농민군이 서산관아를 점령하고(11일) 청주성 부근에도 수만의 농민군이 집결해 있던(15일) 시기였습니다. 또한 남원에 주둔하고 있던 김개남이 농민군을 이끌고 임실(14일)·금산을 거쳐 청주로 향하고 있었습니다. 또한 황해도에서는 해주성이 점령된 상태였습니다.

이와 같이 농민군의 사기가 가장 고조되었던 시기에 차기석이 동창을 불태운 것은 각 지역 농민봉기가 일정한 전략적 연대가 있었음을 짐작하게 하는 대목입니다. 홍천의 농민군 봉기는 이 일대에서 농민군 토벌 활동을 벌이고 있던 맹영재가 이끄는 민보군의 반격을 받게 됩니다. 10월 21일 장야평 전투와 22일 자작고개 전투에서 차기석이 이끄는 1천여 명의 농민군은 맹영재 부대와의 전투에서 8백여 명의 희생자를 내고 자운리 청두리 약수골 쪽으로 밀려났고, 이후 11월 11일부터 14일까지 각지에서 밀려오는 민보군과의 전투에서 패배하면서 12월까지 홍천 지역의 농민군 지도자들은 대부분 체포·처형되고 홍천 지역 농민군 활동은 막을 내렸습니다. 이 시기역시 호남 주력이 공주 점령과 청주 점령에 실패하고 내포지역 농민군이 관군과 일본군에 밀리고 있던 시기였습니다.

홍천의 자작고개 전투는 농민군의 희생자가 많았다는 점에서 동학농민혁명 전체의 전투에서 주목할 만한 사건입니다. 물론 참가 농민의 숫자가 1천여 명이고, 이 가운데 8백여 명이 전사했다고 하지만, 11월 중순에도 5백여 명이 항전했다는 기사에 비춰 보면 그 신빙성은 떨어집니다. 어쨌든 사망자의 숫자가 수백 명에 이르렀을 것이라는 사실은 배제하기 어려워 보입니다.

동학농민혁명 과정에서 가장 많은 희생자를 낸 전투는 공주 전투라고 생각되지만, 전투 장소가 효포·이인·판치·우금치 등지로 분산되어 있고, 전투 기간도 10여 일 이상 계속되었기 때문에 사망자 숫자에 관한 기록이 불분명합니다. 그리고 많은 사망자의 시신이 묻혀 있다는 구전도 없고, 다수의 시신이 발견된 적도 없었습니다. 따라서 단일 전투로 가장 많은 사망자를 낸 전투는 1894년 12월말부터 이듬해 초에 이루어진 장흥 석대들 전투가 될 것입니다. 약 3만 명의 농민군이 참여한 이 전투에서 장흥부사를 비롯한 관군 1백여 명과 농민군 1천 5백여 명의 사망자가 발생했다고 전하고 있습니다. 그다음으로는 수백 명의 희생자를 낸 이곳 홍천의 자작고개전투가 아닐까 싶습니다. 이처럼 홍천의 장야평과 자작고개는 동학농민혁명에 있어서 매우 중요한 전투지이며 이들의 묘역으로 보존되어야 할 것입니다.

홍천 지역을 비롯한 강원지역 동학농민혁명의 연구에는 몇 가지 연구 과제가 남아 있습니다.

우선, 농민군 지도부의 구성에 있어서 한쪽(평창·정선·영월 지역)은 농민군 지도부에 지역 유력자들을 포함하고 있고, 그 지향이 봉건적 지배체제의 모순을 시정하려 한 의도가 있었으며 이는 강릉부의 점령 과정에서 분명하게 나타났습니다. 이에 비해 홍천 지역의 농민군 지도부 구성은 동학 지도자가 다수였고, 그 지향 또한 달랐던 것으로 이해되고 있습니다. 그러나 이 점은 홍천 지역 농민군 지도부 구성 인물에 대한 자료가 부족하고, 이들이 동창을 습격하여 방화했다는 사실에서 봉건적 부세 수취의 모순에 대한 항거라는 점을 확인할 수 있는데 이를 간과한 때문이 아닌가 싶습니다. 홍천 지역 농민군이 자신들의 지향을 내세울 겨를이 없이 반농민군의 공격에 맞서야 했습니다. 그래서 홍천 지역 농민군이 확실하게 그들의 지향을 내보일 틈이 없었을 것입니다. 이런 점을 감안하지 않고 평창지역 농민군과 지향점이 다르다고 섣불리 판단하는 것은 무리가 따를 수밖에 없습니다. 자료의 보완이 필요해 보이는 대목입니다.

둘째, 강원도 동학의 전파와 농민혁명의 상관성에 관한 문제가 다시 제기될 수 있습니다. 강원도는 1864년 이후 최시형의 은거 활동으로 일찍이 동학의 포교 활동이 활발했던 지역입니다. 특히, 1880년 인제에서 『동경대전』이 간행된 사실 등은 동학교단의 기반이 광범하게 존재하였고, 이를 기반으로 농민군이 봉기하였을 것이라는 점에서는 이견이 없을 것입니다. 그러나 대체로 최시형의 기포 선언 이전에 강릉부가 점령된 점이나 홍천 농민군의 봉기 과정에서 항일의식이 나타나지 않은 점은 강원도 지역의 농민봉기가 전적으로 동학교단 차원의 봉기라고 볼 수만은 없음을 말해주고 있는 것입니다. 만일 그러한 관점을 강조하게 된다면 오히려 동학농민혁명에 대한 이해의 폭을 좁히는 결과가 될 것입니다. 강원도 지역 농민봉기는 전라도의 집강소 체제나 이후 충청 경상도 지역으로 확대되고 있었던 전라 충청지역 농민봉기에 크게 영향 받은 것으로 보는 것이 타당해 보입니다.

셋째, 강원지역 농민봉기와 남·북접이 연합한 농민군 주력과의 연계성에 관한 문제입니다. 이 문제는 강원지역에 한정되는 문제는 아닙니다. 앞에서 언급하였듯이 9월 재봉기 선언 이후 각 지역의 농민봉기는 점차 고조되고, 10월 중순에 이르면 농민군의 사기가 최고조에 이르렀던 것으로 보입니다. 이 시기에 충청도에서 주요 전투(내포지역의 홍주 승전곡 신례원 해미 청주 세성산)가 이루어지고 황해도 해주성의 점령과 강원도 홍천에서도 대규모 전투가 이루어졌습니다. 또한 경상도 대구 인근에도 수많은 봉기 농민들이 집결해 있었습니다. 이러한 여세를 몰아 공주 점령을 시도했던 것이 아닌가 하는 추론을 가능하게 하는 부분입니다. 따라서 자료로 입증하기는 어렵지만

남·북접이 연합한 농민군 주력과의 연계성에 대한 구체적인 검토가 필요해 보입니다.

넷째, 동학농민혁명 이후 농민군 세력과 의병운동과의 관련성 문제입니다. 일반적으로 지금까지의 연구에서 동학농민군의 잔여세력이 의병운동에 가담했을 것으로 추정하고 있습니다. 그러나 그 근거를 찾기는 어렵습니다. 이런 점에서 볼 때 다른 지역에 비해 반농민군 세력이 많았던 이곳 강원도 지역이나 경상도 북부지역의 경우 농민군 토벌 경험을 가진 반농민군 지도자들이 항일 의병운동에 참여하는 것 역시 자연스러운 일로 보입니다. 이 부분은 지역별로 갑오년 농민군 토벌 관련 군공자 명단과 의병운동 창의자 명단을 꼼꼼하게 대조하면 확인 가능한 일로 보입니다. 만일 반농민군 지도부가 의병운동에 나섰을 경우에 그 하부구조에 농민군 잔여세력이 참여하는 일이 가능했을 것인가 하는 문제 역시 추론의 수준에서라도 논리적인 검토가 필요한 부분입니다.

1894년 갑오년에 봉건적 지배권력의 수탈과 착취의 질곡으로부터 벗어나고자 일어섰던 우리의 선조들은 무엇을 위해 목숨을 걸었을까? 그해 갑오년, 어느 들판에서 이름도 없이 숨겨서 아직도 구천을 떠돌고 있을 수만 혹은 수십만의 영령들이 바라던 세상은 어떤 세상이었을까? 늘 제 머릿속을 맴돌고 있는 생각입니다. 과연 이 시대에 우리가 무엇으로 그분들의 영령을 위로해야 하는지를 돌아보자는 말씀으로 제 발표를 마칩니다.

강원도 일대의
동학 전파와
홍천의 포 조직 분석

임 형 진 _경희대학교 후마니타스칼리지 교수

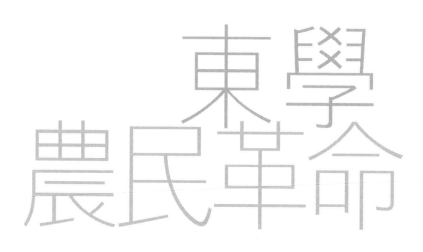

東學
農民革命

1. 시작하는 글

수운 최제우에 의해 창도된 동학은 조선 봉건사회 해체기에 발생한 민족 이념으로서 그것은 조선의 근대를 열었다고 할 수 있다. 동학은 당시 피폐해진 민중의 힘을 하나로 결집시켜 반봉건 반외세 운동으로 나아가게 하는 구심적 역할을 담당하고, 지상에서의 이상적 군자 국가 건설을 목표했다. 개벽의 이름으로 동학은 그때까지의 모순적 세계관을 극복한 대안을 제시하였으며 수운이 펼친 시천주 사상은 수많은 민중들의 호응 속에 확대되어 갔다. 그러나 성리학 이외의 학문을 허락지 않던 당시의 조선사회는 수운 최제우를 혹세무민의 죄목으로 처형하였고, 동학은 지하로 숨어들어야 했다.

수운 최제우의 뒤를 이어 동학을 전파할 임무를 부여받은 수제자 해월 최시형은 경상도 북부지방을 중심으로 동학을 보급해 나갔다. 그러나 간난신고 끝에 새롭게 일구어낸 동학의 조직은 1871년 이필제를 중심으로 한 영해지방의 교조신원운동으로 인하여 궤멸의 수준에 이를 정도로 큰 타격을 받는다. 해월 역시 체포령으로 더 이상 한 곳에 머물 수가 없었다. 결국 해월이 은신하여 포덕을 준비할 수 있는 곳은 심신산골의 강원도 지역이었다. 이곳에서 해월은 오랜 기간을 숨어 지내며 동학을 전파하고 또 동학의 경전을 발행하는 등 제 2의 동학 부흥을 실천해 나갔다.

그런 의미에서 강원도 지역은 동학 제2의 고향이라고 해도 무방할 정도

이다. 실제로 강원도가 없었다면 동학은 존속할 수 없었고 1894년의 동학
농민혁명 역시 불가능했다. 강원도가 있었기에 해월은 은신할 수 있었고 또
강원도 지역 사람들의 도움과 협조가 있었기에 동학은 유지·발전할 수 있
었다. 강원도에서 해월은 대인접물을 설파해 사람을 대할 때는 한울님같이
공경하라고 했고, 사물을 대하는 데 있어서도 한 포기 풀이나 한 그루의 나
무도 함부로 다루지 말라고 가르쳤다. 즉 사물을 공경하는 것이 곧 한울님
을 공경하는 것이라고 가르친 것이다. 이처럼 대인접물이라는 동학의 중요
한 사상이 강원도에서 창조되고 반포되었다. 나아가 강원도 인제의 갑둔리
는『동경대전』을 간행한 곳이고, 충청도 단양의 천동에서 간행된『용담유
사』역시 간행 비용 대부분을 강원도 지역 도인들이 내주었다. 동학의 경전
발행 덕분으로 동학은 비로소 하나의 사상이자 종교적 체계를 갖추고 본격
적인 포덕의 길에 나서게 되었다. 이처럼 그 어려운 시절에 강원도 지역은
동학을 지켜온 현장이었다.

1894년 동학농민혁명이 전라도를 시작으로 들불처럼 일어나자 강원도
역시 다른 지역 못지않게 혁명의 열기에 휩싸였다. 강원도 지역의 동학농민
군은 9월 초에 강릉부를 점령할 정도로 강력한 세력이었다. 강원도는 평창,
정선, 영월, 강릉, 삼척, 홍천, 원주, 횡성, 양양, 기린, 간성, 인제, 춘천, 김화,
금성의 15개 지역으로 나눌 수 있는데 그 가운데 평창, 정선, 영월, 강릉, 삼
척, 원주, 인제, 홍천 등 8개 지역의 동학농민군의 활동이 알려지고 있다. 전
체 고을의 반 이상에서 동학농민군 활동이 나타나고 있다는 사실은 그만큼
강원도 지역에서 갑오년의 열기가 뜨거웠다는 것을 반증한다. 그러나 이들
이 어떻게 조직화되어서 혁명에 참여했는지는 그 자료의 부족 등으로 인하
여 상세한 과정이 구명되어 있지 않다. 특히 강원도 지역의 초기 동학 전파
에 대한 기록 역시 매우 간략히 되어 있거나 누락되는 등 연구의 어려움이

매우 크다고 할 수 있다. 본고는 이러한 연구의 한계를 전제하고 다음 연구를 위한 기초 연구로서의 성격을 가지고 있음을 밝히며, 강원도 지역의 초기 동학 전파와 강원도 동학농민혁명의 가장 처절했던 홍천 서석 전투를 홍천포를 중심으로 살펴보고자 한다.

2. 동학 초기의 포덕과 강원도

19세기 말 조선왕조는 내적 모순과 외세의 위협 등으로 전통적 통치체제가 붕괴의 위기에 직면하게 되었다. 내적인 모순은 크게 외척 세도 정치에 따른 정치 기강의 혼란과 삼정의 문란으로 인한 국가 수취 체제의 붕괴 등을 들 수 있다.

18세기 이후 노론 일당의 전제화로 변칙 운영되어 오던 조선왕조의 정치는 19세기로 접어들면서 외척 세력 중심 체제로 변질되어 정치기강의 문란이 극대화되었다. 어린 국왕의 즉위로 국정을 위임 받은 외척 세력은 독단적인 권력을 행사하면서 과거제도의 모순, 매관매직의 악순환, 법도와 기강의 문란 등 정치적 혼미를 초래하였다. 외척들은 자신들의 권력 유지를 위해 일정한 관계로 맺은 인맥을 중심으로 정치세력을 형성하였고, 과거제도는 그 기능을 다하지 못한 채 청탁과 뇌물에 따라 시험 전에 이미 과거의 급락이 결정되는 등 부정부패 현상이 만연하였다. 이에 능력 있는 자들의 관로가 차단되는 결과를 가져왔다. 뿐만 아니라 관직 매매현상이 만연하였다. 특히 흥선대원군 집권 당시 경복궁 중건을 위해 징수하였던 원납전의 결과로 관직매매가 크게 성행하여 약 2만냥 이상이면 지방의 수령직을 얻을 수 있다고 『매천야록』의 저자 황현은 고발하고 있을 정도였다.[1] 이렇게 매관매직을 통해 관리가 된 자들은 탐관오리가 되어 백성들을 착취하므로, 암행어

사를 파견하였으나 부정부패가 근절되지 못하였다.

이러한 정치기강의 문란과 관료의 부패는 경제적 피폐화를 초래하는 근원적 요인이 되었다. 즉 국가의 기본적 수취 체제인 삼정(환곡, 전정, 군정)의 극심한 문란을 초래함으로써 백성들의 생활을 도탄에 빠뜨림은 물론 국가 재정도 파탄에 이르게 하였다. 설상가상 격으로 19세기는 내내 기근과 질병·한발 등이 겹쳐 기우제가 성행하였으며 주술적 기원 행위가 잇따랐다. 따라서 이러한 어려운 상태는 더욱 민족적 내부 갈등을 심화시켰으며, 천재지변·괴질 등은 귀신신앙을 통하여 치유될 수 있다는 악성 유언비어가 난무하였다. 또한 화적·초적 등 각종 도적이 빈발하며 요언 괴서 사건 등이 발생하여 민심은 동요와 자포자기 상태에서 맴돌고 있었다. 이런 시기에 홍경래의 반란, 경기도 화성의 괴흉서 사건, 철종 때의 임술민란 등이 계속 일어나 어지러운 사회를 더욱 혼미케 하였다.[2]

유교/유학은 양반사회의 지도이념이나 생활규범으로서도 그 기능을 상실하고 백성들로부터는 더욱 유리되고 있었다. 따라서 이제는 유교도 바뀌어야 한다는 의식이 일부 선각 지식층 속에서 일어나기 시작하였다. 무엇보다도 유교는 그 본질을 망각한 채 존재의 이유를 설명치 못하고 민중들에게도 더 이상 지배이념으로서 가치를 발휘하지 못하게 되었다.

한편 갑신정변의 실패 후 일본은 표면상 조선 진출에 제동이 걸렸을 뿐 청과 동등한 권리로 조선에 대한 지배권을 획득했다고 보고 뒷날을 기약하기 위한 군사력 보강에 힘을 기울였다. 반면 그때 조선의 집권 세력이던 민씨 척족들은 자신들의 권력에 제동을 걸 개혁 세력이 사라지자 더욱 독점적인 권력을 행사했고, 부정부패의 실상이 심화되면서 일반 농민들은 그 어느 시기보다도 고통 속에서 살아야 했다.

1860년 4월 득도를 통해 동학을 창도한 수운 최제우가 주변에 포덕을 시작한 것은 1 년여가 지난 다음이었다. 즉 1861년 「포덕문」을 지은 수운은 자신이 깨달은 도를 '무극대도'라 칭하고 널리 알리기 시작했다.[3] 수운이 득 도한 동학이 알려지자 주변에 있는 지각 있는 선비들과 압제에 시달리던 농 민들이 구름처럼 몰려들었다. 약 6개월 동안에 적어도 3천명에 이르는 사람 들이 몰려들어 기꺼이 그의 도를 이어 받고 제자 되기를 청하였다.

수많은 사람들이 수운의 집으로 몰려들자 관에서는 그 움직임을 예의주 시하기 시작했다. 수운은 관의 지목을 피해야 했고 무엇보다도 자신이 체험 하고 느낀 바 등을 정리할 시간과 공간이 필요했다. 이런 여러 가지 이유로 수운은 경주를 떠나 전라도 남원 땅으로 숨어들었다. 남원의 은적암에서 보 낸 약 7개월 동안에 수운은 「도수사」, 「동학론」(논학문), 「권학가」 등을 지었 다.[4] 그리고 자신이 얻은 도의 이름을 동학이라고 명명하였다. 이후 다시 경 주로 돌아온 수운은 동학 포덕을 재개하였고 이때에는 경상도 지역뿐 아니 라 남원에서 포덕한 전라도와 이웃한 충청도 지역 등지의 사람들까지 찾아 왔다.

이처럼 동학이 경상도 권역을 넘어 확대되기 시작하고 어느덧 전라도와 충청도 지역에까지 전파되자 수운은 동학을 조직화할 필요성을 절감하게 된다.[5] 수운은 1862년 말에 이 지방들에 접소를 설치하고 접소에 접주를 두 는 '접주제'를 실시하기 시작하였다.[6] 수운은 1863년(계해년)에 접어들며 제자 들과 함께 포덕과 교화에 더욱 힘을 쏟기로 작정하였다. 수운은 1월 하순부 터 3월초까지 영천, 신령, 대구를 비롯하여 청하, 영덕, 영해, 평해, 진보, 안 동, 영양, 상주 등지와 충청도 단양지역을 순회하였다.[7] 이후 경주 용담으로 돌아와 머물며 수운은 접주회의를 주재하고 후계자로 해월 최시형[8]을 지목 하는 등 이미 자신의 사후를 대비하였다.

1863년 12월 10일에 수운은 23명의 제자들과 같이 관군에 체포되어 경주

옥에 수감되었다. 11일에 이내겸과 같이 서울로 압상되어 12월 20일경에 과천에 이르렀지만 철종의 국상으로 한강을 건너지 못하고 있다가 며칠 후 대구로 환송되었다. 1월 6일(양 2월 13일)에 경상감영에 도착한 수운은 1월 20일부터 2월 20일경까지 4차례에 걸쳐 혹독한 고문을 당하며 심문을 받았다. 결국 1864년 3월 10일 수운 최제우는 평세사란 암지취당(平世思亂 暗地聚黨)의 혐의[9]와 사술(邪術)로 정학(正學)을 어지럽힌다는 좌도난정(左道亂正)의 죄목으로 대구장대에서 처형당하였다.[10] 10여 명의 제자들은 원악도(遠惡島, 서울에서 멀리 떨어져 있고 살기가 어려운 섬)와 황해도, 함경도, 강원도 등지에 죄의 경중에 따라 정배되었다.[11] 당시 최제우와 함께 체포된 제자들 중 이경화(李慶化)가 강원도 영월 소밀원으로 유배되었다. 유배된 이경화에 의하여 비로소 강원도 지역에 동학이 전파되기 시작하였다. 유배객 이경화가 영월 소밀원의 이웃들에게 동학을 전파한 것이 강원도 동학의 뿌리가 된 것이다.

수운 최제우의 처형 이후 동학 포덕의 임무는 해월 최시형의 몫이 되었다. 그는 대구 감영에 수감되어 있던 수운으로부터 받은 유시에 따라서 어떻게든 동학의 불을 밝히고 그것이 확대 전파되어야 한다는 임무를 무겁게 받아 들였고 또 수행해 나갔다.[12]

해월 최시형의 포덕 활동은 수운 최제우 재세시부터 시작되었는데 최초로 포교한 인물들은 영덕의 오명철, 유성운, 박춘서, 상주의 김문여, 홍해의 박춘언, 예천의 황성백, 청도의 김경화, 울진의 김생원 등이었다.[13] 해월이 포덕을 시작할 때 근거지는 검곡으로 이곳을 중심으로 영덕, 상주, 홍해, 예천, 청도, 울진 등 경주 이북의 여러 지역을 돌아다니며 포덕 활동을 할 수 있었다.[14]

교조인 최제우로부터 북도중주인에 임명되어 공식적인 후계자로 지명된 이후 해월 최시형의 포덕 활동은 더욱 활발해졌다. 그의 활동 무대는 초기에는 자신이 살던 검곡을 중심으로 이루어졌지만 이후 점차 그 범위가 확대되고 있었다. 이는 수운으로부터 경주 북부지방에 대한 포덕에 전념하라는 특별한 지시가 있었던 것으로도 해석된다.[15] 그 결과 1863년 가을경에 동학 세력은 경주 인근 10여 개 군현과 북으로는 충청도 단양, 보은까지, 남으로는 경상도 남쪽 고성과 시원까지, 북쪽으로는 안동, 상주, 예천, 울진, 김산, 지례까지, 전라도는 남원, 임실, 전주, 진산, 금산까지 광범하게 퍼지게 되었다. 도인 숫자도 약 3천호는 넘었으며 가족까지 합치면 1만 8천 명은 되었다.[16]

해월 최시형은 관의 검거를 피해 주로 은신한 지역을 중심으로 포덕 활동을 전개하였는데 이를 근거로 천도교단에서는 해월 최시형의 동학교단을 이끌던 시기를 은도시대(隱道時代)라고 한다. 특히 수운이 처형된 직후인 1865년경에는 영양의 용화동에 은거하면서 포덕활동을 하였는데 이 시기에 그를 찾아와 입도하는 사람들이 늘어나고 있었다. 1864년 말부터 1866년경까지 영덕의 전성문, 강수, 박춘서, 영양의 황재민, 정치겸, 상주의 황문규, 한진우, 황여장, 전문녀, 1867년경 경주의 김경화, 김사원, 이팔원, 영덕의 유성원, 김용녀, 임몽조, 구일선, 신성우, 정창국, 1869년 강원도 양양의 최희경, 김경서, 1870년 영해의 이인언, 박군서, 1871년 영해의 박사헌, 권일원 등이 최시형의 주변에 모여들었다.[17]

이중에서 1869년 2월 강원도 양양의 최희경과 김경서가 스스로 최시형을 찾아와 가르침을 받았다. 이들은 또한 최시형에게 권하여 강원도 양양 지역에 포덕을 위한 순회를 요청하여 최시형은 박춘서를 대동하고 양양으로 가서 30여호를 포교하였다.[18] 이것을 인연으로 하여 해월은 1870년에는 수운의 유족들을 영월의 중동면 화원리 소밀원(蘇密院)에 모셔 생계를 책임졌다.

한편 1870년 10월에 윗대치에 머물던 해월에게 영해의 교인인 이인언이 찾아와 이필제라는 인물을 소개하고 그가 수운의 억울한 죽음을 신원하고자 하니 만나 주기를 청하였다. 처음에는 거절했던 해월은 이후 수차례에 걸쳐 사람이 오고 그와의 회동을 권하자 부득이 나아가 그를 만나고 거사를 허락하였다. 3월 6일부터 3월 10일까지 일월산에 모인 동학도는 약 5백 명이었다. 이른바 영해교조신원운동의 시작이었다. 운동은 비록 처참한 실패로 귀결되었지만 동학이 세상에 목소리를 낸 최초의 사건이었다. 그러나 그 결과는 처참함을 넘어 참혹하기까지 했다. 무엇보다도 해월이 애써 일군 경상도 지역의 포덕 근거지가 풍비박산되고 동학도들은 대대적인 탄압을 받아야 했다. 영해의 교조신원운동[19]을 계기로 100여 명이 체포되어 처형되었으며 200여 명은 집을 버리고 달아났다. 당연히 경상도 지역의 동학은 지하화하지 않을 수 없는 지경에 이르렀다.

운동의 중심이었던 해월은 결국 영양을 떠나서 봉화를 거쳐 강원도 지역으로 숨어들어 갔고 한동안은 경상도 지역을 돌아올 수가 없는 처지가 되었다. 해월로서는 그동안의 수고가 물거품이 되는 순간이었다. 강원도 영월과 단양, 정선 등지로 피해 다니던 해월이 다시 경상도 지역을 찾은 것은 1874년 이후나 되어서였다.[20] 강원도로 숨어들었던 해월에 의해 본격적인 강원도 포덕이 이루어진 것은 1871년 이후였다. 이때부터 경상도 북부 지역에 있던 동학의 포덕 중심지가 강원도 영서지방으로 넘어가게 된 것이다.

3. 강원도 지역의 포덕 과정

강원도로 숨어들어 온 해월 최시형은 한동안 주로 영서지방의 깊은 산골 속에서 활동했다. 그가 깊은 산악지대에서 활동할 수밖에 없는 이유는 전술한 영해의 교조신원운동의 여파로 관의 지속적인 감시와 탄압이 뒤따랐기 때문이었다. 그래서 해월의 1870년대 비밀 포교지들은 강원도 영서지방 중에서도 영월, 정선, 양양과 충청도 단양, 영춘 등지에 집중되어 있었다. 특히 해월은 1870년대 들어 개항 여부를 놓고 갈등을 벌이던 개화파와 수구파들의 다툼으로 인하여 동학에 대한 탄압이 느슨해진 것을 호기로 삼아 강원도 영서 지방을 중심으로 활발한 포덕 활동을 했다. 그 결과 영해교조신원 운동의 실패로 와해됐던 교세의 대부분을 만회하였으며, 지도 체제의 확립, 새로운 의례의 창제, 순회 포교 활동의 재개, 정기적 수련 활동의 재개, 중간 지도자 양성 등의 활동을 다각도로 전개했고 급기야 경전 간행에까지 하게 되었다. 이와 같은 강원도 포덕은 이후 동학이 본격적으로 충청도와 전라도 그리고 경기도 지역의 평야 지대로까지 진출하는 계기가 되었고, 그것은 이후 동학농민혁명의 원천이 되었다.

1) 동학의 강원도 진출

동학과 강원도의 첫 인연은 최제우의 순도와 함께 시작되었다. 성리학을 통치 이념으로 한 조선 정부는 동학을 당연히 이단시하였고, 1863년 12월 동학을 창도한 수운 최제우를 잡아들였다. 이때 수운 최제우의 제자 10여 명이 함께 체포되었다. 이들은 수운 순도 직후 여러 지방으로 정배되었는데, 제자 중 이경화[21]는 강원도 영월 깊은 산골인 소밀원으로 정배되었다. 1864년 3월경 이곳으로 유배 온 이경화에 의하여 자연스럽게 강원도에 동학이 비로소 알려지게 되었다.[22] 이곳에서 이경화는 장기서(張奇瑞)에게 포덕함으로써 처음으로 동학이 강원도와 인연을 맺게 되었다.[23]

이후 강원도의 동학이 좀 더 본격적으로 등장하는 것은 1869년이었다. 즉 해월은 1865년경 영양의 용화동에 은거하면서 포덕 활동과 집회를 하였는데 이 시기에 그를 찾아와 입도하는 자가 늘어나고 있었다. 그리고 1868년에는 봄과 가을에 걸쳐서 두 차례 모임을 행하였는데, 이는 그동안 숨어 있던 도인들이 나타나기 시작하고 무너졌던 접조직도 되살아나기 시작하였다는 것을 의미했다. 이듬해인 1869년(무진) 2월에는 강원도 지역인 양양에서 최희경(崔喜慶)과 김경서(金璟瑞) 두 사람이 찾아왔다.[24] 이들은 입도한 지 오래되었으나 도 닦는 방법, 즉 동학 공부법을 제대로 이해하지 못해 찾아왔다고 하였다. 그러나 해월 최시형은 이들과 일면식이 없었고 또한 처음 만났기 때문에 그 연원을 확인할 수밖에 없었다. 이에 해월 최시형이 그 연원을 캐어묻자 최희경과 김경서는 '공생(孔生)'이라는 인물을 통해 동학에 입도하였다고 하였다.[25] 즉 그들은 해월에게 "오래전에 공생이란 분으로부터 동학을 소개받았으나 수행 방법을 몰라 주문 13자만 읽고 있었다"며 한번 방문하여 수도하는 요령을 가르쳐 달라고 하였다. 이를 보아 이미 강원도 지역에도 1860년대 후반에는 동학이 어느 정도 자리 잡았음을 알 수 있다.

공생[26]이란 이는 강원도 양양, 인제, 정선, 영월, 평창 등지를 다니며 한약재를 취급했던 한약상이었던 것 같다. 영월 중동면 소밀원을 오가다가 도인 장기서를 알게 되면서부터 동학에 발을 들여놓게 되었다. 장기서는 이곳에 정배와 있던 이경화로부터 동학의 가르침을 받게 되었다고 한다. 아마도 공생은 이경화에게서 동학의 가르침을 받아 양양 지역에 전한 것으로 보인다.[27] 해월은 그들에게 문자화되어 있는 문건과 축문 그리고 주문을 주어 보낸 다음 3월에 박춘서와 같이 양양으로 갔다. 포덕한 호수는 30여 호였다.[28]

10여 일간 머물면서 여러 곳을 다니며 일일이 지도하였다. 인제군 기린면 귀둔 지역에도 몇 집이 있어 그리로 넘어가 지도하기도 하였다.[29] 강원도에 해월에 의한 공식적 동학 포덕이 시작된 것이다.

이처럼 강원도 지역의 초기 포덕은 영월로 정배온 이경화를 연원으로 하여 장기서 그리고 공생을 통하여 영동 지방으로 확대되어 양양으로까지 퍼져 나갔음을 알 수 있다.[30] 해월은 1870년 비로소 강원도 양양 지방에 들어가 포덕을 하면서 차츰 양양 산중에 은거하여 치성과 송주로 생활하였다.[31] 이후 해월 최시형은 양양 지역을 자주 왕래하면서 포교하였고, 이때부터 홍천·횡성·원주·정선 등 강원도 각지에서 동학이 전래되기 시작하였다.[32]

또한 이 시기 최제우의 장자인 세정이 양양에 머물고 있었는데, 동학을 포교하였는지는 확인할 수 없지만, 교인들이 교조를 중심으로 모이는 성향을 보아 동학의 전파에 일정한 역할을 했으리라 간주할 수 있다. 즉 당시 세정의 존재 자체가 동학이 포덕되는 데 적지 않은 영향을 미쳤을 것으로 판단된다. 그러나 최세정은 1870년 10월 공생의 권유로 영월 소밀원으로 이사해 정착하였다.[33] 이로 볼 때 1870년대 초의 강원도는 영동 지방인 양양과 영서 지방인 영월 소밀원이 동학의 거점으로서의 역할을 하였다고 할 수 있다.

그러나 강원도 지역이 본격적으로 동학의 중심지가 된 것은 1871년 3월 10일 영해교조신원운동으로 해월 최시형이 강원도 지역으로 숨어들면서부터였다. 그는 수운의 가족들이 있는 영월 소밀원으로 피신하였지만 곧 단양과 영월 등지 오가면서 은신하였다. 당시 해월은 영월 직동(稷洞)의 박용걸의 집에서 기거하면서[34] 49일 기도를 봉행한 후 교인들을 모아 강도회를 열고 대인접물 등을 설법하였다.[35] 이러한 해월 최시형의 동향은 영월관아에 감지되어 체포될 위기에 처했지만 수리(首吏) 지달준[36]의 도움으로 위기를 피할 수 있었다. 그럼에도 불구하고 해월 최시형은 심산유곡인 영월을 안전한 곳으로 여기고 오랫동안 영월에 은신해 있으면서 동학을 포교하였다.[37]

1872년 1월 5일 박용걸의 집에서 영해교조신원운동을 잘못 지도한 것을 뉘우치는 제례를 지냈다.[38] 많은 교인들을 희생시켰고 나아가 동학의 조직마저도 위기에 빠뜨리게 한 것은 오로지 자신의 잘못된 지도력에 있음을 절실하게 고백한 것이다. 3월 25일에는 인제 출신의 김연국이 동학에 입도하였다.[39] 이후 김연국은 강원도 출신의 중요한 교단 지도자로 성장하였다. 4월 5일 영월 직동에서 창도 기념 제례를 한 후 해월 최시형은 강수와 함께 정선 무은담(霧隱潭)의 유인상의 집으로 이거하였다.[40] 후일 정선 접주가 되는 유인상은 이후 해월의 최고 후원자가 되었으며 강원도 영서 지방 포덕의 중심이었고 동학농민혁명 당시에도 적극 참여하였다.

무은담에서 다시 49일 기도를 마칠 무렵 정선 일대의 교인들이 해월 최시형을 찾아오기 시작하였다. 신정언, 신치서, 홍문여, 유계홍, 최영하, 김해성, 방자일, 안순일, 최중섭, 박봉한 등이었는데, 이들은 유학적 소양을 갖추고 있었지만 동학을 재건하는 데 적지 않은 도움이 되었다. 이 외에도 박용걸, 장기서, 김병래 등이 찾아왔다.[41] 이로써 이필제가 일으킨 영해 지방의 교조신원운동 이후 한동안 와해되었던 동학 조직이 재건되기 시작했다.

그러나 교인들의 출입이 잦아지면서 관의 지목이 있을 염려가 있자 정선 함백산에 있는 갈래사의 말사인 적조암이라는 작은 암자에서 10월 중순경 49일 기도를 시작하였다. 이는 관의 지목을 피하고 조직을 재건하기 위한 다짐의 장이었다. 해월 최시형은 강수, 유인상, 전성문, 김해성 등과 함께 적조암에서 49일 기도를 마치고 쌍구시(雙句詩)를 받았다.[42] 적조암 기도 후 해월 최시형은 강원도를 벗어나 충북 단양 일대에 머물렀다. 해월이 단양으로 이거한 것은 적조암 노스님 철수좌가 권하였기 때문이었다.

유인상의 협조와 지원은 해월뿐 아니라 수운의 유족들에게도 계속되었다. 1864년 3월 10일 수운 최제우의 순도 이후 동학교단은 존립의 위기에 처하게 되었고 수운의 유족들은 당장에 피신해야 했다. 초기에 단양 민사엽의 집을 거쳐 정선 문두곡으로 거처를 옮겨 한 해를 보냈다.[43] 당시 수운의 부인인 박씨 사모 등 유족들이 정선으로 온 것은 정선 교인들의 지원이 있었기 때문으로 추측된다. 이를 통해 정선 지역에 동학 교인이 적지 않았음을 알 수 있다. 그러나 1865년 6월경 유족들을 후원하던 민사엽이 죽자 유족들은 상주 동관음을 거쳐 해월 최시형이 있는 영양 용화동을 찾아왔다. 해월은 자신이 거처하던 곳을 내주었다. 그러나 이곳 역시 어려움이 커지고 관의 추적이 심해지자 해월은 스승의 유족들을 양양으로 피신시켰다. 그리고 수운의 유족들은 전술한 공생의 천거로 다시 영월의 소밀원으로 이주해 있었다.

유족들이 이곳에 머무는 동안 영해교조신원운동이 전개되었다. 1872년 6월 관의 지목을 피하지 못한 수운의 큰아들 세정이 인제 기린면 장춘보의 집에 있다가 피체되어 양양관아로 이관되었다.[44] 불안해진 유족들은 이듬해 1873년 1월 말경 영월 직동 박용걸의 집으로 거처를 옮겼다. 그러나 이해 5월 12일 세정은 양양관아에서 장살당하였다. 그리고 함께 피체되었던 김덕중, 이일여, 최희경 등은 정배를 당하였다. 관의 지목이 여전히 심하자 강수는 유인상과 의논한 후 정선에 거처를 정하기로 하였다. 이에 유족들은 무은담 유인상의 집에 잠시 머물렀다가 정선의 싸내로 옮겼다. 모두 유인상의 지원 덕에 가능했다.

그러나 이곳에서 은신하는 유족들의 생활은 궁핍하기 이를 데 없었다. 수운의 유족들의 생활은 지극히 가난하고 궁색하여 농사짓는 일은 콩대만 남은 남산의 콩과 같고, 아침 저녁의 양식은 솥에 북쪽 마을의 곡식과 같다고 할 정도였다. 이처럼 궁벽하게 지내던 중 수운의 부인인 박씨 사모는 1873년 12월 10일 끝내 죽음을 맞았다. 그리고 1875년 1월 22일 수운의 둘째 아들 세청이 처가에 가려다가 병으로 장기서의 집에 머물며 치료를 하였지만 끝내 목숨을 잃고 말았다.[45]

적조암 49일 기도 이후 단양에 머물던 최시형은 충청도와 경상도를 순회하면서 포교 활동을 하였다. 그러나 교단의 중요한 제례는 대부분 강원도에서 치렀다. 이는 강원도가 당시 교호수가 가장 많았으며, 교단 각종 행사의 재정을 도맡았기 때문이었다.[46] 이러한 관계로 1874년 2월 1일 박씨 부인 장례식은 정선 싸내에서, 1875년 11월 설법제(說法祭)는 정선 무은담에서, 1876년 3월 설법제는 인제에서, 그리고 이듬해 1877년 10월 구성제(九星祭)는 정선 무은담에서 각각 지내는 등 동학의 새로운 종교의식이 이곳에서 행해졌다. 1878년 7월 25일에는 일찍이 최제우 당시 개접(開接)하였다가 파접(罷接)한 이후 열리지 못한 동학의 정기 수련회를 다시 여는 개접례(開接禮)가 행해짐으로써 무은담은 동학교단 재건의 한 전기를 이루는 곳이 되었다. 개접은 교인들이 교의를 토론하는 모임으로, 당시 개접은 수운 최제우가 1863년 7월 파접한 이후 처음이었다. 개접을 하였다는 것은 교단의 조직이 안정화되었음을 의미한다. 그러나 무엇보다도 중요한 것은 개접은 동학의 정통성을 확보하였기 때문에 가능했던 것이다. 즉 개접으로 해월 최시형은 좀 더 분명하게 정통성을 확립한 것이다. 정선의 무은담은 1870년대 실질적인 동학의 도소 역할을 하였다고 해도 무방할 정도였고 그 중심에는 강원도 정선 접주 유인상이 있었다.

2) 동경대전의 간행

동학이 하나의 종교공동체로 자리 잡기까지 그들을 지도할 수 있는 리더십 못지않게 중요한 것이 구성원들을 하나로 묶을 수 있는 경전의 간행이었다. 수운의 순도 이후 해월은 오랜 기간에 걸쳐서 경전 간행을 준비하고 또 꿈꿔 왔지만 피신 생활 중이라는 현실적 조건 때문에 불가능했다. 그러나 강원도에서의 동학 포덕이 어느 정도 자리를 잡아가자 그는 경전 간행을 준비하고 또 추진하였다.[47] 그동안 동학 경전은 수운 당시에 직접 편찬한 형태로 남아 있지 않았고 단편적으로 그의 말을 적어 놓은 수준의 문자화가 되어 있는 정도였다. 그 증거가 1869년 양양 사람 최희경과 김경서가 해월을 찾아와 가르침을 청하자 해월이 보여 주었다는 문건과 주문이었다.

즉 당시 해월에게 있었던 것은 경전이 아닌 문건이었다는 점이다. 이 문건은 해월의 구술로 이루어졌다기보다는 이미 존재하고 있었던 수운의 원고를 필사했던 것으로 추정된다. 즉 수운은 직접 쓴 경전을 간성인 필묵상 박춘서, 배양인 최혜근, 김경서에게 필사케 했다는 것인데, 이것은『동경대전』과『용담유사』의 경전이 아니라「포덕문」,「논학문」,「수덕문」,「불연기연」,「탄도유심급」,「용담가」,「교훈가」,「안심가」,「몽중노소문답가」,「권학가」,「도수사」,「도덕가」,「흥비가」등 각각 전단식 문건이었다고 한다.[48]

해월로서는 어떻게 해서든지 동학의 경전을 발행함으로써 스승인 수운의 사상이 누락되거나 왜곡됨이 없이 널리 퍼질 수 있게 하여야 했다. 그리고 강원도에서 포덕하며 어느 정도의 안정화를 이룬 1880년대가 바로 그 적기였다.

강원도의 동학 조직과 자금력은 1882년 인제 갑둔리에서 동학의 경전인 동경대전을 간행하는 데 중요한 역할을 담당하였다.[49] 당시 강원도 교인들은 도내 동학의 조직화뿐만 아니라 사실상 교단을 이끌어가는 재정을 담당하였다. 1875년 8월 보름 단일 지도 체제를 마련한 해월 최시형은 8월 보름에 중견 지도자들과 교단의 장래를 논의하였다. 이날 모임의 비용은 정선 교인들이 갹출하였다. 또한 이해 10월에도 천제를 지냈는데, 이 비용 역시 정선 교인들이 성출하였다.『도원기서』에 의하면 정선 교인들이 2백금을 모았다고 하였다. 그중 1백금은 두 번의 제례 비용으로 사용하였고, 나머지 1백금은 새로운 접을 조직하고 운영하는 자금으로 활용되었다. 당시 비용을 염출한 인물은 신석현, 최진섭, 홍석범, 홍석도, 전세우, 김원중, 김해성, 유계로, 최기동, 전두원, 김백인, 김문규 등이었다.[50]

또한 11월 13일 정선 유인상의 집에서 설법제를 할 때도 정선 교인들이 그 비용을 충당하였으며, 이듬해 1876년 3월 10일 수운 최제우의 환원 향례를 인제 접주 김계원의 집[51]에서 행하였는데, 이 비용 역시 인제 교인들이 마련하였다.[52] 11월 13일 설법제를 마친 해월 최시형은 유인상을 도접주에 임명하였다.[53]

이 외에도 1877년 10월 3일의 구성제는 인제 교인 장춘보와 김치운이 담당하였다. 이어 16일의 구성제는 정선 접주 유인상이 부담하였다.[54] 특히 1879년 3월 인제의 교인들이 치제를 크게 지내기를 원하자 김치운의 집에서 제사를 지냈다. 그리고 7월 15일의 제례와 10월 28일의 수운 최제우의 탄신제, 11월 5일의 인등제 등도 정선 교인들의 정성으로 지낼 수 있었다. 이로 보아 정선 교인들의 신앙심과 성력이 상당했음을 가늠할 수 있다. 그뿐만 아니라 이들 제례 등 각종 행사에는 강원도 지역의 교인들이 주축을 이루었다. 그리고 그 중심은 정선과 인제였음을 알 수 있다.

이와 같은 강원도 지역 동학 조직의 안정과 교인들의 후원은 동학의 최초의 경전인 『동경대전』을 간행하는 데 적지 않은 도움이 되었다. 뿐만 아니라 초기 동학 시기의 제례를 정착하는 데도 크게 기여하였다. 해월은 그동안 미루어 왔던 경전 간행을 위해 수단소를 1879년 11월 10일 인등제를 지냈던 정선 방시학의 집에 설치하였다. 그리고 다음과 같이 역할을 나누었다.[55]

주무(主務) 도주(道主) 최시형(崔時亨)

차도주(次道主) 강시원(姜時元)

접주(接主) 유시헌(劉時憲, 유인상)

감인(監印) 최기동(崔箕東) 안경일(安敬一)

사서(司書) 전세인(全世仁)

사필(司筆) 안경상(安敬相)

사지(司紙) 김원중(金源仲)

수찬(修撰) 신시영(辛時永)

교감(校勘) 신시일(辛時一)

소주(所主) 방시학(房時學)

사접(司接) 윤종현(尹宗賢)

사재(司財) 홍시래(洪時來) 안교백(安敎白) 최창식(崔昌植)

사통(司通) 홍석도(洪錫道)

사책(司冊) 신윤한(辛潤漢) 안교강(安敎綱)

  이처럼 역할이 정해지자 11월 10일에는 강시원 등을 중심으로 사적 편찬 작업을 시작하여 2개월 만인 이해 12월 말에 탈고하였다. 이 초고는 1880년 1월 정선 동면 전세인에 의해 정서되었고, 『최선생문집도원기서』라는 한 권의 책으로 정리되었다. 이 책은 동학을 창도한 수운 최제우의 가계, 득도와 포교, 탄압과 조직화, 체포와 순도 경위, 그리고 해월 최시형의 입도와 포교 활동, 영해교조신원운동, 조직의 재건, 의례 정립, 동경대전 간행 경위 등 동학의 역사를 기록하였다.[56]

  동학의 역사를 정리한 해월 최시형은 경전 간행을 서둘렀다. 이는 교인이 늘어감에 따라 경전을 찾는 경우가 점차 많아졌기 때문이었다. 많은 비용이 필요한 일이었으나 강원도 도인들의 협조로 1880년 6월 15일 간행을 단행하였다.[57]

『동경대전』을 간행하는 데 총책임은 해월 최시형이었지만 실무를 관리한 인물은 강수와 전시황이었다. 『동경대전』을 간행하는 데 참여한 사람은 모두 30명이었으며, 대부분 강원도 출신으로 인제와 정선에서 활동하던 인물들이었다. 첫 경전인 경진판『동경내전』은 1백 권을 간행하였다. 한편 『용담유사』는 1881년 단양 남면 천동 여규덕의 집에서 간행되었다. 『용담유사』의 간행 비용도 김연호, 장춘보, 김치운, 이은보, 김현경, 장세원 등 인제 지역 교인들이 담당하였다.[58] 이후 동학의 경전인『동경대전』과『용담유사』는 여러 지역에서 꾸준히 중간되었고, 동학 교세를 확장하는 데 크게 기여하였다. 그러나 무엇보다도 중요한 것은 그동안 비밀리에 포교하던 시기를 지나 사실상 공공연히 드러내놓고 포교할 수 있을 만큼 동학이 조직화되었다는 것이다.[59]

1889년 여름에는 인제 김연호의 집에서, 그해 겨울에는 간성 김하도의 집에서 포덕하였으며, 이듬해에는 양구, 인제, 간성 등지를 순회하며 포덕하였다.

이처럼 동학은 강원도를 기반으로 포덕과 함께 경전을 발행하는 등 완전하게 재기에 성공하였다. 그리고 이를 바탕으로 1880년대 본격적으로 충청도와 경기도 남부 지역을 거쳐서 넓은 평야 지대인 전라도 지역으로 확산될 수 있었다. 특히 동학농민혁명이 일어나기 직전인 1890년대 초 동학은 영광, 무안, 강진, 해남, 진도, 장흥, 보성, 광양 등 전라도 서남해안 지역에까지 널리 포교될 수 있었다.

4. 홍천 지역의 포 조직과 서석 전투

동학농민혁명이 확대되자 이를 진압하기 위해 투입된 일본군은 동학농민혁명군이 강원도 이북 지방으로 진출함으로써 러일전쟁을 유발하지 않을까 하는 우려를 가장 크게 하였다. 그래서 일본군은 삼남 지방을 중심으로 일어난 동학농민군들이 강원도의 산간 지역으로 확대되는 것을 막기 위해 세밀한 포위망을 구축해 그것을 최대한으로 억제하고자 하였다.[60] 결국 강원도 지역의 동학농민혁명은 타 지역보다 더욱 더 큰 피해를 입어야 했다.

1876년 개항 이후 지주제의 강화와 농민층의 점진적 분화, 외국 상품의 유입과 농촌 경제의 몰락, 관료들의 탐학과 수탈이 가중되면서 강원도에서도 농민들의 항쟁이 본격화되었다. 1885년 3월 원주민란을 시발로 해서 1889년 1월의 정선군과 인제군, 그리고 흡곡현에서 이해 3월에 통천군과 여름철에 낭천현에서, 1891년 6월에는 고성군에서, 1892년 3월에는 낭천현에서, 그리고 동학농민혁명이 일어나기 전해인 1893년 12월에는 금성현 등지에서 농민들의 항쟁이 전개되었다. 이들 민란의 원인은 원주민란의 요인이었던 환곡의 폐단을 비롯하여 수령과 이서들의 불법 탐학 등이었다. 즉 동학농민혁명이 일어나기 10년 전인 1884년부터 1894년까지 강원도에서 발발한 크고 작은 민란은 8개 지역에서 30여 회 이상이나 되어 전국에서 가장 높은 빈도를 보였다.[61] 이는 조선 말기의 다른 어느 지역 못지않게 강원도 지역의 봉건적 모순이 극한 상황까지 이르고 있었던 것을 반영한다.

홍천 지역의 동학 전파는 정확히 어느 시기였는지는 확인되지 않고 있다. 다만 1893년 보은 장내리에서 전개된 교조신원운동에서 전국을 8개 권역으로 나누어 포명을 줄 때 관동대접주로 이원팔(李元八) 그리고 홍천과 인제의 도접주로 차기석(車基錫)과 김치운(金致雲)이 포명을 받았다는 점으로 보아 동학농민혁명 당시 홍천 지역에는 상당수의 동학도들이 있었을 것으로 추정된다. 보은 집회 당시 강원도 지역의 동학교인은 관동대접주인 이원팔, 홍천의 차기석을 대표로 상당수의 동학도들이 참가하여 반봉건 반외세 투쟁의 의지를 불태웠다.[62] 이로 미루이 볼 때 홍천의 대접주인 차기석을 중심으로 홍천에 동학의 포가 조직되었음을 확인할 수 있다.

동학농민혁명 당시 강원도 지역에서 활동한 대접주와 포명은 다음과 같다.[63]

關東包 대접주 이원팔(李元八), 內面包 대접주 차기석(車箕錫), 洪川包 대접주 심상훈(沈相勳), 麟蹄包 대접주 김치운(金致雲), 旌善包 대접주 유시헌(劉時憲)

그러나 보은취회와 동학농민혁명을 거치면서 강원도 지역의 동학은 확대일로를 걸었을 것으로 사료된다. 강원도 동학농민군의 봉기 과정을 살펴보면, 초기에 농민군은 두 갈래로 나뉘어 활약하였다. 하나는 1894년 9월 4일 충청도의 제천·청주 세력과 연합하여 강릉관아를 점령한 바 있는 정선·평창·영월·원주 등의 영서 남부 세력이고, 다른 하나는 차기석을 중심으로 홍천군 일대를 무대로 활동한 중부 내륙 세력이 그것이다.

남부 연합 세력은 인접한 충청도·경상도 농민군의 세력이 가담하여 형성되었는데 이들은 수천 명의 인원으로 강릉부 대화면에 진격하였다.[64] 남부 연합 세력은 세를 모아 9월 4일 대관령을 넘어 강릉관아를 점령하였다. 그때 관아는 부사가 자리를 비워 공관 상태였다. 관아를 점령한 농민군은 폐정개혁을 단행하고, 가혹한 세금을 감면토록 하고 악독한 지주들의 땅문서를 빼앗았다. 수탈에 앞장섰던 이서(吏書)들을 잡아 가두고 억울한 옥사도 스스로 해결해 나갔다. 관아의 동쪽 문에는 "삼정의 폐단을 뜯어 고치고 보국안민을 이룩한다"는 방문을 내걸었다. 농민군은 관아의 일이 자리잡히자 이삼일 뒤 경포대 옆 배다리의 이회원 집(선교장)을 공격하려고 계획했다.

강릉의 부호 지주이며 유림 세력의 대표격이었던 이회원은 강릉관아를 점령한 농민군들이 선교장으로 쳐들어올 계획이라는 것을 알고 돈과 쌀을 보내 농민군을 안심시킨 후, 민보군 천여 명을 조직하여 강릉관아로 쳐들어 갔다. 방심하던 농민군들은 많은 사상자를 내며 대관령으로 물러날 수밖에 없었다. 이 일로 이회원은 조정으로부터 강릉부사로 임명되었으며, 강원도 농민군을 토벌하는 총사령관이 되었다.

한편 강원도 중부의 내부 세력인 차기석 포는 강릉을 비롯하여 멀리 북으로는 고성·양양, 남으로는 정선·영월, 동으로는 삼척에 이르기까지 광범위하게 전개되었다. 이를 미루어 볼 때 차기석 대접주의 포가 강원도 지역에서는 가장 큰 포였다고 할 수 있다.[65] 홍천 지역에서 차기석(車箕錫), 심상현(沈相鉉), 오창섭(吳昌燮) 등이 기포를 한 날은 10월 13일이었다.[66]

차기석 대접주는 1893년 3월 보은 장내리에서 열린 척왜양창의운동에도 참가하였으며 사실상 강원도의 총수령으로 홍천을 비롯하여 평창·영월·정선·강릉 등지의 동학군을 지휘하는 등 다섯 읍의 접주로 불리웠다. 이에 앞서 9월 중 홍천과 인접한 지평에서는 고석주(高錫柱)·이희일(李熙一)·신창희(申昌熙) 등이 이끄는 동학군 수백 명이 접을 설치하면서 혁명의 기운을 불러 일으켰다. 그러나 이들의 활동은 지평현 전 감영 맹영재(孟英在)가 이끄는 관 사포군 100여 명에 의해 농민군 지도자들이 체포되어 죽임을 당하면서 각지로 흩어졌다. 지평에 농민군과 내면을 중심으로 움직인 차기석과의 관계는 알 수 없으나 흩어진 일부 농민군은 내면 쪽으로 와서 합류하고 또 일부는 충주 황산 충의포 쪽으로 합류했을 것이라 본다.

차기석 포는 해월의 직계로 해월의 2차 총기포령에 따라서 기포하였다.

차기석은 홍천 내면(당시 강릉부)을 중심으로 1,000여 명의 농민군을 조직하여 세를 떨치고 있었다. 해월 총기포령에 따라서 9월 말 차기석 부대는 군대를 일으켜 창사를 태우고, 농민군에 호응을 거부하는 자들을 위협하고 집을 불태웠으며 포목 어곽 화우(貨羽) 등 상인들에게 재물을 빼앗아 불자를 충당하였다. 그 과정에서 협로 행상을 수백 명을 죽였다고 한다.[67] 내면에서 가까운 봉평면에서는 윤태열, 정창해, 조원중, 정현심 등이 무리를 모아 창사 곁에 목책을 세우고 각 촌방에서 가구마다 좁쌀 6말과 미투리 1쌍씩을 거두어들였다. 이들은 거주지가 내면이면서 차기석의 영향 아래 봉평에서 활동하던 동학농민군 세력이었다.[68]

원래 기포령을 전해들은 차기석 대접주는 박종백 접주와 더불어 동학군 1천여 명을 이끌고 보은 장내로 향하려고 하였으나 맹영재의 민보군에 길이 막혀 홍천으로 되돌아와 내촌면 물걸리로 진출하였다. 이어 차기석은 군량미를 확보하기 위하여 이해 10월 13일 야밤을 이용해 농민 수탈의 상징이었던 동창(東倉)을 습격하여 불태우면서 혁명의 서막을 알렸다.[69] 기세를 올린 동학군은 영월·정선 지역의 동학군과 연합하여 대관령을 넘어 강릉 관아를 점령, 폐정개혁을 단행하였다. 그러나 10월 중순을 넘어서면서 이 지역의 보수 지배 세력은 동학군에 대한 적극적인 반격을 조직적으로 전개하였다.

홍천 현감 보고에는 괴수 차기석과 접주 박종백이 동창을 불태운 뒤 무리를 이끌고 강릉지에서 인명을 제 마음대로 죽였으며 동학도가 강릉 좌운(홍천 내면 일대)쪽으로 향하였는데 무리가 많아 해산치 못했다고 보고하였다.[70] 동창이 불탔다는 소식은 이전에 고석주의 홍천접을 깨트린 공으로 소모관에 차정되고 지평현감에 임명된 맹영재에게 알려졌다.

10월 21일 그동안 10월 20일까지 여주 진천 이천 음죽 등 경기도 일대에서 토벌하던 맹영재 부대와 차기석, 박종백이 이끄는 홍천의 동학농민혁명군은 10월 21일 화촌면 장야평(촌)에서 처음으로 접전을 벌여 농민군은 30여 명의 희생자를 내고 솔치재를 넘어서 서석으로 후퇴를 하였다. 서석은 동으로는 뱃재를 넘어 내면, 남으로는 먼드래재를 넘어 횡성, 서로는 솔치재를 넘어 홍천과 통하며, 북서로 동창을 지나 내촌으로, 서남으로 부목재를 넘어 홍천 동면으로 통하는 요충지였다.[71]

동학농민군은 작은 구릉으로 사통팔달인 서석면 풍암리에 진지를 구축하고 관군의 공격에 대비하였다. 장야촌에서 승전을 거둔 맹영재의 민보군은 속초리를 거쳐 서석면 풍암리로 향하였다.

서석면 풍암리전투는 1월 22일부터 시작되었다. 수천 명의 동학군이 진을 쳤던 진등은 천연의 군사적 요충지로, 뒤로는 아미산과 고양산이 둘러싸고 있으며 앞으로는 각 방면으로 통하는 길이 훤하게 내려다 보였다. 맹영재가 이끄는 민보군과 횡성현감 유동근이 이끌고 온 관군은 홍천 방면의 솔재와 횡성 방면의 먼드래재의 두 갈래로 진격해 들어왔다.

이날의 전투를 맹영재는 "10월 21일 홍천 장야촌에서 비류 30여 명을 포살한 다음날 서석면으로 향했다. 비도 수천 명이 흰 깃발을 꽂고 진을 치고 모여 있었다. 총을 쏘면서 접전을 벌여 총을 쏘아 죽인 자가 수를 헤아릴 수 없을 정도였다. 사로잡은 자들 가운데 그들의 강제에 못 이겨 어리석게 가담한 자들을 상세하게 조사하여 효유하여 귀화시키고 돌아왔다."고 보고했다.[72]

그리고 교단 측의 자료는 이렇게 기록하고 있다.

"車基錫은 洪川에서 起包하야 報恩帳內로 向하다가 孟英在의 拒한바로 關東으로 行至하더니 孟英在 防火誅戮이 其數가 不計라 洪川郡 瑞石一面은

人種이 永絶하얏더라"[73]

치열한 접전을 벌인 이 전투에서 동학군은 800여 명의 희생자를 내었으며, 차기석 대접주를 비롯한 오창섭, 심상현, 백종섭 등 주요 지도자와 동학군은 내면으로 근거지를 이동하였다.[74]

11월 6일 기린 양양 간성의 농민군과 봉평을 치려고 준비하고 있는 차기석 부대가 있는 내면1리에 토벌군을 이끈 강위서가 들어왔다. 산위에 매복해 있던 차기석 부대는 밤중에 강위서(姜渭瑞) 부대를 습격하여 3명을 사살하고 8명에게 부상을 입혀 강위서 부대를 내면에서 쫓아냈다. 이후 중부 내륙 지방의 농민군은 연합작전을 펴면서 사방에서 조여들어 오는 토벌군을 맞아 내면 일대를 피로 물들이며 마지막 전투를 벌였다.

한편 11월 10일부터 시작된 내면의 동학군 토벌 작전은 네 갈래로 진행되었다. 서남쪽은 강위서가 보래령을 넘어 홍천 의병 허경(許坰)과 합세하여 자운포를 공격하고, 남쪽으로는 양양의 민보군 대장 이석범(李錫範)과 박동의(朴東儀)가 연합하여 운두령을 넘어 원당리, 청도리, 약수포로 이동하였으며, 동쪽으로는 이석범의 동생인 이국범(李國範)이 관군을 이끌고 신배령을 넘어서, 서쪽으로는 이석범의 부종관인 김익제(金翼濟)가 응봉령을 넘어 내면으로 진격하였다. 그리고 강위서는 홍정3리까지 진출하였다.

11월 11일 보래령을 넘어온 봉평 포군대장 강위서와 60여 명을 이끈 홍천 허경의 침입을 받아 내면 자운의 농민군은 접주 위승국 형제와 접사 심성국, 박군오, 정창호 등 17명이 포살되었다. 11월 12일 차기석은 내면 원당리에서 깃발을 날리며 농민군을 이끌고 저항하였으나 운두령을 넘어온 강릉의 박동의와 양양의 이석범이 이끄는 토벌군의 협공을 받아 접사(接司) 박학조(朴學祚)·손응선(孫應先), 집강(執綱) 박석원(朴碩元) 등과 함께 생포되었다. 접주(接主) 위승국(魏承國)·김치귀(金致貴)·임정호(林正浩), 접사(接司) 심성숙(沈成淑), 성찰(省察) 오덕현(吳德玄)·권성오(權成五)를 비롯하여 100여 명이 포살되는 등 많은 희생자를 내었다. 차기석 대접주는 강릉부로 압송되어 11월 22일 박학조와 함께 강릉관아 교장에서 처형되었다.

11월 말 농민군의 주요 지도자들이 잡히고 나서도 농민군의 활동은 산발적으로 이어지고 반농민군 토벌도 계속되었다. 한편 내면의 민정과 양양군병에 의해 약수포에서 농민군 10여 명이 강릉부로 끌려가 포살되었다. 12월 초 신배령 부근에서 농민군 손장업, 김창수, 이관구, 오주실, 이동익, 고준성이 잡혀서 이동익, 고준성은 감옥에 갇히고, 나머지는 석방하였다.

12월 7일 진부면 소모종사 박동희에게 농민군 성찰 겸 초장 김성칠이 포살되었다. 12월 10일 내면의 농민군 12명이 내면과 양양 민정에 잡혔다가 효유 귀화하였다. 12월 중순 진부 도암 양면에서 농민군이 총과 창을 탈위하여 대화면을 위협한다는 보고가 있었으나 강원도 주력 농민군의 활동은 12월 중순 내면에서 농민군 주요지도자들이 포살 또는 생포되면서 홍천의 동학농민혁명은 막을 내리게 되었다.

이로써 동창에서 기포된 강원도 홍천의 동학혁명은 막을 내렸으나 일제의 토벌 작전에서 살아남은 동학군은 깊은 산중에 은신하거나 신분을 감추면서 지내는 한편 끊임없는 포교 활동을 전개하는 등 후일을 도모하였다. 그러나 분명한 사실은 1894년의 강원도 동학농민혁명 역시 다른 여느 지역 못지않게 치열하였고 처절하였다는 점이다. 그리고 그 중심에는 홍천 지역의 차기석 포가 있었다. 그것은 해월 최시형의 지휘 계통을 잘 따른 동학농민군의 지도부의 철저한 보국안민의 구국 정신과 희생정신이 있었기에 가능했다고 할 수 있다. 이는 당시 강원도 동학농민혁명 주요 참여자를 통해서도 확인된다. 『천도교백년약사』를 살펴보면 다음과 같다.[75]

이름	직위	비고
차기석	홍천대접주	12월 말경 체포되어 포살됨
김대열	홍천접주	11월 30일 홍천전투에서 전사
김대영	홍천접주	11월 30일 홍천전투에서 전사
김희열	홍천접주	11월 30일 홍천전투에서 전사
박석원	홍천접주	12월 말경 체포되어 포살됨
박종백	홍천접주	
박학조	홍천접주	12월 말경 체포되어 포살됨
심상현	홍천접주	
오덕현	홍천접주	12월 말경 체포되어 포살됨
오창섭	홍천접주	
용하경	홍천접주	11월 30일 홍천전투에서 전사
윤만호	홍천접주	
윤태열	홍천접주	11월 30일 홍천전투에서 전사
이창문	홍천접주	11월 30일 홍천전투에서 전사
이화경	홍천접주	
이화규	홍천접주	11월 30일 홍천전투에서 전사
임순화	원주접주	

5. 맺는 글

동학과 강원도는 매우 밀접한 관계이다. 경상도 경주에서 탄생한 동학이 많은 탄압 속에서도 성장하고 후일 동학농민혁명이라는 거대한 역사의 주역이 되기까지 강원도는 늘 묵묵히 맡은 바 임무를 수행해 나갔다. 도통을 전수받은 해월과 수운의 유족들이 관의 추적으로 어려움에 처했을 때도 강원도는 이들을 숨겨주고 은신할 수 있는 피난처의 역할을 해 주었다. 특히 해월은 은신 중에 많은 수도와 수양 생활을 함으로써 재기의 꿈을 꿀 수 있었고, 그것을 실천해 나갈 수 있는 힘 역시 강원도 민중들의 도움과 협조 덕분이었다.

결국 해월은 강원도를 중심으로 다시금 포덕 행위를 성공적으로 수행하고, 나아가 오랜 꿈이었던 경전 간행까지 강원도에서 실시할 수 있었다. 그

것은 곧 동학이 강원도를 배경으로 조직화되었으며 그를 바탕으로 더 넓은 지역으로 확대될 수 있었고 또 완수했다고 할 수 있다. 1894년의 동학농민혁명은 그런 의미에서 강원도가 없었다면 불가능했다고 단언할 수 있다.

동학농민혁명 시기에도 강원도는 해월의 총기포령에 따라서 기포하였다. 이미 오랜 기간에 걸쳐서 탐관오리들의 가렴주구에 저항하던 농민들이 동학에 입도함으로써 동학농민혁명군이라는 대오를 형성할 수 있게 되었다. 그동안 산악 지대를 중심으로 흩어져 있어 고립 또는 분산적이라 소통의 어려움을 겪고 있던 강원도의 민중들은 비로소 조직적이고 확실한 지휘계통에 따른 혁명군으로 변모할 수 있었던 것이다. 그러나 강원도 지역은 다른 곳보다도 강한 민보군이 형성되어 있었고 관군의 활약도 대단하여 이미 동학농민군에 대한 막강한 토벌 부대를 형성하고 있었다. 더욱이 강원도 지역은 면리 단위까지 오가작통법의 실시를 통해 일반 농민을 완벽하게 장악하고 있어서 그 책임자인 면임과 풍헌 약정, 기타 제 소임들에게 군정 차출의 임무를 지우고 만약 어기는 경우 군법을 적용하는 등 강력한 통제력을 발휘하였다.[76]

그런 가운데 홍천의 차기석 포는 강원도 지역 전체를 통틀어서 가장 강력한 포였다. 천여 명의 동학농민혁명군을 이끌었다고 하지만 뒤에는 이웃 지방의 동학군까지 합세하여 그 수는 더욱 불어났다. 그들은 홍천을 넘어서 서울로 진격해 해월의 총기포령에 따라 권문세가를 멸하고 성도를 밝히고자 했다. 그러나 홍천의 동학농민혁명군은 서석고개를 넘지 못하고 산화했다. 오늘날 자작고개의 전설이 전해질 정도로 엄청난 피의 항쟁의 결과였다. 비록 그들은 꿈을 이루지는 못했지만 민중이 역사의 주체가 되고자 했던 홍천 동학군들의 함성은 오늘도 우리들에게 많은 시사점을 주고 있다.

일본군 제19대대 동로군, 제18대대, 원산수비대의 강원도 농민군 탄압

-일본 자료를 중심으로

강효숙 _원광대학교 강사. 전 진실화해위원회 항일운동 해외동포사 조서관 및 팀장

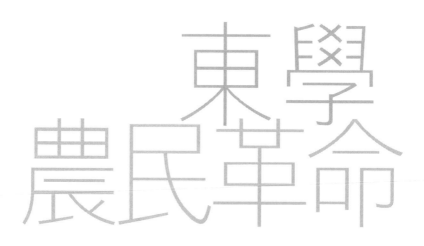

東學
農民革命

1. 들어가는 글

이 글은 일본 측 자료를 중심으로, 동학농민전쟁 당시 강원도 지역에서 발생한 일본군에 의한 동학농민군 탄압의 실상을 살펴보려는 글이다.

현재, 일본 방위성 방위연구소나 외무성 외교문서사료관, 국회도서관 등에 소장되어 있는 '동학농민전쟁' 관련 자료가 많은 부분 조사·수집되어 동학농민혁명 종합지식정보시스템[1], 한국역사정보통합시스템[2] 등에서 온라인상으로 일부 무료로 제공되고 있고, 동학농민혁명기념재단이나 국사편찬위원회 등을 직접 방문하여 원문 내지 복사본을 접할 수 있다. 이 외에도 일본 측의 온라인 서비스 사이트인 아시아역사자료센터(ｱｼﾞｱ歷史資料ｾﾝﾀー)[3]에서는 스캔된 원 자료를 찾을 수 있다. 그럼에도 불구하고 현재까지 발표자가 확인한 바로는 동학농민전쟁 당시 강원도 지역의 일본군 활동관련 자료는 그다지 많지 않다.

강원도 지역 동학농민군 탄압에 나선 일본군으로는 대체로 독립후비보병 제19대대의 동로군, 서울수비대인 독립후비보병 제18대대의 1중대, 원산 수비대가 확인되며, 이 외에 원산에서 평양으로 진군한 별도 일본군의 행적이 확인된다.

강원도 지역 일본군과 관련된 선구적인 연구는 구양근에 의해서 이루어졌다고 볼 수 있다. 그는 1975년 일본에서 '동학농민군의 전투과정 검토 -제2차 봉기와 일본군과의 교전을 중심으로-(東學農民軍の戰鬪課程の檢討 -第二次蜂起

と日本軍との交戦を中心に-)'라는 제목으로, 일본 측 신문기사를 인용하여 황해·평안도 지역의 일본군에 의한 농민군 탄압에 관한 논문을 발표한 바 있는데, 역시 강원도 지역에 대해 간단히 기술하는데 그쳤다.[4] 강원도 지역에서의 일본군 관련 내용은 1982년 박종근이[5] 일본 방위연구소 도서관 소장 관련 사료를 최초로 소개하면서 일본 측의 신문기사 등을 인용하여 황해·평안도 등의 농민전쟁에 대한 재평가 문제를 제기한 바 있다. 그 후 2002년 강효숙이 발표한 「제2차 동학농민전쟁과 일청전쟁(第二次東學農民戰爭と日淸戰爭)」[6]이란 논문 속에서도 강원도 일본군에 관한 내용은 한정적으로 기술되었을 뿐이다. 참고로 이상은 일본사적 관점에서 다루어진 연구 결과물이다.

한국 측 관련 연구로는 1978년에 한우근이 한일 자료를 이용하여 일본군의 파견 관계와 탄압 과정을 강원도와 황해도를 중심으로 다룬 바 있는데, 황해도 지역에 관해서는 국사편찬위원회에서 발간한 『주한일본공사관기록』[7]에 수록되어 있는 자료를 주로 이용하여 기술하였으나 강원도 지역에 대해서는 한국 측 자료가 중심이 된 기술에 그쳤다.[8] 한국 측의 사료를 중심으로 한 강원도 지역 동학농민전쟁 연구자로서는 먼저 송찬섭[9]을 들 수 있는데, 그는 황해도에 국한하여 주로 동학도 혹은 일반 민중과 일본군과의 관계에 초점을 맞추었다. 정은경의 경우는 황해·강원도 지역의 동학농민군과 관군·일본군과의 관계를 다루었다.[10] 이 외에 조재곤의 경우는 당시의 국제관계 속에서 동학농민전쟁을 다룬 바 있는데 이 속에서 간단히 강원도 관련 내용이 확인된다.[11] 그 후 강효숙의 「황해·평안도의 제2차 동학농민전쟁」[12]과 「청일전쟁기 일본군의 조선병참부」[13]라는 논문 속에서 산만하게나마 관련 내용이 확인되고 있을 뿐이다. 이후 많은 연구자들에 의해 관련 연구들이 발표되고 있지만 강원도 지역 일본군 관련 연구는 역시 충분하게 이루어졌다고는 볼 수 없다. 즉, 동학농민전쟁 당시의 강원도 지역 일본군 관련 자료가 현재로서는 제대로 조사·수집되어 있지 않은 상태임을 알 수 있다.

따라서 본 발표는 발표자가 현재까지 확인한 일본 측 자료를 중심으로 강원도 지역 농민군 탄압을 수행한 일본군 관련 내용을 정리하여, 향후 강원도 지역 일본군에 관한 연구에 그 기초를 담당하는 데 의의를 두고자 한다.

2. 제19대대 파견 과정

일본군은 1893년 12월 23일에 평시체제에서 전시체제로 편성이 완료되었고, 1894년 5월에 전시체제를 실시할 예정이었다.[14] 또한 군함 츠쿠바(筑波)와 오시마(大島)를 조선에 파견하여 철저한 정보 수집 활동을 전개하였는데, 그 가운데는 전쟁이 발생할 경우 20만 서울 인구를 아사 혹은 항복시킬 것을 목적으로 한 서울 부근의 식량 창고에 대한 조사 등도 포함되어 있었다. 이는 이 시기 일본 정부가 상정한 전쟁 범주에 조선이 포함되어 있었다는 것을 의미한다.

1894년 1월 전라북도 고부에서 조병갑의 탐학에 맞서 전봉준을 중심으로 한 동학농민군(이하 농민군)들이 민란을 일으켰는데, 농민군의 요구사항이 받아들여지지 않자 3월에는 무장에서 변란으로 확대되어 농민군이 창의하였고, 그 후 농민군은 황토현 전투, 황룡강 전투를 거쳐 4월 30일(음)에는 전주성을 점령하였다. 조선정부가 파견한 홍계훈이 인솔한 중앙군은 농민군의 위세에 눌려 싸우기도 전에 많은 병사가 도주하거나 농민군에 패해 결국 전주성을 농민군에게 내어주기에 이르렀다. 이에 놀란 조선 정부는 중국 정부에 원병을 요청하였고, 일본군을 조선에 파견할 빌미를 찾고 있던 일본은 이를 호기로 삼아 청에 대해서는 텐친조약 제5조를, 조선에 대해서는 제물

포조약 제3조에 비추어 공사·영사 및 거류민을 보호한다는 명목으로 일본군을 조선에 파견한다고 통지하였다. 그리하여 6월 10일 오시마 공사가 인솔한 혼성여단 일부가 조선에 파견된 것을 시작으로 15일에는 5,000여 명이, 7월 10일에는 인천에만 혼성여단 7,857명, 제2전선 가설대 345명, 군악대 58명, 해군 943명, 운송선 승무원 80명이 파견되어 있었다.[15]

이 중 조선의 일본군 병참기지화를 목적으로 7월 3, 4일에 파견된 군용전선가설대가 포함되어 있었다. 그리고 조선정부의 불허에도 불구하고 군용전선이 부산 - 서울 간을 중심으로 설치되기 시작하였다. 7월 23일 일본군은 경복궁을 무력 점령하여 친일내각을 수립하였고, 7월 28일에는 부산 - 서울 간에 설치될 20개의 병참부대가 파견되었으며, 부산 - 서울 간 도로수선대 2,162명 역시 8월 2일에 부산에 상륙하였다. 8월 29일에는 군용전선 보호를 주 목적으로 한 병참수비대로 제10연대 제1대대가 부산에 상륙하였다.

일본군의 경복궁 무력 점령 소식이 점차 전국으로 전달되자, 그동안 조선정부의 요청으로 파견되었음을 앞에 내세워 오만하고 무례한 자세로 행군 지역 주민을 괴롭히던 청국군에 대해 불만이 쌓여 가던 농민들은 그 불만의 화살 방향을 일본군에게로 돌렸다. 이는 조선정부의 허락 없이 부산 - 서울 간에 불법적으로 설치된 군용전선에 대해, 연변 농민들이 분개하여, 초기에는 단독 내지 소수의 규모로 전선을 절단하거나 전신주를 쓰러뜨리는 등 항일운동의 형태로 나타났다. 그 외 지역에서는 일본 행상인을 습격하거나 지역에 들이지 않는 등의 형태도 나타났다.

그런데 정보 전달은 전쟁의 승패를 좌우한다고도 할 수 있는데, 이와 같이 농민들이 군용전선 절단 등의 항일운동을 전개하자 일본군은 위기감을 느끼고 농민 탄압을 시작하였다. 8월 28일 함창현에서 발생한 일본군의 무임금 복역에 대한 항일운동 이후 농민군 탄압은 점차 강화되어 갔다. 이 시기는 평양전투에서 일본군이 청국군에 크게 승리를 거둔 직후이기도 하다. 즉, 청일전쟁이 점차 평양에서 중국과 연계되는 압록강을 향하여 그 전장을 확대시켜 가고 있는 중요한 시기였던 것이다. 이것은 전장의 후방이며 병참기지 역할을 담당한 조선의 안정이, 일본에게 있어서는 무엇보다도 필요해진 시기라는 것을 의미하기도 한다. 이와 같은 상황 속에서, 9월 1일, 병참부의 임무에 '군용전선보호'가 첨가된 「신설 병참사령관에 대한 명령」이 각 병참부에 하달되었다. 9월 22일경에 발생한 안동지역의 의병운동과 24일 용궁 부근에서 일본군 정찰대원들이 농민군들에게 습격을 당하여 부관 다케우치(竹內)가 사망하는 사건이 발생하자 농민군 탄압은 본격화되어 갔다.

한편, 일본 측은 9월에 들어서 친일내각을 통해 대원군으로 하여금 일본 측에 동학농민군을 토벌해 달라고 요청하도록 지속적으로 종용하였지만, 9월 28일 대원군에 의해 직접적으로 거부당한 이후 특별한 변화 없이 10월 7일을 맞이했다. 이날 경기도 안성, 죽산에서는 농민군이 봉기하여 조선정부는 그 「진정」을 계획하고 있었다. 재한일본공사 오시마(大鳥)는 곧 바로 외무대신 무츠(陸奧)에게, 농민군의 서울 진격을 보고하고 서울수비대로 2대대의 파견을 요청했다. 병참감의 요청보다 15일이나 빠른 것이었다. 그는 12일에 이르러서는 「조선정부가 동학도 토벌을 위한 일본군 급파를 정식으로 요청」했다고 무츠에게 전보를 쳤다.[16] 그리고 인천병참감 이토 유기(伊藤 祐義, 이하 伊藤)는 10월 14일부터 27일까지 네 차례에 걸쳐 히로시마(廣島) 대본영의 병참총감 가와카미 소로쿠(川上 操六)에게 '농민군 토벌을 위한 별도의 일본군 파견'을 강하게 요청하였고, 드디어 10월 27일 병참총감 가와카미는 "동학당에 대해서는 엄하게 처치할 것을 요한다. 향후 모두 살육하라"는 살륙 명령과 함께[17] 별도의 '동학당 토벌대'라 명명한 독립후비보병 제19대대(이하 제19대대)의 조선 파견을 결정하였다는 소식이 전해졌다.[18]

3. 제19대대 동로군

'동학당 토벌대'로서 조선에 파견된 독립후비보병 제19대대(이하 제19대대)는 시고쿠(四國) 출신들로 구성된 메이지정부의 근내식 부대로 1894년 7월 29일에는 시모노세키(下關) 해협 방어 수비대의 일부가 되어 모토무라(本村, 시모노세키 북방)의 히코시마(彦島)에 배치되어 있었는데, 10월 28일 도한 명령을 전달받아, 29일 히로시마를 출발하여 시모노세키를 경유하여 11월 7일 인천에 도착하였다.

이 부대는 인천병참감 이토의 농민군 탄압에 유능한 부대 요청이 반영되어 조선에 파견되었다.[19] 특히 제19대대 지휘자인 대대장 미나미 코시로(南小西郎, 이하 미나미)는 10여 년에 걸쳐 메이지정부에 반기를 든 쵸슈(長州), 사츠마(薩州), 도호쿠(東北) 지역 무사계급을 탄압한 경력을 지닌 자였던 것을 간과해서는 안 될 것이다. 또 후비병이란 만 20세부터 3년의 상비역과 예비역 4년을 마친 후, 5년간의 병역에 복무하는 병사를 말하는데,[20] 연수만큼 메이지정부에 반대하는 무사계급 토벌에 종사하였다는 것을 의미한다. 또 그들은 당시로서는 최신식 병기인 스나이더 총을 사용하고 있었다.[21] 총인원은 본부 56명과 각 중대 221명으로 편성되었는데, 3개 중대로 구성되어 있었던 것에 비추어 볼 때 총 인원은 719명으로 추산된다.

제19대대는 전라 · 충청 양도의 농민군 근거지를 소멸시키고 나아가 재기의 후환을 없앤다는 목적으로, 3분하여 남진하였다. 즉, 서로군(제2중대)은 수원-천안-공주-전주-영광-장성-남원에 이르는 전주가도로, 중로군(본대 · 제3중대)는 용인-죽산-청주에 이르는 성주가도로, 동로군(제1중대)은 가흥-충주-문경-낙동에 이르는 대구가도(병참선로)로 진군케 하였다. 그 가운데 동로군을 먼저 나아가게 하여 농민군을 둘러싸 가면서 서남단으로 몰아부치려는 작전이었다. 이는 "농민군이 만약 강원·함경도 방면, 즉 러시아 국경에 가까운 곳으로 도망하게 되면 훗날 일본군에게 큰 해가 될 것은 선명한 일이므로 엄밀하게 그것을 예방해야한다"라는, 러시아를 의식한 농민군 토벌책이었다.

16일에는 이노우에 가오루(井上 馨) 공사와 이토 인천병참감은 농민군 완전 소멸을 목적으로 서울수비대인 독립후비보병 제18대대(이하, 제18대대)로부터 1개 중대를 더 증원하였다. 그 외에 용산·인천수비대로부터 1개 중대, 부산수비대의 1개 대대(병참부 수비대와 전라도 남부에 파견된 부대를 포함)와 그 보충병(용산수비대 보충병 제외), 츠쿠바(筑波)함대와 조강호(操江号)의 육전대 약 333명이 농민군 토벌에 참가하였다.[22] 즉, 제19대대를 중심으로 약 12개 중대 이상으로, 「후비보병연대편제표」에 비추어 볼 경우, 서울 이남의 본격적인 농민군 탄압에 참가한 일본군 수는 2,708명으로 추산되며, 서울 이남의 농민군 탄압에 참가한 일본군은 연인원 15중대 규모로 그 인수 3,371명에 달한다. 여기에 강원도 지역 농민군 탄압에 투입된 일본군 수는 포함되어 있지 않다.

제19대대 동로군(이하 동로군)은 삼로 분진책에 의하면 서울-부산 간 병참선로 따라 충청도 가흥·충주·문경·낙동을 경유하여 대구로 진군하는데, 오른쪽으로는 음성·괴산을 왼쪽으로는 원주, 청풍을 수색하도록 되어 있었다.[23] 그리고 다음과 같은 훈령이 전달되었다.

一. 각 부대는 이미 출정하였거니 금후 출정하는 한병과 협력하여 동학도 정토에 종사하여 화근을 삭멸하여 재발할 후환을 남기지 않기를 요한다.

一. 수령이라 인정되는 자는 포승하여 경성공사관에 보내고, 부화뇌동한 자는 귀순케 하여 관대하게 대하고 가혹한 처치를 하지 말라.

一. 중앙정부 부내 유력자 및 유력한 지방관과 동학당과의 왕복문서에 대해서는 주의를 기울여 그것을 수취하도록 하라.

一. 저반 동학당 진압을 위해 전후 파견된 한병(韓兵)의 진퇴 조절은 먼저 일본군대의 지휘에 따르고, 일본군대가 지배한다는 것을 한병의 각 부대장에게 통지하였으므로, 일본사관은 그 요량으로 한병을 지휘하라.[24]

즉, 조선 병사와 협력하여 농민군을 탄압하는데 그 지휘는 일본군이 한다는 것을 알 수 있고, 생포한 농민군 지도자는 포박하여 서울 일본공사관으로 압송하라는 내용이다. 조선정부의 경무청이 아닌 일본공사관으로 압송하라는 것은 먼저 일본공사관에서 농민군 지도자를 심문하여 그들이 필요로 하는 정보를 모두 조사한 후에 조선정부에 인계한다는 것을 의미하며, 사실 이대로 이루어졌다. 강원도 지역에서는 인제 남면의 김계원(金桂元, 당시 63세)이 서울 일본공사관에 보내져 심문 당한 뒤 법무아문 고등재판소에서 대명률 제사편 선동혹인민위종(大明律 祭祀編 煽動惑人民爲從), 즉 농민을 모아 선동하였다는 죄명으로 1895년 4월 10일 장 100대와 유배 3천리의 선고를 받았다. 한편, 생포한 기타 농민군에 대해서는 관대하게 처리하라는 훈령 내용이 확인되지만 당시 일본군이 말하는 '관대'하다는 것이 어느 정도인지에 대해서는 추측하기가 쉽지 않다. 또 중앙 및 지방 유력자들과 농민들 사이에 주고받는 문서에 대해서는 일본군이 매우 예민하게 반응하고 있었음을 알 수 있었는데, 특히 여기에서 가리키는 중앙 유력자는 대원군을 의미하는 하는 것으로 추정이 가능하다. 즉 이전부터 일본 측은 농민군과 대원군이 서로 통하여 청국군과 연대한 후 일본군을 협공할지도 모른다는 예상을 하였고 그에 대비한 것이라고 할 수 있지만, 그만큼 농민군에 대해 두려워하고 있었다는 것을 반증하는 내용이기도 하다.

현재 일본 방위성 방위연구소에 소장되어 있는 동로군 관련 내용을 정리하면 다음과 같다. 동로군은 제19대대 제1중대로서 221명 대원은 마츠모토(松本) 대위의 지휘를 받았다. 동로군은 11월 12일 용산을 출발하였는데, 앞에서 기술한 바와 같이, 농민군들이 부산-서울 간 병참선로의 동북 방향으로 도주하지 못하도록, 동로군은 중로·서로군보다 먼저 진군하여 나아갔다. 이노우에 공사는 농민군이 강원도·함경도로 도주할 것을 경계하여 16일 서울수비대에서 1개 중대를 동로군에 파견하였고, 동로군을 충주에서 머무르며 18대대 지원병을 기다리게 하였다.[25] 문경병참부 사령관 데와(出羽)의 명으로 수안보에 출장했던 타쿠마 켄자부로(詫間權三郎)의 보고에 의하면, 충주로부터 일본군이 수십 명이 수안보 근처 서창에 이르러 농민군 수십 명을 물리치고 민가를 태웠다고 하는데, 충주에는 동로군에 앞서 후비보병 제6연대 제2대대장 이이모리(飯森) 소좌가 농민군 탄압 총지휘관으로 주둔하면서 철저하게 주변지역 농민군을 탄압하고 있었다.[26] 이이모리 부대는 18일 충주에 도착한 동로군과 교대하여 서울수비대로 귀대하였다.[27]

이 시기 충주지역 농민군 지도자가 예천 근방에서 농민군 3·4천 명을 모아 놓고 있었는데, 이들 농민군이 강원도 원주로 나아간다고도 하고 충주로 진격한다고도 하는 정보가 가흥을 경유하고 있던 이이모리 소좌에게 입수되었다.[28] 한편 동로군 마츠모토 부대 가운데 미즈하라(水原) 중위가 인솔하는 1소대(제19대대 제3중대 1소대)는 조선병 70명과 함께 충주를 출발하여 19일 괴산에 도착하였다.[29]

나머지는 마츠모토 대위 인솔 하에 11월 21일 예천을 향하여 출발하였고, 이 부대는 병참선로를 따라 행진하여 낙동으로 나아갈 예정이었다. 한편 서울수비대에서 파견된 제18대대 1중대는 11월 20일 충주의 가흥을 출발하여 괴산으로 나아가 괴산지역 농민군을 죽인 후 청천, 단양, 순흥, 안동을 경유

하여 대구로 나아갈 계획이었다.[30]

여기에서 이이모리 부대가 먼저 충주 주변지역 농민군을 1차로 탄압하고 뒤를 이어 동로군이 충주에서 괴산과 예천으로 나뉘어 진군하면서 농민군을 탄압하고, 또 그 뒤를 이어 제18대대 1중대가 다시 한 번 괴산지역 농민군을 탄압한 후에 미즈하라, 마츠모토 부대의 뒤를 쫓아가면서 잔여 농민군을 제3차로 탄압하는 모양이 그려진다. 철저한 농민군 탄압 구도이다.

한편 11월 23일 제천에서 동로 분진대 2개 중대장 제18대대 1중대 대장과 협의하여 일단 충주 가흥까지 되돌아갔다가 강원도 정선지역 농민군을 탄압하기 위하여 진군하였으나 농민군은 이미 영춘 쪽으로 도주한 후였다. 동로 분진대는 그 뒤를 계속 쫓아갔으나 농민군은 또 다시 충청북도 단양으로 도주한 후였다. 정선지역 농민군 지도자의 이름은 세이토칸(セイトウカン: 원사료 그대로. 청풍지역 농민군 지도자인 성두한(成斗漢)으로 판단됨=발표자)으로, 농민군은 그를 추종하는 농민들로 이루어진 부대였다. 동로 분진대는 그들을 계속 뒤쫓아 갔다. 동로 분진대 2개 중대는 12월 3일경에도 강원도 지역에서 정선 농민군 탄압에 충실하고 있었다.[31]

11월 28에는 동로 분진대와 제18대대 1중대가 함께 영춘에 둔집해 있던 농민군을 치기 위해 나아갔으나, 이미 농민군은 강원도 영월로 도주한 후였다는 보고가 인천 이토 병참감에게 보고되었다.[32]

12월 1일 부산병참감 이마하시 토모카츠(今橋知勝)는 인천의 남부 병참감 이토에게 서로·중로군으로 하여금 진군을 멈추어 동로군이 대구에 도착하는 것을 기다렸다가 서로군은 전주에서 부안·고부를 경유하여 나주로 나아갈 것, 중로군은 진산·무주·남원에서 능주 남쪽으로 나아갈 것, 동로군 일부는 대구에서 성주·합천·진주·하동·순천·장흥 쪽으로 나아갈 것을 명하였다. 또, 혹 지원병이 필요할 경우 부산수비대를 곤양·순천으로

파견하여 동로군과 협력하여 농민군을 서남 구석으로 몰아 대공격을 가하여 전멸시킬 것을 명하였다.[33]

그런데 이 시기 동로군은 여전히 강원도 영춘 지역에서 농민군 탄압을 전개하고 있는 상황이었다. 따라서 인천 이토 중좌는 12월 11일 이노우에 공사와 협의하여, 동로군에게 충청북도 제천과 강원도 지역 농민군 탄압을 이시모리(石森) 대위가 이끄는 제18대대 1중대에게 맡기고 경상북도 개령·금산·지례·거창·함양을 거쳐 남원에 이를 것을 명하였다. 그리고 중로 및 서로군은 지례까지 나아가, 동로군이 거창에 이르는 것을 기다렸다가 함께 농민군을 전라도 서남으로 몰아 탄압할 것을 명하였다.[34]

그리고 12월 12일, 인천 이토 중좌와 이노우에는 연명으로 강원도에 파견되어 있던 제18대대 1중대 이시모리 부대에게, 강원도 평창을 '평정'한 후 낙동 혹은 가흥으로 나아가 후명을 기다릴 것을 명하였다. 또 마츠모토 대위에게는 평창지역 농민군 탄압은 이시모리 대위 부대에게 맡기고 개령·금산·지례·거창·함양을 경유하여 남원으로 나아가, 중로 및 서로군과 함께 협력하여 농민군을 전라도 서남으로 몰아 탄압할 것을 명하였다.[35] 이로써 이후 강원도 농민군 탄압은 제18대대 1중대 이시모리 부대가 담당하게 되었고 동로군은 전라도 지역 농민군 탄압에 총 투입되기에 이르렀다. 당시 제19대대 지휘권은 인천 이토에게 있었다.[36]

4. 제18대대(이시모리 부대)와 원산수비대 등

여기에서 잠시 앞에서 기술한, 충청·강원도 농민군 탄압을 위해 동로군에 파견되었던 서울수비대 제18대대에 대해 간단히 살펴보기로 한다.

제18대대는 1894년 10월 18일 서울수비대로서 조선에 파견될 것이 육군

대신 사이고 츠그미치(西鄕從道)에 의해 결정되었고, 11월 2일부터 4일에 걸쳐 인천에 도착하였다. 파견 목적은 처음에는 재조선 일본공사·영사 및 거류민 보호 그리고 이노우에 공사의 사업을 돕는 데 있었다.[37] 그러나 11월 16일 이노우에는 농민군이 러시아와의 접경지대로 도주하는 것을 방지하기 위해 제18대대에서 이시모리가 인솔하는 1중대(이하 이시모리 부대)를 제19대대 동로군에 파견하여 강원도 농민군 탄압을 수행하도록 하였다.[38]

이시모리 부대는 17일 충청도 충주 부근 무극동에 도착하자마자 농민군과 전투를 시작하여 농민군 수십 명을 죽였고, 20일에는 괴산 지역 농민군을 탄압한 후 청천·순흥·안동·대구를 향하여 출발하였다.[39] 이시모리 부대는 23일 동로군과 함께 충청도 제천에서 강원도 정선으로 나아갔으나 농민군은 이미 남하한 후였다. 그러나 이시모리 부대는 그 뒤를 쫓아 영천까지 추격하였다.[40] 11월 28일 동로 분진대와 함께 영천에 이르렀으나 농민군은 또 다시 강원도 영월로 도주한 후로 이시모리 부대는 그 뒤를 추적하여 갔다.[41]

12월 1일, 이시모리 부대는 강원도 평창에서 농민군 3천여 명과 2시간에 걸친 격전을 치렀다. 오후 1시경 평창은 완전히 이시모리 부대에게 점령당하였고, 대부분의 농민군은 정선 방향으로 도주하여 갔다. 평창전투에서 사망한 농민군은 70인, 부상자는 미상, 생포된 농민군 가운데 저항한 자 10명은 총살당하였다.[42] 여기에서는 도쿄 아사히신문 12월 16일자에 실린 제18대대 우마야바라(馬屋原) 대위의 관련 보고를 소개한다.

평창에 모인 약 3천의 동학당을 공격하였는데, 동도가 사격하며 저항하여 격전 2시간 끝에 점차 퇴각하기 시작하여, 오후 1시 완전히 평창을 점령하였다. 대부분의 동도는 정선 방향으로 도주하였다. 동도 사상자 및 포로는 즉

사 70명(포로 10명은 후 저항하여 총살함). 아병은 사상 없음. 오늘은 이 지역 부근을 수색하고 내일은 정선 및 영월로 향할 예정임(平昌に集合せる約三千の東學黨を攻擊せしに, 東徒射擊を以て抵抗し 激戰二時間にして漸次退却の色を現はし 午後一時全く平昌を占領す. 東徒の大部分は旌善方向に退走せり. 東徒の死傷者及び捕虜は即死七十名(捕虜十名後抵抗銃殺), 我兵死傷なし. 本日は此地域附近を捜索し 明日は旌善及寧越に向ふ見込なり.)[43]

12월 11일, 앞서 기술하였듯이 동로군은 전라도 농민군을 서남으로 몰아 섬멸하기 위해, 충청도 제천과 강원도 농민군을 이시모리 부대에게 맡기고 대구·함양·남원으로 향하였다. 현재, 이후 이시모리 부대의 강원도 농민군 탄압 관련 자료를 찾을 수 없어 향후 과제로 남기기로 한다.

한편, 8월 말경, 원산 지역 조선 민중의 일본군에 대한 인식과 상황에 대해 잠시 살펴보기로 한다. 이 시기 평안도 양덕에 청국군 4천여 명이 주둔하면서 수비하고 있었고, 함흥 부근에는 청군 기마 80기가 찾아들어 군수물자를 징발하고 있다는 소문으로 원산 지역의 민심은 매우 흉흉해져 가고 있었고 물가는 급등하였다. 이로 인해 원산수비대는 필요한 인부를 충분히 구할 수 없어 조선 경찰의 힘을 빌려 겨우 인부를 모으는 상황이었다.[44] 양덕 이서지방에서는 일본군을 두려워하여 조선 민중들이 이산한 모습이 확인된다.[45] 원산경찰서의 보고에 의하면, 9월 6일, 일본군 가운데 파란 견장을 두른 20여 명이 무단으로 민가에 들어가 부녀자를 희롱하는 일이 발생하였다.[46]

일본군의 진군 경로는, 평양전투에 이어 황해 해전에서 승리를 거두기 전까지는 처음에는 부산에 상륙하여 부산-서울 간 병참선로를 통해 진군하거나 일부는 원산에 상륙하여 평양을 향해 진군해 갔다. 그러나 7월 25일경 풍도해전에서 일본 해군이 승리를 거두어 황해 해상권을 일부 장악하게 되었고, 또 8월 14일 이후의 평양전투 및 황해 해전에서 대승리를 거둔 후에는 황해 해상권을 완전히 장악하게 되자, 일본군은 그 상륙 지점을 부산에서 인천으로 변경하였다. 10월 25일 이후 일본군이 압록강을 건너 중국 본토에 진격한 후에는 그 상륙 지점이 황해도 평양 부근 항구나 압록강 남쪽의 용암포 등으로 바뀌었을 뿐 아니라 제2군의 경우는 아예 조선을 거치지 않고 중국 랴오닝반도(遼東半島) 다롄시(大連市) 뤼순구(旅順口) 등에 직접 상륙하였다.

원산에 상륙한 일본군 1만여 명은[47] 선·후발대(원산지대, 삭령지대)로 나뉘어 평양을 향하여 진군하였다. 선발대의 경우 험악한 도로 상황을 고려하여 부식물의 양을 줄일 수밖에 없었고, 소와 병졸은 각자 7일분의 양식만을 휴대하였다. 이는 군량이 부족하게 될 경우 현지에서 조달하라는 의미였다.

〈표〉 보병 제18연대 제1대 대 진군 일정 : 원산-평양

일자/ 지대명	8.31	9.1	9.2	9.3	9.4	9.5	9.6	9.7
원산지대	일부 원산출발	원산	일부 양덕	좌동	양덕	좌동	오류동	일부성천/ 평지원
삭령지대	신계	좌동	좌동	좌동	좌동	좌동	이목정점	축안점
일자/ 지대명	9.8	9.9	9.10	9.11	9.12	9.13	9.14	9.15
원산지대	석창점	성천점	조하동	동산리	송우	좌동	순안	일부순안, 평양
삭령지대	냉정동	삼등	좌동	좌동	강동현	맥전점	대지경동	평양

(※참고 : 「천대전사료」 51, 494~495쪽)

〈표〉에서 확인되듯이 보병 제18연대 제1대대(후발대, 삭령지대)의 경우는 신계(新溪)에 6일간 머물면서 물자 징발에 종사하는데, 성천부에서는 조선인조차 성천부 밖으로 곡물을 가지고 나가는 것을 금지하였다. 양덕병참부에서는 '압제적인 수단을 써서' 간신히 조선인 45명을 모아 원창(元倉)으로 하물을 수송할 수 있었다.[48] 제18연대 제1대대는 "이번 전쟁(평양전투:필자)은 쌀과 소

금만으로 지낼 것. 단, 평양에 나아가면 충분히 급양할 수 있으므로 그때까지 참고 각오해야 한다"고 보고하였다. 보병 제18연대의 한 지대장은 "급양은 대단히 어렵다. 나는 15일, 16일에는 휴대 식량만으로 전투하고자 한다. 평양을 함락시키지 못한다면 양식을 구하지 못할 것으로 알라. 양식에 대해서는 오늘 이후 각 부대가 각자 적당한 수단을 쓰라"고 훈시하였다. 삭령 지대의 경우는 '스스로 징발'하면서 평양을 향하여 진군하였다.[49]

즉, 원산에서 평양으로 진군해 갈 일본군 삭령지대는 신계에 한 부대를 체재시켜 집중적으로 식량을 징발하는 한편, 지대장의 훈시에 따라 각자 '적당한 수단'으로 징발하면서 평양으로 진군하였으나 생각대로 징발이 이루어지지 않아 평양전투에 승리해야만 청국군이 쌓아 둔 군량으로 간신히 식량문제가 해결될 상황인 것을 알 수 있다.

한편, 원산수비대[50]는 1894년 11월 14일 함경도 함흥ㆍ정평 등을 순찰하기 위해 1소대를 파견하였다.[51] 또 원산수비대에서 강원도에 파견한 정찰대의 보고에 의하면, 강원도 춘천과 홍천 사이 그리고 인제 부근에 농민군 천여 명이 둔집해 있었고, 회양(淮陽) 부근에도 농민군이 모여 있었다. 이 보고를 접한 원산수비대는 강원도에 출병하여 농민군을 탄압하는 것을 허락해줄 것을 히로시마 대본영에 요청하였다.[52] 이와 관련된 자료는 현재 확인하지 못한 상태이지만, 일본군에게 있어 강원도 지역 농민군은 자칫 함경도를 거쳐 러시아와 접경지대로 나아갈 가능성이 높기 때문에 이에 대해서는 철저히 감시ㆍ탄압하였을 것은 짐작하고도 남음이 있다.

12월 8일 원산 영사 우에노(上野)는, 강원도 고성에서 원산에 도착한 조선인으로부터 10일쯤 전 농민군이 강릉부를 습격하고, 강릉의 민가와 인민 300여 명을 살해했다는 정보를 접했다고 이노우에 공사에게 전보하였다. 이에 대해 이노우에 공사는 즉시 농민군이 북쪽으로 진입하지 못하게 하라는 명을 내렸고,[53] 원산 수비대 소속 나카가와(中川) 대위는 즉시 강릉에 정찰대 3명을 파견하였다.[54]

5. 맺는 글

이상, 일본 자료를 통하여 확인한 바에 따르면, 동로군과 제18대대 1중대가 강원도 지역으로 농민군을 탄압하기 위해 최초로 진군한 것은, 11월 23일 제천에서 두 부대의 대장이 협의하여 강원도 정선으로 진군한 것으로 확인되며, 이후 두 부대는 영춘으로 도주한 농민군을 추격하여 갔다. 이 부대는 강원도 농민군이 아니라 충청북도 제천 지역 성두한 부대로 확인된다. 그리고 동로군은 12월 12일, 대구·함양을 거쳐 남원에 이르라는 인천병참감 이토 중좌와 주한일본공사 이노우에의 명을 받고, 강원도 지역 농민군 탄압을 제18대대 1중대에게 인계하고, 전라도 농민군을 서남으로 몰아 탄압하는 작전에 복귀하였다. 사실, 동로군을 일찌감치 원래의 농민군 탄압책인 서남으로 몰아부치기 작전으로 복귀시킨 것은, 강원도의 북부지역인 원산에서 평양에 이르는 병참선로에 8월 31일부터 15일간에 걸쳐 약 일만 명의 일본군이 진군하고 있었기 때문으로도 보여지기도 한다.

제18부대 1중대의 농민군 탄압 활동 가운데 가장 두드러지게 확인되는 것은 12월 1일 3천여 명의 평창 농민군과의 전투라 할 수 있는데, 이 전투에서 농민군은 총 80명이 사망한 것으로 보아 매우 치열한 전투가 이루어졌음을 짐작할 수 있다. 이 외에 11월 말경 강릉부가 농민군에게 점령되었다는 정보를 접한 원산수비대 나카가와(中川) 대위는 즉시 정찰대원 3명을 파견한 것으로 확인된다.

이처럼 강원도 지역 농민군 탄압에 투입된 일본군은 최소한 동로군 220

여 명, 제18대대 1중대 220여 명, 원산수비대 1개 중대 220여 명을 합한 660여 명에 달한다. 이를 연인원으로 추산하면 그 수는 증가할 것이다. 여기에 원산에서 평양으로 진군한 만여 명의 일본군이 15일간에 걸쳐 간접적으로 농민군 탄압에 참가한 것으로 볼 수도 있다. 또, 서울 이남 지역 농민군 탄압에 투입된 일본군 수를 포함할 경우 18개 중대 이상에 인수 4,031명으로 추산된다. 이 숫자는 연인원이 아니다. 당시 동로군이 사용한 총은 스나이더(Snider-Enfield)로, 영국과 영국령 인도에서 제조된 것이었다. 총 길이는 1,250mm, 무게 약 3kg, 발사 속도는 6초에 1발, 최대 사정거리는 1,150m, 유효 사정거리는 900m였다. 제18대대가 사용한 총은 무라다총으로 스나이더 총보다 최신식 무기였다. 이 시기 제18대대가 사용한 무라다총은 1880년식과 1885년식으로, 총 길이는 각각 1,294mm / 1,278mm였고, 무게는 4,620g / 4,098g, 사정거리는 둘 다 1,800m였다.

이에 비해 당시 농민군의 최고의 무기는 화승총이나 수렵총이었고, 전라북도 고산에는 화약을 만드는 곳도 있었지만 농기구나 죽창이 농민군 대다수의 중심 무기였다. 최고의 무기인 화승총의 경우 유효 사정거리 또한 50m 정도에 불과하였다. 전투에서 화승총을 유효하게 사용하려면 일본군과 50m 거리에서 접전하지 않으면 안 되었다. 또한 화승총에 불을 붙이고자 하는 순간에 이미 일본군의 스나이더 총알은 900m 건너편에서 농민군을 향해 날아왔다. 무라다총의 경우는 1,800m 거리에서 농민군을 향해 총을 쏠 수 있으니 농민군은 무기 면에서 일본군과 비교할 수가 없었다.

이번 발표문 준비 작업은, 향후 강원도 지역 농민군과 일본군 관련 자료에 대해서는 좀 더 철저한 조사·수집 작업이 필요함을 절실하게 느끼는 계기가 되었다. 이미 수집되어 한국에 들어와 있는 자료 검토를 비롯하여, 무엇보다도 제18대대 1중대 이시모리 부대와 원산수비대 및 원산에서 평양으로 진군한 보병 제18연대의 진중일지 조사·수집이 필요할 것이다. 그러나 이 작업은, 자료 자체가 도쿄의 방위연구소, 외무성 외교사료관, 일본 국회 도서관 등에 소장되어 있는 까닭에 개인 연구자가 진행하기에는 여러 가지 한계점을 안고 있다.

所在未確認地
忠淸道 : ダンゲツ(10/12)
　　　　ヨサ村(10/16)
京畿道 : 昆山(10/19)
慶尙道 : 枝低(9/21)
　　　　パンシュン村(10/19)
　　　　重器谷, 陳村(10/29)

〈지도 1 : 일본군 병참선로〉

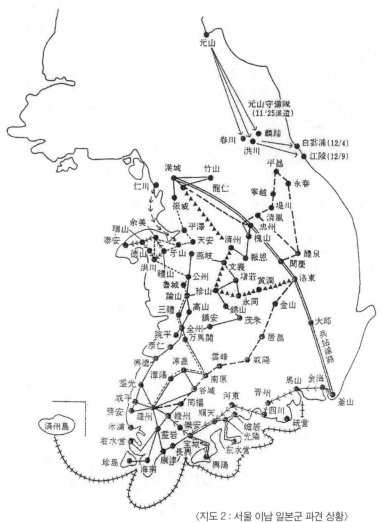

元山

元山守備隊
(11/25派遣)

白雲浦(12/4)
麟蹄
江陵(12/9)
春川
洪川
平昌
永春
寧越
堤川
清風
忠州
醴泉
槐山
聞慶
報恩
洛東
文義
增若
黃澗
永同
金山
大邱
兵站線路
金海
馬山
釜山
晉州
四川
統營
光陽
東水營
興陽

漢城
竹山
仁川
龍仁
振威
平澤
余美
瑞山
天安
泰安
德山
牙山
燕岐
洪川
禮山
公州
魯城
珍山
論山
高山
三禮
鎮安
院平
全州
泰仁
万馬關
茂朱
居昌
興德
淳昌
雲峰
咸陽
南原
靈光
潭陽
谷城
河東
咸平
羅州
綾州
順天
務安
同福
木浦
樂安
靈岩
寶城
右水營
珍島
長興
康津
海南

濟州島

〈지도 2 : 서울 이남 일본군 파견 상황〉

강원도 홍천의
동학농민군과 풍암리전투

신 영 우 _충북대학교 명예교수

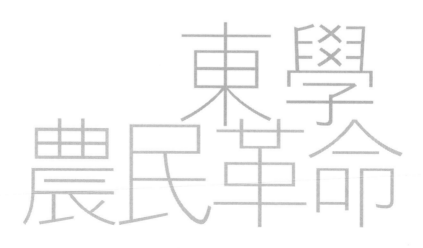

1. 머리말

강원도는 동학이 이른바 은도기에 관헌의 탄압을 피해서 교주 최시형이 교세를 보존하고 확대해서 재건에 성공했던 지역이었다. 최시형이 피신하면서 포교를 해 왔던 주요 근거지는 영월 직동과 소밀원, 정선 고한의 적조암, 무은담, 인제 갑둔리 등이었다. 동학교도가 늘어나면서 경전을 보급할 필요성이 높아지자 1880년 5월 인제 갑둔리에서 『동경대전』을 간행하였다.

전국에 걸쳐 봉기한 동학농민군이 일본군·경군에 맞서 싸우다가 패산한 1894년 말에 최시형이 피신처를 찾아서 강원도로 들어왔다. 오랫동안 원주와 여주 일대에서 교단의 간부들과 함께 은신하고 있었으나 결국 여주 관아의 포교에게 체포되어 서울로 압송되었다.

1894년 동학농민군이 봉기했을 때 강원도는 중요한 역할을 하였다. 강원도 일대에서 결집한 동학농민군은 경기도와 충청도 그리고 경상도까지 다니면서 활약하였다. 전국에서 가장 먼저 무장봉기에 나선 세력도 관동포에 속한 동학 조직이었다. 대접주 이원팔이 이끌던 관동포는 충청도 황산에 집결한 후 보은으로 가서 북접농민군의 주력이 된 후 공주 우금치전투에도 참여하였다.

대접주 차기석이 지휘하던 내면포를 중심으로 하는 동학농민군은 강원도에서 봉기하여 주로 홍천과 정선 등지에서 활동하였다. 차기석의 동학농민군을 공격한 주력은 경기도에서 온 맹영재의 지평 민보군이었다. 일본군

혼성제9여단이 경복궁을 기습 점령하고 국왕을 인질로 삼은 6월 말 이후 홍천의 동학 조직이 지평까지 가서 강제로 군량과 돈을 모으자 양반 유생들이 민보군을 결성해서 공격했던 것이다. 지평의 민보군은 강원도의 동학농민군이 경기도로 오는 길목만 차단하는 것이 아니라 직접 홍천 근거지를 기습하였다. 9월 12일에는 홍천 감물악면의 팔봉리 동학접소를 공격해서 양호도순무영의 주목을 받았다.

맹영재는 소모관이 되어 도계를 넘어 동학농민군을 진압하는 군권을 부여받았다. 최시형의 기포령 이후 홍천에서 대규모로 집결한 차기석 휘하의 동학농민군은 맹영재가 지휘한 민보군의 공격을 받게 된다. 홍천 서석면 풍암리에서 10월 22일에 일어난 전투는 격렬하였다.

강원도의 동학농민군에 관한 연구는 다른 지역에 비해 적은 편이다. 상세한 내용을 전해 주는 사료도 드물다. 풍암리전투에 관한 기록도『고종실록』『승정원일기』와 같이 보고문서가 간략하게 전재된 것뿐이었다.[1] 중요한 자료로 활용되어 온『동비토론』과『임영토비소록』은 풍암리전투의 전개 과정을 소개하지 않고 있다.[2]

다행히 최근에 새로 발굴한『갑오군정실기(甲午軍政實記)』를 연구에 이용할 수 있게 되었다.『갑오군정실기』는 양호도순무영에서 주고받은 문서들을 묶어 놓은 공문서집으로 홍천 관련 기록가 다른 자료와 비교해서 자세한 편이다. 이 글은 이 새 자료를 소개하면서 홍천의 동학농민군과 서석면 풍암리전투에 관해서 살펴보려는 것이다. 그 과정에 진압군 주력이었던 지평 민보군과 이들을 이끈 맹영재의 활동도 점검해 볼 것이다.

이 글에서는 주로 사료를 인용하는 방식으로 논지를 전개하려고 한다. 갑오년에 작성한 보고서 등 사료의 문장이 당시의 사정을 생생하게 전해주기 때문이다.

2. 지평민보군의 9월 12일 홍천 필봉 기습

1894년 강원도에서 활약한 동학농민군의 전모를 알려주는 상세한 연구는 아직 나오지 않았다. 우선 대접주 조직도 상세하게 밝혀지지 않았다. 동학의 접포 조직은, 교구와 같이 지역별로 설치된 것이 아니라, 인맥에 따라 연결되었다. 기본 단위인 접 조직은 보통 50호라고 한다. 그런데 75호 이상 확대되면 접을 나누어서 새로운 접 조직을 만들고 접주를 임명하였다. 여기서 더 접 조직이 확대되면 상위에 접주들이 층층이 있게 된다.

1890년대가 되면 동학 교세가 크게 확대되어 여러 접주를 예하에 두는 대접주가 있었다. 보은 장내리 취회에서 교주 최시형은 여러 접 조직을 관할했던 큰 접주를 대접주라고 부르게 했고, 각기 포의 이름을 부여하였다.[3] 『천도교서』와 『동학도종역사』 등 동학 관련 문헌을 보면 강원도에서 활약하던 여러 명의 대접주가 확인이 된다.[4] 그중의 한 사람이 홍천 내면[5]의 차기석이다. 차기석은 온건한 동학 지도자로 소개되고 있다.[6]

내면(內面)에 있는 비도들의 괴수 차기석(車箕錫)이 스스로 득도했다고 하면서 어리석은 백성들을 속이고 회유하니 그 무리가 1,000여 명이 되었다. 전하는 말에, '자신들은 호비(湖匪)의 무리와 같지 않고 다만 학업을 하며 의롭지 않은 행동은 하지 않는다'라고 했으나, 이것은 한갓 그들 무리를 보호하려는 말로 참으로 믿을 수가 없다. 그러나 내면은 오대산 서북쪽에 자리잡고 있어 길이 막히고 멀고 산과 계곡이 험준하여 가서 토벌하기가 어려웠다. 또한 현저하게 나쁜 행적이 없어 잠시 그대로 두었으나 식자(識者)들은 그것을 걱정하였다.

차기석이 이끌던 동학도[7]의 수가 1,000명이라고 했다. 전후 상황을 보면 1894년 2차 봉기 이전에 내면의 동학도들이 세력을 키우는 모습을 전해 주고 있다. 차기석의 동학도가 전라도와 충청도의 동학도와 같지 않다고 표현한 것은 1차봉기에 동참하지 않았다는 것을 말한다. 차기석은 동학 교단이 관아에 죄를 짓거나 불법 행위를 하지 말라고 강조한 지침을 따라서 활동하였다. 동학의 수도를 의미하는 "학업을 하며 의롭지 않은 일을 하지 않는다"고 한 표현이 그것이다.

이 기록에서 '현저하게 나쁜 행적'이 없었다는 것은 봄에서 여름 사이의 평가였다. 일본군이 경복궁을 침범한 6월 21일(양력 7월 23일) 이후 사정이 달라졌다. 강원도 여러 군현에서 청일전쟁이라는 갑오년의 격변을 비교적 일찍 알게 되었다. 청국군 패잔병들이 강원도를 통과해서 지나가는 것을 보게 된 것이다. 충청도 충주를 지나 강원도로 들어온 청국군은 민폐를 끼쳐 민심이 동요되었다. 다음은 『승정원일기』 7월 21일자 기사이다.[8]

> 강원도와 함경도의 객병(客兵)이 지나간 지역에서 각 해당 지방관들이 군량, 말먹이, 소, 말 등의 물건을 민간에 배분시켜 거두어 들임으로써 크게 민읍의 소요를 불러일으켰다고 합니다. 이 일과 관련하여 애당초 의정부에서 통지하지 않았는데, 연로의 각 고을에서 어찌 감히 제멋대로 행하여 민폐를 끼친단 말입니까. … 도신은 모두 추고하고, 각 해당 지방관은 죄명을 지닌 채 거행하도록 하는 것이 어떻겠습니까?

청국군이 함경도로 이동해 갈 때 군량은 물론 소나 말까지 강원도의 백성들에게 거둬서 제공했다고 하였다. 갑자기 곡식 등을 마치 세금처럼 배당하여 징수하자 반발을 사게 되었다. 정부에서도 강원감사와 지방관이 허락도 없이 민폐를 끼쳤다고 징계를 논의할 정도였다.

이런 징계 논의는 실상을 모른 탁상공론과 같은 것이었다. 청국군은 군수 지원을 받지 못했던 패잔병으로 행군 연로의 마을을 침범해서 극심한 약탈을 자행하였다. 지방관은 물론 감사도 제어가 불가능하였다. 목격자들이 기록한 참상을 알지 못했던 중앙 관료들은 청국군의 접대에 곤욕을 치른 지방관을 벌주는 문제만 논의하였다.

하지만 더 큰 문제가 일본군의 경복궁 점거와 국정 간섭 소식이 강원도의 동학 조직을 동요시킨 사태였다. 강원도에서도 동학 조직은 일본군을 축출하기 위한 봉기를 준비하기 시작했다. 그 과정에 동학 세력이 크게 확대되었고, 이를 양반유생들이 우려하게 되었다. 그렇지만 전라도나 충청도처럼 무장봉기를 하거나 불법행위를 하는 등의 '현저하게 나쁜 행적'을 남기지 않았던 동학 조직은 관아에서 탄압하려고 하지 않았다.

홍천이 동학을 탄압할 무력이 없었던 곳은 아니었다. 홍천은 영장(營將)이 파견된 군현이었다.[9] 1883년에 홍천에 영장이 폐지되기도 했지만[10] 도적이 횡행하거나 호환(虎患)이 일어나는 문제 때문에 1885년에 복설되었다. 1894년 5월에 한택리(韓澤履)가 영장으로 임명된 기록이 있지만 갑오년에 영장이 동학을 제어했다는 기록은 확인되지 않는다.[11]

차기석은 내면포 대접주였다. 갑오년에 내면은 홍천이 아니라 강릉에 속해 있었다. 서쪽으로 홍천 서석면, 북으로는 인제, 남으로는 평창과 횡성, 동으로는 양양과 경계를 했다. 6개 군현의 중간에 위치한 곳이 내면이었다. 또한 내면은 '오대산 서북쪽에 자리잡고 있어 길이 막히고 멀고 산과 계곡이 험준하여' 관군이 통제할 수 없었다고 하였다. 내면에는 소양강 상류를 이루는 내린천·계방천·조항천·자운천 등이 흐르고, 응복산(1,359m)·오대산(1,563m)·계방산(1,577m) 등 거대하고 험준한 산들이 연봉을 이루고 있다.

내면포의 동학 세력이 호대해지자 6개 군현 어느 관아에서도 탄압할 수 없었다. 그렇지만 관군이 멀리 있는 것은 아니었다. 홍천과 인접한 춘천에는 400명으로 편성된 친군진어영(親軍鎭禦營)[12]이 있었다. 진어영 병정들은 춘천에서 모집하였고, 1894년 3월 친군에 편입될 정도로 정비된 병영이었다. 진어영은 홍천 내면까지 가서 동학을 금지하려는 시도를 하지 못하였다.

강원도에 거점을 둔 관동포는 전주화약 이후 전국에서 가장 먼저 무장봉기를 시작하였다. 대접주 이원팔의 조직은 충청도와 경상도 군현에서 무장봉기를 준비하면서 양반유생이나 향리들과 대립하였다. 재봉기 이전인 8월 28일 경상도 예천 읍내 공격이나 9월 4일 강릉 점거는 관동포가 벌였던 일이었다. 일본군 장교 다케노우치가 죽게 되는 산양집회와 처음 일본군과 전투를 벌였던 예천 석문전투도 관동포 조직이 관여해서 벌어졌다.

강원감사 김승집(金升集)도 우려한 원주 · 영월 · 평창 · 정선 4개 군현의 동학 조직은 관동포가 중심이었다.[13]

갑오년 여름과 가을 사이에 먼저 충청도와 전라도에서 동학의 이름을 내걸고 일어났다. 본도(本道)의 원주 영월 평창 정선 4개 읍도 점점 그 피해를 입어 종종 동학의 접(接)을 설치하는 곳이 있게 되었다. 동학도는 겉으로 학을 숭상한다고 하면서 안으로는 재물을 탈취하려고 했으며, 몇 달만에 그 무리가 번성하여 곧바로 세상을 뒤덮으니 참으로 예측하지 못한 일이었다. 9월 4일에 영월과 평창, 정선 등 5개 읍의 동학의 무리 수천 명이 부사가 바뀌는 때를 엿보아 일제히 읍내에 들어와서 삼정을 바로잡을 것을 사칭하고 백성을 구제하겠다고 핑계를 대었다.

동학농민군의 강릉 점거는 실패였다. 양반유생들이 반격을 가하자 밀려 나오게 되었고, 다시는 강릉 점거를 시도하지 못하였다. 그뿐 아니었다. 강릉부사로 발탁된 선교장 주인 이회원(李會源)이 소모사가 되어 강릉을 비롯해서 평창·정선 등지의 민보군까지 이끌게 되었다. 그 이후 동학 조직은 여러 군현에서 예전과 같이 활동하기가 어렵게 되었다.

9월에 들어오면 홍천의 동학 조직도 활동을 격화시켰다. 봉기 준비는 일정한 모습을 띠고 진행되었다. 첫째는 많은 사람을 동학 조직에 들어오게 하는 것이고, 둘째는 화승총 등 무기와 화약·창칼을 확보하는 것이며, 셋째는 돈과 곡식을 모아서 무장봉기에 필요한 경비와 군량을 마련하는 것이다. 홍천의 주요 동학 근거지에 사람들이 몰려들었다. 그리고 동학도들은 부농 지주들에게 돈과 곡식을 강제로 헌납을 받았다. 이런 활동은 관아는 물론 양반유생들에게 위협으로 비쳐졌다.

홍천의 동학 조직은 강원도의 도계를 넘어 경기도 지평까지 넓혀 나갔다. 홍천의 경내는 동서로 길게 펼쳐져 있었다. 동쪽은 큰 산줄기가 겹쳐져 있는 오대산 거봉까지 포함되고, 서쪽은 홍천강 줄기가 흘러가는 골짜기로 이어진다. 홍천의 감물악면(甘勿岳面)은 바로 경기도 지평의 단월면과 경계를 마주하고 있다.

홍천 감물악면의 동학 근거지는 팔봉과 필곡이었다. 팔봉은 홍천강이 굽이쳐 흐르는 8개의 봉우리가 유명한 팔봉산 아래의 골짜기에 이루어진 마을이고, 필곡은 붓골 또는 붓고지라고 부르는 팔봉리 서쪽의 마을이다. 고석주(高錫柱), 이희일(李熙一), 신창희(申昌熙) 등 동학 지도자는 이 마을에 동학 조직의 접을 설치했다. 무장봉기를 준비하는 접소에는 무기와 식량을 모으는 많은 사람들이 출입하였다.

동학 조직은 본래 포교를 통한 인맥으로 연결되었다. 지평 일대에서 홍천에서 온 동학도들이 활동한 것은 두 지역의 동학 조직을 아우르는 대접주가 있는 것을 의미한다.[14] 대접주 아래의 수접주나 접주들도 도의 경계를 넘어서 세력을 확대하였다. 지평에서 활동한 동학 조직의 거점이 홍천의 팔봉과 필곡이었다.

대일 항전을 위해 돈과 식량을 모으는 집단행동은 양반유생들이 보기에 '겁략하고 잔학을 저지르는 폐해'에 지나지 않는 것이었다. 지평까지 홍천의 동학도들이 들어와서 강제로 재물을 빼앗고 잔학한 행동까지 하게 되자 양반 유생들 속에서 민보군을 결성하자는 움직임이 나타났다. 지평의 상동면에 세거하는 전 감역 맹영재가 중심이었다.

맹영재는 김백선(金伯先)을 위시한 사포군(私砲軍) 300명을 규합하였다. 지평현감 안욱상(安昱相)은 민간인의 군사 활동을 지원하기 위해서 맹영재를 부약장(副約長)을 삼고 관포군 20명도 함께 지휘하도록 하였다. 지평 경내의 동학도들을 제어하는 일과 홍천에서 오는 길목을 막아내는 것이 임무였다. 지평현감과 양반유생들은 경내를 망라하는 향약을 실시하면서 현감은 약장, 맹영재를 부약장으로 정했다. 현감은 부약장이 포군을 지휘해서 동학도들을 제압하는 활동을 관권으로 뒷받침해 줄 수 있었다.

맹영재는 적극적이었다. 경내뿐 아니라 홍천 동학 근거지까지 들이치기로 결정하였다. 9월 12일 맹영재는 관포군과 사포군 100여 명을 이끌고 현의 경계를 넘어서 홍천으로 들어갔다. 그리고 감물악면 팔봉으로 직행해서 동학 지도자를 붙잡아 처형하였다.

경기감사는 장계로 그 사실을 알렸다. 그 보고는 『고종실록』과 『승정원일기』 9월 26일자에 실렸고, 여러 관찬사료와 『오하기문』 3필에도 전재되었다. 원본은 양호도순무영이 작성한 『갑오군정실기』 9월 26일자에 실렸다.

『고종실록』과 『오하기문』, 그리고 『갑오군정실기』의 해당 기록을 비교

해본다.

『고종실록』 1894년 9월 26일

방금 경기감사 신헌구(申獻求)가 올린 장계의 등보(謄報)를 보니, '지평현의 비적(匪賊) 수백 명이 홍천에 소굴을 만들어 놓고 들락날락하면서 재물을 약탈하는 등 못하는 짓이 없으므로 본현에 사는 감역 맹영재가 부약장으로서 관청[15]과 사포군 1백여 명을 거느리고 홍천에 이르러 그 괴수 고석주(高錫柱), 이희일(李熙一), 신창희(申昌熙)를 사로잡고, 혹은 목을 베고 혹은 쓰러뜨려 그 무리 5명을 죽이자 나머지는 다 사방으로 흩어졌습니다. 버리고 간 창(槍) 58병(柄)은 거두어 군고(軍庫)에 바쳤고, 포군 김백선(金伯先)은 적들에게 부상을 당하였습니다. 맹영재가 의리를 내세워 비적들을 목 베고 사로잡은 것과 포군들이 힘을 다해 싸움에 달려 나간 것에 대해서는 응당 표창하는 은전이 있어야 하니, 묘당(廟堂)에서 품처(稟處)하게 할 것입니다.'라고 하였습니다.

『오하기문』 3필

경기감사 홍순형[16]이 보고하기를 '지평현의 도적 수백 명이 홍천 땅에 접장을 설치하자, 감역을 지냈던 맹영재가 부약장으로 관군과 민간 포병 백여 명을 거느리고 그 우두머리 고석주·이희일·신창희를 사로잡아 혹은 목을 베기도 하고 혹은 죽이기도 하였으며, 그 일당 다섯 명도 목을 쳐죽였더니 나머지는 사방으로 흩어졌습니다. 맹영재가 의를 내세워 목을 베고 사로잡은 일은 포상 받을 만합니다. 의정부에서 제의하여 처리하도록 하고 맹영재를 소모관에 임명하여 계속하여 토벌하는 일에 전념토록 하고 지방수령의 자리가 나면 임명할 일입니다'라고 하였다.

『갑오군정실기』 1894년 9월 26일

경기감사 신헌구가 원본을 베껴서 보고합니다. 이번에 지평현감 안욱상 (安昱相)의 보고를 받아 보니, '동도(東徒) 수백 명이 홍천의 팔봉(八峯)과 필곡(筆谷) 등에 접(接)을 설치하여, 겁략하고 산학을 저지르는 폐해가 이르지 않는 곳이 없기 때문에, 지평현의 관포군(官砲軍) 20명과 사포수(私砲手) 300여 명 모 두에게 그들을 막아서 지키도록 명령을 내렸습니다. 또한 상동면에 사는 전 감역 맹영재를 부약장으로 삼고 방편을 세워서 지키도록 하였습니다.

9월 12일에 맹영재가 관포군과 사포군으로 이루어진 100여 명을 거느리 고 홍천에 이르러서 남이 알아보지 못하도록 변복(變服)하고 그들을 유인하였 습니다. 먼저 그들 무리인 김철원(金鐵原) 등 10명을 사로잡았는데, 7명은 타 이르고 풀어주었고, 김철원 등 3명은 오히려 향도로 삼아 곧바로 팔봉으로 향하였습니다.

그들의 우두머리인 고석주 · 이희일 · 신창희 3명을 사로잡아서, 고석주는 그 자리에서 참수하고, 이와 신 두 놈은 총을 쏘아 죽였습니다. 또 총이나 돌 을 맞아 죽은 자가 5명입니다. 나머지 무리들은 사방으로 흩어졌으며, 그들 이 버린 창 58자루는 군고(軍庫)에 수납하였습니다.

이들 비류들이 창궐하는 시기에 방어하는 것을 배로 늘려 단속하였고, 포 군(砲軍)이 사용할 군량과 반찬을 약환(藥丸)과 함께 별도로 조치하여 나누어 주라고 하였습니다. 군량과 반찬은 경기감영에서 차례로 도와주고, 약환은 지평현의 것을 사용하되, 방략을 마련하여 토벌하여 쓸어버리도록 엄하게 명했습니다.

맹영재가 의로움을 따라서 그들을 찔러 죽이거나 생포한 일과 포군들이 충성을 다하여 어려운 일임에도 나아간 것에 대해서는 마땅히 포상하는 은 전이 있어야 할 것입니다. 묘당이 임금께 아뢰어야 할 일입니다'라고 하였습니다.

『갑오군정실기』의 기록이 본래 지평현감이 보고한 원문이다. 『고종실록』이나 『오하기문』은 내용은 이 보고를 줄여서 전재한 것이다.

종래 맹영재가 이끄는 지평 민보군이 홍천의 동학 근거지를 공격한 배경을 알 수 없었지만 『갑오군정실기』는 그 이유를 알려주고 있다. 홍천의 동학도들이 경기도 지평에 와서 '겁략하고 잔학을 저지르는 폐해'가 원인이었다는 것이다.

맹영재가 이끄는 100여 명의 지평 관포군과 사포군이 홍천에 들어간 후 변복을 했다고 하였다. 변복한 곳은 처음 진입했던 필곡이 아닌가 한다.[17] 관포군이나 민보군은 흰옷 위에 검은 도포 등으로 구분했는데 색깔이 있는 옷을 벗어 농민들처럼 변장하고 기습하였다. 그리고 동학도인 김철원 등 3인을 붙잡아서 길안내를 하도록 하고 곧바로 팔봉으로 갔다고 하였다.

팔봉에서는 우두머리 고석주·이희일·신창희 3명을 붙잡아서 고석주는 참수하고 다른 2명은 총살하였으며, 또 5명을 총과 돌로 죽였다고 하였다. 동학 접소에 보관한 무기는 창 58자루였다. 동학지도자가 처형되고, 무기도 몰수해서 지평관아의 무기고에 넣었다. 맹영재가 이끄는 사포군 300여 명은 지평 경계를 방어하는 일이 주된 임무였는데 그 경비는 적지 않아서 경기 감영에서 군량을 지원하고, 화승총의 화약과 연환은 지평현에서 공급받는다고 하였다.

『갑오군정실기』는 홍천 서부의 감물악면과 지평현의 갑오년 사정에 대해서 새로운 사실들을 전해준다. 이와 함께 주목할 점은 사태가 벌어진 시점이다. 9월 12일은 일본군의 경복궁 침범과 청일전쟁이 일어난 날부터 약 3개월이 지난 시기이다. 그리고 강릉을 점거했던 동학농민군이 민보군의 반격을 받아 퇴각한 지 5일째 되는 날이었다. 또한 동학 조직이 전국에 걸쳐 재봉기할 날을 기다리는 때이면서 무기와 식량을 확보하는 활동이 격화되던 때이기도 했다.

동학교주 최시형이 기포령을 내린 날은 9월 18일이었는데 그 직전까지 교단의 지침을 따르던 동학조직이 봉기한 지역은 경상도 예천과 강원도 강릉뿐이었다. 예천에서는 8월 28일 쌍방 수천 명이 동원된 공방전이 벌어졌고,[18] 일본군과 충돌한 사건인 태봉병참부의 다케노우치 대위 피살건과 석문전투와 함께 벌어진 예천의 소야 근거지 기습도 그 전후에 일어났다.[19] 강릉에서는 9월 4일 강릉 관아가 점령되었고, 9월 7일에는 민보군의 반격으로 강릉에서 밀려났다.[20] 지평민보군의 팔봉 기습은 9월 12일에 일어났다. 기포령 직전 벌어진 주요 사건이 바로 관동포와 내면포의 활동에서 비롯된 것이었다.

지평민보군의 결성과 활동은 두드러졌다. 예천과 강릉을 제외하고 아직 민보군을 결성하려는 시도가 없었다. 누구도 강력한 동학 세력에 감히 맞서려고 하지 못하던 때였다. 그러나 지평에서는 민보군이 결성된 직후 강력한 활동을 시작했다. 전 감역 맹영재와 사포군 지도자 김백선 같은 인물이 지평에는 있었다. 또 민보군 결성을 적극 지원한 지평현감 안욱상이 있었다.

경기감사가 9월 26일에 올린 장계는 정부가 처음 받는 승전보였다. 이 소식은 양호도순무영을 고무시켰다. 이때 삼남은 물론 경기도까지 동학도들의 집결 사태가 보고되었지만 정부는 적절한 대책을 세우지 못했다. 이제 민보군 동원이 핵심 방책으로 부각되었다.

정부는 9월 22일 양호도순무영을 설치하였다. 신설 도순무영은 동영(東營) 자리에 병영을 설치하고, 중군과 종사관을 선임하면서 소모사와 소모관을 임명하기 시작했다. 먼저 지평현감 안욱상이 요청한 '포상 은전'으로 9월 27

일 맹영재를 기전소모관에 임명하였다.[21]

> 지평현에 사는 전 감역 맹영재가 대의를 내세워 포를 설치하여, 비도를 죽
> 이거나 생포하여 좋은 결과를 얻었으며 어려움에서 구원한 의리는 매우 가
> 상하다. 그래서 임금께 포상할 것을 아뢰어 기전소모관(畿甸召募官)으로 임명
> 하고 전령을 가지고 가서 주니, 도착 즉시 조정에서 장려하고 권하는 도리를
> 직접 전하여 선포하되, 하루빨리 비도들을 무찌를 계책 또한 지평현에서 방
> 략을 의논하여 잘못되는 폐해가 없도록 하라.

그뿐 아니었다. 9월 28일에 지평현감 안욱상을 안산군수로 전임시키고[22] 다음날 맹영재를 지평현감에 임명하였다.[23] 지평 관아의 인력과 물력을 동원해서 스스로 동학농민군을 평정하라는 것이었다.

양호도순무영이 설치되기 이전에 결성된 지평과 금산(錦山), 예천과 강릉의 민보군은 모범사례가 되었다. 정부는 왕명으로 전국에 소모사, 소모관, 조방장 등을 임명하였다. 민보군 조직을 지시한 조치였다. 지평현감 겸 기전소모관 맹영재에게는 특별 지시를 내렸다. '도의 경계를 넘는 것에 구애받지 말라'는 전령이었다.[24] 경기감사에게도 관문을 보내서 그 사실을 알렸다.

> 지금 이후부터 만일 비적을 쳐서 물리치는 일로 충청도 산골[湖峽]이나 강
> 원도 등지를 왕래할 때, 경계를 넘어가는 것에 구애받지 말라. … 경기감영
> 에 비밀 관문을 보낸 후에 전령을 보냈으니, 도착 즉시 거리낌 없이 거행함이
> 마땅하다.

춘천의 친군진어영에도 전령을 보내 맹영재가 동학의 우두머리를 잡은 홍천 팔봉에 가서 뒷마무리를 하면서 효유하도록 하였다.[25] 춘천의 병영에 전령해서 민보군이 제압한 지역에 가서 뒷수습을 하도록 한 것이다.

진어영 관할 하에 있는 여러 읍의 비도들이 소란을 일으켜 마치 불이 붙기 시작하는 것 같았으나, 소모관인 지평현감 맹영재가 홍천의 팔봉(八峰)에서 비도를 무찌르고 생포하였다. 이후 그들의 우두머리들은 비록 이미 모두 섬멸되었을지라도, 여당들은 오히려 빠져나간 자가 많다고 한다. 그래서 이에 전령이 도착한 즉시 직접 가서 효유하여, 그들이 귀순하여 편안한 마음으로 생업에 종사하도록 하라.

또 9월 26일 강릉민보군을 이끈 전 승지 이회원(李會源)을 부사로 선임하고 10월 22일에는 관동소모사(關東召募使)를 겸무시켜서 동학농민군을 진압하도록 하였다. 홍천과 인접한 횡성에서도 소모관을 선임했다. 횡성현감 류동근(柳東根)은 토포사를 겸하고 있었는데 그를 돕도록 주사(主事) 정준시(鄭駿時)를 9월 30일 관동소모관에 임명하였다.[26]

3. 기전소모관 맹영재의 경기도 일대 순회

지평현감 겸 기전소모관 맹영재의 활약은 양호소모영의 기대 이상이었다. 우선 소모관 임명 이전인 9월 24일에 600명으로 늘어난 포군을 이끌고 여주로 직행하였다.[27]

여주목사 이재윤(李載允)의 보고를 보니, 그 내용에 '9월 24일 지평현감 맹영재가 포군을 이끌고 여주에 도착하여 곧바로 수계면(首界面) 신지(新池) 동쪽에 있는 동학도들이 사는 곳으로 향하였으며, 접주인 임학선(林學先)의 아버지 임황록(林黃祿) 및 하백양(下白羊)에 사는 접주 김화춘(金化春), 장흥(長興)에 사는 접주로 성명 부지의 세 놈을 모두 총을 쏘아 죽였다'고 합니다.

수계면[28] 신지는 여주 동학의 중심인물인 임학선이 세거해 온 마을이었다. 읍내 관아와 가까운 마을이었지만 1894년 9월에 이르기까지 신지의 동학도들은 거침없이 활동하였다. 동학 세력이 관아를 압도했기 때문이었다. 지평민보군은 신지로 바로 들어가 수색하였다. 대접주 임학선은 마을에 없었으나 그 아버지를 대신 처형하였고, 다시 길천면[29] 하백양으로 가서 접주 김화춘을 총살하였다.

신지리에 거주하던 임학선 등은 맹영재가 민보군을 이끌고 오자 황급히 충주로 몰려갔다. 동학농민군 집결지인 황산 인근의 무극 등지는 맹영재의 민보군에게 밀려온 경기도 사람들이 적지 않았다.[30] 신지에 살던 임동호는 만년에 그런 내용을 술회하였다.

> 포덕 35년(1894)에 교장(敎長)직으로 시무하다. 같은 해 8월 하루밤에 700인까지 전교하다. 같은 해 9월 22일에 맹감역이라는 사람이 포군 400여 명을 거느리고 동학도인을 총살하면서 본리(本里)에 침략함으로 음성 무극장으로 일반 도인 수만 명이 집회함에 참가하여 10여 일 머물다가….

경기감사를 통해 그 성과를 보고 받은 양호순무영은 긴급한 사태가 벌어진 지역에 맹영재의 민보군을 급파하였다. 9월 29일 양호도순무영은 경기도 남부지역의 사태를 맹영재에게 전하고 죽산과 안성에 파견된 경군과 협

력하도록 전령하였다.[31]

그리고 각 군현 관아에도 전령을 내려서 맹영재의 민보군에게 군량과 말먹이 등을 미리 준비해서 제공하도록 하였다. 필요한 경비와 군량은 공전과 공곡, 즉 세금으로 거둔 곡식을 사용하고, 화약과 연환(鉛丸)도 관아에서 보관한 것을 쓰도록 하였다. 또한 탁지부에서 광목 10동을 보내 겨울 군복을 만들어 입도록 하였다.[32]

맹영재의 지평민보군은 특별대우를 받았다. 그것은 9월 하순부터 10월 초까지 사태가 심각했기 때문이었다. 전라도는 관치 질서가 마비된 지 오래였고, 충청도에서도 무기가 탈취된 군현이 잇달았다. 태안에서는 부사 신백희(申百熙)와 종친부 파견 관원 김경제(金慶濟)가 피살당했고, 서산에서도 군수 박정기(朴錠基)가 살해되었다.[33] 경상도는 상주와 선산이 점거되었고, 청주는 공방전을 벌이며 화급한 구원 요청을 보내 왔다. 경기도 군현의 관아도 무기가 탈취되었다. 이제 도성도 위태롭게 생각되었다.

10월 초순 충청감사 박제순은 청주 상당산성을 비롯 제천, 단양, 청안, 영동, 천안, 회인, 진천, 목천, 직산의 관아 점거와 무기 탈취 보고를 보내왔다. 또 서천, 결성, 아산, 태안, 영춘, 단양, 당진, 문의에서도 무기 탈취 보고가 잇달았다.

경기도에서도 관아 점거 사태가 일어났다. 동학도들이 읍내를 점거한 안성과 죽산에는 경군 영관을 지방관으로 임명해서 경리청과 장위영 병정들과 함께 부임하도록 하였다. 음죽현감은 동학농민군 집결지에 관한 심각한 보고를 올려왔다.[34]

음죽현감 김종원(金鍾遠)의 보고에 '근일에 비류들이 죽산 광혜원 충주 황산 무극장(無極場) 등지에 많은 사람들을 불러 모으고 있어서, 모인 무리들이 수십만이 될 정도입니다. … 9월 25일 유시(酉時) 동도 수천 명이 각기 총과 창 및 환도(環刀)를 가지고 관사(官舍)를 둘러싸고 군기고를 부수어, 남은 군물(軍物)은 모두 빼앗아 갔으며, 서리와 군교 10여 명은 그들을 막다가 매를 맞아 죽을 지경에 이르렀습니다.'

9월 하순에 가장 우려했던 동학농민군은 충주 황산과 청풍, 광혜원 등지에 집결했던 대규모 세력이었다. 도순무사 신정희는 '안성에서부터 충주 진천 광혜원 등지에 널리 퍼져' 있는 동학농민군을 지평민보군의 맹영재와 죽산부사 이두황, 그리고 안성군수 성하영에게 협력해서 진압하라고 명령했다. 맹영재의 민보군은 경군 장위영과 경리청 병대와 대등하게 거론되었다.

지금 안성의 비도들이 충주 진천 광혜원에 많은 사람들을 불러들여서 장차 어떤 일이 일어날지 알 수 없다는 말을 들었다. 그래서 이미 죽산 안성 2개 읍에 있는 행진소(行陣所)에 전령을 내려, 그들로 하여금 비도들을 상대하도록 하였다. 그러니 죽산과 안성의 진영에 보낸 공문이 도착하면, 서로 날을 정하여 진을 움직여 응대하면서 때에 따라 적을 물리치고 사로잡으라.

그러나 죽산부사 이두황은 즉시 명령을 따르지 않고 머뭇거렸다. 그 사이에 진천 광혜원과 충주 황산에 집결했던 동학농민군은 괴산을 거쳐 보은으로 향해서 집결지는 비어 있었다. 아무도 없는 집결지로 접근하던 죽산부사 이두황과 안성군수 성하영은 지평민보군을 기다렸다,

그런 보고를 받은 양호순무영은 "소모관 맹영재는 이미 다른 곳으로 보내졌으니, 반드시 기다릴 필요는 없다"고 전해왔다. 맹영재는 여주 점량면 덕곡리로 가서 충주 소식을 탐지하였다.[35]

10월 12일 신시(申時) 무렵에 여주 점량면(占梁面) 덕곡리(德谷里)에 도착하여 충주 무기촌(無基村)[36] 및 진천 광혜원 등지를 자세히 탐지하였더니, 동도가 모두 도망하여 흩어졌다가, 다시 몰래 괴산을 습격하여 읍내에 불을 지르고 모두 태웠습니다.

10월 13일 오는 길에 활산(活山)의 접사 최제팔(崔齊八)을 잡아 덕실촌(德實村) 앞에서 죽였으며, 10월 14일 죽산 안광리(安光里) 출신 접괴(接魁)인 박성익(朴性益)과 구계동(九溪洞)의 접사인 이춘오(李春五) 모두를 죽산부의 대로변에서 죽였습니다. 구산리(九山里)의 동도 장태성(張太成)은 동학에 들어가 그의 상전을 결박하여 혹독하게 무수히 장을 쳐서 정강이뼈가 드러났습니다. 그래서 그 또한 대로변에서 죽였습니다.

맹영재의 지평민보군은 "도망한 비도들은 반드시 여주와 지평 등지로 갈 것이다. 요충지로 회군하여 가로막되, 상황에 임하여 잘 처리하도록 하라"는 명을 받고 회군하였다. 회군길에 여주, 이천, 음죽, 죽산을 순회하면서 동학 근거지를 수색하고 접주 등을 체포하였다.[37] 맹영재의 민보군은 잔혹하였다. 접주와 접사 등을 잡으면 즉시 처형하였다. 노비 신분으로 양반 상전에게 해를 입힌 경우에도 용서가 없었다.

그러나 경기도 일대의 동학농민군에게 가장 위협적인 존재는 일본군이었다. 충주 가흥에서 장호원, 그리고 이천과 곤지암과 송파의 병참부에 배치한 1개분대에서 1개소대의 병력이 인근의 동학농민군을 공격하였다. 그리고 10월에 서울에 주둔한 후비보병 제6연대 제6중대를 경기도와 충청도로 파견하였다.

10월 중순 시모노세키 수비를 맡던 후비보병 제19대대가 증파되었다. 동학농민군 진압을 맡은 전담부대였다. 19대대의 3개중대는 동로분진대, 중로분진대, 서로분진대로 나누어 남하하였다. 동로군은 이천-장호원-가흥-충주로 직행했고, 중로군은 용인-양지-죽산-진천-청주로 갔으며, 서로군은 진위-양성-직산-천안-덕평-공주로 행군하였다. 강원도는 동로군이 충주를 거쳐 진입해서 충청도에서 들어오는 동학농민군을 막도록 하였다. 강원도를 통해 북상하여 러시아로 갈 경우 국제문제화하는 것을 우려하였다.[38]

일본군은 강원도의 동학농민군 진압에 병력 증파가 필요하다고 판단하였다. 그래서 서울에 주둔한 후비보병 제18대대의 1개 중대를 보냈다.[39] 이 대대는 공사관 및 부산과 인천의 영사관과 일본거류민 보호를 위해 파견되었으나[40] 이시모리 요시나오(石森吉猶) 대위가 지휘하는 1개 중대를 빼내서 강원도로 직행시켰다. 강원도 원주 등지는 후비보병 제18대대와 제19대대의 2개 중대가 동학농민군을 추격하였다.[41]

11월 20일에 가흥병참부로 내려온 이노우에 공사와 이토 병참감이 연명한 훈령은 이시모리 대위의 제18대대 소속 중대가 강원도에서 진압을 맡도록 하였다. 동로군은 처음 계획대로 경상도 병참부를 경유해서 전라도로 가라고 하였다.

이시모리 요시나오 대위가 지휘하는 1개중대는 정선과 평창 등지를 순회하였으나 홍천까지 올라갈 필요는 없었다. 지평현감 맹영재가 지휘하는 민보군이 10월 하순 홍천의 동학농민군을 공격했기 때문이었다.

4. 홍천에 집결한 동학농민군과 풍암리전투(10월 22일)

강원도에서 대규모 세력을 가졌던 대접주는 차기석이었다. 강릉, 양양, 원주, 횡성, 홍천 5개 군현의 접주[42] 차기석은 10월에 들어와서 휘하의 동학

조직을 봉기시켜 홍천에 집결시켰다. 관동소모관 정준시가 그 사태를 맹영재에게 긴급히 알렸다. 10월 13일 '홍천 서석리(瑞石里)의 동괴(東魁) 차기석이 갑자기 충주에서 와서 평민 7명을 죽이고 홍천 횡성 원주 등지를 침범'[43]하려고 한다는 것이었다.

이 시기에 차기석이 충주를 다녀왔다는 것은 청풍의 서창 집결지나 충주의 황산 집결지에 갔다는 말이기도 했다. 9월 말 청풍, 제천, 단양, 영춘 4군에서 모인 서창 집결지의 상황은 급박하였다. 9월 27일 안보를 공격해서 병참부와 군용전신소를 불태웠으나 가흥병참부에서 급파된 일본군이 공격해서 막대한 피해를 입었다.[44]

그런 사건을 보고 온 차기석의 동학농민군 지도 방향은 종래와 달라졌다. 무기와 군비를 모으기 위해 과감한 행동을 피하지 않았고, 동학농민군에게 적대한 민보군과 양반유생에 대한 공세도 적극적이 되었다.[45]

9월 그믐쯤에 군사를 모아 난리를 일으켜서 창고를 불사르고 인민을 위협하며 따르지 않는 자가 있으면 그 집을 태우고 사람을 죽였다. 또한 포목 해산물 가축 등 상인들을 회유하여 그 재물을 빼앗고 사람들을 죽여서 태워버렸다. 산골짜기 길의 행상 중에 죽은 자가 수백 명이었으나 길이 끊겨서 영동에서는 전혀 그것을 알지 못하였다.

강릉부사 이회원이 달라진 차기석을 기록한 것처럼 이 일대의 동학농민군은 엄혹해졌다. 각 군현에서 민보군이 결성되면서 상황은 악화되었다. 민보군 참여자를 잡으면 처형하였고, 보부상도 마찬가지였다. 보부상은 관아와 민보군에게 협력하고 있었다.[46]

내면 근처에 거주하는 윤태열(尹泰烈) 정창해(丁昌海) 조원중(趙元中) 정운심(鄭雲心) 등은 본래 무뢰배들인데, 교활하게 차적(車賊)을 빙자하여 마을사람들을 속이고 군사들을 모았으며 창고 옆에 목채를 세우고 강제로 각 마을에 명령을 내려, 호(戶)마다 속미(粟米) 6말, 미투리 한 켤레씩을 빠짐없이 거두었다. 또한, 소를 빼앗아 날마다 여러 마리를 잡으니 고기와 포(脯)가 산과 숲을 이룰 정도였다. 기꺼이 자신들을 따르지 않으려는 자가 조금이라도 있으면 바로 죽였다. 이에 완악한 무리들이 모두 일어나 한 패가 되었다. 진부면 안영달(安永達) 김성칠(金成七) 등도 거기에 가담하였다. 김상연은 진부면 두일촌(斗逸村)에 살았는데, 어느 날 밤에 잡혀가서 4부자(父子)가 함께 구덩이 안에서 죽었다. 지난날에 잠시 중군을 했다는 소문 때문이었다. 행상과 부고(負賈), 보부상들이 모두 불 속의 귀신이 되었고, 요호와 양민이 솥 안의 물고기로 절로 나뉘어졌다.

내면과 함께 평창의 봉평면은 동학농민군이 거점이 되었다. 그래서 "두개의 면 '내면과 봉평면'은 100리가 되는 산골짜기인데 곧 양산박과 같은 소굴이 되었다"[47]는 표현까지 나왔다. 10월 13일 밤에는 동학농민군이 홍천 내촌면 물걸리에 있는 동창을 들이쳐서 세곡을 탈취하였는데 그 과정에 창고에 불이 나고 7명의 인명을 해치는 사건이 벌어졌다.

신임 홍천현감은 7월에 부임한 서학순(徐學淳)이었다.[48] 그 사건을 보고 받고 서학순이 시신을 검사하기 위해 향리와 더불어 현장으로 갔으나 수백 명의 동학농민군이 무기를 들고 둘러싸서 접근조차 하지 못하였다.[49]

읍내로 돌아온 현감은 관아가 점거되는 사태를 우려하였다. 그래서 중군 이진석(李震錫)에게 관포군을 지휘케 하고, 전감찰 이영엽(李永燁)을 민보군의 영수로 삼아 읍내 민정 150여 명을 영솔하도록 했다. 이와 함께 감영과 인근 군현에 공문을 보내서 구원을 호소하였다.

동학농민군은 강릉에서 밀려난 일을 잊지 못하고 있었다. 그래서 동창을 친 이후 강릉으로 갈 것이라고 하였다. 집결지인 동면 좌운리(坐雲里)에는 모이는 사람들이 많아졌다. 홍천읍의 관포군은 약세이고 포교의 수도 적어서 만일 읍내로 들어온다면 막아낼 수가 없을 것이었다.

하지만 차기석은 읍내로 들어가지 않고 서석면 풍암리로 가서 집결하였다. 풍암리는 교통의 요지이면서 수천 동학농민군이 집결할 만한 곳이었다. 풍암리에서 서쪽으로 가면 읍내를 거쳐 춘천으로 가는 길이 나온다. 북쪽으로 가면 백암산과 소뿔산을 좌우로 돌아 인제로 갈 수 있고 남쪽으로 가면 횡성, 동쪽으로 대관령을 넘으면 강릉이 나온다.

풍암리에 있는 야산은 넓은 골짜기를 내려다볼 수 있는 위치에 있었다. 주변에 마을도 적지 않아 분산해서 투숙하면 추운 밤을 넘기기도 쉬웠다. 또 대규모 취사 도구도 있었던 것 같다. 동학농민군은 풍암리 집결지에서 여러 날을 움직이지 않았다. 13일에 물걸리 동창에서 왔다면 무려 10일 동안 한 자리에 머물러 있었다.

동학농민군이 서석면 풍암리에 집결했다는 소식은 널리 전해졌다. 강원 감영은 인근에 있는 관군과 민보군을 홍천에 시급히 오도록 하였다. 가장 먼저 홍천을 관할하던 병영인 춘천 친군진어영의 병대가 출동하였다.[50]

본영 병정 70명과 포군 30명을 군관 김동규(金東圭)와 초관 박진희(朴晉熙)가 영솔해서 달려가게 했습니다. 10월 18일 해시(亥時)쯤 그 장관(將官)의 보고를 받아보니, '영병(營兵)이 그날 저물녘에 홍천에 도착했습니다. 저들이 항거하여 서로 대적할 때에 3명을 쏘아 죽이고 18명을 사로잡았으나 저들은 수가 많고 우리는 적으며 홍천현의 화약이 떨어졌다고 하기에 다시 포군 40명과

화약 100근을 바로 발송했습니다.'

140명의 진어영 병대는 읍내에 머물고 서석면에는 접근하지 않았다. '수천 명'에 달하는 동학농민군에게 겁을 내고 있었다. 뒤이어 횡성현감 겸 토포사 유동근(柳東根)도 관동소모관 정준시와 함께 원주와 횡성 포군을 인솔해왔다.[51]

> 횡성현감 유동근이 첩보합니다. 홍천 비도를 토벌하러 소모관과 함께 원주 포군 28명, 본현 포군 100명, 창군(鎗軍) 50명을 인솔해서 10월 17일에 출발하여 본현 청일면 춘당리에 머물렀습니다. 춘당리는 홍천 서석과 경계를 접해 20리가 넘지 않는 곳입니다. 그들의 수가 많고 군기도 적지 않을 뿐 아니라, 저들은 많고 우리가 적어 가볍게 상대할 수 없어 합세해서 토벌하자는 공문을 홍천과 지평에 보냈습니다.

횡성의 청일면 춘당리에서 먼드래재를 넘으면 하군두리를 지나서 서석면 풍암리로 바로 갈 수 있다. 대규모 동학농민군과 맞서려고 하지 않는 횡성과 원주 포군 178명도 춘당리에서 움직이지 않았다. 그리고 현지에서 장정을 모집하는 방식으로 세력 확대를 꾀하였다. 그러자 오히려 동학농민군이 10월 20일 새벽 6시경에 춘당리로 기습해 왔다.[52]

> 10월 20일 묘시(卯時)쯤 비도 500여 명이 갑자기 진중을 침범해서 소모관과 함께 군대를 이끌고 힘껏 토벌했습니다. 죽거나 다친 비도는 그 수를 셀 수 없었고, 사로잡은 자도 10여 명이 되었습니다. 어리석은 백성이 어쩔 수 없이 따른 것이었기에 목숨을 구제할 방도가 없을 수가 없었습니다. 그래서 잘

타일러서 잘못을 고치고, 군오(軍伍)에 배치하여 군대 기물을 지어 나르게 했습니다. 그중에 조희준(趙希俊)과 고진성(高辰成) 등은 저들 중에 부두목으로 평소에 행패가 낱낱이 드러나서 바로 목을 베어 경계하였습니다. 형편에 따라 바로 소굴을 기습할 계획입니다. 진두(陣頭)에 소모하는 일은 아직 숫자가 정해지지 않았고, 이미 모집한 숫자는 지금 300여 명이 됩니다.

풍암리에 모인 동학농민군의 무장이나 전투력은 횡성의 민보군에 비해 떨어졌다. 횡성민보군을 선제 기습을 했으나 반격을 받아 많은 피해를 많이 입고 물러갈 수밖에 없었다. 횡성 토포사와 소모관은 현지에서 300여 명이나 장정을 동원해서 진압군의 수를 늘리고 있었다.

맹영재도 강원감영의 급보를 받았다. 양호도순무영에서도 맹영재에게 급히 홍천으로 가도록 지시하였다. 동시에 각 군현에 전령을 보내서 맹영재가 이끄는 민보군에게 때를 놓치지 말고 접대하라는 엄명을 내렸다.[53]

홍천에 온 맹영재는 풍암리로 가기 전 진압군 세력의 확대에 노력했다. 이미 지평민보군에는 양근과 여주의 민보군이 합류해 있었다. 홍천 읍내에 들어와 홍천에서 조직된 민보군도 합류시켰다. 서석면 풍암리로 가지 못하고 기다리던 친군진어영 병정들도 가세하였다.

맹영재는 거침없이 풍암리로 진군하였다. 처음에 화촌면을 통해 접근해서 동학농민군 일부가 장야촌에 진을 친 것을 알아냈다. 바로 장야촌으로 들어갔다. 첫 전투는 10월 21일 장야촌에서 벌어졌다. 다음날인 10월 22일에는 풍암리전투가 벌어졌다.

이 두 전투는 지금까지 간략한 내용만 알려졌다. 『승정원일기』의 기록은 다음과 같다.

양호도순무영의 말로 아뢰기를, 방금 소모관인 지평현감 맹영재의 보고를 보니, '지난 10월 21일 행군하여 홍천 장야촌에 이르러 비류 30여 명을 쏘아 죽였고, 다음날 서석면으로 방향을 바꾸었는데 비도 수천여 명이 흰 깃발을 세우고 진을 치고 모여 있었습니다. 그리하여 총을 쏘며 접전하였는데, 그로 인해 죽은 자들이 그 수를 알 수 없을 정도입니다. 그리고 생포한 놈들은 모두가 어리석어서 강제로 끌려 들어간 자들이기 때문에 자세히 사핵(査覈)한 다음 일일이 타일러 보내고, 귀순하여 생업에 안착하도록 특별히 신칙한 뒤에 즉시 환군(還軍)하였습니다.' 하였습니다.[54]

『고종실록』[55]과 『갑오실기』, 그리고 『나암수록』에도 같은 내용이 전재되었다. 이 기사의 원문이 되는 것은 바로 양호도순무영에서 국왕에게 올린 보고이다. 그것이 『갑오군정실기』에 실려 있다.[56] 이를 모두 인용한다.

제가 홍천에 달려간 연유는 전에 첩보하였습니다. 10월 21일 신시(申時, 오후 3시~5시)쯤 홍천 화촌면(化村面) 조개대(鳥介垈)로 들어가서 전진하는 적의 형세를 알아보려 했더니, 길이 끊겼기 때문에 창수(鎗手) 10명을 적들의 모양으로 꾸며 고깔을 씌워 먼저 보냈습니다. 비류 4명을 사로잡아 처음으로 장야촌(長野村)에 진을 친 것을 알았습니다. 즉시 행군하여 총을 쏘아 잡은 자가 20여 명입니다.

그 다음날 22일에 송치리(松峙里)로 들어갔더니, 고개가 높고 길이 험할 뿐 아니라 적들이 사방에서 불을 놓아 거리를 구분하기 어려워서 그대로 머물렀습니다. 이날 밤에 때에 맞춰 비가 내려 그 불이 꺼지기 시작하였습니다.

그 다음날 22일에 서석면(瑞石面) 어론리(魚論里)로 들어가는데, 100여 명의 적들이 모여 있었기 때문에 10여 명을 쏘아 죽였습니다. 승세를 타서 풍암리

(豊嚴里)까지 추격했더니 그들은 흙으로 보루를 쌓아 백기를 꽂고 수천 명이 진을 치고 있었습니다. 바로 접전을 해서 한낮부터 저물 때까지 이어졌고, 포병(砲兵)이 승세를 타니 적들이 점차 무너져서 그대로 흩어졌습니다. 도망가는 적을 추격하여 총에 맞아 죽은 자를 셀 수가 없었습니다.

거괴(巨魁) 차기석(車箕錫)과 박종백(朴宗伯)은 그 이름을 들었으나 얼굴을 알지 못하기 때문에 죽었는지 도망갔는지 정확히 알기가 어렵습니다. 사로잡지 못해 법을 살펴 형률을 시행하지 못해 매우 한탄스럽습니다. 그대로 주둔하여 도망간 나머지 적을 일일이 토벌하였습니다. 비도(匪徒)가 저지른 흉악한 일을 들어보니, 평민을 잡아다가 마음대로 죽이거나 해치고 묻어 버린 자가 많다고 하기에 현감이 직접 그들이 흙으로 만든 보루를 가서 상세히 살펴보았습니다. 한 구덩이에 쌓인 시신이 8~9명이나 되었으나 죽은 자의 거주지와 성명을 물어볼 사람이 없었습니다. 억울하게 죽은 평민이 매우 불쌍하게도 원귀(冤鬼)가 되어 글을 지어서 억울한 혼을 제사지냈습니다.

위협을 견디지 못해 들어간 자에게 모두 동일한 형률을 시행해야 하지만, 고려하지 않을 수 없었습니다. 그래서 잡아다가 심문을 하고 나서 배도표(背道標)[57]를 만들어 각자 면(面)으로 돌려보내고, 한문과 한글로 전령을 보내 훈계해서 각자 돌아가 생업을 편안히 하도록 지시하였습니다. 저는 이곳에서 철군할 것입니다.

여러 새로운 내용을 전해주는 이 기록에서 다음과 같은 것을 정리할 수 있다.

① 홍천의 동학농민군 주력은 풍암리 야산에 보루를 쌓고 진을 치고 있었고, 화촌면 장야촌과 서석면 어론리에도 경계병이 배치되었다. 풍암리로 들

어오는 입구인 어론리에 100여 명이 있었다면 장야촌에도 그 이상이 배치되었을 것이다. 또 횡성 민보군이 들어오는 입구인 청량리와 하군두리에도 경계병을 배치했을 것이다.

② 민보군은, 군현에 따라 다를 수 있지만, 관군처럼 검은 두루마기를 입거나 두건으로 머리를 싸서 흰옷을 입은 동학농민군과 구별을 하였다.[58] 동학농민군은 머리에 고깔로도 해석되는 지변(紙弁)을 썼다. 그것은 고깔 모양의 두건이 아닌가 한다. 지평민보군은 들키지 않으려고 똑같은 복장으로 접근해서 파수를 보던 동학농민군을 붙잡아왔다. 그리고 이들에게 정보를 획득했다.

③ 동학농민군은 야간 기습을 막으려고 솔치재 여러 곳에 모닥불을 피웠다. 홍천의 10월 하순은 춥기 때문에 보초라고 해도 모닥불이 없이 밤을 새울 수 없었다.

④ 풍암리 들판에 접한 작은 야산에 수천 명의 동학농민군이 방어를 위해 흙으로 보루를 쌓아 놓고 지키고 있었다. 이런 대비는 지평민보군에게 전혀 영향을 주지 못하였다. 오히려 조밀하게 모여 있는 동학농민군은 표적이 되었을 뿐이다.

⑤ 관아에서 지원하는 민보군에 비해 무기가 열악했던 동학농민군은 고지를 선점하고 위에서 내려다보며 응사를 하는 것이 주요 전투 방식이었다. 풍암리 야산은 방어에 적합한 고지가 아니었고, 지평민보군과 같이 경험이 있는 공격군을 쉽게 막아낼 지형이 아니었다.

⑥ 그런 조건 아래 많은 피해를 입으면서 '한낮부터 저물 때까지' 싸웠다는 것은 풍암리의 동학농민군이 완강히 버틴 것을 전해준다. 화승총으로 무장한 사람은 일부이고 주로 창수로 이루어진 동학농민군으로서는 분투한 것이었다.

⑦ 풍암리에서 희생된 동학농민군의 수는 매우 많았다. 얼마나 많았는지 부지기수(不知其數)라고 표현하였다. 도망가는 사람들도 추격해서 대량 학살이 벌어졌다.

⑧ 동학농민군도 진압군에 있던 사람이거나 반대하는 사람들을 잡아다가 처형한 것으로 보인다. 그래서 평민을 학살해서 '한 구덩이에 쌓인 시신이 8~9명'이라고 하였다. 맹영재는 이들이 억울한 귀신이 되었다고 생각하여 제문을 지어서 제사를 지냈다.

⑨ 동학농민군 지도자인 대접주 차기석과 박종백의 생사여부는 확인하지 못하였다. 이들은 풍암리를 빠져나와 피신에 성공하였다.

⑩ 붙잡힌 동학농민군이 너무 많기 때문에 다 처형하지 못하였다. 강제로 위협에 못 이겨서 합류한 사람은 동학을 배반했다는 배도표(背道標)를 만들어 주고 집으로 돌아가게 하였다.

동학농민군의 전투 방식은 어디서나 거의 일정하였다. 많은 수가 산과 같은 고지대에 올라서 멀리서 다가오는 관군에게 수적 우위를 보여주고 아래를 내려다보면서 총을 쏘는 것이었다. 관군의 경우 대개 적은 병력이었기 때문에 수많은 동학농민군이 산위에 모여 있으면 멀리서 몇 번 총을 쏘고 물러나는 것이 보통이었다. 그러나 우세한 신식 무기로 무장하였거나 전투 경험이 많은 상대방에게는 쉽게 표적이 될 수가 있었다. 풍암리 진등에 모여 있던 동학농민군은 가깝게 접근한 민보군을 막아낼 무기도 없었고, 전투에 대비한 훈련도 부족하였다.

맹영재는 서석면 풍암리에 '수천여 명'의 농민군이 흰 깃발을 세우고 진을 형성하여 모여 있었다고 보고하였다. 풍암리의 주변에서 방어진을 펼 수 있는 고지대는 마을 앞의 작은 야산밖에 없었다. 마을 뒷산은 가파른 경사면 때문에 대규모의 인원이 집결해 있기에 적합하지 않았다. 결국 서석면 풍암리의 전투는 동학농민군의 일방적인 패배로 끝이 났다.

풍암리의 동학농민군 진압은 표현하기 어려울만큼 잔혹했다. 이로 말미암아 평화롭던 서석면 일대는 사람이 끊어졌다고 한다.[59] 풍암리의 주민 가운데 동학농민군으로 전투에 참여한 사람들도 적지 않았다. 그래서 같은 날 희생된 사람들이 나왔고, 이후 여러 집안에서 같은 날 제사를 지내는 비극적인 일이 벌어지게 되었다.

횡성민보군은 전투가 모두 끝난 다음날인 10월 24일 새벽에 풍암리로 들어왔다. 그리고 부상한 동학농민군이 도망하는 것을 잡아서 처형하는 등 26일 아침까지 뒷정리를 하였고, 그런 내용을 양호도순무영에 보고하였다.[60]

> 10월 24일 새벽녘에 소모관과 함께 창포군(鎗砲軍)을 인솔해서 바로 홍천 서석리 소굴로 갔더니, 기전소모관이 홍천 여주 양근 지평 춘천 등의 포군 1,000여 명을 데리고 와서 23일에 수백 명을 쏘아 죽이고 돌아와 주둔하고 있었습니다. 날이 저물어 묵고 25일에 소모관과 함께 그대로 머물렀습니다. 다친 비도 중에 그 마을에 사는 오복선(吳福先)이 도망가다가 잡혔습니다. 더욱 교활하고 악독하기에 바로 진영 앞에서 목을 베어 경계하고, 마을사람을 불러 타일러 안정시키고 나서 26일 이른 아침에 떠나 바로 본현에 돌아왔습니다.

횡성현감 유동근의 보고문에 맹영재가 홍천, 여주, 양근, 지평, 춘천 등의 포군 1,000여 명을 데리고 왔다고 하였다. 당시 기록에 인원수를 과장해서 쓴 경우가 많지만, 이 수가 사실이라고 볼 만한 근거는 있다. 지평민보군이 9월 24일 여주로 행군했을 때 의병포군 600명이 왔다고 여주목사가 보고하였다.

이런 규모의 병력 운영에는 군수 지원이 필수였다. 그렇기 때문에 양호도 순무영에서 각 군현에 엄명을 내려서 맹영재의 민보군에게 군량과 말먹이 등의 제공을 강조하였고, 필요 경비는 공전을 쓰도록 하였으며, 화약 등도 관아에서 제공하게 한 것이다. 탁지부에서도 광목 10동이나 되는 많은 양을 겨울 군복용으로 제공하였다.

풍암리전투에서는 여기에 양근과 여주의 민보군이 합세하여 인원이 늘어난 위에 춘천 친군진어영 '본영 병정 70명과 포군 30명', 그리고 나중에 증원된 40명이 합류하였다. 홍천에서 합세한 홍천 민보군의 수가 기록에 나오지 않으나 만약 200명 이상이라면 충분히 1,000여 명이 될 수 있는 것이다.

친군진어영을 관할했던 춘천유수 임상준(任商準)은 지평민보군이 오기 전에 이 병력이 화촌면과 영귀미면에 있다가 함께 풍암리전투로 갔다면서 풍암리전투에 대한 개괄적인 내용을 보고하였다.[61]

본영에 속한 홍천현 동도를 토벌하러 병정을 보낸 연유는 전에 신속하게 보고하였습니다. 10월 20일 해당 현감의 첩정에, '본영의 병정이 본현의 포군과 길을 나눠 화촌면(化村面) 영귀미(詠歸美) 등지에 행군하여 동도가 모인 곳에 포를 쏘아 9명을 죽였다'고 하였습니다.

본영의 병정이 지평의 포군 및 본현의 포수와 함께 화촌면에서 서석면에 와서 동도 소굴에 총을 쏘아 죽은 자가 수백여 명이 되었습니다. 괴수를 죽이지 못해 후환을 낳은 것이 한탄스럽습니다.

서석면에서 밀려난 동학농민군은 봉평 방면으로 후퇴하였다. 10월 하순 이후에는 일본군이 본격적으로 강원도 일대에서 진압에 나서게 되었고, 각 군현에서 민보군이 동학농민군을 추적하였다.

지평현감 맹영재는 지평으로 돌아갔다. 그리고 휘하 민보군이 세운 풍암리전투의 군공을 인정해 달라고 양호도순무영에 요청하였다. 양호도순무영 종사관 정인표가 의정부에 포상 여부를 건의하였는데 그 명단을 보면 지평민보군의 구성에 대해 알 수 있다.[62]

> 이번에 비류를 토벌할 때에 본현의 유학 최태헌(崔台憲) 허경(許坰) 남정덕(南廷德) 김노수(金魯洙) 나정학(羅正學) 이익수(李益洙), 출신(出身) 양춘환(梁春煥) 고치백(高致伯) 서석화(徐石化) 함승연(咸承淵) 김백선(金伯先), 여주 포군 박경호(朴敬浩) 박춘일(朴春日) 고덕원(高德源) 등이 처음부터 끝까지 고생을 다해 장려하기에 합당합니다.

지평의 유학 6명과 출신 6명, 그리고 여주 포군 3명이다. 이들은 중간 간부로 보인다. 양근과 여주의 민보군도 함께 참여했지만 여주 포군만 명단에 포함되었다. 이중 민보군의 핵심인물이 김백선이었다.[63] 맹영재는 이어서 다른 민보군 가담자에게도 포상해주도록 요청하였다.

> 나라에 일이 있을 때에 신하로서 충성을 바치고 힘을 다하는 것은 본분입니다. 다만 보고할 것은 처음에 홍천의 팔봉(八峰)과 이번 서석(瑞石)에서의 싸움에 함께 데려간 군졸과 유생 중에 현장에 있던 사람의 이름을 적어 보고합니다.

지평민보군에는 경기도뿐 아니라 다른 도에서도 소문을 듣고 달려온 사람이 포함되었다. 이러한 맹영재의 요청을 양호도순무영이 수용해서 김백

선을 비롯한 포군 주요 인물에게 절충장군의 체지를 주었다.[64]

> 소모관 맹영재가 비도를 토벌할 때에 온 힘을 다한 의로운 군사인 포군 고
> 치백(高致伯) 서석화(徐石化) 함승연(咸承淵) 김백선(金伯先) 박경호(朴敬浩) 박춘일
> (朴春日) 고덕원(高德源) 등에게 모두 절충장군(折衝將軍)의 체지(帖紙)를 준다.

풍암리전투에서 흩어진 동학농민군을 홍천의 민보군이 추격하였다. 강
릉과 횡성의 민보군도 뒤를 쫓았다. 평창과 정선 등지에서는 일본군 후비
보병 제18대대의 1개 중대와 커다란 전투를 벌였으나 일방적으로 패배하였
다. 패산한 동학농민군은 더 이상 갈 곳이 없었다. 결국 깊은 산골지역을 찾
아들지 않을 수 없었다.

갑오년 겨울은 매우 추웠고 눈이 많이 내렸다. 한겨울에 도피할 길을 찾
지 못한 홍천의 동학농민군 지도자는 속속 체포되었다. 홍천 민보군 종사관
허경(許坰)의 군공을 보면 접주 30여 명을 붙잡아서 포살했다고 하였다.

차기석은 내면 원당에 들어가 있다가 추격군에게 탐지되었다. 강원도에
서도 가장 깊숙한 산악지대에 피신해 있었지만 그 정보를 들은 강릉소모영
이 추격군을 보냈다. 강릉과 양양 그리고 평창과 홍천 민보군이 일시에 기
습하였다.[65]

> 11월 6일에 (평창) 봉평 대장 강위서 등이 군정을 이끌고 내면에 출병하여 1
> 리(里) 창고에서 묵었다. 차기석 정운심 등이 밤을 이용하여 진채를 공격하니
> 강위서가 크게 패하여 돌아왔다. … 이에 소모사가 박동의를 소모영 종사관
> 으로 삼아 진부면의 군정을 인솔하여 강위서에게 가서 돕게 하였다. 또한 강
> 위서를 종사관으로 올려 기한을 정하여 비도들을 섬멸하도록 하였다.

지난 날 양양부(襄陽府)에 관문을 보내어 병정을 모집하게 하였다. 양양부의 사족 이석범(李錫範)은 … 지난 10월 초에 마을사람들을 이끌고 경내에 숨어 있는 비도들을 토벌하였다. 이때에 이르러 소모사의 명령을 듣고 동생인 국범(國範)과 동향의 사족 최주하(崔舟河) 김준태(金儁泰) 등과 함께 포병 100여 명을 인솔하여 왔다. 소모사가 크게 기뻐하고 바로 이석범을 종사관으로 임명하여 내면에 파견하여 강위서·박동의 등과 함께 합세하여 비도들을 토벌하게 하였다. … 강위서는 보래령(甫來嶺)을 넘어서 들어와 홍천 의병인 허경(許坰)과 합세하여 자운포(自雲包)를 바로 공략하였다. 이석범은 박동의와 합세하여 운두령(雲頭嶺)을 넘어 들어와 바로 청두리(靑頭里)로 진격하였고, 이국범은 신배령(新排嶺)을 넘어 들어왔다. 김익제는 응봉령(鷹峰嶺)을 넘어서 들어왔다. 사방의 길에서 협공하니 포 소리가 땅을 울렸고, 연기가 골짜기에 가득하여 비도들이 놀라서 궤멸하였다. … 여러 군사가 약수포(藥水包)를 돌아 들어가서 차기석을 생포하였고, 김치실(金致實) 등 3명을 포살하였다.

강릉부사 겸 소모사 이회원이 허경에게 보낸 전령에서 차기석을 체포한 사실이 확인된다.[66] 강릉 소모영에 끌려간 차기석은 11월 22일에 처형되었다.[67] 그 후 강원도의 동학농민군은 재기를 하지 못하였다.

맹영재와 함께 활동한 사람들의 명단은 『갑오군공록』에서 삭제되었다. 그 이유를 전해주는 기록은 없으나 짐작할 만한 것은 있다. 우선 양호도순무영이 11월 말 갑자기 해체되었다. 도순무사 신정희는 12월 23일 강화유수가 되고, 경무사로 중군을 겸임했던 허진(許璡)은 모든 직책을 떠났다가 다음해 2월 남병사를 맡아 함흥으로 부임했다.[68] 일본공사의 내정간섭과 압력이아니면 있을 수 없는 일이었다.

다음은 『갑오군공록』이 일본공사의 국정 농단이 심했던 시기에 만들어져 을미사변 이후 의병 참여자들이 명단에서 제외된 것이다. 김백선은 민보군 동료들을 대부분 의병에 합류시켜서 모두 빠지게 되었다. 지평의 신재정과 이기원 2명과 양근의 서병승, 유덕준, 이덕래 3명만 기재되었다.[69] 맹영재는 의병에 가세하지 않았지만 휘하의 민보군 대부분이 가담한 까닭에 그 자신도 의심을 받았고, 등재 대상에서 제외되었다.

『갑오군정실기』10책에 실린 군공을 인정받은 사람도 맹영재가 보고한 사람은 양근 인사 서병승과 유덕준 단 2명뿐이다.[70] 이것은 강릉부사 이회원이 보고한 인물이 13명이나 오르고, 횡성의 소모관 정준시가 보고한 인물은 횡성지역 4명과 포군 135명, 평창지역 2명과 포군 50명이 등재된 것과 비교된다.[71]

맹영재는 지평군수를 맡은 이후 조정 지시에 순응하는 관리로서 지냈지만 그와 같이 활약했던 포군 400명이 의병으로 맹렬히 활약하여 일본군을 놀라게 하였다.[72]

5. 맺는 말

지금까지 설명한 강원도 홍천의 동학농민군과 풍암리전투를 요약하는 것으로 맺는 말을 대신하려고 한다.

차기석은 1894년에 강릉, 양양, 원주, 횡성, 홍천 5개 읍의 접주로 불릴 만큼 위력을 가졌던 대접주였다. 백두대간 양쪽의 큰 산줄기와 긴 골짜기로 이루어진 5개 군현은 강원도 중부 일대를 모두 포함하고 있다. 1894년에 들어와 세력을 증대시켰지만 양반유생들이 보기에 '현저하게 나쁜 행적'이 있는 동학 지도자는 아니었다. 대접주 차기석이 동학교단의 지침에 따라서 불법을 저지르거나 난폭한 활동을 하지 않았다.

하지만 일본군의 경복궁 점거로 야기된 나라의 위기에 동학 조직이 적극 나서면서 차기석의 동학 조직도 무장봉기를 준비하기 시작했다. 봉기 준비는 입도 강요, 돈과 곡식 강제 헌납, 화승총과 창칼 등 무기 확보 등으로 이루어졌다. 이 과정에서 양반 향리와 부농 지주가 동학을 적대시하게 되었다. 결국 외세의 침략에 직면해서 내부 갈등이 심각해진 것이었다.

홍천 서부의 동학도들은 팔봉과 필곡에 접을 설치하고 경기도 지평까지 가서 전곡 헌납과 입도를 강요하면서 지평의 양반유생들과 충돌하게 되었다. 9월에 들어와 재봉기를 준비하는 시기에 대립 갈등은 더욱 심해졌다.

지평의 전 감역 맹영재가 나서서 민보군을 결성하였다. 지평관아와 현감의 지원 속에 사포군 300명을 모집할 수 있었다. 그리고 김백선이란 유능한 인물이 들어와 결속을 다져 정예군대가 되었다. 맹영재는 관포군과 사포군 100여 명과 함께 홍천으로 가서 팔봉을 기습하고 고석주 등 동학지도자 3명을 잡아서 현장에서 처형하였다. 정부가 맹영재의 팔봉 기습사건을 보고 받은 시기는 양호도순무영을 설치해서 동학농민군 진압 방안을 강구하던 9월 26일이었다. 양호도순무영은 맹영재를 기전소모관에 임명해서 민보군을 지휘하는 군권을 부여하였다. 그리고 전국 주요 지역에 소모사, 소모관, 조방장, 별군관 등을 임명하여 민간에서 스스로 민보군을 조직하도록 하였다. 농민군을 진압하는 유력한 방안으로 민보군 결성을 추진한 것은 지평의 사례가 모범이 되었기 때문이었다.

동학 교주 최시형이 기포령을 내린 9월 18일 이후 경기도 일대의 동학 조직이 활동을 격화시켜 나갈 때 맹영재의 민보군은 여러 군현을 순회하면서 동학 조직을 견제하였다. 맹영재는 전격적으로 동학 근거지로 직행하여 동학 지도자를 체포하였고, 또 이들을 즉각 처형하는 과감한 행동으로 동학도들에게 공포의 대상이 되었다. 양호도순무영도 경기도와 충청도, 그리고 강원도의 경계를 가리지 말고 활약하도록 명을 내렸고, 각 군현에 공문을 보내서 관아에서 적극 지원하도록 조처하였다.

강원도의 동학농민군은 2대로 나누어 활동하였다. 1대는 충주 황산에 집결한 후 보은으로 가서 합류한 다음 통령 손병희의 지휘 아래 논산으로 행군하여 전봉준의 남접농민군과 연합해서 공주 우금치 공격에 참여하였다. 관동포를 중심으로 많은 강원도의 동학농민군이 1대에 속해 충청도와 전라도까지 활동 영역을 넓혔다. 2대는 강원도에 남아서 연고지를 중심으로 집결해 있으면서 진압군과 맞서서 싸웠다. 춘천의 친군진어영과 원주감영의 영군과 함께 강릉의 민보군, 홍천·횡성·양양·원주 등지의 민보군이 각지에서 동학농민군과 대치하였다.

홍천의 동학대접주 차기석은 10월에 들어와 예하 전 조직을 동원해서 봉기에 들어갔다. 10월 13일 동창을 점거해서 군량을 확보하고, 수천여 명이 서석면 풍암리에 집결하였다. 홍천현감은 놀라서 강원감영과 인근 군현에 급보를 전하고 구원병을 요청하였다.

양호도순무영과 강원감영은 동원 가능한 진압군을 모두 홍천에 파견하였다. 먼저 춘천유수가 친군진어영 병정 70명과 포군 30명, 추가로 병정 40명을 파견하였다. 다음에는 횡성민보군이 토포사 겸 횡성현감 유동근과 소모관 정준시의 지휘 아래 포군 100명과 창군 50명 그리고 원주 포군 28명, 모두 178명이 횡성으로 들어오는 입구인 청일면 춘당리에 가서 길을 막았다. 춘당리에서 동원한 장정도 300여 명을 헤아렸다.

맹영재의 지평민보군은 홍천으로 들어가 친군진어영 병대를 합류시키고, 풍암리로 접근하였다. 10월 21일 화촌면 장야촌을 지키던 동학농민군 20여 명을 쏘아 쓰러뜨렸고, 다음 날에는 서석면 어론리를 방수하던 동학농민군을 만나 10여 명을 쏘아 죽인 다음 승기를 타고 '흙으로 보루를 쌓고 백기를 꽂고 수천 명이 진을 친' 풍암리 집결지를 공격하였다. 10월 22일 한낮부터 저물 때까지 이어진 전투는 진압군의 일방적인 승리로 끝이 났다. 동학농민군은 셀 수 없을 정도의 희생자를 남기고 패산하였다.

풍암리에서 도피한 사람들은 다른 지역의 동학농민군과 함께 일본군 후비보병 제18대대가 들어온 정선과 평창 전투에도 참여했으나 모두 패배하였다. 이 두 전투에서 진압군의 주력은 일본군이었다. 그렇지만 풍암리전투에는 일본군이 참여하지 않았다.

풍암리전투는 대규모 동학농민군이 지평민보군과 친군진어영 병사들에게 공격을 당해서 패배한 전투였다. 풍암리에 집결했던 동학농민군의 수는 '수천여 명'이라고 했다. 풍암리에서 머물렀던 기간은 적어도 10일 이상이었다. 동창에서 가져온 세곡으로 식량은 공급이 가능했을 것이다.

풍암리 집결지에서 동학농민군은 민보군 참여자나 관군에 협력했던 부보상, 그리고 일본 세력을 축출하려는 대의에 따르지 않는 사람들을 징치하였다. 그 결과 여러 사람이 희생되기도 하였다.

이들을 공격했던 진압군은 '홍천, 여주, 양근, 지평, 춘천 등의 포군 1,000여 명'이라고 하였다. 지평민보군에는 양근과 여주민보군이 합류해 있었는데 기전소모관 맹영재는 의병포군(義兵砲軍) 600여 명을 이끌고 다녔다. 여기에 춘천 진어영과 홍천 민보군이 가세했던 총수가 1,000여 명이었다. 양호도순무영이 각 군현 관아에서 말 먹이를 충분히 준비해서 제공해주라고 내린 전령을 보면 기마대를 운영하였거나 군량과 화약을 싣고 다녔던 짐말도 많이 있었던 것으로 보인다.

풍암리전투는, 쌍방 참여자의 수를 보면, '수천여 명'과 '천여 명'이 싸운 대규모 전투였다. 갑오년에 강원도 지역에서 벌어진 최대의 전투라고 할 수 있다. 그 승패가 강원도 일대의 상황을 결정지었다. 풍암리전투 이후 강원도의 동학농민군은 이전과 같은 기세를 보이지 못하였다.

풍암리의 동학농민군을 지휘한 대접주 차기석과 박종석은 정성과 평창 전투 이후 홍천 민보군이 체포해서 처형하였다. 홍천 민보군은 풍암리전투 에 참여하였던 접주 30여 명을 뒤쫓아서 포살하였다.

죽산부사 겸 장위영 부영관 이두황이 목천의 세성산을 공격해서 점령한 날이 장야촌 전투와 같은 10월 21일이었다. 풍암리전투와 세성산전투에서 진압군이 승리한 이후 서울 도성은 더 이상 동학농민군의 위협을 받지 않았 다. 동학농민군으로서는 서울로 올라가는 기회가 상실된 것을 의미했다.

강원도 홍천의 동학농민군이 일본군과 싸우지도 못하고 경기도와 강원 도의 민보군과 춘천의 친군진어영 병대에게 제압된 것은 비극이었다. 경복 궁을 점거해서 국왕을 인질로 잡은 일본 침략 세력을 앞에 두고 민족 내부 에서 서로 싸워 역량이 탕진된 것이기 때문이다.

다음 해 을미사변이 일어나자 지평민보군의 주력을 이루었던 사람들은 김백선을 중심으로 의병에 참여를 한다. 경복궁 침범과 국왕의 인질 사태에 맞서 무장봉기하여 국난을 극복하려고 분투했던 동학농민군이 사라지고 난 뒤에 일본군의 왕비 시해라는 변란에 직면하여 봉기한 을미의병의 대의는 반외세라는 점에서 동일한 것이었다.

그러나 동학농민군이 신분제로 대표되는 불평등한 사회제도와 부패하고 무능한 왕조정치에 저항한 세력이었다면 민보군은 불평등한 신분제를 유교 사상에 따라 영구불변의 진리로 보고 일본공사의 조종을 받고 내려오는 왕 명을 말 그대로 준수했던 세력이라는 점에서 차이가 있다. 지평민보군의 전 투력을 대표하는 상민 출신 김백선이 을미의병에 참여했으나 양반 출신 의 병지도자에게 항명한 일 때문에 처형된 것은 갑오년에서 이어진 사회 변화 와 시대과제를 둘러싼 상징적인 사건이기도 하다.

해월 최시형의
동학경전 간행의 역사적 의의

-그 현재적 의미를 중심으로

전 석 환 _(사)아시아교정포럼·인문교정연구소 소장

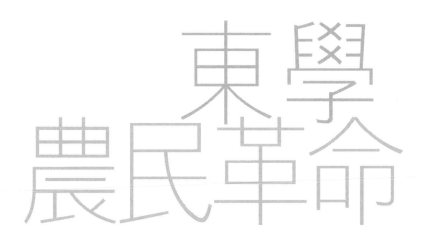

1. 들어가는 말

잘 알려진 대로 문자의 활자화는 인류 문화의 발전 단계 안에서 불의 발견 이래 가장 중요한 사건의 하나로 드러난다. 마찬가지로 해월의 동학경전 간행의 역사적 의의는 동학·천도교의 발전 과정 안에서 나타났던 가장 중요한 사건들 중 하나라고 할 수 있다.

로버트 B. 다운즈는 『역사를 움직인 책들』에서 세상에서 "명성의 척도는 어떤 특정 개념이나 사상 패턴을 표현하는데 있어 한 개인의 이름으로부터 형용사와 명사들이 창조된다"[1]라고 말한다. 즉 "일상 용어에 '마키아벨리'적, '코페르니쿠스'설의, '멜더스'론의, '프로이트'류의, '다윈'설, '마르크스'주의, 그리고 '히틀러'주의와 같은 용어들이 첨가돼 왔"는데, "이것들은 제각기 확정적인 아이디어를 함축하며-견해 여하에 따라서-원명자의 명성이나 악명을 지칭한다"[2]는 것이다.

이러한 면으로 살펴볼 때 해월 최시형의 업적을 평가한다면 동학·천도교 안에서 '해월 최시형이라는 이름으로부터 나올 수 있는 무언가의 독자적 별칭'이 필요할 듯하다. 기실 해월의 치적은 크게 보아 수운의 동학사상을 계승하면서도 그 사상을 해석하고 또한 그 의미를 실천으로 확장시켰다는 점에서 높이 평가할 수 있다. 그런데 그러한 변화·발전의 배경은 수운 생각의 원래의 뜻을 집대성한 것에 머물지 않고 한 걸음 더 나아가 편집하고 활자화한 것에 놓여 있다고 하겠다. 중요한 사실은 해월의 '생활의 성화

(聖化)'를 통해 보여주고 있는, 즉 이론이 실천으로 이끌어진 계기가 바로 수운의 사상을 활자화하면서 널리 보급시켰다는 것으로부터 만들어졌다는 점이다. 그런데『동경대전』간행이 1880년이었다는 것이 또한 매우 획기적인 사실이라고 지적할 수 있을 것이다. 1930년대까지 조선 민중의 높은 문맹률에 비해 비록 목판이었지만, 1800년대 말에 벌써 활자를 통해 말을 글로 고정시키는 행위는 종교사의 측면에서 볼 때 거대한 변모일 뿐만 아니라, 문화 발전의 단계의 관점에서 역시 하나의 큰 혁명적 사건이라고까지 지칭할 수 있을 것이다.

이러한 변화의 모습을 우리는 한마디로 '구술문화'로부터 '문자문화'로의 이행이라고 규정할 수 있을 것이다. 그리고 그 변화의 구체적 의미를 '음독(音讀)의 종교 공동체'로부터 출발한 동학이 '묵독(黙讀)의 대중종교 공동체'로 도약하려는 모습을 담고 있었다고 말할 수 있을 것이다. 또한 그러한 모습은 전통으로부터 도래가 임박한 현대화를 예비한 선견지명(先見之明)의 한 시도였다고 평가할 수 있을 것이다. 그러한 의미로 해월 최시형의 동학경전 간행의 역사적 의의는 단지 자나간 역사적 회고에만 머물지 않고, '지금 또 여기'에 생생하게 살아 있는 현재성(Aktualität)의 의의 또한 함의하고 있다. 이러한 전제를 바탕으로 본 논문은 다음과 같은 과정을 통해 전개된다.

첫째는 해월 최시형의 동학경전 간행의 과정을 살펴보고, 지금까지 수행된 경전 간행의 역사적 의의를 조명해 본다(1).

둘째는 해월 최시형의 동학경전 간행 계기에 대한 미시적 차원의 음미를 시도한다. 즉 동학경전 간행을 동학의 구조변동의 동인(動因)으로 파악하면서, 그러한 구체적 모습을 '음독의 종교공동체'로부터 '묵독을 통한 사회적 연대'로의 변화라고 규정하고 그 의미를 논의한다(2).

셋째는 (2)의 논의를 염두에 두고 해월 최시형의 동학경전 간행의 계기가 지니고 있는 현대적 의미, 혹은 그 의미의 현재성(Aktualität)에 대해 논의한다. 여기서는 먼저 동학경전 간행의 계기가 구술문화로부터 문자문화로의 이행이 주었던 효과가 무엇인지를 규명하고 그 성격을 분석한다. 그리고 동학이라는 종교 공동체의 구조변동이 부여하는 현대성의 의미가 무엇인가에 대해 논의한다(3).

2. 해월의 동학경전 간행의 역사적 의의

사료에 근거하여 볼 때, 해월의 주도하에 이루어진 동학경전 간행의 모습은 대체로 다음과 같다: 동학경전의 편찬 사업은 해월이 1879년 10월 강원도 인제군 갑둔리 방시학의의 집에서 강시원 등과 함께 수운의 전기(傳記)를 서술한 『최선생문집도원서기(崔先生文集道源記書)』를 간행함을 기점으로 시작되었다. 그로부터 1년 후 1880년 5월 간행소를 인제군 갑둔리 김현수의 집으로 옮기고, 『동경대전』을 간행하였고, 1881년 6월에는 장소를 단양군 남면 천동 여덕규의 집으로 옮겨 한글로 된 수운의 노래 모음인 『용담유사』를 간행하였다. 1880년과 1881년 사이에 드디어 오늘날 동학경전의 핵심이 되는 두 권의 책을 간행했던 것이다. 1882년에는 강원도 지역으로부터 충청남도로 옮겨 경전 간행소를 설치하고, 오늘날의 기준에서는 얼마 되지 않는 양이지만 경전을 대량 인쇄하여 전국적으로 배포한다. 충청남도 목천군 장내리 김은경의 집의 간행소에서 『동경대전』 1,000부를 간행하여 전국 퍼져 있는 동학의 접에 배포했다.[3]

해월 최시형의 동학경전 간행의 의의는 단일 주제로는 아니지만 동학·천도교에 관한 여러 다른 연구 주제들을 다루는 가운데 많이 언급되었다. 대체로 그러한 의의를 서술한 내용들은 동학경전 간행을 해월의 중요한 업적 중의 하나로 보면서, 동학이 비약적으로 발전하는 데에 큰 계기가 되었다는 평가로 나타난다. 그리고 그러한 평가들은 다음과 같이 구체적인 몇 가지의 관점으로 나누어진다. 첫째는 왜 동학경전 간행을 하게 되었나, 즉 그 원인을 논의하는 관점이다(1). 둘째는 동학경전 간행으로 말미암아 이루어진 결과를 논의하는 관점이다(2). 셋째는 동학경전의 간행이라는 사건으로 미루어 보아 그 당시 수운의 순도 이후 동학 활동의 역량을 추측해 보는 관점이다(3). 차례로 그 내용을 살펴보기로 하자.

1) 원인의 측면에서 보는 관점

최준식은 동학을 소개하는 글에서 해월의 동학경전 간행의 이유를 다음과 같이 설명한다:

> 종교를 창시한 초대 교주가 큰 카리스마로 자신의 가르침을 높이 세우려고 큰 물결을 일으켰다면, 그 뒤를 잇는 2대 교주는 차분하고 온화한 성격의 소지자로서 초조(初祖)의 가르침이 널리 퍼져 나갈 수 있게끔 정착시키는 일에 전력을 투구한다. 2대 교주가 이를 위해 가장 먼저 착수하는 일이 보통 경전의 간행사업이다. 해월도 예외는 아니라 그 쫓겨 다니던 와중에서도 스승인 수운의 가르침이 망각되기 전에 글로 남겨야 되겠다는 생각 아래 1880년부터 『동경대전』이나 『용담유사』와 같은 동학의 기본 경전을 간행하기 시작한다. … 여기서 우리는 비록 해월이 관헌의 체포대상이 되어 숨어다니는 신세로 그런 급박한 상황에서도 스승님의 가르침을 보존해야 한다는 절체절명의 과제를 해결하려는 제자의 충정 어린 마음을 떠올리게 된다.[4]

이러한 글은 동학경전 간행 의의를 일단 원인의 측면에서 보면서, 그 내용을 종교 역사의 일반론적 시각과 더불어 개인의 심리적인 관점에서 기술하였다고 볼 수 있을 것이다.

2) 그 결과의 측면에서 보는 관점

송호근은 해월의 동학경전 간행의 의의를 간행의 결과의 관점에서 다음과 같이 고찰하고 있다:

> 경전과 언문가사의 간행은 전국에 분산적으로 형성되던 동학 담론장을 하나의 텍스트로 품어 안은 중대한 계기로 '정보와 유통과 공유'라는 공론장의 핵심 요소가 마련되었음을 뜻한다. … 동학경전이라는 공통의 텍스트가 조직 성원들의 가치관과 상호 연대를 묶어 주고 있었다. 그것은 말하자면 '텍스트 공동체'이자 종교 공동체였다. 해월이 자주 발한 통유문과 통문이 종교 공동체의 일사불란한 행위 규범을 관리하는 지침이라면 그것은 각 지역의 포접을 연결하는 유통 구조였다. … 전국 조직을 갖췄고, 텍스트가 있었으며, 발전된 유통망이 있었다. 이것을 평민 공론장이라 하면, 이런 형태의 평민 공론장은 조선 최초로 형성된 인민의 조직이자 인민의 계급 이해를 발전시키는 인큐베이터였다. 텍스트 공동체는 문자와 가치를 공유한다.[5]

이러한 고찰은 동학경전 간행의 의의를 그 결과의 측면에서 분석하면서, 공론장 개념을 매개로 차용하고 사회학적 관점을 활용한 내용으로 평가할 수 있다.

오문환은 해월의 동학경전 간행의 의의를 간행 이후 동학의 규모가 확대되었다는 관점에서 다음과 같이 기술하고 있다:

수운이 죽은 뒤 동학의 접을 다시 여는 것은 1878년 해월에 의해서이다. … 접이란 동학의 도를 학습하고 수련하는 영적 집회였다. 접을 열고 닫음을 계절의 운행에 맞추어 씨를 뿌리고 가꾸고 거두는 것에 비유하고 있다. 이는 동학의 씨를 뿌릴 때가 왔음을 간접적으로 암시하는 것이다. 달리 말하면, 개접의 선언은 영성을 조직적으로 전개하겠다는 공공성의 선포를 의미한다. 개접은 동학이 개인 수련에서 집단 수련 또는 개인 수도에서 사회 봉사로 발전하는 계기임을 알 수 있다. 해월은 접이라고 하는 매체를 통하여 동학의 도를 확장시키고 참여원들 간의 유대를 다졌으며, 동학의 공공성을 강화하였다.

1880년대에 들어서면서 동학은 경전 간행을 통하여 확산되기 시작하였다. 1883년에는 충청도와 경기도 출신 제자들이 대거 입도하였으며, 동학도의 숫자가 대폭 증가하였다. 이에 따라 1884년 12월 해월은 육임제를 설치하여 접주의 업무를 분담하면서 조직의 전문화와 효율화를 꾀하였다.[6]

이러한 분석은 동학경전 간행 이후 동학의 체제가 점차로 종교 공동체로서의 시스템을 갖추게 되었다는 점에 그 초점을 맞추고 있다.

3) 동학 활동의 역량을 추측해 보려는 의도에서 보는 관점

오문환은 해월의 경전 간행의 의의를 역사 탐구 안에서 근거가 빈약한 초기 동학의 모습을 간접적으로 논증하는 의도의 관점에서 다음과 같이 기술하고 있다:

경전 간행은 1879년부터 거의 매년 새로운 목판본을 찍어낼 정도로 활발하게 진행되었다. 적지 않은 경비와 인력이 필요한 목판본 작업을 할 정도로 물질적 조건이 갖추어지고 정신적인 요청이 있었다고 하겠다. 경전 간행은 동학적 가치 체계의 심화·확장을 보여주는 단적인 사례이다.

… 이러한 분량을 인쇄하는 데 소요되는 종이나 인력을 감안하더라도 당시로서는 대사업이 아닐 수 없었다. 경전을 개인적으로 소유하는 것이 쉽지 않았으므로 대부분 필사를 해서 소유하던 당시의 상황을 감안한다면 이와 같은 경전 간행은 동학의 급속한 성장을 잘 나타내 준다. 1882년에 이르러 경전 간행소를 강원도에서 충청도로 옮긴 이유에는 여러 가지 원인이 있을 수 있으나 일차적으로는 동학도의 숫자가 급속히 팽창하였으며, 그 지역 기반이 주로 충청도와 경기도 지방에 산재해 있었기 때문이라고 할 수 있다. 경전 간행이 보여주는 것은 비단 동학도가 양적으로 팽창했다는 의미뿐만 아니라 '사람이 하늘이다' 라고 하는 동학의 가치 체계가 민에게 파급되었음을 보여준다는 점에서 정치 철학적 의미가 크다. 동학적 가치 체계가 급속도로 확산되어 동학 이념서에 대한 수요가 급증했다는 사실을 알 수 있는 것이다. … 수운 문집인 동경대전과 용담유사가 간행되고 수운의 행적을 서술한 『최선생문집도원서기(崔先生文集道源記書)』가 간행됨으로써 해월은 동학적 문화의 철학적 담론 매체를 일정한 정도로 구비하게 되었다고 할 수 있다."[7]

해월 최시형의 경전 간행에 대한 지금까지 살펴본 평가들은 단선적인 역사적 사실로 시작하여 역사적 업적을 평가하는 형식으로 되어 있다. 대체로 그러한 평가를 거시적 관점에서 본 해월의 동학경전 간행의 의의라고 할 수 있을 것이다. 그런데 그렇게만 보지 않는 것이 본 논문이 던지는 핵심의 메시지다. 무릇 역사적 기술(記述) 역시 하나의 해석일진대, 그러한 해석을 좀 더 다차원적이고 심층적으로 이끌어 낼 수 있다면 하나의 역사적 사실은 더욱 더 입체적인 모습을 지닌 현재적 사실로 우리에게 다가올 것이다. 또한 그러한 사실에 바탕을 둔 평가는 또 다른 차원의 과거의 사실을 '현재성'으로 볼 수 있게 만든다. 본 논문의 다음 장은 이러한 탐구의 방향을 '미시적 차원의 음미'라는 개념 틀을 통해 제시한다.

3. 해월의 동학경전 간행 계기에 대한 미시적 차원의 음미
: 음독의 종교공동체로부터 묵독을 통한 사회적 연대까지

무엇보다 먼저 우리의 상상력을 발휘해 본다면, 종교공동체로서의 동학의 원초적 모습은 어떠했을까? 아마도 수운을 중심으로 적은 숫자의 추종자들이 옹기종기 모여 수운의 한울님 체험을 경청하는 형태였을 것이다. 벌써 수운 사상에 대한 약간의 필사본들이 이미 있었음에도 어차피 대다수의 사람들은 문맹이었을 테니까 이야기를 듣고, 문답을 주고받는 정도의 소통의 체제를 갖추고 있었음직하다. 그리고 참여자 모두는 모임의 처음과 마지막에 반드시 주문을 외우는 순서가 있었을 것이다.

상상이지만 이러한 모습에서 볼 수 있는 것은 스승과 제자, 혹은 교주와 신도와의 대부분의 종교적, 혹은 신앙 의례적 소통이 문자가 아닌 구술적 상호 교통(交通)에 의거했었다고 추측된다. 이러한 모습은 동학뿐만 아니라 기독교나 여타의 다른 종교의 초기 형성기에서 나타나는 그리 새삼스럽지 않은 현상으로 이해할 수 있을 것이다. 그렇지만 그러한 '소통이 문자가 아닌 구술적 상호 교통(交通)에 의거'했다는 것은 후에 나타나는 인쇄된 활자 문자를 통한 소통과는 엄연한 차별성이 있다는 사실은 새삼스러운 현상으로 다루어야 될 이유가 있다. 왜냐하면 구술을 통한 소통이 글자로서의 소통으로 이행된 결과는 각 개개인의 인식의 차이를 만들었을 뿐만 아니라, 그 개인들이 속한 공동체 전체의 역할과 방향을 결정짓는 대(對) 사회적 목표를 다르게 인식할 수 있는 계기를 만들기 때문이다.

이러한 의미에서 월터 옹(W. Ong)이 전통문화와 현대문화를 구분하는 근거를 의사소통의 구조 변화로 보는 것은 매우 설득력이 있는 주장이라고 할 수 있다. 즉 그는 그 변화의 구체적 기준을 '구술문화로부터 문자문화', 혹은 '구술성으로부터 문자성'으로의 전환으로 설명하면서, 그러한 구별의 저변에는 외형적 소통의 차이를 넘어서 '정신구조(mentality)의 차이점' 역시 존재한다고 주장하였다.[8] 월터 옹의 주장은 인류 문화사의 변화 과정 안에서 "인쇄기술이 인간의식에 끼친 미세한 영향은 외연적인 어떤 사회적 요인들보다도 더 크고 깊으며, 뿐만 아니라 말하기와 쓰기가 동일한 것으로 간주되어 왔지만 내재적인 확연한 차이가 더욱 심화되어 왔다"[9]는 사실을 명시적으로 제시하고 있다. 월터 옹이 말하는 이러한 '차이의 개념'은 해월의 동학 경전 간행 시점의 전·후의 시간과 공간에서 다르게 발생했던 변화된 현상들과 유비적 관계를 보인다. 그러한 모습을 한마디로 압축해서 표현한다면 '음독의 종교공동체'로부터 '묵독의 종교공동체'로의 변환이라고 할 수 있을 것이다.

구술성을 위주로 한 초기 동학의 소통 양식을 전제로 수운 사상이라는 것 역시 그 원초적 형태는 글자로부터 생겨난 것이 아니다. 그것은 기독교에서 말하는 '말씀의 신학'이라는 개념과 유사하다. 즉 그것은 문자로 기록된 말씀의 신학이 아니라, 인간과 신(神) 간의 구술적 소통을 통한 '언어의 사건(language event)'[10]이라고 할 수 있다.

수운의 1860년 4월 5일의 소위 종교체험, 즉 '각(覺) 체험' 역시 글자의 말이 아니라 음성의 말을 통해 이루어졌다.[11] 바로 그 장면은 한울님과 수운은 글자를 통한 소통이 아니라 전형적인 종교의 원초적 상태에서 나타나는 음성을 통한 의사소통 행위의 모습을 담고 있다.

가사체인『용담유사』는 말할 것도 없고『동경대전』내용 역시 빈번하게 보이는 대화체적 구성은 원래의 구술적 형태가 문자 체제로 바뀌었다는 것을 잘 드러내고 있다. 해월이 1879년 간행한『최선생문집도원서기(崔先生文集道源記書)』에는 포덕1년(1860)부터 포덕5년(1865)까지 수운이 지은 -1880년 간행될『동경대전』에 실릴 일부 글들-의 창작 시기가 밝혀져 있는데, 대체로「포덕문」,「수덕문」,「주문」등의 글들 모두는 음성적으로 낭독 혹은 암송을 예비한 형태를 지니고 있다. 1921년 박인호가 편찬한『천도교서(天道敎書)』는「불연기연」편을 가(歌), 즉 노래라고 분류하면서 한자 원문에 토를 달아 놓았다는 사실 역시 초기 동학도들뿐만 아니라 그 이후에도 교리를 낭송하거나, 혹은 주문을 암송하는 방법이 시각적으로 읽기보다는 여전히 신앙의 의례 및 생활 안에서 그 주류를 이루었다는 점을 말해주는 것으로 이해된다.[12]

동학가사는 잘 알려졌다시피 "동학의 사상과 종교적 교리를 전파하거나 수도하기 위해 3·4조나 4·4조 음보의 연속 가사체로, 동학교도들에 의해 지어졌거나 그들 사이에서 종교 전파·교리수도·친목·단합·투쟁 등의 목적으로 창작되거나 전파된 노래"[13]라고 할 수 있다.『용담유사』를 비롯한 동학가사는 이러한 음률성을 살려서 적극적으로 문맹의 아녀자나 어린이 등을 포함한 일반인들까지 잘 외울 수 있게 만드는 특성을 지니고 있다. 우리 정서에 맞는 이러한 가사체의 보급은 두 말할 나위 없이 바로 음독의 종교공동체로서의 초기 동학이 선택할 수밖에 없었던 최선의 종교의 구체적 실천 행위였을 것이다. 초기 동학에 대한 많은 전승 기록에 의하면 수운은 스스로 지은 가사를 제자들이나 또는 자신의 앞에서 암송하도록 하는 면강(面講)을 자주 시행했다고 한다.[14] 초기의 동학에서 구술성이 강조되는 또 하나의 뚜렷한 예증이라고 할 수 있다.

이러한 음독 중심의 종교공동체의 일상적인 모습에서 수운이 "당시 폭넓은 민중의 기반을 바탕으로 하여 그가 느꼈던 무극대도의 희열과 자신의 가르침을 담아서 전하기 위한 수단으로 가사 형태를 선택했"[15]음을 확인할 수 있다. 음독 중심의 종교적 활동은 단지 교리를 암송하거나 낭송하는 것에 머물지 않고, 음률성에 의존하여 춤을 추는 것 역시 포함하고 있었다. 수운이 남원에서 은거 생활 중에 목검을 들고 검가를 부르면서 칼춤을 추었다는 사실은 가사를 암송하는 의례의 연속으로 볼 수 있다.[16] 묵독으로의 읽기가 일반화되기 전에 비언어적 언표는 말하기와 더불어 '단순한 몸짓'이 소통에 자주 개입되었다는 것은 널리 알려진 사실이거니와,[17] 오늘날에도 이러한 흔적은 '문장을 사용한 말하기를 밑받침하기 위하여 사용되는 음조·강조·무언극·손짓·현대 저작에서의 구두법'[18]에서 여전히 찾아 볼 수 있다고 문화역사 철학자 슈펭글러는 주장한다.

음성을 매개로 한 이러한 신앙 행위의 표출은 또한 동학의 주문수련에서 면면히 전승되어 내려오고 있다.[19] 동학 의례 중에서 청수를 봉양하고 주문을 외우는데 보통 그 형식은 소리 없이 마음속으로 주문을 외우는 묵송(黙誦)이 있고, 또한 현송(懸誦)은 여러 명이 박자를 맞추지 않고 빠른 소리로 주문을 읊는 것이며, 합송(合誦)은 다수의 사람들이 동시에 리듬에 맞추어 천천히 소리를 내어 주문을 외우는 형태로 이루어져 있다. 특히 합송은 전형적으로 음성에 의거한 종교공동체 의례의 하나라고 볼 수 있다.[20] 또한 동학에서 주문을 외우는 행위에 수반되는 중요한 계기는 '호흡'이다. 해월은 주문을 외우되 그 내용을 음미해야 하며, 그 음미의 차원은 바로 '사람의 한 호흡(一呼吸)' 조차 '한울과 인간이 서로 관여하는 기틀'[21]에 포함된다는 사실을 깨닫는 것이라고 설파하고 있다.

문자 이전의 원초적인 인간의 말하기 행위는 본질적으로 호흡과 같은 '감각적 수단을 동반한 정신적 행위'이며, 공동체 안의 집단 행위가 투영된 '기획(Unternehmen)'[22]이었다고 주장하는 슈펭글러의 주장을 여기서 또한 확인할 수 있다. 주문은 동학만의 고유한 수련법은 아니지만, 전통적으로 알려진 성리학의 수련법인 경법(敬法)의 특징을 지니면서도, '논리적이고 이성적인' 그리고 '지적 수준을 갖춘 이가 아니면 제대로 접근하기 어려운'[23] 성리학의 수련을 넘어서 있는, 다시 말해서 스펭글러의 말처럼 '감각과 정신을 어떠한 매개 없이' 즉각적으로 전달하는 특징을 지닌다. 즉 동학은 '바로 청수를 봉양한 뒤에 지기 한울님을 사모하고 우러르는 성경신의 마음'만으로 바로 주문 외우기를 시작한다는 점에서 '매우 대중친화적이고 주체적인'[24] 수련의 방식을 지니고 있다고 하겠다.

　음독의 종교공동체로서의 초기 동학의 구술적 감성을 통한 소통의 장점은 알베르트 망구엘이 미국의 심리학자 줄리언 제인스의 연구에 힘입어 문자 발생 이후에도 여전히 구술성에 기초한 읽기와 듣기가 독서의 주(主)방법이었다는 주장에서 다시 한 번 강조된다. 즉 인류 '최초의 읽기는 시각적 지각이기보다는 청각적 지각이었을 수 있다는 암시'[25]로부터 '설형문자를 통한 3천년경의 독서는 보는 것이 아닌 듣는 것'이었다라고 주장한다. 다시 말해 글자의 매개를 통하더라도 고대 세계에서는 '현대적 의미로 철자를 시각적으로 읽었다기보다는 설형문자의 그림 상징을 바라보면서 말의 환상을 느꼈을 가능성이 크다'[26]는 것이다. 덧붙여 망구엘은 줄리언 제인스의 연구에서 인간의 묵독의 능력은 '인류의 진화 과정에서 늦게 발달하였고, 이 기능은 아직도 발달의 단계에 놓여 있다는 주장'[27]을 언급하면서 시각성을 통한 소통은 구술적 언술 행위 안에 있던 의미의 충전성(充塡性)을 훼손한다고 주장한다. 한 걸음 더 나아가 리차드 팔머는 '비존재로부터 처음에 생겨나는 그대로의 언어는 기호가 아니라 소리에 불과하다'[28]라는 주장을 전제로 '구술된 말은 거의 마술적인 힘을 갖지만, 일단 이것이 시각적인 형상으로 되면-즉 문자화되면-이러한 힘을 거의 상실한다[29]고 주장한다. 즉 그는 문학에서처럼 '말의 효과를 극대화하기 위해 무진 애를 쓰지만, 듣기가 읽기라고 하는 시각적 과정으로 바뀌는 순간 마술적인 힘은 거의 사라져 버[30]리는 것처럼, '언어의 시각화는 '언어의 자기소외(Selbstentfemdung der Sprache)', 즉 언어로부터 그것의 생명력을 뺏는 것[31]이라고 주장한다.

그러나 이러한 구술성으로부터 문자성에로의 변화에 입각한 초기 동학의 친대중적 성격은 필연적으로 마이너러티 공동체를 대중 공동체로서의 종교의 모습으로 거듭나게 만든다. 앞서 논의했듯이 경전의 간행은 동학 집단의 모습을 대중 종교공동체로 변모시키면서, 서서히 신앙생활 안에서 교리 학습을 음독이 아닌 묵독의 메카니즘을 통해 수행하게 만든다.

1882년에 이르러 경전 간행소를 강원도에서 충청도로 옮긴 이유에는 팽창된 동학도의 세에 맞추어 포교의 대중화를 꾀했던 것으로 볼 수 있다. 말하자면 경전 간행을 서둘렀던 이유는 앞서 이미 언급하였듯이 '동학적 가치체계가 급속도로 확산되어 동학 이념서에 대한 수요가 급증했다는 사실[32]로 해석할 수 있을 것이다. 구술과 문자, 혹은 음성과 쓰기로 구분하면서 각매체의 변화 여부로 인류 역사를 보는 맥루한은 드 토크빌의 연구를 언급하면서, 18세기 '문화적 포화점에 달한 인쇄된 언어가 어떻게 프랑스 국민을 동질화[33]했는지를 밝히고 있다. 즉 맥루한은 '획일성ㆍ연속성ㆍ선형(線型)이라고 하는 인쇄의 원리가 구술을 주로 삼는 고대 봉건사회의 복잡성을 압도한 혁명, 새 문학가와 법률가들은 그것을 실현하였던 것이다[34]라고 주장한다. 일견 이러한 견해는 묵독의 독서가들이 음독의 세계에 속한 사람들보다 '생활 경험에서 일정한 거리를 두고서 지식을 구조화[35]하는 태도를 보인다는 점에서 매우 설득력 있는 주장이라고 평가할 수 있다. 더불어 그러한 유형의 사고에 속한 사람들은 단순하게 '인간의 생활세계에 밀착'[36]되기보다는 오히려 왕성한 유토피아적 상상력을 발휘하는 것으로 나타날 수 있다. 즉 듣고 행하는 음독의 공동체 안의 소통보다는 읽고 생각하는 소통의 체계 안의 사람들은 급진주의적(radical) 성향을 지니게 된다. 말하자면 '혼자 말없이 책 읽기'를 주로 하는 사람들이 모인 대중은 종래의 이념에 대해 반기를 들고 급기야는 '이단(異端)'[37]을 획책하게 된다. 해월의 경전 간행으로부터 조선의 관제적 이념에 반하는 동학혁명으로의 변모 배경은 바로 이러한 소통구조의 급격한 변화에 놓여 있지 않았을까?

물론 음독의 공동체로부터 묵독의 대중 공동체로의 변모 정도가 구성원 전체의 전일적(全一的)인 변화로 보기는 어렵다. 말하자면 초기 동학 공동체 안에서의 음독과 묵독을 통한 소통 구조는 서로를 보완하는 공존의 관계로 있었다고 할 수 있다. 그러한 구술과 문자, 혹은 청각과 시각을 통한 소통체계의 공존은 초기 동학에서는 필연적으로 수용할 수밖에 없었던 현상이었다고 할 수 있다. 음독을 통한 청각문화가 활자를 통한 시각문화에 의해 현저하게 약화되는 시기는 일제 식민지 공간인 1920년대의 동학·천도교의 출판문화운동기에서 그 뚜렷한 궤적을 찾아 볼 수 있다.[38]

해월의 동학경전은 드디어 '계몽의 프로젝트' 수행 과정의 최종적 이념으로 격상되고, 그러한 이념을 구체화한 『개벽』, 『어린이』, 『신여성』, 『학생』, 『신인간』, 『별건곤』 등의 잡지는 '비평의 출판 도구'[39]로 등장하면서 '사회적 연대(die gesellschaftliche Solidarität)'를 새로운 방식으로 조직화했던 것이다. 물론 묵독으로의 읽기와 쓰기의 '시각문화'가 사회적 참여의 방법이기는 했지만, 여전히 음성을 통한 '청각문화' 역시 활발하게 활용되었다. 1920년대 '대형 베스트셀러 작가'인 방정환은 '대단히 인기가 있는 전국구 구술연기자'였다는 사실은 그 당시 구술성과 문자성 양자의 '상호침투와 교호(交互)'[40] 현상이 있었다는 확실한 예증이 될 것이다.

4. 동학경전 간행의 현대적 의미, 혹은 그 의미의 현재성

1920년대 이후 음독의 공동체로부터 출발하였고 인쇄를 통한 문자문화를 관통하면서 동학은 드디어 명실 공히 대중 종교공동체로서 성장하였다. 그러한 대중 공동체로의 비약적 발전은 1907년 10월 '천도교중앙총부'에서 간행한 『동경대전』의 출판에 그 바탕이 있다. 동학 교리의 근대화와 민족운동의 전개는 바로 음독의 종교공동체가 '대중으로 확산된 개개인의 묵독 행위'를 통한, 즉 경전 읽기라는 '현대적 시각화'가 일궈낸 일련의 결과라고 할 수 있을 것이다. 물론 그 이전 1880년 목판 인쇄에 의한 동학경전이라는 '공통의 텍스트가 조직 성원들의 가치관과 상호 연대를 묶어 주고'[41], '종교 공동체의 일사불란한 행위 규범을 관리하는 지침'[42]의 바탕이 되고, '각 지역의 포접을 연결하는 유통 구조'[43]를 지탱하는 상위의 이념으로 기능하고 있었다는 사실을 부정할 수는 없다. 그러나 인쇄된 경전의 대량 보급을 통한 대중성의 확보는 사적인 독서의 경험을 공적인 여론으로 형성하는 계기를 만들었던 것이다. 말하자면 1907년의 경전 간행과 더불어 1920년대의 천도교의 출판문화운동은 이러한 여론 형성의 결정적인 조건을 마련하였다고 볼 수 있다.

하버마스(J. Habermas)는 그러한 여론 개념에 객관성을 부여할 수 있는 이유는 '사적 개인들의 공적 토론을 통해 상호이해와 계몽을 추구하면서 지니게 된 경험', 즉 공중의 '특유한 주체성의 원천'에 그 여론이라는 것이 근거하기 때문이라고 주장하면서, '열정적으로 자기 자신을 주제화'할 수 있는 집단적 자아의 원초적 원동력을 '독서공중의 욕구'[44]로부터 출현했다고 전제한다. 이러한 모습은 1920년대 동학·천도교라는 종교공동체에서 두 가지의 차원에서 나타났음으로 확인해 볼 수 있다. 하나는 잡지 및 그 밖의 인쇄매체를 통한 독자들의 활발하고 적극적인 주체적인 자기표현의 등장이며, 또 다른 하나는 동학 교리의 철학화, 즉 동학에 기초한 종교철학의 등장이라고 할 수 있을 것이다. 이러한 두 가지 차원의 기조는 집대성한 동학경전을 이념으로 출발시키면서 출판운동을 매개로 신문학운동, 여성해방운동, 어린이 및 청년 교육운동 등을 전개시키면서 여론 형성을 주도하고 결과적으로 '독자층으로 응집된 공중(Publikum)'을 결집시켰던 것이다. 중요한 사실은 결집된 독서 공중은 '범위와 구성, 교제 스타일, 토론의 풍토, 주제의 경향이 아주 상이'할지라도, '사적 개인들 간에 벌어지는 끊임없는 토론을 조직화'[45]하였던 것이다. 문학을 필두로 한 '문예'는 바로 이러한 토론의 주요 테마가 되었으며, 동시에 사적 개인들의 공공적 공감대를 형성하게 만드는 주요 요소로 작용했던 것이다.

실제로 1920년에 창간된 잡지 『개벽』은 1926년 일제에 의해 강제 폐간될 때까지 평균 8천에서 9천부 이상을 발행했으며, 총 100여 편의 소설, 500여 편의 시, 150여 편의 수필을 게재했던 그 당시 최고의 종합잡지로서 광범위한 독서 대중을 확보했던 것이다.[46] 그러한 독서 대중은 진보적인 사회적 이슈를 소화했다는 점에서, 즉 '기본적으로 종교였지만 정치적 저항을 함축했다는 점에서 정치 담론장'을 담지하고, 『동경대전』과 『용담유사』와 같은 교리문과 가사 문학을 유행시켰다는 점'에서 '종교·정치·문예를 종합한 공론장'[47]을 형성했던 것이다. 그러한 독서 대중은 '계몽의 프로젝트'를 선도하는 핵심의 계층이라고 할 수 있을 것이다. 이러한 배경을 결과로 하여 소춘 김기전과 소파 방정환 그리고 춘파 박래홍 등이 주도한 '천도교소년회'를 계승시킨 '소년운동협회'의 결성이 있었고, 이러한 계기로 '어린이 날'을 제정하게 한 활발한 어린이교육운동도 있었다.[48] 또한 여성해방 및 여성인권 향상을 위해 여성교육의 중요성을 강조하는 논설이 『신여성』 등을 중심으로 많이 발표되었다. 독서 대중의 확대는 곧 강연을 듣는 청중의 확대라고도 볼 수 있는데, '천도교청년회는 1920년 4월부터 약 1년 간 총 34회의 강연계획을 세우고, 163개의 시·군을 순회하면서 강연회를 실시하여 총 7만4000여 명의 청중을 동원[49]했다.

그리고 그렇게 결집된 '독자층으로 응집된 공중(Publikum)'은 드디어 동학의 경전을 신앙적 교리의 관점을 넘어서 하나의 이념적 관점으로 수용하면서 철학적 차원에서 논의하기 시작했다. 본격적인 '동학사상에 대한 철학적 해석'은 1920년대 이돈화에 의해 시도되었다. 그의 연구는 동학사상을 진보주의의 한 일환으로 전제하고 '당시 서양 현대과학과 철학을 통해 해명하고, 자본주의적 제국주의와 사회적 불평등을 극복하는 신문화운동[50]을 연계시켰다. 이돈화는 '동학을 시대정신에 적합하도록 개조'하려는 목적 하에 "'생혼(生魂)'과 '신생(新生)'의 정신을 문화 운동의 차원에서 살리려고 노력"[51]을 경주했다. 이러한 의미에서 볼 때 1920년대 이돈화의 업적을 저널리즘을 통한 계몽 활동을 했다는 측면에서보다는 동학 교리를 '서양철학을 하나의 방법론으로 받아들여' 비교하면서 과감하게 동학에 있어 '자기 철학을 재구성[52]했던 사실로 기억해야 할 것이다.

그런데 그 이후 이렇듯 비상했던 동학의 사회문화적 저력이 약화되고 퇴조한 이유는 무엇일까? 그것은 첫째로 남북한의 분단과 냉전 이데올로기의 강화로 인해 동포애와 통일의 구호가 친(親)공산주의로 위험시되는 상황에서 민족주의를 주장하는 동학은 위축될 수 없었던 점을 들 수 있다. 둘째로는 남한 사람들의 문화적 취향이 서구적인 모든 것을 선호하는 가운데 종교적 정서 역시 서구 기독교에 편향되었다는 점을 들 수 있다. 셋째로는 확대된 자본주의 시스템의 강력한 영향력으로 말미암아 많은 사람들이 배금주의와 향락주의 그리고 이기주의와 같은 '반(反)공동체적 가치관'에 노출되었다는 점을 들 수 있을 것이다. 물론 이러한 점들을 극복하는 것이 현재 천도교의 당면 과제라고 할 수 있을 것이다.

그러나 극복해야 할 과제는 그것들만 있는 것이 아니다. 우리가 사는 후기 현대의 과학과 기술의 발전은 문자적 소통을 넘어서 전자적 소통으로 내달리고 있다. 즉 세계에 대한 우리의 이해는 전통과 현대라는 구도를 넘어서서 현대와 탈현대의 대결 양상 중에서 그 하나를 선택해야 하는 양상으로 치닫게 되었다. 케빈 켈리(Kevin Kelly)는 전통적인 테크놀로지 개념으로는 변화된 현대 세계를 포괄해서 정의하기에는 역부족이라고 주장한다. 그는 후기 현대를 표상하는 개념으로 물질문화뿐만 아니라 정신문화까지를 포함해서 새로운 신개념인 '테크늄(technum)'이라는 용어를 제시한다. 즉 케빈 켈리는 후기 현대라는 시대사조는 이미 '과학 · 기술의 세계'라는 용어로 표상하기에는 너무 광대한 '대규모로 상호 연결된 기술계(system of technology)'[53]가 자리 잡고 있기 때문에 그것을 지시하는 새로운 개념이 필요하다는 이유에서다.

인류의 소통의 측면에서 마샬 맥루한은 "전자적 상호의존성은 세계를 하나의 지구촌이라는 이미지의 존재로 재창조하고 있다"[54]라는 주장을 전제로 전자문화의 등장은 문자문화에 의존했던 사람들의 모든 감각을 하나로 통합해 가고 있다고 주장한다. 그래서 그는 그러한 통합의 여파가 세계를 파악하는 패러다임을 바꾸고 있다고 말한다. 즉 현존의 세계를 문자의 시각적 구조에 의거해서 체계적이나 혹은 선형적으로 설명하는 것은 한마디로 시대착오적이라는 것이다. 더 나아가서 그는 "전자파의 발견으로 대표되는 경이적인 이 생물학적 사건(우리의 신체를 확장한) 덕분에 각 개인은 지금부터(그들이 적극적으로 원하든 혹은 원하지 않더라도 수동적으로) 지구의 모든 구석구석에서 동시에 자신을 발견할 수 있게 되었다"[55]고 주장한다.

아마도 이러한 세계상의 변화에 대해 현재의 천도교는 동학사상을 기초로 하여 새로운 답을 제시해야 할 도전에 임하였다고 볼 수 있다. 다시 말해서 동학경전 간행의 그 큰 의미성이 '현재적 지평' 안에서 여전히 수용될 수 있는지 여부는 묵독의 종교 공동체가 이룩한 '사회적 연대'가 '새로운 미디어의 환경에서도 역시 새로운 모습으로 등장할 수 있을까'에 대한 가능성의 문제이다. 음독의 공동체로부터 묵독의 대중 공동체로의 변화 지형은 전자문화를 통해 또 다른 인간 인식으로의 변환을 요하는 기로에 서 있다. 그러나 그 선택은 꼭 비관적일 필요는 없다.

역설적으로 인터넷이 발달하고 모바일 미디어가 발달해서 오히려 읽을 수 있는 기회가 더욱 더 많아졌다고 할 수 있다. 이러한 의미에서 본다면 과학과 테크놀로지의 발달은 인쇄된 글자문화를 우리의 일상으로부터 추방하는 것이 아니라, 더 확장시키는 계기를 마련했다고도 할 수 있을 것이다. 물론 글자로 된 책이 아니라, 그 독서의 수단인 전달 매체가 변화되었다는 것이 문제라면 문제일 것이다. 이러한 의미에서 새로운 미디어의 환경은 방어해야 할 기제가 아니라 오히려 동학의 원초적인 구술적 감성(an orally constituted sensibility)'을 재현시킬 수 있는 가능성을 열어 놓았다고 할 수 있지 않을까?

수운의 생각 안에서도 역시 서학의 도전에 대한 동학의 응전은 배제가 아닌 수용이었다. 수운은 서학(양학)을 맹목적으로 소외시키기보다는 다름은 있지만 오히려 서학과 동학은 그 근본성은 같다고 인정하고 있다. 그래서 수운은 '양학과 동학은 운(運)이 같고 도(道)도 같지만 다만 이치가 다르다'[56]고 설파한다. 서양의 발상과 기획으로 등장한 근대 과학과 기술에 대한 배제, 즉 단지 '서양적'이라는 이유만으로 폄하하는 것은 과잉반응이라는 점을 일깨울 수 있는 대목이다.

해월의 동학경전 간행이 새로운 소통에 대한 그 시대의 절실한 요청이었던 만큼 오늘날 동학경전은 '포스트(post) 과학'의 시대적 요청에 부응할 새로운 종교 소통의 모습으로 거듭나야 할 것이다.

5. 나가는 말

해월 최시형의 경전 편찬과 간행의 업적은 너무나 크다. 무엇보다 먼저 그 업적 덕분에 오늘 우리의 손에 동학·천도교의 경전이 온전하게 들려지게 되지 않았을까?

그러나 에둘러 말하자면 해월 최시형의 경전 간행의 의의는 역사 안에서의 현재성(Aktualität)을 보존하면서 오늘날까지 생생한 현재성으로까지 연결시켜 주었다는 데에 들어 있다. 그러한 현재성의 연속선상에서 동학경전 간행의 의미를 진단하는 계기로 삼아야 할 것이다.

그러한 전제로 동학의 현시점을 공동화(空洞化)된 전통이나 혹은 위축된 현대종교의 지형으로만 보지 말고 미래를 담지하는 현재성의 시점으로 수용해야 할 것이다. 그러므로 동학의 전통과 그 역사를 편협한 민족주의에 가두거나, 또는 서구문화에 대한 총체적인 평가절하를 하면서 더불어 열광적으로 전통회귀에 의존하는 정서에 붙들어 매는 일은 결코 옳지 않아 보인다. 오늘의 현재성에서 볼 때 동학·천도교의 서구에 대한 부정적 인식 및 그 시각은 지양되어 새로운 담론으로 수용되어야 한다.[57] 최첨단의 과학과 기술 발전의 향방을 어떻게 수용하는 문제가 새로운 화두로 등장한 후기 현대의 한가운데서 그러한 담론들을 '우리가 보는 서구'뿐만 아니라 '서구가 보는 우리'에 대한 관점을 다양하게, 그리고 냉정하게 경청해야 할 것이다.

그렇지만 그러한 경청에는 하나의 전제가 있다. 그것은 무엇보다 먼저 동학은 여타의 다른 종교들처럼 종교의 환상적 미래를 제시했거나, 경직된 전통과 낯설은 서양을 옹호하는 타협의 길을 결코 걷지 않았다는 데에 있다는 사실을 명심하는 일이다.

　동학경전 안에 살아 있는 수운의 생각을 다시 한 번 생각한다. 그러나 해월 없는 수운을 결코 생각할 수 없을 것이다.

구비 전승담으로 고찰한
홍천 동학농민혁명 전개 양상

채 길 순 _명지전문대학교 문예창작과 교수

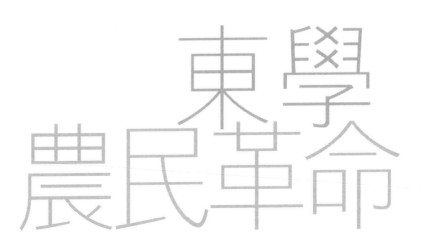

1. 들어가며

이 글은 구비 전승담(이하 전승담)[1]을 통해 홍천 동학농민혁명사의 실체를 규명하고 그 외연을 넓히는 데 있다. 이를 위해 기존의 관이나 민간 문헌기록[2]과 기존의 연구[3]를 검토하고, 전승담에 담긴 역사적 사실을 비교하여 역사적 진실을 도출할 것이다.

지금까지 홍천 지역과 동학농민혁명사 연구는 강원도 지역을 중심으로 한 최시형의 도피 중의 포교 과정, 보은취회, 동학농민혁명 시기 동창 습격과 장야촌 전투, 서석면 풍암리 자작고개 전투, 패퇴한 뒤 관민 연합군에 맞서 벌였던 유격전, 관민 연합군의 토벌 과정 등을 다뤄 왔다.

특히 최근에는 「홍천 풍암리 동학혁명군전적지 성역화사업 기본계획」[4]을 비롯한 『홍천군지』『서석면지』에 홍천 동학농민혁명사가 단편적으로 실려 전하고 있으며, 졸저 『동학기행1』 '강원도 편'에서 기존의 연구를 종합하여 강원도 각 지역 별 사적지 중심으로 체계화시킨 바 있다.

본 연구는 최대 격전지였던 풍암리 주변에 널리 분포되어 맥을 이어오고 있는 홍천 동학농민혁명사와 관련된 전승담을 통해 서석면 풍암리전투 또는 그 주변의 역사적인 사건을 대상으로 한다. 이를 위해 먼저 전승담의 역사적 진실성을 규명하고, 홍천 지역의 동학과 동학농민혁명사의 전개과정을 살펴 전승담이 담고 있는 홍천 동학농민혁명사의 역사적 진실을 도출하고자 한다.

2. 구비 전승담과 역사적 진실성 관계

전승담은 비록 전승자 개인의 구술의 산물이지만, 특정 문화 집단의 생활·감정·풍습·신념 등이 반영되어 있으며, 이는 본질적으로 일정한 역사적 사건에 대한 구조화된 서사 형태를 가지고 있다. 구비 전승담은 구전 방식에 의존하고 있다는 점에서 신화·전설·민담을 내포한 구전 설화와 유사하지만 변별적인 요소가 있다. 구전 설화는 자체가 지닌 사실의 원형이 전승자의 의도에 따라 변질될 수 있다는 점이다.

이에 비해 이 연구에 채용된 '역사적인 사건에 대한 구비 전승담'은 전승자가 사건의 흥미 요소보다는 역사적 사실의 비극성을 전달하려는 데 목적을 두고 있다는 점에서 본질적으로 차이가 있다. 곧, 현재 집단 구성원과 관련된 비극적인 서사는 흥미보다 사실성이나 진위(眞僞)의 문제에 더 관심을 두기 때문에 전승담은 '역사적 진실'에 가깝다고 할 수 있다.

여기서 역사적 진실이란 실제로 일어났던 역사적 사실이나 실재 인물에 대하여 전승된 이야기가 전승자의 기억이 변질되거나 상상력이나 공상적인 내용이 더해지거나 윤색되더라도 역사적 사실 범주를 벗어나지 않는다. 이는 전승담이 특정 역사의 사실을 토대로 형성되었으며, 사실에 대한 생생한 의미 전달이라는 점에서 역사적 사실의 생생한 근거로 볼 수 있다.

문학이나 역사학계에서 전승담이라는 용어는 비교적 낯선 편이다. 여기서 구비 전승담은 오랜 전통적인 양식인 구비설화와 같은 개념으로 사용하고자 한다. 왜냐하면 구비 전승담은 입에서 입으로 전해지는 서사양식이라는 점에서 구비설화와 유사하기 때문이다. 따라서 이 연구에서 전승담에 대한 유형(type)과 화소 분석도 같은 개념으로 사용했다. 부언하자면 화소는 사건 단위로 사용했음을 밝혀 둔다.

전통적으로 설화의 구조를 분석하는 용어로 유형과 모티프(motif)가 있다. 이러한 용어는 설화 이전에 민담을 분류하기 위해 주로 민담학자들이 사용하던 용어들이다. 톰슨(Thompson, S.)에 의하면 유형은 '독립적으로 존재하는 전승적인 이야기'라고 규정하며, 유형은 독립성을 기준으로 이야기를 구분하는 개념이다. 말하자면 본고에 채록된 전승담은 '풍암리 동학농민혁명 설화 유형'인 셈이다. 그리고 이는 여러 개의 화소로 구성되었다.

여기서 모티프는 화소(話素)와 유사개념으로, 일정한 서사를 구성하고 있는 '최소의 서사 구조 단위'를 뜻한다. 구술자의 전승담은 자신이 구술하고자 하는 내용을 이미 구조화한 상태에서 이를 풀어내기 때문이다.

구전 설화 및 전승담은 당대 사회 집단의 산물이라는 점에서, 역사적 진실을 탐구하는 데 중요한 요소가 될 것이다. 따라서 동학농민혁명 소재 전승담을 화소로 분석하는 일은 당대 사회 집단의 역사적 실체를 규명하는 유용한 방법이 될 것이다.

이 글에서 중요 논거로 채용되는 전승담은 이미 다른 학자에 의해 채록되었거나, 최근 필자가 채록한 것이다. 채록된 시기 차이가 있지만 기본 서사의 화소는 크게 훼손되지 않은 사실을 확인할 수 있었다. 전승담의 구술자가 동일인일 경우에는 두 자료를 종합하여 분석대상으로 하였고, 사망자 전승담의 화소는 그대로 도출했다.

전승담은 이야기 문학의 하나로, 비록 사실에 근거를 둔 것이라 하더라도, 그것은 말하는 사람의 의도에 따라 일부는 보완된다. 전승담은 이야기를 듣는 사람의 이야기에 대한 믿음이나 기대치에 의해 일정 부분은 과장되기도 할 것이다. 그러나 유포자(流布者)와 피전승자(被傳乘者) 사이에 이해의 간극이 크더라도 핵심 화소만큼은 진실로 존재한다고 할 수 있다.

어차피 역사가 '인간이 살아온 자취'와 '역사적 진실'을 찾는 학문이라면,

또 '과거의 사실'에 대한 정보 전달을 넘어 '오늘의 의미'를 제시해주는 기능이 있다고 한다면 전승담에 내포된 현실적인 화소는 역사적 사실을 보완하는데 그치는 것이 아니라 역사적 진실이 될 것이다. 따라서 전승담에 담긴 역사적 사건의 화소와 문헌 역사 비교는 역사적 진실을 밝히는 중요한 요소가 될 것이다.

3. 홍천 동학농민혁명의 전개 양상과 전승담

강원도 홍천 지역의 동학농민혁명사 연구는 대략 보수 집단 세력에 의한 관 기록이나 유림계의 기록에 의존하여 진행되었다.[5] 여기서는 먼저 기존에 정리된 홍천 동학농민혁명의 전개 양상을 살피고, 이 사건 전개 양상에 따라 전승담의 화소를 분류하고 비교 분석하여 홍천 동학의 총체적인 흐름을 살피고자 한다.

1) 홍천 지역 동학농민혁명 전개 양상

강원도에는 1864년 3월 동학 창도주 최제우가 순도한 뒤에 제자 이경화가 영월 소밀원으로 귀양을 와서 장기서에게 첫 포교를 하면서 동학이 뿌리내린 것으로 알려졌다. 하지만 당시의 교세는 후대로 맥을 이을 만큼 든든하지 못했던 듯하다.

강원도에 동학 포교가 본격적으로 이루어진 것은 1869년 3월, 2세 교조 최시형이 강원도로 피신해 오면서부터이다. 강원도는 최시형의 초기 도피처인 동시에 포교지여서 동학 교세가 산악 지역을 중심으로 점조직을 통해 빠르게 성장했다. 이런 교세 성장에 힘입어 인제 갑둔리에서 최초로 동학경전인 『동경대전』을 간행한다.

그 이후 보은취회에 강원 지역 동학교도가 참가했다는 기록이 나온다. 1893년 3월 보은에서 전개된 교조신원운동에 강원도에서는 관동 대접주 이원팔, 인제 대접주 김치운, 홍천 대접주 차기석(車箕錫) 등이 참가했다"는 기록으로 미루어 당시 홍천을 비롯하여 관동 지방의 동학 교세가 두드러졌다는 사실을 추정할 수 있다.

이렇게 동학의 교세가 본격적으로 형성되면서 보수 양반 세력들의 모순과 수탈에 저항할 조직 체계를 갖추게 되었고, 1894년 동학농민혁명 시기에는 강원도 모든 지역에서 투쟁을 벌일 기반이 마련되어 있었다.

홍천의 동학교도들은 9월 재기포 선언 이전부터 인접 고을인 경기도 지평 지역 동학농민군과 연계하여 활동을 벌이고 있었다. 지평의 고석주(高錫柱), 이희일(李熙一), 신창희(申昌熙) 등이 이끄는 동학농민군 수백 명이 각각 접을 설치하고 무장하여 기포를 준비하고 있었다.

한편 홍천군 내면에서 가까운 봉평면에서도 차기석의 영향 아래 있던 윤태열, 정창해, 조원중, 정헌심 등이 기포하여 각 촌락 집집마다 좁쌀 6말과 미투리 1쌍씩을 거두어들이는 등 본격적인 투쟁에 들어갔다. 기세가 오른 홍천 동학농민군은 1894년 9월 4일 정선, 평창, 영월, 원주 등지의 동학농민군과 연합하여 대관령을 넘어 강릉관아를 점령했다. 관아를 점령한 동학농민군은 가혹한 세금을 감면토록 하고, 악독한 지주들의 땅문서를 빼앗는 한편 수탈에 앞장섰던 탐관오리를 잡아 가두고 억울한 옥사를 해결해 나갔다. 그리고 '삼정의 폐단을 뜯어고치고 보국안민을 이룩한다'는 방문을 내거는 등 동학농민군이 꿈꿔 오던 폐정개혁을 단행했다.

동학농민군은 어느 정도 폐정개혁이 자리를 잡게 되자 강릉 유림을 상징하는 선교장을 공격할 계획을 세웠다. 그러나 강릉의 대부호이자 유림 세력의 상징인 이회원은 교활한 술수로 동학농민군을 안심시킨 뒤 기습하여 강릉관아를 탈환한다. 이 전투에서 동학농민군은 30여 명의 희생자를 냈으며, 대관령을 넘어 퇴각했다. 비록 일장춘몽처럼 짧은 기간이었지만 강릉부를 점령한 그해 9월 4일부터 동학의 세상이 전개되었던 셈이다.

차기석은 1천여 명의 동학농민군을 이끌고 최시형이 있는 보은 장내리로 진출하려다 지평의 맹영재가 이끄는 민보군에 길이 막혀 홍천으로 되돌아와 내촌면 물걸리로 진출했다.[6] 차기석은 10월 13일 밤에 박종백과 함께 동학농민군을 이끌고 홍천군 내촌면 물걸리 동창(東倉)을 들이쳐서 군량을 확보하고 창고 건물을 불태웠다. 당시 관동 지방 수탈의 상징인 동창을 습격하여 불태우고 인근의 관아까지 점령한 이 사건은 중요한 의미가 있다.

10월 중순을 넘어서면서 보수 지배 세력이 본격적인 반격에 나섰다. 특히 경기도 지평 감역을 지낸 소모관 맹영재가 홍천의 동학농민군 진압을 위한 공격에 나섰다.

동학농민군과 민보군의 첫 전투는 10월 21일 홍천군 화촌면 장야촌(장야평=장평, 실제로는 골짜기)에서 벌어졌다. 하지만 관-민보군 연합 세력과 대적한 전투는 동학농민군의 패배로 끝났다. 기껏 화승총으로 무장한 동학농민군에 비해 연합군은 최신식 총기로 무장했기 때문이었다. 이 전투에서 동학농민군은 30여 명의 희생자를 내고 솔재와 동막산, 고양산을 넘어 서석면 진등으로 후퇴했다.[7]

차기석 대접주는 서석면 풍암리의 작은 구릉과 전략적 요새인 진등에 진을 구축하고 전열을 가다듬어 맹영재의 토벌 연합군의 공격에 대비했다. 진등은 천혜의 군사적 요충지로, 뒤로는 아미산과 고양산이 둘러싸고 있으며, 앞으로는 시야가 탁 트인 들판이 내려다보이는 곳이다. 동학농민군은 총이 모자라 버드나무를 깎아 먹칠을 해서 무기가 많은 것처럼 위장을 하기도 했고, "주문을 외우면 토벌군의 총에서 총탄이 아니라 빨간 물이 흘러나온다"

고 하며 사기를 북돋우기도 했다. 당시 동학농민군의 위세에 대해서는 "수백 명 혹은 수천 명이 백기를 꽂은 채 진을 쳤다"고 했다.

풍암리전투는 10월 22일부터 시작되었다. 맹영재가 이끄는 관-민보군은 홍천 방면의 솔재와 횡성 방면인 먼드래재 두 갈래로 진격해 들어왔다. 사흘 동안 치열하게 벌어진 이 전투에서 동학농민군은 800여 명의 희생자를 내고 내면으로 후퇴했다. 경기도 일대에서 신식 무기로 무장을 하고 동학농민군 토벌에 맹위를 떨치던 맹영재와 접전을 벌인 차기석의 동학농민군은 다시 많은 희생자를 내면서 패퇴할 수밖에 없었다.

이날 전투에서 희생당한 동학농민군의 수는 800여 명에서 1,000여 명에 이를 것으로 추정하고 있다. 관 기록에 따르면 "총을 쏘며 접전을 벌인 결과 총에 맞은 동학농민군은 그 수를 헤아릴 수 없을 정도였다"[8]라 했고, 『천도교회사초고』 기록에 의하면 홍천군 서석면 일대는 "인종(人種)이 영절(永絶)하얏더라." 할 정도였다.[9]

당시 동창 전투와 장야촌 풍암리전투에 대해 『동비토론(東匪討論)』[10]과 『갑오실기(甲午實記 『고종실록』)에 다음과 같이 전하고 있다.

먼저, 『고종실록』 1894년 9월 26일 2번째 기사에서 "방금 경기 감사 신헌구(申獻求)가 올린 장계의 등보(謄報)를 보니, '지평현의 비적 수백 명이 홍천에 소굴을 만들어 놓고 들락날락하면서 재물을 약탈하는 등 못하는 짓이 없으므로 본 현에 사는 감역 맹영재가 부약장으로서 관청과 사포군(私砲軍) 1백여 명을 거느리고 홍천에 이르러 그 괴수 고석주, 이희일, 신창희를 사로잡고, 혹은 목을 베고 혹은 쓰러뜨려 그 무리 5명을 죽이자 나머지는 다 사방으로 흩어졌습니다…'라고 하여, 지평 맹영재가 홍천 동학농민군을 토벌한 사실을 알리고 있다.

홍천의 동학농민군 활동에 대해서는 『동비토론』에 비교적 상세하게 전하고 있다.

지난달 22일 진시에 도착한 비감(秘甘)의 내용은 이렇습니다. 방금 홍천 현 감의 보고서를 받아보니 '동학 무리가 이달 13일 밤에 동창(東倉)에 돌입하여 창고 건물에 불을 질렀습니다. 괴수 차기석(車箕錫)과 접주 박종백(朴鍾伯)이 같 은 무리들을 이끌고 강릉에서 사람들을 제멋대로 죽였습니다.'라고 하였습 니다. 그래서 지난 10월 21일 행군하여 홍천 장야촌에 이르러 비적 30여 명 을 포를 쏘아 죽이고, 이튿날 서석면으로 길을 돌려서 갔더니 곧 비적 수천 명이 백기를 꽂아놓고 진을 치고서 한데 모여 있기에 총을 쏘며 접전하였는 데, 총으로 쏘아 죽인 자가 부지기수입니다.(去月二十二日辰時到付 祕甘內節該卽接洪 川縣監所報則東徒今月十三日夜突入東倉故火倉舍魁首車箕錫接主朴鍾伯率其同黨擅 殺人命於江陵 地是乎矣 卽去十月二十一日行軍到洪川長野村砲殺匪類三十餘名翌日轉 向瑞石面卽匪徒數千餘名揷 立白旗結陣屯聚衣放銃接戰以丸中殺者不知其數)

여기에 나타나는 주요 사건은 '동학농민군의 동창 습격 사건'과 '장야촌에 서 30여 명 포살', '서석면 풍암리전투에서는 살상자 수가 부지기수'라 하 여 차기석이 이끄는 동학농민군의 희생 규모가 상당히 컸던 사실을 전하고 있다.

11월 3일에는 일본군 2개 중대가 평창의 동학농민군을 진압하기 위해 내 려왔다. 춘천에 있던 순중군(巡中軍)도 파견되었다. 당시 동학농민군은 정선 에 3천여 명, 평창에 1천여 명이 집결하여 재차 강릉부를 공격할 기회를 노 리고 있었다. 신무기로 무장한 일본군의 개입으로 토벌전은 한결 신속하게, 잔혹하게 전개되었다. 차기석이 이끄는 동학농민군의 근거지였던 봉평 내 면 쪽에서 전투가 치열하게 전개되었다. 11월 4일 봉평의 포군대장 강위서가 이끄는 관군이 내면 창촌으로 공격해 들어왔다. 산꼭대기에 진을 치고 있던 동학농민군이 밤중에 먼저 관군을 기습하여 이들을 물리쳤다.

11월 5일에는 평창 후평에 집결한 동학농민군 만여 명이 관군과 크게 전투를 벌였으나 접주 이문보를 비롯하여 100여 명의 희생자를 내고 동학농민군은 정선을 거쳐 삼척으로 밀려났다.

11월 6, 7일, 관-민보군은 네 방향에서 차기석이 이끄는 동학농민군을 포위 공격해 들어왔다. 11월 9일부터 14일에 걸쳐 내면, 창촌, 원당, 청도, 약수포에서 전투가 벌어졌다. 동학농민군은 험준한 산악지대를 의지하여 치열한 유격전을 펼쳤다. 그러나 11월 12일 관-민보군이 연합 전술을 펴면서 사방에서 포위망을 좁혀 들어와 차기석 대접주를 비롯하여 접사 박학조 등 10여 명이 원당리에서 체포되었다. 동학농민군은 접주 위승국, 김치귀, 임정호, 등 100여 명이 사살되는 피해를 입고 뿔뿔이 흩어지고 말았다.

홍천 동학농민군 지도자 차기석은 강릉부로 압송되어 11월 22일 강릉 관아 훈련교장(현 강릉여중 자리)에서 박학조, 정창호 등 10여 명과 함께 효수되었다. 동학농민군 핵심 지도자들의 효수 또는 포살로 1894년 강원도 지역 동학농민혁명은 막을 내리게 되었다.

2) 전승담에서 더욱 생생하게 나타난 홍천 동학농민혁명

이 글에서 텍스트로 사용한 전승담은 1894년 동학농민혁명 당시 풍암리 전투 희생자 후손들이 거주하는 홍천군 서석면 풍암리를 중심으로 채록된 것이다. 각기 채록된 시기나 방식은 다르지만 1894년 동학농민혁명에 대한 견해와 같은 일반적인 문답으로 시작하여 홍천 및 서석 지역 동학농민혁명사에 관한 질문 순서로 진행되었다. 여기서는 1994년 박준성, 2004년 함복희, 2015년에 필자가 채록한 8편의 전승담을 분석 대상으로 삼았다. 채록은

'1894년 강원도 및 홍천 동학농민혁명사에의 기억 도출'이라는 일반적인 문제로 접근되었기 때문에 접근 방식과 내용이 상이하더라도 얻고자한 '기억 도출' 요건에 충족되었다는 사실을 전제로 정리되었음을 밝혀둔다. 또 여기에 제시된 내용은 원래 채록된 전승담을 필자가 사건별 화소별로 분류하고, 이를 사건 추이에 따라 정리한 것이다.

(1) 전승담 최주호 · 최낙인[11]

전승자: 최주호(崔州鎬, 남/90세 사망) 최낙인(崔洛仁, 남/55세)

채록 일시 및 장소 : 1994년, 서석면(풍암리) 구룡로 2527-7 자택

정리자 : 박준성

사건별 화소 :

　(1) 동학농민혁명에 대한 일반적인 견해 : 강원도 동학농민혁명은 여러 지역에서 일어났으며, 홍천 지역이 가장 치열하게 전개되었다.

　(2) 강릉관아 점령 사건 : 1894년 9월 4일 강원도 동학농민군은 대관령을 넘어 강릉부 관아를 점령했다가 보수 민보군의 반격으로 다시 대관령을 넘어 퇴각했다.

　(3) 동창 습격 사건 : 강릉 관아에서 물러난 일부 동학농민군 세력은 해산하지 않고 10월 13일 홍천군 내촌면 물걸리 동창을 들이쳐서 군량을 확보하고 건물을 불태웠다.

　(4) 보수 세력의 반격과 장야촌 전투 : 보수 세력이 동학농민군에 대해 반격을 개시했는데, 경기도 지평의 맹영재가 포군을 이끌고 홍천 동학농민군을 향해 진격해 왔다.

　· 10월 21일, 장야촌에서 동학농민군과 맹영재 부대가 전투를 벌였는데 동학농민군이 패해 풍암리로 후퇴했다.

(5) 풍암리전투 사건 : 동학농민군이 풍암리 구릉 위에 진을 친 10월 22일, 동학농민군과 횡성 현감 유동근과 맹영재가 이끄는 관-민보군이 사흘간 치열한 전투를 벌였는데 동학농민군 800명이 넘는 희생자를 내고 후퇴했다.

· 동학농민군이 진을 치고 있을 때 관-민보군이 기습했고, 동학농민군의 무기 조총이 신식 무기에 대항할 수 없어서 참패했다.

· 동학농민군이 싸울 때 동학 주문을 외웠고, 총이 모자라 버드나무로 총을 깎아 먹칠을 해서 무기로 위장했다.

· 동학 주문을 외우면 적의 총에서 총탄이 나오는 것이 아니라 대신 빨간 물이 흘러나온다고 했다.

· 동학농민군들은 소를 잡아 몸통의 껍질을 네 귀퉁이 말뚝에 묶어놓고 그 안에다 밥을 지어 먹었다.

· 동학농민군 최도열은 풍암리전투에서 희생되었다. 최주호의 증조부(병두)와 조부(도열) 모두 통문을 돌리던 동학교도였으며, 최도열은 천석꾼으로 불릴 만큼 살림이 넉넉하여 수백 석을 동학농민군 군량미로 냈다. 동학농민혁명 때 집안의 남자는 어린아이 셋만 남기고 모두 희생되었다. 그의 아버지와 부인이 아들(규백)을 데리고 피신하여 대를 이었다.

· 최도열의 사망일이 족보에 10월 23일이다. 포로로 잡혔다가 처형되었는지 알 수 없다.

· 진등을 넘는 고개 이름이 본디 서낭고개였는데, 동학농민군들이 흘린 피가 고갯마루를 자작자작 적실 만큼 흥건했다고 붙은 이름이다. 또, 동학난리 때 사람들이 고개를 자작자작 넘어가다 흔적 없이 사라졌대서 자작고개라고 불렀다.

· 싸움을 벌였던 구릉을 '진등'이라고 불렀는데 이는 '동학농민군이 진을

친 곳'이라 붙은 이름이다.

· 동학농민군 희생자가 어찌나 많았던지 "가을걷이한 논바닥에 볏단이 널려 있는 것 같았다" "부상당해 목숨이 붙어 있는 동학농민군을 골짜기에 쓸어 넣고 생매장하여 사람을 덮은 흙이 숨을 쉬느라 움썩거릴 정도였다"고 했다.

· 동학난리 중에 동학농민군의 가족은 장광이나 뒷간에 숨어 지냈다.

(6) 풍암리전투 후의 토벌과 기타 동향 : 관의 지목을 피해 동네 뒷산의 마을에 숨어 지내다가 다시 고향 마을로 돌아왔고, 재산은 몽땅 빼앗겼다.

· 동학농민혁명 참가자 후손이나 일가친척들은 탄압과 감시가 심해서 고향을 뜨거나 만주로 이주한 집이 많았다.

· 1970년대 중반까지도 마을에는 10월 22일 한날에 제사를 지내는 집이 30여 호나 되었다.

· 풍암리는 뒷날에도 동학도가 많아서 '시천주조화정 영세불망만사지'라는 13자 주문소리가 그치지 않았다

(7) 자작고개에 얽힌 설화 : 초등학교 시절, 장마철이면 언덕바지는 온통 수렁으로 변했고, 귀퉁이가 무너져 여기저기 뼈다귀가 튀어나왔다. 현재의 위령탑 부근이다. 밤이면 푸른 도깨비불이 번득여 무서웠다. 당시는 누구의 뼈며, 왜 거기에 묻혔는지 아무에게서도 듣지 못했다.

(8) 풍암리 자작고개 유물 유골 출토에 얽힌 일화 : 1970년대 초 새마을사업의 일환으로 고갯길 확장공사를 하던 중 인골이 무더기로 쏟아져 나왔다.

(9) 기타 견해 : 동학의 잔여 세력이 뒷날 3.1운동을 이끌었다.

(2) 전승담 심형기

전승자 : 심형기(남/70세, 전 서석면장, 전 홍천군의회 공동 의원, 서석면 풍암리, 구룡로 2527-7)

채록 일시 및 장소 : 2015년 9월 17일, 서석면 사무소

정리자 : 채길순

사건별 화소 :

(1) 동학농민혁명에 대한 일반적인 견해 : 15세쯤에 큰아버지로부터 '누구 누구는 동학농민군 후손으로 천민이었다'는 말을 들었다.

(5) 풍암리전투 사건 : 동학농민군이 가을 들판 볏단처럼 많이 쓰러졌다.

· 당시 자작고개에 아름드리 밤나무가 있었는데, 동학군의 상투머리를 매단 곳이다.

(6) 자작고개에 얽힌 설화 : 진등이라는 이름에는 동학군이 진을 친 곳이 라는 뜻, 땅이 질어서 진등, 고개가 길어서(길다→질다, 구개음화) 붙여졌 다.

(7) 풍암리 자작고개 유물 유골 출토에 얽힌 일화 : 1952년 무렵 초등학생 때 고개를 넘어 학교를 다녔는데, 장마 끝에 표면으로 사람의 해골들이 굴 러다녔다. 누군가 해골을 발로 몇 차례 찼는데 '퍼석' 깨지는 것으로 보아 당시로부터 60여 년 전이니 동학농민혁명 시기의 유골이 확실하다.

· 당시 동학군농민군의 시신은 깊이 묻지 않았다. 1975년에 자작고개에 경작하던 밭이 있었는데, 사람의 뼈가 삽과 괭이에 딸려 나왔다. 하지만 한 동안 트랙터로 흙을 분쇄하여 흔적을 찾기가 어렵다.

· 1962~3년 무렵 새마을 운동으로 길을 닦을 때 인골이 무더기로 나왔다. 이를 계기로 동학농민군 기념탑이 세워졌다.

(8) 기타 견해 : 발굴 팀이 2012년 탑 주위를 시추했으나 그곳은 깎아낸 곳 이라 처음부터 유해 유물이 나올 가능성이 없었다.

(3) 전승담 고광환

전승자 : 고광환(남/86세, 전 이장, (재)강원도향교재단 이사장)

채록 일시 및 장소: 2015년 9월 17일, 춘천시 교동 50번지

정리자 : 채길순

사건별 화소 :

(1) 동학농민혁명에 대한 일반적인 견해 : 당시는 혁명이 일어나지 않으면 안 되는 사정들이 암암리에 느껴져서 모두 들고 일어났다.

· 동학농민혁명이 1894년 전라도 고부 전봉준에 의해 일어나 전국으로 확산되었고, 서석 자작고개 싸움은 전국의 동학농민군이 몰려와 치른 종결 전투지다.

(5) 풍암리전투 사건 : 1894년 10월 23일에 많이 죽었다. 풍암리에 15가구 정도 제사를 지냈다.

(7) 풍암리 자작고개 유물 유골 출토에 얽힌 일화 : 1962, 3년 농로 확장 공사를 할 때 뼈가 무더기로 나왔다.

· 1977년 면민들이 조상들의 희생을 그냥 둘 수 없다고 나서서 십시일반 모아서 기념탑을 세웠다.

(8) 기타 견해 : 발굴 작업은 위령탑 주변을 팠으나 유골이 나오지 않을 것이 확실했다. 당시 유해는 현장 부근에 묻기보다 공동묘지 같은 곳에 옮겨 묻었을 것이다.

(4) 전승담 사영한

전승자 : 사영한(남/75세, 대한노인회 홍천군지회 서석면 분회장, 서석면 어론1리 17)

채록 일시 및 장소 : 2015년 9월 17일, 서석면 사무소

정리자 : 채길순

사건별 화소 :

(4) 보수 세력의 반격과 장야촌 전투 : 장모로부터 들은 이야기로, 화촌면 장평리 삼동골(삼동문, 누런동 고동골)에 사인순이 이끄는 동학농민군의 진지가 있었다.

· 삼동골 진지는 검산 1리로 넘어가는 길이 있으며, 진지 앞으로는 서석과 홍천으로 통하는 요충지였다.

· 삼동골 골짜기에서 동학농민군 패잔병들이 숨어 있다가 1894년 10월 20일 토벌군에게 30여 명이 희생되었다. 그들의 시신은 가을 볏단처럼 쓰러져 있었다.

· 사인순은 동학군 연락 책임자였고, 그 외에 사 씨 집안사람이 3, 4명이 더 있었다.

· 사인순은 멀지 않은 곳에 집이 있어서 유족들이 시신을 수습하여 묘를 썼다.(묘지 장평리 산 151-2번지 소재)

· 지금도 동학농민군 막사 흔적인 집터와 산비탈에 성축 흔적이 남아 있다.

(5) 전승담 이규홍

전승자 : 이규홍(남/당시 70세 사망, 전 풍암리 이장, 향토사학자)

채록 일시 및 장소 : 2004년 8월 16일, 풍암 2리 노인회관

정리자 : 함복희

사건별 화소 :

(3) 동창 습격 사건 : 엄철규 부면장의 조부가 1894년 10월 12일 동학군이 여기에 집결해서 제일 먼저 홍천 물걸리 동창으로 가서 동창을 열어 동학군 군량미로 충당하고 지역 주민들에게 개방했다고 했다.

(4) 보수 세력의 반격과 장야촌 전투 : 지평 감영의 맹영재라는 포교가 병력을 이끌고 반란군인 동학군을 진압하러 왔고, 접전지가 진등이다.

· 장평, 장야평이라고도 하는데, 거기서 동학군들이 3일 동안 싸웠다.(3일은 착각인 듯 = 필자 주)

(5) 풍암리전투 사건 : 풍암리전투는 충청도 등 여기저기에서 몰려온 동학군이 모여서 싸운 곳이니까, 마지막을 여기 와서 다부지게 해보자 한 건데 성공하지 못하고 끝났다.

· 맹영재가 이끈 관군과 동학군이 접전한 곳이 진등이다. 자작고개에 800명의 동학농민군 목숨이 희생되었다.

· 진등이라고 부르는 이유는 길다고 진등이 아니라 동학군이 진을 쳐서 진등이 되었다.

· 진등에 있는 고개 이름을 자작고개라고 하는데 800명의 동학군이 희생되어 피가 자작자작하게 흘러내려서 붙은 이름이다.

· 전해 내려오는 말에 '가을에 볏단을 가려 놓은 것처럼 동학군이 쓰러져 있다'고 했다. 800명이 거기서 변을 당했으니 그런 말이 나왔다.

· 고갯마루에 오래된 소나무가 있다. 그 옆에 사람 키만한 돌배나무가 있었는데, 관군이 동학군의 상투를 그 나무에 매달아 문초한 곳이다.

(7) 풍암리 자작고개 유물 유골 출토에 얽힌 일화 : 마을의 도로를 확장하기 위해 고개의 높이를 지금의 높이로 낮췄다. 이장 시절에 그 공사를 했는데 거기서 유골이 엄청나게 발견되었다.

(8) 기타 견해 : 당시 마을에는 동학 때문에 망한 집이 많았다. 그래서 마을 사람들이 십시일반으로 모금을 해서 땅을 사고 위령탑을 세웠다. 위령탑을 세울 때 당시 강원도지사가 위령탑 글을 써주고 홍천군수가 보조해 주었다.

· 현재 풍암리에 동학군의 유족이 11명 정도 사는데 그분들도 마음고생이 심했다. 제사도 마음대로 못 지내 가마니로 방문 앞을 가리고 가만가만 지냈다.

· 서낭당 뒤에 엄나무가 있는데 수령이 한 삼백년 됐는데, 선배 이장이 매년 정월에 돼지머리와 백설기를 차려놓고 치성을 드렸다. 그때 이장은 "배고픈 동학군의 배를 채워드린 것이다"라 했다.

· 당시 성기방 군수에게 800의 동학군이 배가 고프다고 아우성을 지르는데 공양이라도 할 수 있는 기반을 마련해 달라고 부탁하여 지금도 음력 10월 22일이면 면민들이 모여서 위령제를 지내고 있다.

(6) 전승담 민상기

전승자 : 민상기(남/60세, 동학농민군 희생자 민영달의 후손)

채록 일시 및 장소 : 2004년 8월 16일, 풍암 2리 163 노인회관

정리자 : 함복희

사건별 화소 :

(5) 풍암리전투 사건 : 풍암리 싸움은 3일 동안 치열하게 벌어졌다. 증조부의 기일이 10월 21일이니 첫날 희생되었다. 증조부는 관을 쓰고 허리에 요대를 하고 있어서 쉽게 시신을 찾았다. 산소는 풍암1리에 소재한다.

· 내막은 잘 모르지만, 증조부는 진압군 쪽으로 들어왔다가 동학농민군 쪽으로 돌아섰다가 죽은 것 같다. 어떤 교수가 이 요대를 보고 그렇게 추정했다.

· 당시 이 지역 살던 분들은 시신을 거의 찾았다고 들었다. 외지에서 들어와서 희생된 동학군의 시신은 모두 방치되었다.

· 자작고개 전투에서 희생된 분들은 800여 분이 된다던데, 제사를 지내다

들키면 혼난다는 말은 들었다.

(6) 자작고개에 얽힌 설화 : 진등 고개는 사람들이 귀신이 나타나니 어쩌니 해서 밤에는 다니기를 꺼려했다. 겨울에 고개를 넘다가 홀린 사람도 있었다. 눈이 하얗게 깔린 겨울에 진등을 넘어 오는데, 하얗게 눈 덮인 길이 그렇게 좋았는데 한참 다니다 보니 어느 골짜기에 들어가 있었다.

(8) 기타 견해 : 13살, 14살 때가 되어서야 할아버지가 동학농민혁명에 가담했다는 말을 들었다.

(7) 전승담 김태영

전승자 : 김태영(사망)

채록 일시 및 장소 : 2004년 8월 19일, 풍암 2리 202

정리자 : 함복희

사건별 화소 :

(5) 풍암리전투 사건 : 풍암리 진등은 홍천, 횡성, 서석으로 통하는 길목에 있는 요새다.

· 동학농민군이 강릉 관할에서 쫓겨서 이쪽(서석 풍암리)으로 왔다. 그리고 홍천 물걸리 동창을 습격하고 맹영재가 이끌던 관군과 싸우고 여기로 왔다.

· 10월 21일 진등에 모여 진을 쳤는데, 그때 차기석이 동학농민군을 끌고 들어왔다. 관군들은 총을 들고 오고 당시 동학농민들이 낫과 도끼로 그 수천 명이 관군을 상대로 싸운 것이다.

· 21일 날, 총소리가 콩 볶듯 했고, 동학농민군이 엄청나게 죽었다. 22일, 23일에도 많은 희생자가 나왔다.

· 내 식구들이 나갔으니 쌀도 대고 그랬는데, 시신을 찾으니 총 맞고 칼

에 찔려서 아직 숨이 안 떨어져 펄떡했다. 죽은 동학군의 시신은 꼭 짚단이 넘어간 것 같았다.

· 최기철 씨의 할아버지는 숨이 떨어지기 전에 집으로 업고 왔지만 얼마 못 가 죽었다.

· 동학농민군의 시신은 근방 사람들은 찾아가고 나머지 시신은 명석으로 덮고 나서 흙을 얹었다.

· 기천여 시신이 (아직 명이 붙어 있는 사람도 있어서) 명석 안에 덮여서 벌떡벌떡 숨을 쉬었다. 200여 시신은 유가족이 찾아가고 임자 없는 800여 시신이 남아서 800의총이라 했다.

· 당시 진등에 밤나무가 많았는데, 시신을 찾다 보니까 덮어 놓은 명석이 들썩들썩하다가 푹 꺼졌다.

· 외지에서 온 동학군들이 3, 4일 지내면서 여기서 식량을 약탈해서 싸웠다.

(6) 자작고개에 얽힌 설화 : 어릴 때 진등을 넘어 다닐 때는 무서웠다. 비가 오는 날에는 무슨 울음소리가 막 나고 그래서 못 넘어 왔다. 면에서 산업계장 이상남 씨(작고)라고 있었는데 비만 오면 못 넘어왔다고 했다.

(7) 풍암리 자작고개 유물 유골 출토에 얽힌 일화 : 거기를 파면 숟가락도 나오고 대접, 시퍼런 것도 나왔다. 내가 있을 적에 군에서 공고를 해 가지고 군에서 가져갔다.

· 유해들이 주로 진등을 중심으로 해서 묻혀 있지. 거기를 파면(유물이) 나오긴 나올 것이다. 사람들이 제사를 지낼 때는 문을 가리고(몰래) 지냈다.

(8) 기타 견해 : 3.1운동은 결국 서석 동학농민운동과 연관성이 있다.

· 동학농민군 유족은 풍암리에 유족이 총 7가구가 있고, 감두리에도 몇

집 더 있다.

(8) 전승담 김진택

전승자 : 김진택(남/70세, 전 서석면 번영회장, 서석면 피리골길 299-9

채록 일시 및 장소 : 2004년 8월 19일, 생곡리 제보자 댁

정리자 : 함복희

사건별 화소 :

(1) 동학농민혁명에 대한 일반적인 견해 : 강원도 여기저기 산발적으로 동학 때 전투가 있었다. 전라도 고부가 시발된 곳이라면 여기가 마무리가 된 장소다.

· 최낙인 씨 댁에서는 동학군이 왔을 때 밥을 해 먹이고, 동학군들이 관군에게 쫓겨왔을 때 채독에 숨겨줬다.

· 생곡리 박우영 씨의 어머니가 살아 계셨는데, 디딜방아에 방아를 찧고 있는데 동학군들이(봉평 쪽에서 구룡령을 넘어 온 듯) 먹을 것을 달라 그랬다는데 그 할머니가 얼마나 억셌던지 절구공이를 휘둘러 내쫓았다.

(5) 풍암리전투 사건 : 풍암 1리 강 건너(감두리)에 동학농민혁명 희생자 김우원(金右遠), 김수광 씨가 사는데, 선조들이 산소를 이장할 때 맞았던 총알을 찾았다고 한다(지금은 없어졌다).

(8) 기타 견해 : 생곡리를 피리골이라고 했는데, 관군들이 아직 목숨이 붙어 있는 동학군을 생매장했다.

· 이재영 씨 말에 따르면 "생곡1리와 2리 중간에 개울 건너 쪽에 솔골, 솔거골이라고 있는데, 관군이 들어왔을 때 사람들이 가솔들을 이끌고 골짜기에 숨어 살았다고 해서 솔거골이라고 한다"고 했다.

· 박장호[12] 선생이라는 독립군이 있는데, 화촌면 하남 선생과 깊은 교분

을 가졌다. 생곡에서 동학 활동을 하다가 이씨네 젊은이들을 데리고 만주로 가서 독립운동을 했다.

3) 전승담에 나타난 홍천 동학농민혁명

위 8편의 전승담 중에 체계적으로 폭넓게 정리된 전승담은 첫번째 편이다. 최주호 · 최낙인 두 사람의 전승담이 정리되었는데, 여기에는 동학농민혁명에 대한 일반적인 견해를 비롯하여 강원도 지역 및 풍암리 주변 동학농민혁명 사건을 폭넓게 구술하고 있다. 나머지 7편은 주로 자신의 거주지인 풍암리전투 사건에 국한하여 전승되고 있었다. 이를 사건별로 고찰하고자 한다.

(1) 동학농민혁명에 대한 일반적인 견해

1894년 동학농민혁명이 일어나지 않으면 안 되었던 '문제의 사회'에 대한 인식과 함께 전라도 고부 고을 전봉준에 의해 일어나 전국으로 확산되었다는 인식이 저변에 깔려 있다. 특히 서석면 풍암리전투는 전국의 동학농민군이 몰려와 치른 종결 전투라는 인식이 지배적이었다. 말하자면 풍암리전투는 1894년 동학농민혁명사의 마지막 전투라고 인식하고 있다.

강원도 여기저기에서 산발적으로 동학 활동이 있었지만 가장 치열하게 전개된 곳을 홍천 지역으로 이해하고 있다는 점이다.

동학농민군에게 밥을 해 먹이고 채독에 숨겨 줬다는 주민들의 친 동학농민군 전승담이 있는 반면에, '천민이 일으킨 사건'이라는 폄훼된 시각과 함께 '배고파 찾아온 동학농민군을 절구공이를 휘둘러 내쫓은' 전승담이 공존하고 있다. 이는 당시 혹은 현재 사회 구성원들의 '동학농민혁명사에 대한 견해'를 반영하는 것으로 볼 수 있다.

(2) 강릉관아 점령 사건

1894년 9월 4일, 홍천의 동학농민혁명 지도자 차기석이 이끄는 동학농민
군이 강릉관아를 점령했다가 보수 민보군의 반격으로 다시 대관령을 넘어
퇴각한 사건에 대한 전승담은 최주호·최낙인의 전승담에만 비교적 상세
하게 등장한다. 이는 강원도 동학농민혁명사의 대표적인 사건인데, 홍천 풍
암리 지역에서는 채록되지 않는 점이 특이하다. 널리 아는 것처럼 강릉관아
점령 사건의 주인공은 홍천 대접주 차기석이다. 그렇지만 차기석이라는 인
물에 대한 전승담은 거의 존재하지 않는다는 점도 특이한 부분이다.

(3) 동창 습격 사건

강릉관아에서 패하고 대관령을 넘어 물러난 동학농민군이 해산하지 않
고 10월 13일 홍천군 내촌면 물걸리 동창을 들이쳐서 무장하고 군량을 확보
하고 건물을 불태운 이 사건은 최주호·최낙인, 이규홍 두 전승담에서 확인
된다. 향토사학자 이규홍의 "엄철규 부면장의 조부가 1894년 10월 12일 동
학군이 여기(서석)에 집결해서 제일 먼저 홍천 물걸리 동창으로 가서 동창을
열어 동학군 군량미로 충당하고 지역 주민들에게 개방했다고 했다"는 구체
적인 정황이 구술되었다. 이 전승담을 토대로 추정하면, 강릉에서 물러난
차기석을 중심으로 한 동학농민군 주력 부대가 홍천에 머물다 물걸리 동창
을 쳤다는 사실을 뒷받침한다.

(4) 보수 세력의 반격과 장야촌 전투

동학농민군의 강릉관아 점령 사건 뒤부터 본격적인 보수 세력의 반격이
시작되었다. 맹영재가 이끄는 관-민보군이 지평에서 홍천으로 들어와 처음
치른 전투가 장야촌 전투였다.

장야촌 전투는 동학농민군 사인순의 후손 사영한의 전승담이 비교적 상세하다. 사영한이 장모로부터 들은 이야기로, "화촌면 장평리 삼동골에 사인순이 이끄는 동학농민군의 진지가 있었다"는 것이 전승담의 핵심이다. 삼동골 진지는 검산1리와 서석과 홍천으로 통하는 요충지였고, 홍천 동학농민군 주력이 진을 치고 있었다.

이 전승담은 "경기도 지평의 맹영재가 포군을 이끌고 홍천 동학농민군을 향해 진격해 왔고, 10월 21일 장야평에서 접전을 벌였으나 동학농민군이 30여 명의 사상자를 내고 패해 풍암리로 후퇴했다"는 관의 토벌 기록과 거의 일치하지만, 문헌기록이 추상적인데 비해 동학농민군의 진지의 모습을 구체적으로 제시한 전승담이 더 역사적 진실에 가깝다고 할 수 있다. 이런 점이 전승담이 기록문헌보다 더 사실적인 측면일 것이다. 사씨 집안의 족보에 사인순의 사망일이 10월 20일로 기록되었다.[13]

또, "지평 감영의 맹영재라는 포교가 병력을 이끌고 동학군과 3일간 접전을 벌였다"거나 "삼동골 골짜기에서 동학농민군 패잔병들이 숨어 있다가 30여 명이 당했다"는 전승담은 문헌기록과 차이가 크다. 문헌기록에는 상호 전투 상황으로 제시하고 있지만, 전승담에서는 동학농민군이 숨어 있다가 일방적으로 토벌 당한 것으로 나타난다.

앞뒤 사건의 날짜를 추정해 보면 장야촌 전투는 강릉관아에서 물러난 동학농민군이 재편되거나 동창 사건 이후 주변 관아를 들이쳐서 새로운 무기로 무장한 동학농민군 세력이 치른 전투였으며, 삼동골 진에서 머물다 단 한 차례의 접전으로 패해 토벌되었다. 그렇지만 공을 내세우려 기록한 문헌은 전투를 벌였던 무용담이 필요했을 것이다.

그렇지만 "사인순은 동학군 연락 책임자였고, 그 외에 사 씨 성을 가진 사람이 3, 4명이 더 있었다."는 구체적인 사실과, 사인순의 사망 날짜가 토벌

문헌 기록과 맞아 떨어지는 것으로 보아 전승담은 문헌과 거의 일치된 사실을 보여주고 있다. 사인순은 장야촌 전투에서 사망한 뒤에 주변에 주거지가 있어서 유족들이 수습하여 묘를 썼다는 이야기도 함께 전승되고 있었다.

또, "지금도 동학농민군 막사 흔적인 집터와 산비탈에 성축 흔적이 남아 있다"는 말을 따른다면, 이도 조사 발굴하여 사적지 지정도 검토할 일이다.

(5) 풍암리전투 사건

풍암리전투는 장야촌에서 패퇴한 동학농민군이 구릉 위에 진을 친 다음 날인 10월 22일에 시작되었다. 동학농민군은 횡성 현감 유동근과 맹영재가 이끄는 민보군에 맞서 3일 동안 치열한 싸움을 벌인 끝에 800명이 넘는 희생자를 내고 후퇴했다. 이 전승담은 관 토벌 기록과 대부분 일치한다.

구전 내용은 주로 풍암 전투의 성격, 대략 희생자가 얼마나 많았는지, 그리고 그에 대한 비극성을 드러내는 내용이 주를 이루고 있다. 이것은 동학농민군이 패한 원인이나 과정을 들여다볼 수 있는 증언들이며, 구체적인 참여 인물에 대한 기록도 주목할 필요가 있다.

먼저, 풍암리전투의 성격에 대한 전승담인데, "풍암리전투는 충청도 등 여기저기에서 몰려온 동학군이 한데 만나서 싸운 곳이니까, 마지막을 여기 와서 다부지게 해보자 한 건데 성공하지 못하고 끝났다"는 내용으로, 전국적인 동학농민혁명사 속의 풍암리전투에 대한 인식이다.

다음은 풍암리전투 희생자 규모나 비극성을 드러내는 전승담이다. 비극성을 강조하기 위해 대부분 과장된 진술들이 주를 이루고 있다. 여기서 동학농민군 사망자 매몰 숫자와, 아직 숨이 붙어 있는 동학농민군까지 생매장했다는 여러 생생한 증언을 주목할 필요가 있다.

"진등고개 이름이 원래 서낭고개였는데, 동학농민군들이 흘린 피가 고갯마루를 자작자작 적실 만큼 흥건했다고 붙은 이름이다. 또, 동학난리 때 사람들이 고개를 자작자작 넘어가다 흔적 없이 사라졌대서 자작고개라고 불렀다.” “시신이 마치 짚단이 쓰러진 것 같았다. 멍석에 덮여서 동학농민군의 시체가 벌떡벌떡했기 때문에 800의총이라 했다. 사실은 기천 명인데 유가족들이 유해를 찾아가고 임자 없는 시신들을 한군데 모아서 멍석으로 덮어놓은 게 800명이다.” “부상당해 목숨이 붙어 있는 동학농민군을 골짜기에 쓸어 넣고 생매장하여 사람을 덮은 흙이 숨을 쉬느라 움썩거릴 정도였다.” “최기철 씨인가 그 할아버지는 숨이 떨어지기 전에 업고 집에 왔지만 얼마 못 가 죽었다.” “내 식구들이 나갔으니 쌀도 대고 그랬는데, 시신을 찾으니 총 맞고 칼에 찔려서 아직 숨이 안 떨어져 펄떡거렸다.”

다음은 동학농민군이 패한 원인이나, 패할 수밖에 없었던 정황을 보여주는 설화적 성격의 전승담이다. 이런 증언은 전라도, 충청도 지역 전투에도 등장한다. 이런 무기 열세에 따른 방편으로 주술 주문이 등장한다. 그리고 적의 무기와 동학농민군의 무기에 대한 비교도 동반하는데, 이는 비극성을 알리려는 의도가 명확하다.

“동학농민군이 싸울 때 동학 주문을 외웠고, 총이 모자라 버드나무로 총을 깎아 먹칠을 해서 무기를 위장했다.” “동학 주문을 외우면 적의 총에서 총탄이 나오는 것이 아니라 대신 빨간물이 흘러나온다고 했다.”

동학농민군의 무기 열세가 패배의 원인이라는 말과 함께 토벌군의 신무기 무장도 증언하고 있다.

“10월 21일 진등에 모여 진을 쳤는데, 그때 차기석이 수천의 동학농민군을 끌고 들어왔다. 관군들은 총을 들고 오고 당시 동학농민들은 낫과 도끼로 관군을 상대로 싸운 것이다.” “동학농민군이 진을 치고 있을 때 관군이 기습한데다, 조총이 관-민보군의 신식 무기에 대항할 수 없어서 참패했다.”

관-민보군의 토벌기록에 보이지 않는, 동학농민군 포로에 대한 고문 장면을 연상시키는 전승담도 나타난다.

"당시 자작고개에 아름드리 밤나무가 있었는데, 동학군의 상투 머리를 매단 곳이다." "고갯마루에 오래된 소나무가 있다. 그 옆에 사람 키만한 돌배나무가 있었는데, 관군이 동학군의 상투를 그 나무에 꿰어 매달아 문초했다."

위의 전승담은 풍암리전투의 구체적인 정황들을 보여주는 것으로 역사적 사실을 추정하는 데 결정적인 자료가 된다고 할 수 있다.

이 밖에 풍암리전투 지역의 구체적인 전투 정황을 보여주는 다양한 전승담이 전해지고 있다. 여기서는 구체적인 전사자의 행적도 나타난다.

"최도열은 풍암리전투에서 희생되었다. 최주호의 증조부(병두)와 조부(도열) 모두 통문을 돌리던 동학교도였다. 집안의 남자는 어린아이 셋만 남기고 모두 희생되었다. 그의 아버지와 부인이 아들(규백)을 데리고 피신하여 대를 이었다." "족보에 최도열의 사망일이 10월 23일로 되어 있는데, 포로로 붙잡혀서 처형되었는지 알 수 없다." "당시 풍암리 싸움은 3일 동안 치열하게 벌어졌다. 증조부의 기일이 첫날인 10월 21일이니 첫날 희생된 듯하다. 내막은 잘 모르나 증조부는 진압군 쪽으로 들어왔다가 동학농민군 쪽으로 돌아섰다가 죽은 것 같다. 어떤 교수가 이 요대를 보고 그렇게 추정했다." "풍암1리 강 건너(감두리)에 동학농민혁명 희생자 김우원(金右遠), 김수광 씨가 사는데, 선조들이 산소를 이장할 때 토벌군의 총에 맞았던 총알을 찾았다고 한다. 지금은 총알의 행방은 알 수 없다."

관변기록에 보이지 않는, 풍암리전투 뒤에 일어난 생곡리에 토벌 기록도 증언에 나타나고 있다.

"생곡리를 피리골이라고 했는데, 관군들이 아직 목숨이 붙어 있는 동학군을 생매장했다.""이재영 씨 말에 따르면 '생곡1리와 2리 중간에 개울 건너 쪽에 솔골, 솔거골이라고 있는데, 관군이 (동학농민군을 찾으러) 들어왔을 이를 피해 사람들이 가솔들을 이끌고 골짜기에 숨었다고 해서 솔거골이라고 한다."고 했다.

동학농민군의 당시의 취사 방법에 대한 전승담도 보인다.

"동학농민군들은 소를 잡아 몸통의 껍질을 네 귀퉁이 말뚝에 묶어 놓고 그 안에다 밥을 지어 먹었다."

풍암리전투가 끝난 뒤의 후유증이나 고통에 대한 전승담도 많은 비중을 차지하고 있었다.

"지목을 피해 동네 뒷산의 마을에 숨어 지내다가 다시 고향 마을로 돌아왔고, 재산은 몽땅 빼앗겼다.""동학농민혁명에 참가했던 후손이나 일가친척들은 탄압과 감시가 심해서 이를 피해 고향을 뜨거나 만주로 이주한 집들도 많았다.""풍암리는 뒷날에도 동학도가 많아서 '시천주조화정 영세불망 만사지'라는 13자 주문소리가 그치지 않았다."

풍암리전투에 참가한 동학농민군에 대한 부정적인 시각도 포함되었다.

"외지에서 온 동학군들이 3, 4일 지내면서 여기서 식량을 약탈해서 싸웠다."

(6) 자작고개에 얽힌 설화

앞에서도 자작고개의 명칭에 대해 언급한 바 있다. 고개 이름에 대해서는 ① 동학군이 진을 친 곳 ② 땅이 질어서 진둥 ③ 고개가 길어서(길다→질다, 구개음화)로 정리되었다. 이런 비극적인 장소에 대한 서슬 푸른 전승담이 비교적 오랫동안 남았던 사실을 알 수 있다. 이는 유해와 같은 증거물을 확보했을 때 더 생명력 있게 전승될 것이다. 이 설화는 구체적인 공간을 넘어 전투

참여자와 그 후손 인물까지 거론되어 비극성이 자못 실증적이다.

"초등학교 시절, 장마철이면 언덕바지는 온통 수렁으로 변했고, 귀퉁이가 무너져 여기저기 뼈다귀가 튀어나왔다. 위치로 보면 지금 위령탑 부근이다. 밤이면 도깨비불이 번뜩여서 무서웠다. 그때는 누구의 뼈며 왜 거기에 그리 많이 묻혔는지 아무에게서도 듣지 못하고 자랐다." "진등 고개는 사람들이 귀신이 나타나니 어쩌니 해서 밤에는 다니기를 꺼려했다. 겨울에 고개를 넘다가 홀린 사람도 있었다. 눈이 하얗게 깔린 겨울에 진등을 넘어 오는데, 하얗게 눈 덮인 길이 그렇게 좋았다. 한참 허우적대다 보니 어느 골짜기에 들어가 있더래. 뭔가에 홀려 있었더라고." "어릴 때 진등을 넘어 다닐 때는 무서웠다. 비가 오는 날에는 무슨 울음소리가 막 나고 그래서 못 넘어 왔다. 면에서 산업계장 이상남 씨(작고)라고 있었는데 비만 오면 못 넘어 왔다." 한동안 동학농민군의 원한 맺힌 귀신이 살았다는 것이다.

이 같은 전승담 화소는 문헌 기록을 실증적으로 뒷받침하는 기능을 능가하는 역사적 진실성을 보여준다.

(7) 풍암리 자작고개 유물 유골 출토에 얽힌 일화

유골·유물에 대한 전승담은 전승자 모두 한결같은 내용으로 구술하고 있으며, 형태도 다양하다. 먼저 유골이 발견된 것은 1962, 3년 농로 확장 공사 시기를 들거나 1970년대 두 시기를 들고 있다. 이 문제는 대개 자신이 이장으로 있을 때 일어난 일이기 때문에 기억이 확실하다고 전제하면서 이야기하는데, 실제로 1960년대에서 1970년대까지 여러 차례에 걸쳐서 도로 공사를 했을 것이다. 그런데, 안타까운 것은 하나같이 유골의 행방에 대해서는 모른다고 이야기하는 점이다. 이는 1960년대 도로공사 중에 인골이 발굴되었고, 10여 년이 더 지난 1977년에 현재의 기념탑을 세웠다는 뜻이다.

먼저, 채록 과정에서 자작고개 유골은 6.25 때와 동학농민혁명 두 시기에 인골이 묻혔다는 사실을 확인했다. 채록에 대서는 심형기 씨의 구술에서 "당시(1962년) 뼈가 동학농민혁명 때 희생자의 뼈가 확실한 이유는 동학농민혁명이 6.25보다 60여 년이나 더 빨라서 발길에 채여 뼈가 부스러졌다"는 전승담의 내용이 가장 확실한 듯하다.

그렇다면 '도로공사 당시 엄청나게 나온 인골'은 어디다 묻었을까. 여기에 핵심 문제가 남는다. 1977년 면민들이 조상들의 희생을 그냥 둘 수 없다고 나서서 십시일반 모아서 기념탑을 세웠다는 기록은 확실한데, 당시에 출토된 인골의 행방은 현재 오리무중이다. 이에 대해서는 고광환 씨의 추정이 가장 유력하다. "당시 발굴된 인골은 도로공사 중인 현장 부근에 묻기보다 공동묘지와 같은 곳에 안장했을 가능성이 크다"는 것이다. 실제로 멀리 떨어지지 않은 곳에 공동묘지가 있었다는 것이다. 그리고 또 한 가지 알 수 없는 사연이 있다. 김태영 씨의 구술에 따르면 "거기(자작고개)를 파면 숟가락도 나오고 대접, 시퍼런 것도 나왔어. 내가 이장으로 있을 적에 군에서 공고하여 군(郡)에서 (출토된 유물을) 가져갔다"는 증언이다.

당시 구술자들은 한결같이 '유해나 유골이 진등을 중심으로 해서 묻혀 있을 것'이라고 주장하고 있다.

(8) 기타 견해

풍암리를 중심으로 전승담을 채록했지만, 동학농민군 유족은 풍암리 외에 부근 감두리, 생곡리 등 많은 지역에 동학농민혁명 가담자가 있다는 사실도 구술에 나타나고 있다. 구술자들 나름대로 동학농민혁명사의 고장이라는 것에 자부심을 가지고 있었다. 동학농민혁명 참여자들은 만주로 독립운동을 나갔거나 3·1운동을 이끌었다고 진술한다.

그리고 유족에 대한 연민과 함께 아픔을 나누는 행사도 이어오고 있다는 사실을 알 수 있다. "현재 풍암리에 동학군의 유족이 11명 정도 사는데 그분들도 마음고생이 심했다. 제사도 마음대로 못 지내 가마니로 방문 앞을 가리고 가만가만 지냈다." "당시 우리 마을에는 동학 때문에 망한 집이 많았다. 그래서 우리 마을 사람들이 십시일반으로 모금을 해서 땅을 사고 위령탑을 세웠다." "성기방 군수에게 800의 동학군이 배가 고프다고 아우성을 지르는데 공양이라도 할 수 있는 기반을 마련해 달라고 부탁하여 지금도 음력 10월 22일이면 면민들이 모여서 위령제를 지내고 있다." 등이 그것이다.

2012년 유해 발굴 팀이 탑 주위를 시추했으나 진술자 대부분은 "그곳은 깎아낸 곳이라 처음부터 유해·유물이 나올 확률이 없었다"고 진술한다.

4. 나오며

지금까지 문헌 기록과 전승담을 통해 검토한 홍천군 일대의 1894년 동학농민혁명 사건을 화소를 중심으로 정리하면 다음과 같다.

1894년 9월 4일, 차기석이 이끄는 홍천 지역 동학농민군은 다른 지역 세력과 연합하여 강릉관아를 점령했지만 보수 향반 세력의 기습으로 패하고 3일 만에 물러났다. 이들 세력은 관동지역 수탈의 상징인 동창을 습격하여 군량을 확보하고 무장했다. 10월 중순이 되자 지평 맹영재를 중심으로 관민 보수연합 토벌군이 결성되어 반격에 나섰다. 첫 전투는 10월 21일 홍천군 화촌면 장야촌에서 벌어졌다. 이 싸움에서 동학농민군은 30여 명이 사상자를 내고 패퇴했다. 장야촌에서 후퇴한 동학농민군은 서석면 풍암리의 작은 구릉과 진등 자작고개에 진지를 구축하고, 3일간의 전투에서 800여 명의 희생자를 낸 채 후퇴했다. 동학농민군은 험한 산속에서 토벌군에 맞서 유격전을 벌였지만 거듭 패했고, 결국 동학농민군 지도자 차기석 박학조 등이 체포되어 처형되면서 홍천 지역 동학농민혁명이 막을 내렸다.

전승담에는 홍천 지역 동학농민군의 활동이 전반적으로 구술되고 있지만 문헌기록 보다 유기적이기지 못하며, 과장되어 구술된 면이 크다. 특히 최대 격전지였던 풍암리 주변에는 당시 동학농민군의 희생 규모, 유기된 유해의 참혹상, 진등·자작고개에 얽힌 지명 유래담, 유해 목격담, 귀신 출몰담 등 문헌 기록보다 다양할 뿐만 아니라 사건이 생생한 장점을 만날 수 있었다. 이는 대개 공을 내세우려는 승자의 문헌 기록보다 전승담은 패배자 측의 실상을 보여주는 역사성을 지니고 있다고 보아야 할 것이다.

결국, 전승담은 새로운 역사적 사실을 풍부하고 다양하게 만날 수 있다는 점에서 사료적 가치가 높다고 보아야 할 것이다.

강원도
동학농민혁명 유적지와
동학농민군

이 병 규 _동학농민혁명기념재단

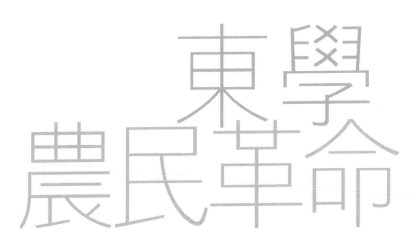

1. 머리말

1894년 동학농민혁명은 강원도 지역에서도 활발하게 전개되었다. 강원도 지역에서는 동학농민혁명 1차 봉기 과정에서는 특별한 활동을 보이지 않다가 2차 봉기 과정에서 적극적으로 참여하였다. 또한 강원도 지역은 최제우가 1864년 처형된 후 교단을 이어받은 최시형이 근거지로 삼고 동학교단 조직을 재정비한 큰 의미가 있는 지역이다. 지금까지 강원도 지역의 동학농민혁명에 대한 연구 성과는 어느 정도 있는 것이 사실이다.[1] 그러나 강원도 지역의 동학농민혁명 유적지에 대해 정리된 연구 성과는 거의 없는 형편이다. 또한 강원도 지역에서 동학농민혁명에 참여한 동학농민군들에 대한 연구도 거의 없는 실정이다. 이에 따라 강원도 지역의 동학농민혁명 유적지를 살펴보고 아울러 강원도에서 동학농민혁명에 참여한 동학농민군들의 활동을 정리해 보고자 한다.

2. 강원도 동학농민혁명 유적지 현황[2]

1) 강원 지역 동학농민혁명 유적지 분포

『동학농민혁명 유적지 및 기념시설 현황조사-강원·경기·서울·울산·경북·대구』(동학농민혁명기념재단, 2011)에 따르면 현재 강원 지역에는 8개 시군에 13곳의 동학농민혁명 유적지가 파악되고 있다. 강원 지역 동학농민혁명유적지[3]를 성격별로 구분해 보면 〈표1〉과 같다.

〈표1〉 강원지역 동학농민혁명유적지 성격별 분포

유적지 성격	유적지명
전투지	정선 녹도 전적지, 평창 사리평 전적지, 평창 후평 전적지, 홍천 장야평 전적지, 홍천 풍암리 전적지
점령·주둔지	강릉관아터, 고성왕곡마을
기포·집결지	홍천 물걸리 동창
처형지·피체지	강릉여중 농민군처형지, 원주 송골 최시형 피체지
동학 관련	영월 직동 최시형 은신지, 인제 갑둔리 김현수집터
기타	강릉선교장

또 이를 시군별로 구분해 보면 〈표2〉와 같다.

〈표2〉 강원지역 시군별 동학농민혁명 유적지 분포

시군별	유적지
강릉(3)	강릉관아터, 강릉선교장, 강릉여중 농민군처형지
고성(1)	왕곡마을
영월(1)	직동 전적지
원주(1)	송골 최시형 피체지
인제(1)	갑둔리 김현수집터
정선(1)	녹도 전적지
평창(1)	사리평 전적지, 후평리 전적지
홍천(3)	물걸리 동창, 장야평 전적지, 풍암리 전적지

2) 강원도 동학민혁명 유적지 현황

(1) 강릉관아터

강릉관아(강원도 강릉시 용강동 58-1)

강릉관아터는 동학농민혁명 당시 동학농민군이 점령하고 폐정개혁을 실시했던 강릉관아(臨瀛館)가 있던 곳으로, 지정 사유가 동학농민혁명은 아니지만 국보 51호로 지정되어 있는 〈객사문〉 주변에 당시 관아였던 〈임영관〉과 부속건물이 복원되어 있다. 위치는 강원도 강릉시 용강동 58-1이다.

강원도 지역 동학농민군은 1894년 9월 4일 강릉관아를 점령하였다. 당시 강릉부사는 자리를 비운 상태였기 때문에 동학농민군은 별다른 저항을 받지 않고 관아를 점령하는데 성공하였다. 9월 5일 이들은 "삼정(三政)의 폐단을 개혁하고, 보국안민 한다"는 방문을 내걸었으며, 관아와 주막에 나누어 숙식하면서 민간의 송사(訟事)를 처리하였고, 요호부민들로부터 전답문서를 탈취하기도 했다. 이서배들은 각 촌의 부잣집들로부터 돈과 곡식을 거두어 농민군에게 바쳤다. 농민군을 지휘한 사람은 평창의 전 좌수 이치택, 지관 권모(權某), 진사 박재회, 영월 나(羅) 교장(敎長), 삼척 황 찰방(察訪), 정선 여량역의 지왈길(池日吉), 강릉 대화면의 김상오(金相五)·공계정(孔啓正)·김순길(金順吉)·손영팔(孫永八) 등이었다. 이들은 다음날 영동 일대의 최대 지주이자 대표적인 사족가문이었던 강릉부 정동면 배다리[船橋]의 전 승지(承旨) 이회원(李會源)의 집을 습격하겠다고 선언하였다.

그러나 9월 7일 읍리(邑吏) 정시중(鄭始中)과 최희민(崔熙民) 등은 도사 최윤정(都事 崔允鼎)과 함께 농민군을 공격할 계획을 은밀히 세우는 한편 선교장에도 그 사실을 알려주었다. 이회원은 곧바로 농민군들이 점심과 저녁거리로 쓸 백미 100석과 돈 300냥을 보내 농민군을 안심시키는 한편 각 마을로 사람을 보내 반농민군을 결집시켰다. 점막들과 관아 건물에 나누어 숙식하고 있던 농민군은 비가 몹시 많이 오는 날 밤 8시경 도사 최윤정이 지휘하는 8개 읍의 대소민인 4~5천명의 기습을 받고 강릉관아에서 퇴각하지 않을 수 없었다. 이 전투에서 농민군들은 20여 명이 현장에서 전사하는 등 많은 희생자를 내었으며, 총 7자루, 창 157자루, 말 3필 등을 빼앗긴 채 대관령을 넘어 평창으로 물러났다.

(2) 강릉선교장

강릉선교장(강원도 강릉시 운정동 431)

강릉선교장은 동학농민혁명 당시 강릉관아를 점령한 동학농민군을 공격하기 위해 강릉 민보군을 지휘했던 이회원의 집으로 현재는 동학농민혁명과 관계없이 조선시대 양반 가옥(1703년 건립)의 전형으로 평가되어 1965년 중요민속자료로 지정·보존되어 있다. 위치는 강원도 강릉시 운정동 431이다. 동학농민군이 공격한다는 사실은 알게 된 강릉선교장의 주인 이회원은 민보군을 막후에서 결집하고 지휘하여 동학농민군의 공격을 대응하였다. 전 승지 이회원은 그 공로를 인정받아 9월 26일 강릉부사에 제수되었고 10월 22일에는 관동소모사(關東召募使)를 겸임하면서 평창, 정선, 홍천 지역의 농민군 진압에 중심 역할을 담당하였다.

(3) 강릉여중 농민군 처형지

강릉여중(강원도 강릉시 용강동 47-8, 52-1)

　　현재 강릉여중이 위치한 곳은 동학농민혁명 당시 홍천의 대접주 차기석과 여량 접주 이중집 등 강원 지역 동학농민군들이 처형된 장소이다. 주소는 강원도 강릉시 용강동 47-8, 52-1이다. 「임영토비소록(臨瀛討匪小錄)」(『동학농민전쟁사료총서』 12)에 "사대(射臺) 앞에 교장(敎場)을 열어 두 놈의 목을 베고,

여량의 괴적인 이중집(李仲集) 등 7명을 포살하였다"는 기록에서 강릉여중이 강원지역 동학농민군 처형지임을 알 수 있다.

(4) 고성 왕곡마을

고성 왕곡마을과 기념비(강원도 고성군 죽왕면 오봉 1리(왕곡마을) 322-3)

고성 왕곡마을은 동학 제2대 교주 최시형이 1889년 2월부터 3개월간 왕곡 김하도의 집에 은신해 있었으며, 1894년 동학농민혁명이 발발 당시 고성 지역에서 일어난 농민군이 주둔하면서 전열을 다진 곳이다. 1997년 6월 천도교중앙총부와 동학민족통일회 고성지부, 고성문화원 등이 지역 인사들과 함께 최시형의 인내천 사상과 동학농민혁명 정신을 기리기 위하여 기념비를 건립하였다. 위치는 강원도 고성군 죽왕면 오봉 1리(왕곡마을) 322-3이다.

왕곡리에 동학이 전파된 것은 1887년 무렵이었다. 처음에는 김명숙을 중심으로 함희연 · 함희용 · 함영인 · 김응숙 등이 주축이 되어 활동하였다. 1889년에 들어 관의 추적이 더욱 심해지자 최시형은 1889년 7월 충청도 괴산의 신양동으로 피신하였다. 10월 들어 서인주가 체포되는 등 관의 추적이 닥쳐오자 음성을 거쳐 강원도 인제에 있는 김연호의 집으로 갔다. 그러나 역시 포졸이 추적하는 기미가 보이자, 간성 왕곡(旺谷)에 있는 김하도(金河圖)의 집으로 피신하였다. 최시형은 관의 추적이 조금 덜해진 이듬해 1월 인제의 김연호 가(家)로 갈 때까지 약 3개월 간 이곳에 은신해 있으며 동학을 포교하였다.

1894년 동학농민혁명이 발발하고 9월에는 북접 교단에서도 총기포령을 내리자 양양·거진 지역에서까지 농민군이 봉기하였으며, 이 지역 농민군은 이 마을 함일순의 집에서 10여일간 머물렀다. 관의 추격이 있자 농민군들은 가지고 있던 돈 등을 함일순의 집 오줌통에 숨겨 두고 후일 찾으러 오겠다고 하였으나, 그들은 돌아오지 않았다. 이후 함씨 일가는 이 돈을 요긴하게 썼으며, 그 빚을 갚기 위해 1997년 이곳에 동학사적기념비가 건립될 당시 150여 평의 부지를 제공했다.

(5) 영월 직동 최시형 은신처

이곳은 동학 제2대 교주 최시형이 이필제 난(亂) 직후인 1871년 10월부터 이듬해 9월까지 관의 눈을 피해 은신해 있던 곳으로 1996년 6월 천도교 서

영월 최시형 은신처 기념비(강원도 영월군 중동면 직동리 497-5)

울교구 여성회에서 이곳에 얽힌 동학 관련 사실을 알리기 위해 〈천도교 사적지〉 기념비를 세웠으며 2006년 10월 중수하였다. 위치는 강원도 영월군 중동면 직동리 497-5이다.

(6) 원주 송골 최시형 피체지

이곳은 동학 2대 교주 최시형이 체포된 곳이다. 1894년 동학농민혁명 이후 최시형은 관의 눈을 피해 강원도 인제·홍천, 경기도 여주 등을 거쳐 원주시 호저면 고산리 송골마을로 피신하였다. 이곳에서 최시형은 1898년 4월 체포되었고 같은 해 6월 처형되었다. 현재 마을 앞에 최시형피체지기념비가 세워져 있다. 기념비에는 "모든 이웃의 벗 최보따리선생님을 기리며"라는 글귀가 새겨져 있다. 최시형은 송골마을의 원진녀의 집에서 체포되었는데, 2008년 빈 터만 남아 있던 이곳에 원진녀 가옥을 복원하였다. 피체지기념비는 1990년 4월에 세워졌으며, 원진녀 가옥에 대한 설명을 담은 기념비는 1990년 11월 〈치악고미술동우회〉에서 세웠다. 위치는 강원도 원주시 호저면 고산리 342-8이다.

최시형 피체기념비와 최시형 피체지(강원도 영월군 중동면 직동리 497-5)

(7) 인제 갑둔리 김현수 집터

인제 갑둔리 김현수 집 터(강원도 인제군 남면 갑둔리 769번지)

이곳은 1880년 해월 최시형이 동학의 경전인『동경대전』을 최초로 간행한 김현수의 집터로 위치는 강원도 인제군 남면 갑둔리 769번지이다.

「최선생문집도원기서」와「대선생사적」등의 기록에 따르면 이필제란 이후 강원도와 충북 일대의 산간지방으로 다니며 포교 활동을 하던 최시형은 동학경전을 간행할 계획을 세우게 된다. 그때까지 동학교단에서는 경전이 간행된 적이 없으며, 암송을 통해 전파되어 왔다. 최시형은 1880년 5월 9일 강시원(姜時元)·전시황(全時晄) 등과 함께 강원도 인제군 갑둔리의 교도 김현수(金顯洙)의 집에 간행소를 설치하였다. 도청(都廳)은 최시형, 감역(監役)은 강시원과 전시황이 맡는 등 직임을 분담하였고, 경비는 상주의 윤하성(尹夏成)을 비롯하여 정선·인제·청송의 교도들이 조달하였다. 판각작업은 5월 11일부터 시작되어 6월 14일에 마쳤으며, 6월 15일에는 치성제(致誠祭)를 올렸다. 이때 간행된『동경대전』은 100여 권이었으며, 각처로 분포되었다. 그러나 이때 간행된『동경대전』은 아직까지 발견되지 않고 있다. 현재 알려진 경전 가운데 가장 오래된 것은 1883년 충청도 목천 구내리 김은경의 집에서 발간된 계미본(癸未本)이다. 한편 최시형은 다음해 8월에 충청도 단양군 남면 천동의 교도 여규덕(呂圭德)의 집에서 또 다른 경전인『용담유사』수백 권을 처음으로 간행하였다.

(8) 정선 녹도 전적지

정선 녹도 전적지(강원도 정선군 정선읍 봉양리 60-5)

이곳은 동학농민혁명 당시인 1894년 11월 6일 정선에 모여 있던 농민군이 일본군과 강원 감영병과 치열한 전투를 벌였던 곳으로 위치는 강원도 정선군 정선읍 봉양리 60-5이다.

1894년 10월 20일경이 되자 수천 명으로 불어난 영월·평창·제천·청풍 지역의 농민군 수천 명이 정선과 평창으로 몰려들었다.「동비토론」에 따르면 이때 정선읍에 3천 명, 평창·후평에 1천 명의 농민군이 모여 있었다. 정선군수는 도주하였으며, 농민군들은 이방의 머리를 베고, 9월 8일 강릉에서 공격당한 일을 복수하기 위해 다시 강릉으로 쳐들어갈 것이라고 큰소리쳤다. 이 무렵 정선 지역의 농민군을 이끈 것은 청풍의 성두환(成斗煥)과 유도원(劉道元)이었다. 또 같은 무렵 정선 여량에서도 지왈길·이중집(李仲集) 등이 농민군을 결집하고 이웃한 강릉부 임계(臨溪) 지역의 부자들을 잡아들여 재물을 빼앗아 군량에 사용하였다.

정선·평창 지역 농민군을 진압하기 위해 강릉에서는 10월 22일 전 중군 이진석이 이끄는 관군과 민보군을 보냈고, 11월 1일에는 감영에서 감영 중군과 관군을 내려 보냈으며, 11월 3일에는 감영토포사가 인솔하는 관군과 이시모리(石森) 대위가 인솔하는 일본군 2개 중대가 평창 운교참(云交站)에 도착하였다. 이들은 11월 5일 평창 후평리의 농민군을 진압한 다음 정선으로 향하였다. 11월 6일 강릉 민보군 중군 이진석이 이끄는 부대는 여량으로 쳐들어가 10여 명을 죽이고 접사(接司) 이중집 등 5명을 체포하였다. 이 가운데 이중집·임순철(林順哲)·김윤언(金允彦) 등 3명은 강릉으로 압송되었다가, 11월 22일 포살되었다. 일본군과 감영군은 곧장 정선으로 공격해 들어갔다. 녹도 전투는 바로 이때 정선의 농민군과 일본군 및 감영군 사이에 벌어진 전투였던 것으로 보인다. 녹도 전투의 상세한 상황은 알려지지 않고 있으나, 많은 수의 농민군이 전사하였고, 체포된 농민군들은 녹도 둔치의 소나무 숲에서 처형된 것으로 전해지고 있다.

(9) 평창 봉평 사리평 전적지

이곳은 동학농민혁명 당시인 1894년 10월 말경 봉평 지역 농민군과 포수들로 구성된 이 지역의 민보군 간에 전투가 벌어졌던 곳으로 위치는 강원도 평창군 봉평면 원길리 767-1, 767-2, 773, 774번지 일대이다.

봉평 지역 동학농민군의 활동은 북접 교단의 기포령이 내려진 이후인 9월 말부터였다. 홍천의 차기석 휘하에 있던 윤태열(尹泰烈) 등이 농민군을 모으고 창고 옆에 목채를 세워 도소를 마련한 다음 각 촌으로 전령을 보내 군량 등을 거두어 들였다.

평창 사리평 전적지(강원도 평창군 봉평면 원길리 767-1, 767-2, 773, 774번지 일대)

  강릉부사 이회원은 10월 22일에 군정을 징발하여 중군(中軍) 출신 이진석(李震錫) 등에게 관군과 민보군 150명을 인솔해 가서 봉평의 농민군을 공격하도록 하였다. 10월 26일 이들이 봉평에 도착하자 이미 봉평에 살던 강위서(姜渭瑞)가 민보군을 모집하고 농민군을 공격하여 윤태열 등 13명을 체포해 두고 있었다. 중군 이진석은 이 가운데 봉평에서 체포되었던 윤태열과 이창문(李昌文) · 김대영(金大永) · 김희열(金喜烈) · 용하경(龍河京) · 오순영(吳順永) · 이화규(李和奎) 등 7명을 포살하였다. 11월 2일에도 농민군을 추격하여 정창해(鄭昌海)를 총으로 쏘아 죽였고, 안영보(安永甫)와 김순복(金順卜) 2명을 체포하였다. 이에 대해 홍천의 차기석이 봉평을 쳐들어가 도륙을 내려 한다는 소문이 돌자 관군과 민보군은 이에 대한 대책에 부심하게 된다.

  그러나 평창과 정선 등지의 농민군 진압이 시급해지자 관에서는 홍천 농민군에 대한 공격은 강위서 등에게 맡기고 이진석이 이끌던 군병은 대화로 가서 감영의 중군이 이끌고 온 관군과 합친 후 11월 3일에 도착한 일본군과 합세하여 11월 5일 평창 후평동에서 농민군을 진압하고 다음 날 정선으로 가서 정선읍내와 여량 등지의 농민군을 공격하였다.

봉평에 남은 민보군 지휘자인 포수대장 강위서는 11월 6일경 신배령을 넘어 홍천 내면으로 들어갔다가 차기석 부대의 기습을 받고 봉평으로 패주하였다. 11월 10일경 다시 홍천으로 넘어가서 양양에서 온 이석범(李錫範), 홍천 유생 허경(許坰)이 이끄는 민보군 등과 함께 내면 일대에서 차기석이 이끌던 농민군을 진압한 후 11월 중순 경 다시 봉평으로 돌아와 홍정(興亭)리 등지의 농민군을 공격하여 임정호(林正浩) 등 38명의 농민군을 포살하고 100여 명을 체포하였다.

봉평면 무이리에 살던 이광섭 옹(1990년 당시 72세)이 그의 조부(이명화, 1864년생)로부터 들은 이야기에 따르면 사리평 전투는 창동 북쪽 회령봉과 홍정산 일대에 주둔해 있던 농민군 600여 명과 창동 쪽에 병력을 집결해 있던 관군 및 일본군 사이에 벌어진 전투였다고 하였다. 전투 상황에 대해서도 일본군이 총을 쏘자 화승총 2자루밖에 없던 농민군들이 놀라 구목령을 너머 홍천 서석 방면과 횡성의 태기산 쪽으로 도주한 것으로 기억하였다. 그러나 관군이나 일본군, 민보군이 남긴 자료에는 사리평 전투에 대한 언급이 없다. 정황상 사리평 전투는 이진석이 이끄는 강릉의 민보군이 도착하기 전 강위서가 지휘하던 포군과 봉평의 농민군 사이에 벌어진 격전인 것으로 보인다.

⑽ 평창 후평리 전적지

이곳은 동학농민혁명 당시인 1894년 11월 평창지역 농민군과 일본군 및 관군·민보군의 연합군 사이에 대규모 전투가 벌어졌던 곳으로 위치는 강원도 평창군 평창읍 후평리 일대이다.

정선·평창 지역 농민군을 진압하기 위해 11월 1일 감영에서는 감영 중군을 내려 보냈으며, 11월 3일에는 감영 토포사가 이끄는 관군과 이시모리(石森) 대위가 인솔하는 일본군 2개 중대가 평창 운교참(云交站)에 도착하였

평창 후평리 전적지(강원도 평창군 평창읍 후평리 일대)

다. 이들은 11월 5일 양양의 소모사 종사관 유학 이석범이 이끄는 민보군 등
과 합세하여 평창 후평리의 농민군 진압에 나섰다. 관군측의 추산에 따르면
당시 후평리에 결집해 있던 농민군의 수는 1만여 명에 달하였다. 일본군과
관군·민보군의 공격을 받은 농민군은 100여 명이 전사하고 접주 이문보(李
文甫) 등 5명이 체포되어 처형되었다.

이후 평창의 농민군은 성두환이 정선으로 후퇴하는 등 평창·정선 일대
와 삼척 지역으로 후퇴하여 12월까지도 활동을 계속하였으나, 후평리 전투
이후 그 세력이 크게 약화되어 갔다.

⑾ 홍천 물걸리 동창

이곳은 차기석 휘하의 동학농민군이 9월말 봉기한 후 본격적인 활동을
시작한 곳으로, 강원도 홍천군 내촌면 물걸리 591, 594-3, 595번지 일대이다.
1991년에는 기미만세공원이 조성되었으며, 1996년 4월 3일 동창만세운동기
념사업회에서 국가보훈처의 후원을 받아 세운 이 기념비의 내용 가운데 이
곳이 홍천 지역 동학농민군이 집결했던 곳이라는 내용이 들어 있다.

홍천 물걸리 동창 기미만세공원(강원도 홍천군 내촌면 물걸리 591, 594-3, 595번지 일대)

⑿ 홍천 장평리 전적지 및 사인순 묘

이곳은 1894년 10월 21일 홍천 지역 동학농민군이 경기 지평의 맹영재가 끌고 온 민보군과 격전을 치른 곳으로 30여 명의 농민군이 전사한 곳이며 위치는 강원도 홍천군 화촌면 산 145-1(전투지), 683(사인순 묘)이다.

홍천 지역에서는 9월 들어 경기도 지평의 농민군 지도자 고석주(高錫柱), 이희일(李熙一), 신창희(申昌熙) 등이 수백 명의 농민군을 이끌고 들어와 접을

홍천 장야평 전투지(강원도 홍천군 화촌면 산 145-1)

설치하였다. 그러나 이들은 당시 경기도 지평에서 민보군을 일으켜 농민군 진압에 앞장서고 있던 경기도 지평현의 전 감역 맹영재가 이끄는 100여 명의 포군에 의해 지도자들이 체포됨으로써 각지로 흩어지고 말았다.

홍천의 농민군이 본격적으로 일어난 것은 다른 강원 지역과 마찬가지로 북접 교단의 기포령이 떨어진 다음인 1894년 9월 말경부터였다. 9월 말경 홍천군 내면에서는 강릉·양양·원주·횡성·홍천 등 5개 읍의 접주로 불렸던 차기석(車箕錫)과 접주(接主) 박종백(朴鍾伯)이 1,000여 명의 농민군을 결집하여 봉기하였다. 이들은 동학 교단이 있는 보은으로 가려했으나, 맹영재의 민보군에 막혀 홍천으로 되돌아왔다. 10월 13일 밤 홍천군 내촌면 물걸리로 들어 동창(東倉)을 불태운 후, 강릉 쪽으로 이동하여 운지(雲地)에 머물면서 세력을 키워 나갔다.

차기석이 지휘하는 홍천 농민군의 활동이 활발해지자 이를 진압하러 나선 것도 맹영재였다. 맹영재는 앞서 홍천의 농민군을 진압한 공로로 지평현감을 제수 받았고 경기 지역 소모관(召募官)을 겸임하고 있었다. 차기석이 이끄는 농민군과 맹영재의 민보군이 첫 전투를 벌인 것은 10월 21일 홍천 장야평이었다. 이 전투에서 농민군은 사인순(史仁淳) 등 30여 명의 희생자를 내

사인순 묘(강원도 홍천군 화촌면 산 683)

고 솔치재를 넘어 서석으로 후퇴하였다.

사인순의 후손인 사영환(1940년생, 서석면 어론 1리 21번지)에 따르면 사인순의 시신은 현재 그의 묘소 바로 오른편의 골짜기에서 수습되었다. 이로 미루어 볼 때 맹영재의 민보군과 홍천 농민군 간의 전투는 현재 사인순 묘소와 사인순의 시신이 수습된 골짜기 인근에서 벌어졌을 것으로 추정된다.

⒀ 홍천 풍암리 전적지

홍천 풍암리 위령탑(강원도 홍천군 서석면 풍암리 505-11번지)

홍천 자작고개

이곳은 동학농민혁명 당시 강원도지역에서 가장 큰 전투가 있었던 곳이다. 차기석이 이끄는 강원도 농민군은 1894년 10월 21일 맹영재가 이끄는 민보군을 맞아 홍천 장야평에서 전투를 벌여 패한 뒤 후퇴하여 홍천 서석 풍암리 일대 구릉 위에 진을 쳤다. 10월 22일 추격해 온 맹영재의 민보군과 이곳 풍암리에서 치열한 전투를 벌였으나 수백 명의 농민군이 전사하였다. 전사한 농민군의 피가 질펀하여 그곳을 걸어가면 "자작자작" 소리가 난다 하여 자작고개라는 지명이 유래되었다고 한다. 1977년 홍천 지역 주민들이 뜻을 모아 전적지 일대를 정비하고 「동학혁명군위령탑」을 건립하였다. 이곳은 현재 강원도 기념물 제25호로 지정되어 있다. 위치는 강원도 홍천군 서석면 풍암리 505-11번지이다.

3. 강원 지역 동학농민혁명 유적지 활용 방안

1) 안내 표지판 설치

현재 강원 지역 동학농민혁명 유적지에는 대부분 안내 표지판이 설치되어 있지 않다. 유적지가 유적지로서 의미가 있기 위해서는 그곳이 어떤 의

고창 손화중 도소 안내

미가 있다는 것을 알려주는 안내판이나 표지석을 통해 그곳이 의미 있는 장소임을 인식할 수 있도록 해야 한다. 아무리 강원 지역의 동학농민혁명이 중요하더라도 사람들이 알아주지 않으면 아무 소용이 없다. 우선적으로 가시적인 효과를 얻기 위해서는 안내 표지판과 표지석 설치 작업이 필요하다. 앞에서 살펴본 것처럼 강원지역에 많은 동학농민혁명 유적지가 있다. 이들 유적지의 중요도를 정하고 순서에 따라 하루 빨리 안내 표지판을 설치해야 한다. 안내 표지판 설치 사업은 그렇게 많은 예산이 소요되지 않는다. 적은 예산으로 큰 효과를 얻을 수 있다. 강원도를 비롯한 강원 지역 지자체가 이 점을 고려한다면 우선적으로 추진할 수 있을 것이다.

위 사진은 전북 고창의 손화중도소 안내판이다. 이곳은 문화재로 지정되어 있지 않다. 그러나 고창군에서 이곳이 손화중대접주의 도소가 있었던 곳임을 표시하는 안내판을 설치해 놓았다. 이 안내판 덕분에 많은 답사객들과 연구자들이 이곳이 손화중 대접주의 도소임을 알고 찾아온다.

2) 문화재 지정

유적지가 체계적으로 보존 관리되기 위해서는 문화재지정이 필수적이다. 문화재 지정이 되어야만 중앙정부나 지방정부가 문화재를 보존 관리할 수 있는 근거가 마련된다. 현재 동학농민혁명과 관련하여 강원 지역에서 문화재지정은 매우 빈약한 상태이다. 문화재는 문화재청(중앙정부)이 지정하는 사적, 광역단체에서 지정하는 유형문화재, 기초단체에서 지정하는 향토유적 등이 있다. 국가 문화재로 지정하는 것이 가장 좋은 방법이지만 현실적으로 지정되기 위해서는 많은 시간과 노력 그리고 절차가 필요하다. 그러나 기초단체에서 지정하는 향토유적은 이보다는 수월하다. 무엇보다도 중요한 것은 기초단체의 의지에 달려 있다.

<표 4> 강원 지역 동학농민혁명 유적지와 문화재 지정 현황

유적/기념시설명	주소지	시군별	지정문화재 현황
강릉여중	강원도 강릉시 용강동 47-8, 52-1	강릉시	
강릉관아/객사	강원도 강릉시 용강동 58-1	강릉시	국보 제51호 (강릉임영관삼문) (1962.12.20)
선교장	강원도 강릉시 운정동 431	강릉시	중요민속문화재 제5호 (1967.04.20)
고성 왕곡마을	강원도 고성군 죽왕면 오봉1리(왕곡마을)	고성군	중요민속문화재 제235호(2000.01.07)
직동 천도교 사적지	강원도 고성군 죽왕면 오봉1리(왕곡마을)	영월군	
원주 송골 최시형 피체지	강원도 원주시 호저면 고산리 342-8	원주시	
김현수 집 터	강원도 인제군 남면 갑둔리 769	인제군	
녹도 전투지	강원도 정선군 정선읍 봉양리 60-5	정선군	
사리평 전투지	강원도 평창군 봉평면 원길리 767-1, 767-2, 773, 774 일대	평창군	
후평리 전투지	강원도 평창군 평창읍 후평리 일대	평창군	
물걸리 동창	강원도 홍천군 내촌면 물걸리 591, 594-3, 595	홍천군	
풍암리전투지	강원도 홍천군 서석면 풍암리 505-11, 505-12	홍천군	강원도기념물 제25호 (홍천풍암리동학혁명군전적지)(1977.11.28)
장평리 전적지/사인순 묘	강원도 홍천군 화촌면 산 145-1(전투지), 683(사인순 묘)	홍천군	

강원 지역에서 동학농민혁명을 사유로 문화재로 지정된 경우 풍암리전적지가 유일하다. 문화재로 지정된 경우는 그 사유가 동학농민혁명이 아니다. 강원 지역에서 문화재 지정이 필요한 유적지는 경전 간행지인 김현수집터와 최시형피체지이다. 여기에 풍암리전투지는 현재 강원도기념물이지만 향후 국가 사적으로 승격될 필요가 있다. 그 밖의 유적지는 강원도 문화재나 기초단체에서 향토유적으로 지정하여 관리해야만 할 것이다. 기초지자체의 향토유적이라도 지정되어야 이에 대해 예산을 투여하여 관리할 근거를 갖기 때문에 이러한 작업들은 조속히 진행하는 것이 무엇보다 중요하다.

<표 5> 동학농민혁명 관련 문화재 지정 현황

국가지정문화재 : 6건	전봉준고택(사적 293호, 1981.11.28)
	황토현전적지(사적 295호, 1981.12.10)
	우금치전적지(사적 387호, 1994.3.17)
	황룡전적지(사적 406호, 1998.6.10)
	백산성(사적 제409호, 1998.9.17)
	석대들전적지(사적 498호, 2009.5.11)
시 · 도지정문화재 : 9건	만석보터(전북기념물 제33호, 1976.4.2)
	홍천풍암리 전적지(강원도기념물 제25호, 1977.11.28)
	손병희선생유허지(충북기념물 제30호, 1979.9.29)
	금성토평비(전남문화재자료 제175호, 1990.2)
	하동 고성산성전투지(경남기념물 제142호, 1994.7.4)
	수운최제우 유허지(울산기념물 제12호, 1997.10.9)
	상주 동학교당(경북민속자료 제120호, 1999.12.30)
	말목장터와 감나무(전북기념물 제110호, 2001.4.27)
	고부관아터(전북기념물 제122호, 2005.6.3)
시 · 군 향토문화유적 : 3건	최시형선생묘(여주군향토유적 제8호, 1986.4)
	송장배미(공주시향토문화유적기념물 제4호, 1997.6.5)
	문바위골(옥천군 향토유적 2009-2호, 2010.1.21)
등록문화재 : 1건	의암 손병희선생 묘역(등록문화재 제515호, 2012.10.19)

3) 학술연구 심화

강원 지역 동학농민혁명에 대한 학술연구의 심화가 우선적으로 이루어져야 한다. 지금까지 간헐적으로 강원 지역 연구가 진행되어 왔다. 그리고 주변이라는 측면에서 연구가 이루어져 온 것이 사실이다. 이제 강원이라는 지역적 관점에서 좀더 심도 있는 연구가 이루어져 한다. 그렇게 해야만 좀더 분명한 강원 지역 동학농민혁명의 상을 확인할 수 있다. 여기에 강원 지역에 관계된 다양한 자료들을 종합하고 정리할 필요가 있다. 1차 봉기에 있었던 각 지역의 자발적 활동 양상, 그리고 2차 봉기 과정에서 활발하게 전개된 강원지역 동학농민군의 활동, 동학 · 천도교와 관련된 내용 등은 아직도 새롭게 정립해야 될 과제이다.

4) 강원 동학농민혁명기념관 설립 운영

강원 지역 동학농민혁명을 전시하고 연구하는 강원 동학농민혁명기념관 설립이 필요하다. 전북지역에는 2004년 건립된 동학농민혁명기념관이 있다. 전라남도 장흥에는 국비 130억을 들여 기념관이 공사를 완료하여 2015년 개관하였다. 전북에 동학농민혁명기념관이 있고, 전남에는 기념관이 건립되었는데, 강원 지역에는 이러한 시설이 존재하고 있지 않다. 동학농민혁명사에서 강원 지역은 전북이나 전남 못지않게 큰 흐름을 가지고 있다. 따라서 앞으로 반드시 강원지역 동학농민혁명을 설명해 주는 강원동학농민혁명기념관이 건립되어야 한다. 가능한 빠른 시일 안에 강원동학농민혁명기념관이 건립되기를 기대해 본다.

5) 답사 프로그램 개발

강원 지역에서는 홍천이나 인제, 정선 등의 지역에 동학농민혁명과 관련하여 중요한 유적들이 많이 분포하고 있다. 이러한 강원지역 동학농민혁명 유적지를 대상으로 하는 답사 프로그램 개발이 시급하다. 주변에 관계 있는 유적지를 포함하여 동학농민혁명 유적지 답사 프로그램을 만들고 이를 홍보하여 많은 사람들이 강원 지역에서 동학농민혁명을 주제로 답사를 하도록 유도해야 한다.

4. 강원도 동학농민군 현황

'동학농민혁명 참여자 등의 명예회복에 관한 특별법'(이하 '동학특별법')이 2004년 3월 5일 제정되었다. 동학특별법에 따라 정부기구로서 국무총리를 위원장으로 하는 동학농민혁명참여자명예회복심의위원회(이하 '심의위원회')가

2004년 9월 구성되어 동학농민혁명 참여자와 유족들에 대한 명예회복이 국가적 차원에서 이루어졌다. 유족들의 신청을 받아 동학농민혁명 참여자로 결정된 경우가 498명, 유족이 10,563명이었으며, 심의위원회가 직권으로 조사하여 등록한 참여자가 3,146명이었다. 이에 따라 심의위원회가 등록한 동학농민혁명 참여자는 3,644명에 달하였다. 이러한 성과를 내고 심의위원회는 2009년 12월 활동을 종료하였다. 따라서 현재 공식적으로 확인된 동학농민혁명 참여자는 총 3,644명인 것이다. 이는 『동학농민혁명참여자명예회복심의위원회백서』(2009)에서 확인할 수 있다. 이를 시도별로 보면 서울경기가 90명(2%), 충청도 1,103명(30%), 전라도 2,043명(56%), 경상도 204명(6%), 강원도 76명(2%), 황해도 111명(3%)으로 전라도가 가장 많고 다음으로 충청도 그리고 경상도, 황해도, 강원도에서도 많은 동학농민군이 확인되었다. 이는 〈표 6〉에서 확인할 수 있다.

〈표 6〉 도별 동학농민군 참여자 현황

서울경기	충청도	전라도	경상도	강원도	황해도	평안도	함경도	미상	합계
90	1,103	2,043	204	76	111	2%	1	14	3,644
(2%)	(30%)	(56%)	(6%)	(2%)	(3%)	(0%)	(0%)	(0%)	(100%)

동학농민혁명 과정에서 강원도 지역에서도 많은 동학농민군들이 활동을 전개하였다. 『동학농민혁명참여자명예회복심의위원회백서』(2009)에 따르면 강원지역에서는 총 76명의 동학농민군이 확인된다. 이중에서 8명은 유족이 확인되지만 68명은 유족이 확인되지 않는다. 지역별로 보면 강릉 8명, 봉평 12명, 원주 6명, 인제 2명, 양구 1명, 정선 4명, 평창 6명, 홍천 36명, 횡성 1명으로 홍천에서 가장 많은 동학농민군이 확인된다. 이는 차기석이 이끄는 동학농민군이 홍천을 중심으로 활동하면서 큰 전투를 벌인 결과라고

할 수 있다.

<표 7> 강원지역 군현별 동학농민군 참여자 현황

강릉	봉평	양구	원주	인제	정선	평창	홍천	횡성	합계
8	12	1	6	2	4	6	36	1	76

5. 강원도 동학농민군 활동

○ 사인순(史仁淳)

사인순은 1871년 12월 25일 홍천 장야평 근처에서 태어났다. 사인순은 동학농민혁명 이전부터 집안을 돌보지 않고 동학을 전파하러 다니는 데 열성을 다하였다고 한다. 그는 차기석이 이끄는 동학농민군으로 25살의 젊은 나이에 참여하였다. 사인순은 장야평전투에서 전사하였다. 가족들은 그의 시신을 수습한 장소에 무덤을 만들었다. 이 무덤은 현재에도 남아 있어 120여년 전의 생생한 상황을 우리에게 알려준다. 가족들에게 전해오는 내용에 따르면 '사인순은 1871년 생으로 1894년 10월 19일 홍천 장야촌 전투에 동학농민군으로 참여하였다가 10월 21일 총에 맞아 전사하였다. 동학난 때 바우골에 엎드려 있는 사인순을 관군 및 일본군이 총으로 쏘고 불태웠으며 오그라진 시신을 가족들이 그 자리에 묻었다'는 것이다.

○ 엄하영(嚴河永)

엄하영은 1894년 10월 홍천 서석 지역 전투에 참전하였다가 10월 24일 전사하였다. 엄하영은 형 엄우영과 동생 엄세영이 전투에 참여하여 전사하자 곧바로 동학농민군에 합류하여 홍천 서석 전투에서 참전하였다가 10월 24일 전사하였다. 『영월엄씨충의공파서석문보』(1989)에 따르면 엄하영은 1894

년 10월 24일 사망하였고 엄하영의 형 엄우영과 동생 엄세영은 1894년 10월 22일 사망하였음이 확인된다. 당시 엄하영의 나이가 몇 살이었는지는 확인되지 않는다. 그런데 영월엄씨 족보를 보면 엄하영은 1890년생과 1893년생 아들이 있음이 확인된다. 따라서 엄하영의 나이는 대략 20대 후반 또는 30대 초반이었을 것으로 짐작된다. 그런데 실제로는 엄하영의 형 엄우영과 동생 엄세영이 전투에 참여하였는데 이때 전사하자 그때까지 참여하지 않았던 엄하영이 참전하여 결국 이틀 사이에 3형제가 전사하였던 것이다.

○ 김진협(金鎭協)

김진협은 부친 김우원, 사촌 김진구와 함께 1894년 10월 홍천 서석면 풍암리에서 동학농민군으로 참여하였으며 서석 전투 중 사망하였다. 김진협의 나이는 확인되지 않는데 김진협의 동생 김진덕이 1876년생인 것을 볼 때 1860~70년대생으로 나이는 대략 동학농민혁명 당시 2-30대였을 것으로 여겨진다. 『진주김씨진흥파세보』(1988)에 따르면 김진협은 1894년 10월 24일 부친 및 사촌과 같은 날 사망하였음이 확인된다. 김진협은 부친의 뜻에 따라 동학농민혁명에 참여하였다가 서석전투에서 전사한 것으로 보여진다.

○ 최도열(崔道烈)

최도열은 1870년생으로 1894년 10월 홍천 서석면 풍암리 동학농민군으로 참여하였으며 서석 전투 중 사망하였다. 최도열은 25세의 젊은 나이에 전투에 참여하여 전사하였다. 『전주최씨중랑장공파세보』(1996)에 따르면 최도열의 제사일이 1894년 10월 23일임이 확인된다. 최도열은 대대로 홍천에 살아왔으며 최도열은 부친 최병헌은 동학에 입도한 것으로 알려지고 있다. 최도열은 부친의 영향으로 동학에 입도하였으며 동학농민혁명이 일어나자 동학농민군으로 참여하여 홍천 서석 전투에서 전사한 것으로 보인다.

○ 김진구(金鎭九)

김진구는 1863년생으로 1894년 10월 홍천 서석면 풍암리에서 동학농민
군으로 참여하였으며 서석 전투 중 사망하였다. 그때 김진구는 백부 김우원
과 사촌 김진협과 함께 동학농민군에 참여하였다. 김진구의 나이 32세. 『진
주김씨진홍파세보』(1988)에 따르면 김진구는 1894년 10월 24일 백부 및 사촌
과 같은 날 사망하였음이 확인된다.

○ 김우원(金右遠)

김우원은 1829년생으로 장남 김진협, 조카 김진구와 함께 1894년 10월 홍
천 서석면 풍암리 동학농민군으로 참여하였으며 서석 전투 중 사망하였다.
김우원은 66세의 많은 나이에도 불구하고 아들과 조카와 함께 전투에 참여
하여 전사하였다. 『진주김씨진홍파세보』(1988)에 따르면 김우원은 1894년
10월 24일 아들 및 조카와 같은 날 사망하였음이 확인된다. 후손들에 따르
면 1995년경 이장을 하였는데 유골을 수습하던 중 왼쪽 가슴에서 검게 발
한 납탄을 발견하였다고 한다. 김우원은 조상 대대로 홍천에서 거주하였으
며 본인뿐만 아니라 집안 전체가 동학농민군으로 참여한 것으로 여겨진다.
또한 당시 홍천 지역에서는 김우원과 같이 나이 많은 사람들도 참여한 것을
보면 지역사회 전체가 참여하는 분위기가 있었던 것으로 짐작된다.

○ 김현서(金顯瑞)

김현서는 1850년 2월 11일생으로 1894년 10월 홍천 서석면 풍암리 동학
농민군으로 참여하였으며 서석 전투 중 사망하였다. 김현서는 45세의 비교
적 적지 않은 나이에 참여하여 전사하였는데, 김현서가 전사하였음이 알려
지자 가족들은 관솔불을 밝혀 김현서의 시신을 수습하여 서석면 풍암 2리
덕치밭에 매장하였다고 전해지고 있다. 『김해김씨무경공파세보』에 따르면
김현서의 기일이 10월 24일이라고 되어 있어 1894년 10월 서석전투에서 전

사하였음을 알려준다.

○ 이중항(李重亢)

이중항은 1873년 4월 6일생으로 강원도 양구지역에서 동학농민혁명에 참여하였다. 이중항은 동학농민혁명 당시 초가을에 양구를 출발하여 청주까지 가서 싸우다가 겨울이 끝날 무렵에 돌아왔다고 한다. 그런데 해월 최시형이 양구에 피신해 와서 있을 때 3개월 정도 이중항과 유홍조 등의 집에 거처를 정하고 생활했다고 하며 최시형의 부인이 양구 지역에 있었다고 한다. 아마도 이중항은 최시형이 양구지역에서 포교 활동을 했을 때 교화되어 동학에 입도하여 동학농민혁명에 참여한 것으로 여겨진다. 이중항은 동학농민혁명이 끝난 후 돌아와 천도교 활동을 계속하였으며 1915년경에는 천도교 양구교구장을 역임하였음이 『천도교회월보』(64호, 1915년 11월)에서 확인된다. 이중항은 이후 독립운동에도 참여하였다가 1948년 사망하였다.

○ 김대열(金大烈)

김대열은 동학농민군 지도자로 강원도 홍천 전투에 참여하였다가 1894년 11월 30일(음 11.4) 전사하였다.(『天道敎百年略史』)

○ 김치운(金致雲)

김치운은 1894년 10월 전봉준의 동학농민혁명 제2차 봉기 때 강원도 인제에서 동학농민군을 이끌고 참여하였다.

○ 임순화(林淳化)

임순화는 1894년 10월 강원도 원주에서 동학농민군을 이끌고 동학농민혁명 2차 봉기에 참여하였다.

○ 신택우(申澤雨)

신택우는 접주로서 1894년 강원도 원주에서 동학농민혁명에 참여하였다가 1898년 1월 경기도 음죽에서 체포된 뒤 서울로 압송되어 고문을 받았다.

○ 김화보(金化甫)

김화보는 강원도 원주에서 동학농민혁명에 참여하였다가 1894년 10월 관군에게 체포되어 처형되었다.

○ 김상오(金相五)

김상오(異名 : 尙五)는 접장으로서 1894년 9월 4일 영월, 평창, 정선의 동학농민군과 합세하여 강릉부 관아를 점령하였다.(「東匪討論」, 1895, 『동학농민혁명국역총서』4, 동학농민혁명참여자명예회복심의위원회, 2008, 398~400쪽; 『東學農民戰爭史料叢書』12, 史芸硏究所, 1996, 137~140쪽; 이하 같음.)

○ 공계정(孔啓正)

공계정은 1894년 9월 4일 영월, 평창, 정선의 동학농민군과 합세하여 강릉부 관아를 점령하였다.(「東匪討論」, 『東學農民戰爭史料叢書』12, 137~140쪽)

○ 전순길(全順吉)

전순길은 1894년 9월 4일 영월, 평창, 정선의 동학농민군과 합세하여 강릉부 관아를 점령하였다. (「東匪討論」, 398~400쪽; 『東學農民戰爭史料叢書』12, 137~140쪽)

○ 손영팔(孫永八)

손영팔은 1894년 9월 4일 영월, 평창, 정선의 동학농민군과 합세하여 강릉부 관아를 점령하였다. (「東匪討論」, 398~400쪽; 『東學農民戰爭史料叢書』12, 137~140쪽)

○ 박재회(朴載會)

박재회는 1894년 9월 4일 강릉, 영월, 정선의 동학농민군과 합세하여 강릉부 관아를 점령하였다. (「東匪討論」, 398~400쪽; 『東學農民戰爭史料叢書』12, 137~140쪽)

○ 이치택(李致澤)

이치택은 1894년 9월 4일 강릉, 영월, 정선의 동학농민군과 합세하여 강릉부 관아를 점령하였다.(「東匪討論」, 398~400쪽; 『東學農民戰爭史料叢書』12, 137~140쪽)

○ 차기석(車箕錫)

차기석은 접주로서 1894년 10월~11월 강원도 홍천·강릉·봉평 등지에서 활동하였고 1894년 11월 12일 강원도 홍천 내면 원당리(元棠里)에서 민보군에게 체포되어 1894년 11월 22일 처형되었다.(「東匪討論」, 402~404쪽, 441~443쪽;『東學農民戰爭史料叢書』12, 143~145쪽, 202~206쪽; 이하 같음)

○ 지왈길(池曰吉)

지왈길은 동학농민군 지도자로서 1894년 9월 4일 강릉, 영월, 평창의 동학농민군과 합세하여 강릉부 관아를 점령하였고 1894년 11월 23일 정선의 민보군에게 체포되어 이틀 뒤에 처형되었다. (「東匪討論」, 398~400쪽;『東學農民戰爭史料叢書』12, 137~140쪽)

○ 박종백(朴鍾伯)

박종백은 접주로서 1894년 10월 동학농민군 지도자 차기석과 함께 강원도 강릉에서 활동하였다.(「東匪討論」, 402~404쪽;『東學農民戰爭史料叢書』12, 143~145쪽)

○ 윤태열(尹泰烈)

윤태열은 동학농민군 지도자로서 동학농민혁명에 참여하였다가 1894년 10월 26일 강원도 봉평에서 강위서가 이끄는 민보군에게 체포되어 처형되었다.(「東匪討論」, 402~404쪽, 441~443쪽;『東學農民戰爭史料叢書』12, 143~145쪽, 202~206쪽)

○ 이창문(李昌文)

이창문은 동학농민군 지도자 윤태열 등과 함께 동학농민혁명에 참여하였다가 1894년 10월 26일 강원도 봉평에서 강위서가 이끄는 민보군에게 체포되어 처형되었다.(「東匪討論」, 402~404쪽, 441~443쪽;『東學農民戰爭史料叢書』12, 143~145쪽, 202~206쪽)

○ 김대영(金大永)

김대영은 동학농민군 지도자 윤태열 등과 함께 동학농민혁명에 참여하였다가 1894년 10월 26일 강원도 봉평에서 강위서가 이끄는 민보군에게 체포되어 처형되었다. (「東匪討論」, 1895, 402~404쪽, 441~443쪽;『東學農民戰爭史料叢書』12, 143~145쪽, 202~206쪽)

○ 김희열(金喜烈)

김희열은 동학농민군 지도자 윤태열 등과 함께 동학농민혁명에 참여하였다가 1894년 10월 26일 강원도 봉평에서 강위서가 이끄는 민보군에게 체포되어 처형되었다. (「東匪討論」, 402~404쪽, 441~443쪽;『東學農民戰爭史料叢書』12, 143~145쪽, 202~206쪽)

○ 용하경(龍河京)

용하경은 동학농민군 지도자 윤태열 등과 함께 동학농민혁명에 참여하였다가 1894년 10월 26일 강원도 봉평에서 강위서가 이끄는 민보군에게 체포되어 처형되었다. (「東匪討論」, 402~404쪽, 441~443쪽;『東學農民戰爭史料叢書』12, 143~145쪽, 202~206쪽)

○ 오순영(吳順永)

오순영은 동학농민군 지도자 윤태열 등과 함께 동학농민혁명에 참여하였다가 1894년 10월 26일 강원도 봉평에서 강위서가 이끄는 민보군에게 체포되어 처형되었다. (「東匪討論」, 402~404쪽, 441~443쪽;『東學農民戰爭史料叢書』12, 143~145쪽, 202~206쪽)

○ 이화규(李和奎)

이화규는 동학농민군 지도자 윤태열 등과 함께 동학농민혁명에 참여하였다가 1894년 10월 26일 강원도 봉평에서 강위서가 이끄는 민보군에게 체포되어 처형되었다. (「東匪討論」, 402~404쪽, 441~443쪽;『東學農民戰爭史料叢書』12, 143~145쪽, 202~206쪽)

○ 정창해(鄭昌海)

정창해(異名 : 丁昌海)는 동학농민군 지도자 윤태열 등과 함께 동학농민혁명에 참여하였다가 1894년 10월 하순경 강원도 봉평에서 민보군에게 체포되어 처형되었다.(「東匪討論」, 404~405쪽, 441~443쪽; 『東學農民戰爭史料叢書』12, 145~147쪽, 202~206쪽)

○ 안영보(安永甫)

안영보는 동생 안영달과 함께 동학농민혁명에 참여하였다가 1894년 10월 하순경 강원도 봉평에서 민보군에게 체포되었다.(「東匪討論」, 04~405쪽, 441~443쪽; 『東學農民戰爭史料叢書』12, 145~147쪽, 202~206쪽)

○ 안영달(安永達)

안영달은 형 안영보와 함께 동학농민혁명에 참여하였다가 1894년 10월 하순경 강원도 봉평에서 민보군에게 체포되었다. (「東匪討論」, 404~405쪽, 441~443쪽; 『東學農民戰爭史料叢書』12, 145~147쪽, 202~206쪽)

○ 김순복(金順卜)

김순복은 아들과 함께 동학농민혁명에 참여하였다가 1894년 10월 하순경 강원도 봉평에서 민보군에게 체포되었다.(「東匪討論」, 404~405쪽, 441~443쪽; 『東學農民戰爭史料叢書』12, 145~147쪽, 202~206쪽)

○ 유도원(劉道元)

유도원은 동학농민군 지도자로서 1894년 11월경 강원도 정선에서 활동하였다.(「東匪討論」, 429~430쪽; 『東學農民戰爭史料叢書』12, 184쪽)

○ 이문보(李文甫)

이문보는 접주로서 동학농민혁명에 참여하였다가 1894년 11월 5일 평창, 후평 등지에서 관군, 일본군과 전투 후 체포되어 처형되었다.(「東匪討論」, 430쪽; 『東學農民戰爭史料叢書』12, 185쪽)

○ 오덕현(吳德玄)

오덕현은 성찰로서 동학농민혁명에 참여하였다가 1894년 11월 12일 강원도 홍천 내면 원당리에서 민보군에게 체포되어 총살되었다.(「東匪討論」, 435~436쪽, 443~446쪽;『東學農民戰爭史料叢書』12, 193~194쪽, 194~195쪽, 206~211쪽)

○ 박석원(朴碩元)

박석원은 동학농민혁명에 참여하여 집강으로 활동하다가 1894년 11월 12일 강원도 홍천 내면 원당리에서 민보군에게 체포되어 총살되었다.(「東匪討論」, 435~436쪽, 443~446쪽;『東學農民戰爭史料叢書』12, 193~194쪽, 194~195쪽, 206~211쪽)

○ 지덕화(池德化)

지덕화는 동학농민혁명에 참여하여 집강으로 활동하다가 1894년 11월 12일 강원도 홍천 내면 원당리에서 민보군에게 체포되어 총살되었다.(「東匪討論」, 435~436쪽, 443~446쪽;『東學農民戰爭史料叢書』12, 193~194쪽, 194~195쪽, 206~211쪽)

○ 오덕보(吳德甫)

오덕보는 동학농민혁명에 참여하여 1894년 8월 강원도 평창에서 활동하였다. (「東匪討論」, 438~439쪽, 439~440쪽, 448~449쪽, 450쪽;『東學農民戰爭史料叢書』12, 199쪽, 199~200쪽, 214~215쪽, 216~217쪽)

○ 이중집(李仲集)

이중집은 접사로서 동학농민혁명에 참여하였다가 1894년 11월 6일 강원도 정선 여량에서 이진석이 이끄는 민보군에게 체포되어 처형되었다.(「東匪討論」, 441~446쪽;『東學農民戰爭史料叢書』12, 202~211쪽)

○ 위승국(魏承國)

위승국은 접주로서 동학농민혁명에 참여하였다가 1894년 11월 11일 강원도 홍천 내면 자운동에서 강위서가 이끄는 민보군에게 체포되어 총살되었다.(「東匪討論」, 441~446쪽;『東學農民戰爭史料叢書』12, 202~211쪽)

○ 심성숙(沈成淑)

심성숙은 접사로서 동학농민혁명에 참여하였다가 1894년 11월 11일 강원도 홍천 내면 자운동에서 강위서와 허경이 이끄는 민보군에게 체포되어 총살되었다.(「東匪討論」, 441~446쪽;『東學農民戰爭史料叢書』12, 202~211쪽)

○ 권성오(權成五)

권성오는 동학농민군 지도자로서 동학농민혁명에 참여하였다가 1894년 11월 13일 강원도 홍천 내면 청두리에서 이석범이 이끄는 민보군에게 체포되어 총살되었다.(「東匪討論」, 441~446쪽;『東學農民戰爭史料叢書』12, 202~211쪽)

○ 김치실(金致實)

김치실은 접주로서 동학농민혁명에 참여하였다가 1894년 11월 14일 강원도 홍천에서 민보군에게 체포되어 총살되었다.(「東匪討論」, 441~446쪽;『東學農民戰爭史料叢書』12, 202~211쪽)

○ 박학조(朴學祚)

박학조는 접사로서 동학농민혁명에 참여하였다가 1894년 11월 14일 강원도 홍천에서 민보군에게 체포되어 11월 22일 처형되었다.(「東匪討論」, 443~446쪽;『東學農民戰爭史料叢書』12, 206~211쪽)

○ 손응선(孫應先)

손응선은 동학농민혁명에 참여하였다가 1894년 11월 14일 강원도 홍천에서 민보군에게 체포되었다가 풀려났다.(「東匪討論」, 443~446쪽;『東學農民戰爭史料叢書』12, 206~211쪽)

○ 임정호(林正浩)

임정호는 동학농민군 지도자로서 동학농민혁명에 참여하였다가 1894년 11월 강원도 봉평에서 강위서가 이끄는 민보군에게 체포되어 처형되었다.(「東匪討論」, 441~446쪽;『東學農民戰爭史料叢書』12, 202~211쪽)

○ 권수청(權守淸)

권수청은 동학농민혁명에 참여하였다가 1894년 11월 13일 강원도 홍천 내면 청두리에서 민보군에게 체포되어 총살되었다. (「東匪討論」, 444~446쪽; 『東學農民戰爭史料叢書』12, 206~211쪽)

○ 김성화(金成化)

김성화는 동학농민혁명에 참여하였다가 1894년 11월 14일 강원도 홍천에서 민보군에게 체포되었다.(「東匪討論」, 443~446쪽; 『東學農民戰爭史料叢書』12, 206~211쪽)

○ 박군오(朴君五)

박군오는 접사로서 동학농민혁명에 참여하였다가 1894년 11월 11일 강원도 홍천 내면 자운동에서 민보군에게 체포되어 총살되었다. (「東匪討論」, 441~446쪽; 『東學農民戰爭史料叢書』12, 202~211쪽)

○ 임순철(林順哲)

임순철은 동학농민혁명에 참여하였다가 1894년 11월 6일 강원도 정선 여량에서 민보군에게 체포되어 처형되었다.(「東匪討論」, 443~446쪽; 『東學農民戰爭史料叢書』12, 206~211쪽)

○ 김윤언(金允彦)

김윤언은 동학농민혁명에 참여하였다가 1894년 11월 6일 강원도 정선 여량에서 민보군에게 체포되어 처형되었다.(「東匪討論」, 443~446쪽; 『東學農民戰爭史料叢書』12, 206~211쪽)

○ 김흥조(金興祚)

김흥조는 강원도 홍천에서 동학농민혁명에 참여하였다가 체포되어 1894년 11월 호송되는 도중 내면의 김기봉과 정만석에게 죽임을 당하였다.(「東匪討論」, 447쪽; 『東學農民戰爭史料叢書』12, 212~213쪽)

○ 손장업(孫長業)

손장업은 강원도 홍천에서 동학농민혁명에 참여하였다가 1894년 11월~12월경 관군에게 체포되었으나 형을 받고 문초를 당한후 풀려났다.(「東匪討論」, 454쪽; 『東學農民戰爭史料叢書』12, 222~223쪽)

○ 이관구(李寬九)

이관구는 강원도 홍천에서 동학농민혁명에 참여하였다가 1894년 11월~12월경 관군에게 체포되었으나 형을 받고 문초를 당한 후 풀려났다.(「東匪討論」, 454쪽; 『東學農民戰爭史料叢書』12, 222~223쪽)

○ 오주실(吳周實)

오주실은 강원도 홍천에서 동학농민혁명에 참여하였다가 1894년 11월~12월경 관군에게 체포되었으나 형을 받고 문초를 당한 후 풀려났다.(「東匪討論」, 454쪽; 『東學農民戰爭史料叢書』12, 222~223쪽)

○ 이동익(李東益)

이동익은 강원도 홍천에서 동학농민혁명에 참여하였다가 1894년 11월~12월경 관군에게 체포되어 12월에 처형되었다.(「東匪討論」, 454쪽, 462쪽; 『東學農民戰爭史料叢書』12, 222~223쪽, 233쪽)

○ 고준성(高俊成)

고준성은 강원도 홍천에서 동학농민혁명에 참여하였다가 1894년 11월~12월경 관군에게 체포되어 옥사에 갇혔다. (「東匪討論」, 454쪽; 『東學農民戰爭史料叢書』12, 222~223쪽)

○ 박재호(朴在浩)

박재호는 강원도 강릉 출신으로 진사였으나 강원도 평창으로 이거한 뒤 1894년 동학농민군 지도자가 되어 군자금과 군수품을 모으는 활동을 하였다.(『臨瀛討匪小錄』, 이회원, 1895, 『동학농민혁명 국역총서』4, 동학농민혁명참여자명예회복심

의위원회, 2008, 475쪽; 이하 출처는 같음『東學農民戰爭史料叢書』12, 249쪽)

○ 조원중(趙元中)

조원중은 동학농민혁명에 참여하여 동학농민군 윤태열 등과 함께 군사를 모으고 군량, 군물을 마련하는 활동을 하였다.(『臨瀛討匪小錄』, 482쪽;『東學農民戰爭史料叢書』12, 256쪽)

○ 정운심(鄭雲心)

정운심은 동학농민혁명에 참여하여 윤태열 등과 함께 군사를 모으고 군량, 군물을 마련하였고 1894년 11월 6일 강원도 홍천 내면에서 동학농민군 지도자 차기석과 함께 강위서가 이끄는 민보군을 공격하여 승리하였다. (『臨瀛討匪小錄』, 482쪽, 487쪽;『東學農民戰爭史料叢書』12, 256쪽, 621쪽)

○ 고석주(高錫柱)

고석주는 강원도 홍천에서 동학농민군 지도자로서 동학농민혁명에 참여하였다가 1894년 9월 민보군 맹영재에게 체포되어 처형되었다.(『東學史』(오지영, 1940; 아세아문화사, 1979, 151쪽)

○ 신창희(申昌熙)

신창희는 강원도 홍천에서 동학농민군 지도자로서 동학농민혁명에 참여하였다가 1894년 9월 민보군 맹영재에게 체포되어 처형되었다.(『啓草存案』, 1894,『東學農民戰爭史料叢書』17, 史芸研究所, 1996, 43~45쪽)

○ 이희일(李熙一)

이희일은 강원도 홍천에서 동학농민군 지도자로서 동학농민혁명에 참여하였다가 1894년 9월 민보군 맹영재에게 체포되어 처형되었다.(『啓草存案』, 43~45쪽)

○ 윤면호(尹免鎬)

윤면호는 1894년 10월 동학농민혁명 2차 봉기 시 강원도 횡성에서 동학농민군을 이끌고 참여하였다.

○ 이규하(李圭夏)

이규하는 동학농민군 지도자로서 1894년 강원도 원주에서 동학농민혁명에 참여하였다가 1895년 4월 충청도 충주에서 체포되었다.(『司法稟報』 1(1894~1897), 亞細亞文化社, 1988, 38쪽)

○ 박규협(朴圭夾)

박규협은 1894년 강원도 평창에서 동학농민혁명에 참여하였다.(『司法稟報』 5(1899~1900), 447~448쪽)

○ 이원팔(李元八)

이원팔(異名 : 關東)은 1894년 6월 강원도 평창에서 동학에 입교하여 관동대접주(關東大接主)로서 같은 해 8월 충청도 보은에서 최시형과 함께 동학농민혁명에 참여하였다가 1900년 전라도에서 체포되어 같은 해 4월 처형되었다.(『司法稟報』5(1899~1900), 447~448쪽)

○ 김계원(金桂元)

김계원(異名 : 啓元)은 1879년 3월 강원도 인제에서 동학도로서 활동한 뒤 1894년 동학농민혁명에 참여하였다가 체포되어 1895년 4월 10일 '장일백(杖一百) 유삼천리(流三千里)'의 처벌을 받았다.(「金桂元 判決宣告書」, 『東學關係 判決宣告書』, 1895;『東學農民戰爭史料叢書』18, 史芸硏究所, 1996, 451~452쪽)

○ 김창수(金昌守)

김창수는 강원도 홍천에서 동학농민혁명에 참여하였다가 1894년 11월~12월경 관군에게 체포되었으나 형을 받고 문초를 당한 후 풀려났다.

○ 손병흠(孫秉欽)

손병흠은 동학농민혁명에 참여하였다가 1894년 12월 최시형과 함께 강원도 홍천으로 피신하였다.

○ 김성칠(金星七)

김성칠은 성찰(省察)로서 동학농민혁명에 참여하였다가 1894년 12월 7일 체포되어 처형되었다.(「東匪討論」, 1895; 455~456쪽;『東學農民戰爭史料叢書』12, 224~225쪽)

○ 이화경(李和卿)

이화경은 1894년 10월 동학농민혁명 2차 봉기 시 강원도 원주에서 동학 농민군을 이끌고 참여하였다. (『天道敎會史草稿』, 天道敎中央總部, 1920,『東學思想資料集』1, 亞細亞文化社, 1979, 462~463쪽)

○ 임순호(林淳灝)

임순호는 1894년 10월 동학농민혁명 2차 봉기 시 강원도 원주에서 동학 농민군을 이끌고 참여한 뒤 1898년 3월 경기도 여주에서 체포되어 풀려났다가 서울에서 체포되었다.(『天道敎會史草稿』, 462~463쪽)

○ 오창섭(吳昌燮)

오창섭은 동학농민군 지도자로서 1894년 10월 동학농민혁명 2차 봉기 시 강원도 홍천, 충청도 충주에서 동학농민군을 이끌고 참여하였다.(『天道敎會史草稿』, 462~463쪽)

○ 심상현(沈相賢)

심상현은 동학농민군 지도자로서 1894년 10월 동학농민혁명 2차 봉기 시 강원도 홍천, 충청도 충주에서 동학농민군을 이끌고 참여하였다.(『天道敎會史草稿』, 462~463쪽)

6. 맺음말

이상에서 강원도 동학농민혁명 유적지 현황과 활용 방안 그리고 강원도 동학농민군의 현황과 활동 내용을 살펴보았다. 강원도 지역에서 총 13곳의 동학농민혁명 유적지가 있는 것으로 파악되었다. 동학농민혁명사에서 중요한 위치를 가지고 있는 유적지가 상당수 위치하고 있다. 그러나 이에 대한 인식과 관리가 이루어지고 있지 못한 것이 사실이다. 앞으로 개선되어야 할 문제이다. 강원도 지역 동학농민혁명 유적지와 관련하여 우선적으로 안내판 설치가 필요하다. 여기에 체계적인 보존 관리를 위해서는 문화재로 지정하는 작업이 진행되어야 하며 학술 연구도 좀 더 심도 있게 이루어져야 할 것이다. 또한 강원도 지역 동학농민혁명 유적지를 중심으로 답사 프로그램을 개발할 필요가 있으며, 강원도 동학농민혁명의 중심으로서 강원동학농민혁명기념관의 설립도 필요한 부분이다.

현재까지 파악된 강원도 지역 동학농민군은 총 76명이다. 지역별로 거의 강원도 전 지역에서 동학농민군의 활동이 있었음이 확인된다. 지역별로 보면 강릉 8명, 봉평 12명, 원주 6명, 인제 2명, 양구 1명, 정선 4명, 평창 6명, 홍천 36명, 횡성 1명으로 홍천에서 가장 많은 동학농민군이 확인된다. 이는 차기석이 이끄는 동학농민군이 홍천을 중심으로 활동하면서 큰 전투를 벌인 결과라고 할 수 있다.

앞으로 동학농민혁명 연구는 지역적 관점을 견지한 연구가 이루어져야 한다고 생각된다. 또한 동학농민혁명에 참여한 농민군 개개인의 활동 양상을 복원해 내는 것이 무엇보다 필요하다. 앞으로 연구는 여기에 집중되는 연구가 있기를 기대해 본다.

최시형의
퍼실리테이션 지향점

임 상 욱 _숙명여자대학교 리더십교양교육원 교수

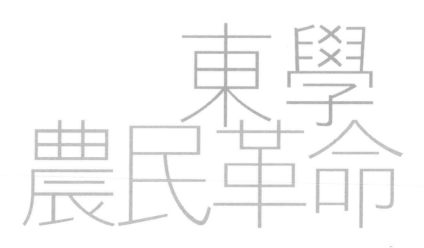

1. 들어가는 말

최시형은 동학의 저변 확대에 결정적인 역할을 한 인물이다. 물론 동학은 그 시조라 할 수 있는 최제우를 빼놓고 말할 수 없다. 하지만 아무리 좋은 사상이라 할지라도 세상에 널리 알려지지 않는 한 우리 사회의 긍정적 변화와 발전을 위한 자원으로 활용할 수 없다는 점에서, 최시형이 도출한 성과는 단순히 계측 가능한 현실적 지수 이상의 의미를 갖는다. 이를테면, 동학도들의 '수'는 최제우가 이끄는 시기엔 수천 명이었는데 반해,[1] 최시형이 도통을 이어가던 시기엔 대략 수백만 명을 헤아리고 있었다.

당시의 인구 계측 기준이 호라는 점을 감안하여 여기에 동학도의 실제 인원과는 어느 정도의 편차를 인정한다 하더라도, 최제우에 비해 천 배가 많은 세력의 확장에는 분명 그에 상응하는 뚜렷한 이유가 있을 것으로 추론해 보는 것이 타당할 것이다. 그렇다면 도대체 그 많은 사람들로 하여금 최시형의 제안에 기꺼이 동의하도록 만든 원천은 과연 무엇이었을까? 이 같은 문제의식으로부터 본 논문은 그 추론 가능한 이유를 당시의 정치 · 사회적 정황보다는 최시형 자신의 리더십 스타일에 초점을 두고 탐색해 보려 한다.

이에 본 연구는, 먼저 최시형의 리더십 스타일을 탐색하여 그에게 적용 가능한 리더 유형을 밝히고, 나아가 그의 정체성은 왜 리더보다는 퍼실리테이터로 자리매김 하는 것이 더 합당한지에 대해 논의하겠다. 다음으로, 최시형에게 퍼실리테이션의 전제가 되는 인식론적 토대이자, 동시에 지향점은 과연 무엇인지, 또한 현대적 관점의 퍼실리테이션과 다른 최시형 퍼실리테이션만의 특징은 무엇인지에 대한 제반 논의를 전개해 가려 한다.

2. 최시형의 리더 정체성

리더십의 관점에서 최시형의 리더십 스타일이나 리더 유형을 탐색한 선행연구는 아직 없다. 그간 최시형의 정체성에는 우리 사회의 리더로서보다는 동학의 수장, 혹은 천도교의 교주라는 확고부동한 지위가 주어져 왔기 때문이다. 그렇지만 천도교라는 특정 민족 종교의 2대 교주라는 지위를 잠시 덮어둘 수 있다면, 그로부터 최시형이라는 인물이 발휘한 리더십의 가치에 대해 좀더 적극적이고 확장된 논의가 가능할 것이다.

1) 최시형을 리더로 접근하는 관찰 방법론

한 인물의 리더 유형과 리더십 스타일을 가늠해 보는 작업은 그 인물을 리더십의 어떤 관점에서 관찰할 것인가를 정하는 문제로부터 시작한다. 이를테면, 한 인물에게 고유한 특성에 중점을 두고 찾을 것인지, 아니면 그 인물의 행동에 초점을 맞출 것인지, 혹은 그도 아니면 그 인물이 처해 있는 상황에 주안점을 둘 것인지의 여부를 먼저 결정해야 한다. 각각 리더십 특성이론, 리더십 행동이론, 그리고 리더십 상황이론으로 불리는 세 가지 이론적 틀[2] 중 최시형에게 적용 가능한 이론은 바로 리더십 상황이론일 것으로 판단된다.[3]

물론 이 세 가지 이론은 서로에게 완전히 배타적이어서 각각 불가침의 영역을 점유하고 있는 것은 아니다. 한 인물의 특성이나 행동, 혹은 그가 처한 상황으로부터 도출되는 일단의 특수성들은 그 인물에 관한 더 많은 공통점을 전제로 할 것이기 때문이다.

그럼에도 우선 리더십 특성이론이 최시형에게 적용되기 힘든 이유는, 이것이 환경보다는 선천적 특성에 주안점을 두고 있기 때문이다. 일단의 위인전에서 확인할 수 있는 바처럼, 이런 식의 이론을 지지하는 서술 방식은 리더로서의 특성,[4] 혹은 리더로서의 특출한 자질이 그 인물의 어린 시절부터 확연히 나타날 수밖에 없다.

반면, 최시형의 어린 시절에 대한 보고에서는 일말의 총명함이나 영민함, 혹은 인내심이나 강인한 체력 등 리더의 어린 시절로부터 기대할 수 있는 가장 일반적인 형태의 특성조차 찾아볼 수 없다.[5] 뿐만 아니라, 성인이 되어 최제우와 조우하던 35세 전까지는 화전민 생활을 했는데, 이 점에서도 당시 일반적인 화전민과의 차별성을 찾기 어렵다. 즉, 사실 부합의 여부와 관계없이 리더 특성에 관한 기록의 부재로 인해 최시형에 대한 리더십 특성이론의 접근법은 적절하지 않아 보인다.

다음으로, 리더십 행동이론을 최시형에게 적용하기 위해서는 한 조직의 리더로서 최시형의 행동이 그 조직의 효과성 증진에 얼마나 직접적으로 기여했는지의 여부를 살펴야 한다. 이 점에서, 리더십 행동이론은 리더십 특성이론보다 훨씬 편안한 접근 방법론임에 틀림없다. 그의 행동, 즉 사상 전파에 대한 기록은 특별히 거명하지 않더라도 다양한 문헌을 통해 확인할 수 있기 때문이다.

그럼에도 이를 최시형의 케이스에 직접 적용하기에는 약간의 무리가 있어 보인다. 왜냐하면 현재 우리가 알고 있는 그의 사상은 최시형이 도통을 이어받은 이후 많은 시간이 지난 후의 일일 가능성이 크기 때문이다. 임태홍에 따르면, 최시형이 자신의 사상을 적극적으로 전파하기 시작한 시기는 1885년 이후로서 그가 리더의 자리에 오른 지 20여 년이 더 지난 때였다.[6]

그렇다면 리더의 행동이 조직의 효과성 증진에 직접적인 영향을 미친다는 관점으로부터의 접근법은 부분적으로만 유효할 수밖에 없는 것이다.

이와 달리, 조직의 효과성 증진 여부는 상황에 따라 달라질 수 있다는 리더십 상황이론은 대체로 최시형의 케이스에 적용될 수 있는 만족할 만한 접근 방법론으로 보인다. 이에 따르면, 리더의 능력과 조직의 효과성 증진은 일대일의 인과관계에 놓인 것이 아니라, 양자의 관계는 주어진 상황에 따라 유동적일 수 있다. 즉, 주어진 상황은 리더의 능력과 조직 효과성 사이에 놓인 일종의 조절변수로 작동한다.[7]

이 모델을 통해 최시형의 케이스를 관찰하면, 최제우로부터 권한을 이양받은 후 구성원들과의 새로운 관계가 구축되는 시기, 그리고 관군의 추격을 피해 다니기에 바빴던[8] 세 차례의 피신 기간은 중대한 상황변수로 간주된다. 즉, 이 상황 아래에서 조직의 효과성 증진 여부는 리더 개인이 아닌, 상황의 유연성 여부에 달려 있는 것이다.

이제 리더로서의 최시형을 바라보는 관찰 도구가 마련되었으므로, 여기에서 한 발 더 나아가 최시형의 리더 정체성은 과연 무엇인가에 대한 구체적인 논의 역시 가능할 것이다.

2) 최시형의 리더 유형

리더십 상황이론의 관점에서, 먼저 최시형에게 적용 가능한 리더 유형은 번스(J. Burns)가 제안한 변혁적 리더십(transformational leadership)[9]이라고 할 수 있다. 최시형에게 보이는 리더 유형은 변혁적 리더십의 5가지 요소, 즉 창의성, 소통 능력, 비전 제시, 임파워먼트, 그리고 열정의 특성을[10] 높은 수준에까지 만족시키는 것으로 판단되기 때문이다.

첫째, 변혁적 리더는 현상 유지에 만족하지 않고, 항상 새로운 아이디어와 업무 방식을 찾는다. 단, 창의적 아이디어를 구체화시키기까지 충분한 정도의 준비단계기를 전적으로 허용한다.[11] 동학 연구자들이 일반적으로 동의하는 바처럼, 최시형은 신비적 체험을 강조하는 최제우의 시천주 사상을 일상의 수양에 초점을 둔 양천주 사상으로 전이시킴으로써 동학사상의 본질에 일대 변혁을 가져온 인물이다. 즉, 최시형의 리더 유형은 변혁적 리더십의 가장 중요한 특성인 창의성을 만족시킨다. 최시형에게 이러한 변혁적 리더십의 특성이 오랫동안 드러나지 않았던 것은 바로 앞서 말한 상황적 요인과 함께, 새로운 아이디어를 구체화하기 위한 준비단계기가 필요했기 때문이다.

둘째, 변혁적 리더는 구성원들과의 상호 작용을 위해 항상 소통한다. 특히, 팔로워(follow)인 조직 구성원들과 함께 생활하는 것이 필요하다.[12] 물론 상황적 조건에 따른 것일 수 있겠지만, 항상 조직 구성원들과 함께 생활하던 최시형의 소통 방식은 크게 두 가지인 것으로 보인다. 하나는, 팔로워의 니즈를 최대한 헤아리는 소통 방식이다. 최제우 사후 최시형은 자신의 목소리를 내기보다는 유족을 돕고, 최제우를 따르던 구성원들의 의견을 경청하는 데 주력했다. 다른 하나는, 팔로워의 자발적 참여를 믿고 기다리는 소통 방식이다. 자신의 체제가 굳건해진 이후에도 최시형은 카리스마적 권위를 내세워 지시하기보다는 존재하는 것 모두가 '하늘의 씨'를 가졌다는 자각 아래 이를 키워 가기 위한 각자의 수양에 힘쓰도록 독려했다. 즉, 구성원들과의 상호 작용을 위한 소통 능력 역시 최시형에게 발견할 수 있는 변혁적 리더십의 특성이라고 할 수 있다.[13]

셋째, 변혁적 리더는 팔로워에게 비전을 제시하고, 조직이 미래에 도달해야 할 구체적 목표를 부여한다.[14] 변혁적 리더의 세 번째 특성인 비전에서 최시형의 제안은 매우 중대하게 다루어져야 할 것으로 보인다. 비전이란 곧 여러 창의적 실천 전략들을 통해 궁극적으로 도달하고자 하는 지점을 의미하는 것이기 때문이다. 그리고 최시형에게 수양을 통해 도달하고자 했던 최상의 지점은 바로 '일상을 통한 천도의 실현'으로 보인다. 혹은, 최시형을 리더로 보는 관점에서 좀더 중립적인 표현을 사용한다면, '일상의 삶을 소중하게 살아감' 정도로 정리할 수 있을 것이다.[15] 즉, 최시형의 비전은 앞의 첫 번째 특성의 내용과 유기적 관련성을 가진 가장 변혁적 특성 중의 하나라고 할 것이다.

넷째, 변혁적 리더는 권한을 위임한다.[16] 리더가 팔로워에게 권한을 위임하는, 즉 임파워먼트를 수행하는 가장 실질적 이유는 리더 혼자 조직의 모든 일을 도맡아 하는 것이 불가능하기 때문이다. 더불어 리더가 자신의 권한을 위임할 수 있다는 것은 곧 위임받은 팔로워를 신뢰한다는 뜻이다. 이때 그 신뢰의 정도가 큰 만큼 임파워먼트의 범위 역시 커지게 된다. 1879년, 최시형은 의형제를 맺고 '시' 자 항렬을 나누어준 강시원, 유시헌 등과 함께 동등하게 권한과 임무를 배분한 협력관계를 구축했다.[17] 비록 여기엔 조직 내 임파워먼트가 행사된 시점의 문제가 일부 존재하기는 하지만, 그렇더라도 같이 쫓기는 처지에서 서로 의형제를 맺었다는 사실은 이것이 신뢰를 바탕으로 한 임파워먼트의 행사였다는 입장을 강화해 준다.

마지막으로, 변혁적 리더는 과업에 대해 열정적이며, 동료애를 보인다.[18] 사실 이 열정의 특성만큼 최시형에게 뚜렷한 것은 없다고 해도 과언이 아니다. 이는 36년간 동학에 몸담으며 수많은 사람들에게 동학사상을 전파한 그의 삶 자체가 곧 증거이기 때문이다.[19] 그리고 이러한 열정의 길은 그의 동료들과 목숨을 걸고 함께한 길이었다는 점에서, 변혁적 리더의 다섯 번째 특성 역시 충족시키는 것으로 보인다.

요컨대 최시형의 리더 유형은 변혁적 리더십을 발휘한 변혁적 리더라고 할 수 있다. 이는 최제우의 카리스마적 리더 유형과 분명 차이를 보이는 점이다.[20] 긴밀한 사제지간으로 이어진 두 사람 사이에 이런 식의 차이가 나타나는 이유는 일견해도 신비한 현상의 개입 수준에 대한 이해가 달랐기 때문인 듯하다. 즉, 최제우가 시천이라는 체험을 통해 자신을 비범한 존재로 부각시키는 방법론을 적용한 반면,[21] 최시형은 일상에서의 수양이 특별한 신비체험과 별반 다를 바 없다고 보았기 때문이다. 아래에 다시 언급하겠지만, 최시형은 세상의 모든 존재가 그 신비한 것과 함께 성숙해 간다는 입장을 취하고 있기 때문이다.

최시형의 리더 유형에 이어 그의 리더십 스타일을 관찰할 필요가 있다.

3) 최시형의 리더십 스타일

한 리더의 리더십 스타일이란 리더가 조직의 효과성을 증진시키기 위해 집단 구성원들과 어떤 방식으로 소통하는가를 다루는 리더의 포괄적인 소통 스타일을 의미한다. 이때 최시형의 리더십 스타일은 민주적이며, 동시에 대인관계지향형인 것으로 판단된다. 앞서의 리더 유형 분석에서는 과연 어떤 근거로 최시형을 변혁적 리더로 볼 수 있는가에 대한 설명이 필요했다면, 이제 그의 리더십 스타일 분석을 위해서는 해크먼(M. Hackman)과 존슨(C. Johnson)이 제안한 리더십 스타일 분류표를 소개하는 것이 좀더 직관적인 이해를 위해 도움이 될 것으로 보인다.

〈표 1〉 유형별 리더십 스타일

민주형 리더	권위형 리더	자유방임형 리더
목표 정할 때 팔로어 참여	단독으로 목표 설정	팔로어에게 위임
쌍방향, 열린 소통 선호	일방적 전달	피상적인 소통
팔로워와의 토론 선호	팔로워와의 토론 통제	팔로어와의 토론 기피

과제 완성을 위한 제안, 대안 제공	개인적으로 지시	팔로어 요청 시 제안, 대안 제공
자주 긍정적인 피드백 제공	긍정적 피드백 희소	긍정적 피드백, 부정적 피드백 모두 희소
잘한 일에 대한 보상, 채찍은 최후 수단으로 사용	복종에는 보상, 실수는 처벌	당근, 채찍 모두 사용하지 않음
남의 말을 경청	남의 말을 듣지 않음	알 수 없음
집단의 이익을 위해 분쟁 중재	개인의 이익을 위해 분쟁 이용	분쟁을 피함

출처: 마이클 해크먼 & 크레이그 존슨, 『소통의 리더십』, 2010, 44쪽.

최시형의 리더십 스타일이 민주적이라는 증거는 최시형의 행적을 세세한 부분까지 꼼꼼하게 추적한 표영삼의 기록에서 쉽게 찾을 수 있다. 이를테면, 최시형을 중심으로 단일지도체제가 자리를 잡아 가는 과정에서 지도급 인사 및 도인들과 장래를 의논했다는 기록은[22] '목표를 정할 때 팔로워를 참여시킨' 증거일 수 있으며, "해월은 어려운 일이 닥치면 언제든지 접주와 도인들을 만나 협의하여 왔다"[23]는 기록은 '쌍방향의 열린 소통을 선호'했다는 증거일 수 있고, 동학의 신념체계를 올바로 인식시켜 주기 위해 '시' 자의 뜻을 해석해 보라는 열린 (토론) 과제를 준 사실은[24] 비록 당시 토론 문화의 부재로 인해 '팔로워와의 토론을 선호'했다고까지는 볼 수 없을지라도 적어도 '과제 완성을 위한 제안'에 해당할 수는 있을 것이다.

또한 하늘님이 베를 짠다는 소위 천주직포설은 서태순의 며느리가 부지런한 것에 감동한 최시형이 보여준 '긍정적인 피드백'이라 할 수 있을 것이고,[25] 나아가 베 짜는 소리, 새소리를 비롯한 천지만물의 모든 소리를 온전한 천주의 소리로 '경청하는' 자세라고 할 수 있을 것이다.[26] 이와 함께 접 조직 사이의 분쟁을 조정하기 위해 편의장제를 만든 사실은 '집단의 이익을 위해 분쟁을 중재'하려는 적극적인 노력으로 볼 수 있고, 동학사상의 주요 전제 중 하나인 평등사상의 원칙을 두고 분쟁 해결의 기미가 보이지 않자 이를 지킨 남계천을 도접주로 승격시키고 헌신적이지만 원칙을 지키지 않은 윤상오를 좌천시킨 사실은 '잘한 일에 대한 보상, 채찍은 최후 수단으로 사용'에 해당할 것이다.[27]

이를 통해 보면, 최시형의 리더십 스타일은 민주적이라는 점이 분명해 보인다. 다음으로는, 최시형의 리더십 스타일을 업무와 대인관계 지향으로 구분한 분류법에 따라 조명해 볼 필요가 있다. 이는 리더로서의 최시형이 사람보다는 목표 달성에 더 주안점을 두었는지, 아니면 팔로워 자체에 더 집중했는지를 가늠하게 해주는 주요 척도가 된다.

〈표 2〉 업무 지향형, 대인관계 지향형 리더십 스타일

업무 지향형 리더십	대인관계 지향형 리더십
정보 전달형	의견을 구하는 유형
타인의 입장, 생각, 감정 무시	타인의 입장, 생각, 감정 존중
간결하고 양식화된 소통	탄력적이고 열린 소통
타인의 말을 가로막음	타인의 말 경청
업무 관련 정보에 집중	타인의 감정과 태도에 집중
기술 습득을 통한 생산성 증대 선호	개인 능력을 통한 생산성 증대 선호
서면을 통한 소통	대화를 통한 소통
폐쇄형 정책	개방형 정책

출처: 마이클 해크먼 & 크레이그 존슨, 『소통의 리더십』, 2010, 49쪽.

리더 최시형에게 업무와 대인관계 중 과연 어느 것이 더 중요했을까의 문제는 사실 생각처럼 그리 쉬운 문제가 아니다. 조직의 효과성, 혹은 현실적으로 조직의 생산성 극대화가 지상과제인 현대의 리더들에게 업무와 조직 구성원은 서로 별개의 영역일 수 있다. 조직 구성원들이 보내는 업무 시간과 개인 시간의 양상은 각각 얼마든지 다를 수 있고, 리더에게 팔로워가 보내는 사적 시간은 관심의 대상이 아니기 때문이다. 이와 달리, 최시형에게

'업무'는 구성원들의 삶 전체와 불가분의 관계에 놓일 수밖에 없다. 업무의 최종 목표, 즉 그의 비전은, 다름 아닌, '일상의 삶을 소중하게 살기'에 있었기 때문이다. 즉, '업무'와 '사람'은 최시형에게 서로 다른 성질의 것이 아니었다.

그럼에도 표영삼이 전하는 최시형의 행적을 살펴서, 적어도 겉으로 드러난 그의 리더십 스타일이 어떠했는지에 대한 논의는 가능해 보인다. 예를 들어, "사람이 오거든 사람이 왔다 하지 말고 한울님이 강림하였다고 하라"는 말에는[28] 이미 '타인의 입장, 생각, 감정을 존중'하는 태도와 '타인의 말을 경청'하고, '타인의 감정과 태도에 집중'하는 리더십 스타일이 뚜렷하게 드러나 있다. 다만, 당시의 시대 상황에 비추어 어쩔 수 없이 대인관계 지향형으로 구분해야만 하는 측면도 있다. 이를 테면, '서면보다는 대화를 통한 소통'이라던가, 혹은 '기술 습득보다는 개인 능력을 통한 생산성 증대 선호'와 같은 측면이 그에 해당한다. 이 같은 측면을 염두에 둔다 하더라도, 최시형의 리더십 스타일을 업무 지향형이라기보다는 대인관계 지향형으로 판단하는데에 큰 무리는 없어 보인다.

3. 퍼실리테이터(Facilitator) 최시형

앞의 논의로부터 최시형의 리더 정체성은 대인관계 지향형의 변혁적 리더라는 점을 도출할 수 있었다. 그런데 최시형을 단지 이런 저런 리더십 특성을 지닌 리더라고 한정하기에는 무언가 부족해 보이는 것도 사실이다. '리더'라는 개념엔 '상대적으로 우월한 존재인 내가 팔로워를 특정 방향으로 이끌어간다'는 의미가 함축되기 마련인데, 최시형의 사상을 고려하여 그에게 드러나는 리더십의 특성을 관찰하면, 여기엔 단순히 '이끈다'라는 의미보다는 '(나와 동등한) 상대의 가치가 온전히 발현되도록 유도해 준다'의 의미가 더 강하게 나타나기 때문이다.

다른 한편, 이는 최시형의 인물 정체성이 단지 특정 조직의 리더에 한정되기보다는 우주와 인간 삶 전체, 즉 하나의 조직보다는 세계를, 그리고 해당 조직의 구성원보다는 사람 전체를 관심의 대상으로 둔 인물이었기 때문이다. 바로 이 점에서, 최시형에게 적용 가능한 인물 정체성의 관점을 리더에서 퍼실리테이터로 옮겨 관찰하는 것은 의미 있어 보인다.

1) 퍼실리테이터형 리더 최시형

퍼실리테이터는 꽤 폭넓은 스펙트럼을 오가는 개념이다. 그래서 이를 명확히 정의하는 것은 쉽지 않다. 우선 가장 넓은 의미에서의 퍼실리테이터는 '도움을 주는 사람'이다.[29] 그렇지만 이때의 도움은 결코 직접적인 것이 아니며, 해당 인물이 자신에게 잠재된 능력과 가치를 스스로 이끌어낼 수 있도록 기여한다는 의미에서의 도움이다. 이를 위해 퍼실리테이터는 예컨대 질문을 던질 수도 있고, 사안을 바라보는 또 다른 관점을 찾아보기를 요구할 수도 있다. 하지만 사안의 진행 과정에 직접 개입하거나 간섭하지는 않는다. 이는 해당 인물에게 이미 스스로를 도울 수 있는 능력과 가치가 잠재되어 있다고 전제하기 때문이다.

다른 한편, 가장 좁은 의미에서의 퍼실리테이터는 조직의 중립적 회의 진행자를 뜻한다. 회의의 진행은 해당 조직과 직접 관련 없는 숙련된 제3자가 맡으며, 대개 조직 내부 구성원들 간의 의견 충돌로 인한 갈등을 털어 버리고 건설적인 협력관계를 탐색하려는 목적을 갖는다. 그렇지만 이 경우에도 역시 진행자는 회의의 논의 방향을 사전에 설정하거나 주도하지 않으며, 다만 원활한 회의가 진행될 수 있도록 다양한 스킬을 활용한 상세한 미팅 프로세스를 설계한다.[30] 이를 테면, 테이블의 위치를 조정하거나, 플립차트에 참석자들의 발언 내용을 요약하여 기록하기도 한다.

이로부터 퍼실리테이터는 그 역할에 따라 여러 가지 유형으로 나뉠 수 있으며, 아래의 표는 슈워즈(R. Schwarz)의 퍼실리테이터 유형 분류표이다.

〈표 3〉 퍼실리테이터 유형

퍼실리테이터	퍼실리테이터형 컨설턴트	퍼실리테이터형 코치	퍼실리테이터형 트레이너	퍼실리테이터형 리더
제3자	제3자	제3자 또는 팀 구성원	제3자 또는 팀 구성원	팀 리더 또는 구성원
프로세스 전문가	프로세스 전문가	프로세스 전문가	프로세스 전문가	프로세스에 능숙
내용에 중립	내용 전문가	내용에 관여	내용 전문가	내용에 관여
실질적인 내용에 대한 의사결정권 없음. 중재자로서의 역할을 수행하지 않음	내용에 대한 의사결정에 관여할 수 있음	내용에 대한 의사결정에 관여할 수 있음	클래스 내에 한해 내용에 대한 의사결정에 관여	내용에 대한 의사결정에 깊이 관여

출처: 로저 슈워즈, 『퍼실리테이션 스킬』, 2003, 54쪽.

슈워즈의 분류표에 따르면, 표의 가장 왼쪽에 있는 유형이 가장 넓은 의미의 퍼실리테이터이고, 표의 오른쪽으로 옮아갈수록 리더의 성향이 강하게 나타나는 협의의 퍼실리테이터가 된다. 만약 최시형의 리더 정체성에 퍼실리테이션 유형을 접목시킨다면, 이때 최시형은 표의 가장 오른쪽에 위치한 퍼실리테이터형 리더에 해당한다고 볼 수 있다.

리더와 퍼실리테이터를 가르는 차이는 대개 두 가지 측면에서 찾아볼 수 있다. 하나는, 위에서 다룬 리더십 특성의 존재 여부로부터이다. 즉, 리더는 리더 유형과 스타일에서 자신만의 고유한 특성을 갖는 반면, 퍼실리테이터에게는 이런 특성의 존재 여부가 전혀 중요하지 않다. 다른 하나는, 리더는 자신의 리더십 특성을 발휘하여 팔로워를 '이끄는' 반면, 퍼실리테이터는 프로세스의 제어를 통해 집단 구성원의 능력과 가치가 스스로 발현할 수 있도록 '기여'한다.

그리고 이 두 번째 포인트는 퍼실리테이터 유형의 관점에서 최시형을 관찰하는 것이 과연 가능한지의 여부를 결정짓는 중요한 요소로 작동한다. 두 번째 포인트의 관건은 퍼실리테이션의 원리상 퍼실리테이터가 집단 구성원에게 잠재된 능력과 가치의 존재를 믿는 것으로부터 시작하게 되는데, 이는 곧 모든 형태의 퍼실리테이션이 가능하기 위한 전제이기 때문이다.[31]

요컨대 이 자리에서 최시형을 퍼실리테이터의 범주 안에 두고 관찰한다는 것은, 어떤 식으로든 그에게도 역시 이러한 믿음의 전제가 필요하다는 의미이다. 이때 이를 충족시킬 수 있는 최시형의 인식론적 토대는 일차적으로 '사람은 바로 하늘님을 모신 존재'라는 자각에 있는 것으로 보인다. 만약 모든 사람이 하늘님을 모신 동등한 존재라면, 우선 '리더-팔로워'의 도식 아래 최시형을 단지 리더로만 보는 시각이 수정되어야 할 것이고, 다른 한편, 모든 사람으로부터 틀림없이 믿을 만한 단단하고도 숭고한 가치를 기대할 수 있음으로써 퍼실리테이션의 대전제가 마련되는 것이기 때문이다.

2) 최시형 퍼실리테이션의 인식론적 토대

퍼실리테이션의 전제가 집단 구성원에게 잠재된 능력과 가치를 믿고 이것이 잘 발현될 수 있도록 기여하는 데에 있다면, 최시형에게 이 믿음을 주는 인식론적 토대는 그가 인간 존재의 정체성을 어떻게 바라보는가에서 찾을 수 있다. 즉, 그에게 한 명 한 명의 사람은 모두 '한울 덩어리'인 것이다.[32] 이로부터 최시형에게 인간 존재는 바로 정성과 공경, 그리고 믿음의 대상이 된다.

마음을 믿는 것은 곧 한울을 믿는 것이요, 한울을 믿는 것은 곧 마음을 믿는 것이니, 사람이 믿는 마음이 없으면 한 등신이요, 한 밥주머니일 뿐이니라.[33]

사람을 하늘로 인식하는 최시형의 인간관이 최시형의 리더 정체성을 퍼실리테이터형 리더로 간주할 수 있도록 해주는 근거요 전제가 된다면, 이제 최시형에게 인간 존재는 '이끌어가야 할 팔로워'가 아니라, 바로 성·경·신의 대상이 되는 것이다. 이 점에서, 최시형의 퍼실리테이션은 윤리적 퍼실리테이션이라고도 말할 수 있다. 요컨대 그는 변혁적 리더십을 발휘한 윤리적 퍼실리테이터인 셈이다.

이때 윤리적 퍼실리테이터로서 최시형이 자각한 실천 전략은 모든 사람이 자신 안의 하늘을 깨우고 키우도록 도움을 주는 것, 즉 양천주에 도움이 되는 다양한 방안들을 고민하게 되는 것은 그로부터의 자연스런 귀결이랄 수 있다.[34] 이와 동시에, 하늘이 있는 곳은 피안의 세계가 아닌[35] 현실 속의 '지금 여기'이므로 양천주를 위한 실천 방안 역시 일상의 삶에 포커스가 맞춰지는 것은 지극히 자연스런 귀결이다. 이를 위해 최시형은 윤리 의식의 강조와 함께 그에 합당한 개혁된 실천 방안을 제안하게 되는데, 이는 크게 두 가지 방향성을 갖는 것으로 보인다.

첫째, 최시형 퍼실리테이션의 전제가 되기도 하는 것으로, 사람이 사람을 대하는 태도에 대한 개혁이다. 그리고 모든 개혁되어야 할 태도는 다시 "사람이 바로 한울이니 사람 섬기기를 한울같이 하라"는[36] 인시천과 사인여천의 자각을 전제로 한다. 심지어 최시형 자신조차 '잘난 체 하거나, 도에서 벗어나고 싶은 마음'이 생길 수 있지만, 이를 억누르려 노력하는 이유가 바로 하늘이 자신의 마음에서 발현하지 못하게 될 것을 두려워해서라고 고백하였다.[37] 즉, 한 집단의 수장인 자신을 비롯하여 다른 사람들 모두는 하늘을 모신 존재이자, 이것의 가치를 발현시켜야 할 동등한 인격체라는 점을 강조한 것이다.

이러한 인시천의 인간관으로부터 사인여천의 구체적인 내용이, 이를 테면 여자를 대하는 태도,[38] 아이를 대하는 태도,[39] 혹은 타인을 대하는 태도에서[40] 다를 수 없다는 점은 자명해 보인다. 심지어 오늘날에조차 남녀노소, 빈부귀천에 대한 차별이 온전히 사라지지 않은 상황을 고려하면, 당시 최시형 퍼실리테이션의 전제와 그 실천 전략은 그야말로 파격 그 자체라고 해도 과언이 아니다. 그리고 바로 이 점은 최제우에 비해 그 지지 군중의 수가 큰 폭으로 늘어날 수 있었던 주요 동력이 되었던 것으로 보인다.[41]

둘째, 일상의 생활양식에 대한 개혁이다. 앞의 것이 일종의 대인 관계 원칙에 해당한다면, 지금의 방향성은 다시 자기 자신에게로 돌아와 각 개인이 자신 안의 하늘을 깨우고 키우기 위한 구체적인 실천 방안에 관한 것이다. 이때 퍼실리테이터형 리더 최시형의 프로세스 제어 방식은 다름 아닌 육임직의 구상,[42] 내칙과 내수도문의 찬제,[43] 혹은 성·경·신의 강조를 통해[44] 집단 구성원들의 몸과 마음이 모두 건강하게 성장해 갈 수 있는 원리적·실천적 기반을 제공하는 데에 있었다. 아래 인용한 하늘(한울), 즉 사람에 대한 열 가지 금기사항은 최시형 퍼실리테이션의 토대가 무엇이고, 또 그 방향성이 어떠해야 하는지를 가장 극명하게 보여주는 사례에 해당한다.

1. 毋欺天하라   한울님을 속이지 말라.
2. 毋慢天하라   한울님을 거만하게 대하지 말라.
3. 毋傷天하라   한울님을 상하게 하지 말라.
4. 毋亂天하라   한울님을 어지럽게 하지 말라.

5. 毋夭天하라　한울님을 일찍 죽게 하지 말라.

6. 毋汚天하라　한울님을 더럽히지 말라.

7. 毋餒天하라　한울님을 주리게 하지 말라.

8. 毋壞天하라　한울님을 허물어지게 하지 말라.

9. 毋厭天하라　한울님을 싫어하게 하지 말라.

10. 毋屈天하라　한울님을 굴하게 하지 말라.[45]

3) 전일적 퍼실리테이션

앞서 최시형 식 퍼실리테이션을 가능하게 만든 일차적 전제가 사람에 대한 믿음이었다면, 이제 그것의 더욱 확장된 형태를 살필 필요가 있다. 이는 현대적 의미의 퍼실리테이션과 분명한 차이를 보이는 최시형 식 퍼실리테이션만의 특성일 뿐 아니라, 최시형을 전일적 퍼실리테이터로 자리매김 할 수 있는 새로운 시각을 제공하기 때문이다. 최시형 식 퍼실리테이션이 가능할 수 있는 또 다른 궁극의 전제, 즉 그를 전일적 퍼실리테이터로 간주할 수 있는 전제는 바로 사람뿐 아니라 모든 천지만물이 하늘의 영기를 공유하는 동질의 존재라는 점에 있다.

> 우리 사람이 태어난 것은 한울님의 영기를 모시고 태어난 것이요, 우리 사람이 사는 것도 또한 한울님의 영기를 모시고 사는 것이니, 어찌 반드시 사람만이 홀로 한울님을 모셨다 이르리오. 천지만물이 다 한울님을 모시지 않은 것이 없느니라. 저 새소리도 또한 시천주의 소리니라.[46]

만약 천지만물의 존재론적 의미가 사람의 그것과 별반 다를 바 없다면, 사람과 천지만물은 같은 천지부모 아래 함께 살아가야 할 공존의 파트너가

된다. 그리고 양자 간의 공존 양상엔 사람과 사람 아닌 것 사이에 아무런 가치의 차이나 계급의 차이도 있을 수 없다.[47] 나아가 양자 간의 공존 방식은 바로 이천식천, 즉 사람을 포함한 우주 공동체 전체의 상생적 삶이라고 할 수 있다.

이는 사람을 비롯한 천지만물이 서로의 에너지를 주고받아 자기 생명을 유지·성장하기 위해서이다. 그렇지만 필요한 한도를 넘어서는 이천식천은 상생의 삶에 위해가 될 수 있다.[48] 오늘날 생태계 파괴의 주범이 바로 우리 인간이라는 현실에 비추어 볼 때, 최시형 역시 '한도를 넘어서는 이천식천'의 원인을 인간에서 찾은 것 같다. 요컨대 최시형에겐 자연에 대한 우리 인간의 기본 태도와 생활양식 역시 주된 개혁의 대상이었던 것이다.

그렇다면 이제 최시형에게 퍼실리테이션의 대상은 사람을 비롯한 천지만물 전체이며, 후자의 경우에 대한 퍼실리테이션 방식은 다름 아닌 자연에 대한 사람의 태도와 그 양식을 개혁하는 데에 있다는 것을 알 수 있다.

> 만물이 시천주 아님이 없으니 능히 이 이치를 알면 살생은 금치 아니해도 자연히 금해지리라. 제비의 알을 깨치지 아니한 뒤에라야 봉황이 와서 거동하고, 초목의 싹을 꺾지 아니한 뒤에라야 산림이 무성하리라. 손수 꽃가지를 꺾으면 그 열매를 따지 못할 것이오, 폐물을 버리면 부자가 될 수 없느니라. 날짐승 삼천도 각각 그 종류가 있고 털벌레 삼천도 각각 그 목숨이 있으니, 물건을 공경하면 덕이 만방에 미치리라.[49]

이를 통해 최시형은 천도의 순리에 알맞은 이천식천이 가능해지고, 나아가 만물이 서로의 삶을 촉진하고 상승시키는 상생의 삶이 가능해진다고 판단한 것 같다. 사람을 포함한 천지만물의 삶이 서로 이렇듯 불가분의 유기적 관계에 놓인 것이라면, 최시형 퍼실리테이션의 대상이 사람에만 국한될 수 없다는 것은 필연적으로 도출될 수밖에 없는 결론이다. 퍼실리테이션의 관점에서, 최시형은 그가 인식하고 있든 그렇지 않든, 혹은 원하든 원하지 않든 이미 퍼실리테이션의 대상을 존재 전체로 삼은 유일한 전일적 퍼실리테이터인 셈이다. 그렇다면 전일적 퍼실리테이터로서 최시형의 퍼실리테이션이 지향하는 궁극의 지점은 과연 어디일 수 있는지를 고민해 볼 필요가 있다. 바꾸어 말하면, 사람이 사람에 대해 갖는 태도와 생활양식을 개혁하고, 그와 동시에 사람이 자연에 대해 취할 태도와 생활양식을 개혁함으로써 그가 궁극적으로 지향하는 바는 무엇인가?

물론 여기엔 관점에 따라 여러 가지 답변이 가능할 것이다. 이를테면, 사람 안의 하늘을 키워 '함께 자란다'는 양천주적 의미에 초점을 두고, 이것의 가장 확장된 형태인 만물 존중 사상을 그 지향점으로 볼 수 있다. 혹은, 이천식천에 포커스를 두어 우주 공동체 전체의 상생적 삶을 최시형 퍼실리테이션의 지향점으로 삼을 수도 있다. 또는 만물의 평등과 평화를 말할 수도 있을 것이고, 이와 동일한 사회적 맥락에서 상호 존중이라는 키워드를 찾을 수도 있을 것이다.

그렇지만 지금 이 자리에서는 최시형 퍼실리테이션의 궁극적 지향점을, 다름 아닌, '일상의 재발견'이라는 맥락에서 찾고 싶다. 즉, 사람들로 하여금 일상의 소중함을 다시 찾을 수 있도록 사람들 안의 하늘을 깨우고 키우는 데에 기여하려는 것이 바로 최시형 퍼실리테이션의 궁극적 목적일 수 있다는 것이다.[50]

이는 우선, 일상의 개혁을 통해 변화되는 것은 자신의 삶을 수용하는 마음가짐일 뿐 결코 피안 세계로의 도피가 아니며, 결국 마음의 변화를 통해 다시 자신의 일상으로 올곧이 돌아와 일상 삶의 소중함을 깨닫는 데에 그 목적이 있다는 점 때문이다. 최시형에게 도는 곧 일상의 삶 자체였던 것이다.[51] 다음으로, 그 개혁은 '특별함의 특별함'이 아닌 '일상의 특별함'을 강조하는 일관된 방향성을 갖는다는 점 때문이다. 예컨대 '천어'와 같은 특별해서 특별해 보이는 현상에 대해서도 역시 최시형은 '참된 말이면 천어 아닌 것이 없다'는 선을 그어 건전한[52], 혹은 일상의 수행으로 인식하고 있었다.[53] 결국 최시형 퍼실리테이션의 궁극적 지향점은 '지금 여기' 자신이 딛고 있는 일상을 소중하게 살아갈 수 있도록 도움을 주는 일상의 재발견에 있었다고 할 수 있는 것이다. '일상의 삶을 소중하게 살기', 이는 바로 퍼실리테이터형 리더 최시형의 비전이었다.

4. 나가는 말

최시형은 사람이 사람을 대하는 태도와 방식, 그리고 사람이 자연을 대하는 태도와 방식에 일대 변혁을 요구한 인물이다. 하지만 그가 취한 방법론은 상급자인 리더로서 하급자인 집단 구성원을 이끌어 갔다기보다는 모든 사람에게 내재한 숭고하고 고귀한 가치를 스스로 발현하도록 도움을 주는 형태의 것이었다. 이는 사람을 비롯한 모든 천지만물이 바로 하늘이라는 대전제로부터 시작한다. 최시형은 자신을 비롯한 모든 사람들에게 내재한 하늘됨의 발현에 기여하는 퍼실리테이형 리더이자, 동시에 인간과 자연 간에 놓인 불가분의 관련성으로부터 자연의 하늘됨까지 퍼실리테이션의 대상으로 삼은 전일적 퍼실리테이터였다.

이를 통해 최시형의 퍼실리테이션이 궁극적으로 지향한 바는 바로 일상을 소중하게 살아갈 수 있는 일상의 재발견에 있었다. 그가 추구한 도, 혹은 '내 안의 하늘님 발현'은 일상의 수양을 통해 도달할 수 있는 매우 친근한 것이었다. 이는 천어의 청취와 관련하여 신비적 색채가 채 가시지 않은 선대의 리더 최제우의 시기에 비해 동학사상에 동의하고 이를 수용하는 사람들의 수를 파격적으로 늘어나게 하는 주요 원인 중의 하나로 작용했다. 그곳에서 사람들은 특별한 신비 체험을 통한 증명 없이도 누구나 하늘님으로 대접받을 수 있었다.

특정 조직에 한정된 리더십이 아닌, 전 우주를 대상으로 하는 전일적 퍼실리테이션의 사례로부터 인간과 세계에 대한 두 가지 의미 있는 원리적 관점이 도출되는 것으로 보인다. 하나는, 파트너십으로서의 인간관이다. 사람과 사람 사이에 높낮이가 있을 수 없으므로, 이제 인간관계의 지평은 더 이상 '리더-팔로워'의 관계가 아니라, 서로 역할이 다를 뿐인 파트너로 인식되는 것이다.

다른 하나는, 파트너십으로서의 자연관이다. 인간과 자연 간의 관계가 파트너십일 수밖에 없는 이유는 사람과 사람 간의 관계가 파트너십일 수밖에 없는 이유와 동일하다. 자연은 더 이상 인간을 둘러싸고 있는 '환경'이 아니며, 양자는 서로의 생존과 번영을 위해 협력해야 할 상생의 파트너인 것이다. 그리고 이 모든 것들은 다시 한 번 자기 자신과 타인, 그리고 자연을 일상의 눈으로 관찰하여 있는 그대로의 현실을 직시한 최시형의 자각이 있었기에 가능한 일이었다.

동학 개벽사상의
역사철학적 의미

조 극 훈 _경기대학교 교양학부 교수

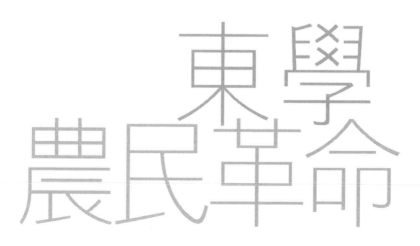

1. 서론

역사를 움직이는 힘은 무엇일까? 역사 연구자는 과거를 알기 위해 경험적 방법을 통해 사료를 검토한다. 역사철학자는 경험적 연구를 넘어서서 역사적 현상을 가능하게 한 보편적인 이념이나 사상을 찾으려는 연구를 한다. 왜냐하면 다양한 경험적 현상을 이해하기 위해서는 보편적인 이념을 파악해야 하기 때문이다.

서양 근대 역사철학자들은 이러한 역사의 이념을 다양하게 표현하였다. 비코(G. Vicol)의 '신의 섭리', 헤르더(Herder)의 '인간성', 칸트(I. Kant)의 '자연의 의도', 헤겔(G.W.F. Hegel)의 '세계정신' 등은 역사 이념의 대표적인 예이다. 개념이나 용어는 서로 다를지라도 역사를 움직이는 보편적인 속성을 표현하고 있다는 점은 공통적이다. 『역사학의 이념』(The Idea of History)이라는 책을 쓴, 20세기의 뛰어난 역사가 중의 한 사람인 콜링우드(R.G. Collingwood)는 역사는 인간이 자신이 처한 시대에 직면한 고난을 극복하려는 노력에 의해서 진행 발전되어 간다고 보았다.[1] '고난'은 시대정신을 대표하는 것이고 인간의 의식과 사상 그리고 가치를 규정하고 행동을 낳게 한다.

만일 우리가 역사적 사건을 통해서 이러한 보편적인 이념이나 패턴을 파악하여 인식할 수 있다면 그러한 역사적 사건이 어떤 보편적 의미를 지니는지도 파악할 수 있을 것이다. 그리고 그러한 패턴이 보편적이면 보편적일수록 세계사에서도 그 사건의 의미와 가치는 더욱 커질 것이다. 역사는 시간을 매개로 한다. 이 점에서 보편사로서의 철학적 역사는 물리적인 시간이 아니라 개념화되고 논리적인 시간의 전개라는 특징을 지닌다. 개별적 사건은 물리적 시간을 통해서 생성과 소멸을 거듭하지만, 보편적 이념은 개념적 시간을 통해서 스스로를 실현하는 것이다.[2]

한국 근대사에서 동학의 개벽사상은 역사철학적인 측면에서[3] 보편사의 이념을 추론해 볼 수 있는 몇 안 되는 사료이다. 시대의 모순과 분열을 극복하여 절망에 빠진 민중들에게 새 시대의 희망을 주고 새로운 사회를 건설하고자 제시되었던 동학의 핵심 사상이 개벽사상이다. 19세기 후반 조선은 봉건세력의 부패라는 내적 모순과 서세동점의 외세의 침입이라는 외적 모순, 그리고 이것을 극복하여 새로운 시대상을 제시할 만한 사상이 없다고 하는 사상의 모순에 빠져 있었다. 동학은 이러한 총체적인 시대의 모순을 극복하기 위해 창도되었다. '시천주'(侍天主)라는 손쉬운 주문공부를 통해서 누구나 한울님이 될 수 있고 '각자위심'(各自爲心)의 마음에서 벗어나 '오심즉여심'(吾心卽汝心)이라는 보편적인 정신을 통해 '동귀일체'(同歸一體)되는 평등한 사회의 비전이 동학의 개벽사상으로 표현된 것이다.[4]

동학의 개벽사상은 이전의 봉건적 사회질서를 타파하여 새로운 사회질서를 세우는 사회개벽으로 드러날 뿐만 아니라, 시천주라는 21자 주문공부를 통해 이기적인 마음을 이타적인 마음으로 전환함으로써 '도성덕립'(道成德立)의 인격체를 지향하는 정신개벽으로 나타난다. 정신개벽은 인격의 변화를 수반한다. '수심정기', '성경신', '이신환성' 등과 같은 동학의 실천 방법은 정신개벽의 방법론이라고 볼 수 있다. 인격의 변화를 위해서는 이러한 방법을 반드시 실천해야 한다. 이렇게 해서 변화된 새로운 인간을 '군자'라고 한다.

역사철학적인 측면에서 동학의 개벽사상이 주목받는 이유는 개벽의 사상적 토대, 그 시기 및 실천 방법 등이 제시되어 있기 때문이다. 맹자의 천명사상, 하원갑이 가고 '상원갑 호시절'이 온다는 시운관, 그리고 무위이화론(無爲而化論)이 이에 해당한다.[5] 이 글은 동학의 개벽사상이 담고 있는 역사철학적 의미를 밝히는 데 그 목적이 있다. 시대의 분열과 모순을 어떤 철학과 논리로 극복하려고 했는지는 밝히고 동학의 시대정신이 어떤 역사철학적인 의미를 지니는지 이론적인 측면에 주안점을 두어 논의하려고 한다.

그동안 국내에는 동학의 개벽에 관한 다양하고 깊이 있는 연구가 진행되어 왔다. 그 대표적인 연구로 몇 가지만 소개하면 다음과 같다(연도순).

신일철,「최수운의 역사의식」, 이현희 편,『동학사상과 동학혁명』, 청아출판사, 1987.

이현희, 「최제우의 개벽사상과 19세기의 한국사회」, 한국동학학회,『동학연구1』, 1997.

김춘성,「해월 사상의 현대적 의의」, 부산예술문화대학 동학연구소 엮음,『해월 최시형과 동학 사상』, 예문서원, 1999.

오문환,「동학의 '후천개벽' 사상」, 동학학회,『동학학보』제1호, 2000.

최민자,「수운의 후천개벽과 에코토피아(Ecotopia)」, 동학학회,『동학학보』제7호, 2004.

박맹수,「한국 근대 민중종교의 개벽사상과 원불교의 마음공부」, 동학학회,『동학학보』제13호, 2007.

손병욱,「동학의 '삼칠자 주문'과 '다시개벽'의 함의」, 동학학회,『동학학보』제18호, 2009.

윤석산,「동학의 개벽사상 연구」, 한국언어문화학회,『한국언어문화』, 2010.

이정희,「동학의 선후천관 연구」, 동학학회,『동학학보』제23호, 2011.

임상욱,「니체의 영혼회귀 관점에서 바라본 후천개벽의 존재론적 특성」, 동학학회,『동학학보』제23호, 2011.

임형진,「수운의 이상사회론-개벽과 청우당의 이상사회를 중심으로」, 동학학회,『동학학보』제21호, 2011.

국내 동학 개벽 연구의 특징은 두 가지로 살펴볼 수 있겠다. 우선 역사적인 측면에서 개벽사상의 내용과 의미를 분석하는 논문이 많다는 점을 들 수 있다.『동경대전』과『용담유사』를 비롯한 동학의 경전과 역사적 자료를 근거로 동학 개벽론의 배경과 의미를 연구하는 데 주안점이 있었다. 또다른 경향으로는 동학의 개벽론을 철학적인 측면에서 다룬다는 점을 들 수 있다. 서양 철학사상을 동학의 개벽사상과 비교하는 연구 또는 개벽론 자체를 특정 철학이론을 통해서 분석하는 연구 경향이 있다.

본 연구는 이러한 동학 개벽론에 대한 역사적·철학적 연구 성과를 바탕으로 하면서 상대적으로 주목하지 못했던 역사철학적인 관점을 부각시켜 동학 개벽사상의 보편적인 역사적인 의미를 규명하는 데 주안점을 두고자 한다. 이를 위해 제2장에서는 개벽사상의 이념적 기반이 되는 21자 주문을 통해 동학 신관의 특성을 살펴보고 그것과 개벽사상과의 관련성을 살펴본다. 제3장에서는 개벽사상의 존재구조와 필연성과 자율성이라는 이원적인 성격을 논의한다. 제4장에서는 동학의 개벽사상의 역사철학적 의미가 무엇인지를 개념적 시간 개념의 특징을 중심으로 살펴본다.

2. 모심의 철학과 시대정신

동학은 반외세와 반봉건을 통해서 자주적이며 평등한 사회를 건설하려는 시대정신의 표현이다. 특히 누구나 한울님을 모시고 있다고 하는 시천주 사상은 부패한 도덕과 혼란스런 가치관을 극복하고자 한 동학의 핵심 가치이다. 시천주의 구체적인 실천이 개벽으로 나타나는데, 동학의 개벽사상의 특징으로는 자연의 필연법칙과 인간의 자유의지가 통일되어 있다는 점을 들 수 있다. 이 점이 동학의 개벽사상이 사회 변혁을 추구하는 사회이론이나 의식의 개혁을 논하는 도덕 담론에 그치지 않는 이유이다. 인간과 사회 그리고 자연과 우주가 유기적으로 통일되어 있기 때문에 개벽을 위해서는 시천주의 자각을 통한 사회적 실천뿐만 아니라 자연과 우주의 인식이 필요한 것이다. 이 점에서 동학의 개벽사상은 사회실천론에 그치는 것이 아니라 인간과 사회 그리고 자연과 우주에 대한 자각과 인식뿐만 아니라 시대정신을 표현한다는 점에서 역사철학으로 규정할 수 있을 것이다.

근대 독일의 철학자 헤겔은 철학을 '시대를 사상(思想)으로 파악하는 것'이라고 규정하였다.[6] 그리고 그렇게 파악된 사상이 시간의 진행(역사) 속에서 어떻게 구현되는지 그 과정과 원리와 이념을 체계적으로 서술하는 것을 역사철학의 과제로 삼았다. 한 시대의 모순과 분열을 통일과 평화의 철학으로 극복하려고 시도하고 도래할 새로운 시대의 이상을 선구적으로 제시할 수 있는 사람이 철학자이며, 철학자는 그 시대를 가장 잘 파악할 수 있고 시대의 방향을 보여줄 수 있는 '시대정신'을 제시할 수 있어야 한다는 것이다.

동학의 선구자인 수운 최제우, 해월 최시형, 의암 손병희는 동학이라는 특정 종교의 지도자로서뿐만 아니라 한 시대의 분열과 모순을 시천주, 양천주, 인내천이라는 시대정신으로 극복하고 새로운 시대의 방향을 제시했다는 점에서 철학자요 사상가로 규정할 수 있으며, 그들이 제시한 변혁의 사상인 개벽사상은 역사철학으로 규정할 수 있을 것이다. 본 연구에서 주목하고자 하는 것도 동학의 개벽사상에 보인 '자유와 필연'의 관계라는 철학의 본질적인 문제이다.

동학의 개벽사상에서 자유와 필연의 문제가 어떻게 전개되는지 살펴보기 위해서는 먼저 동학의 핵심 요소인 21자 주문에 나타난 신관을 살펴볼 필요가 있다. 왜냐하면 개벽된 새로운 평등한 사회는 시천주 주문공부를 통해서 인격을 도야해야 실현될 수 있기 때문이다. 개벽사상의 근거인 동학의 신관에는 자유와 필연의 논리가 어떻게 전개되어 있는지 살펴봄으로써 논의를 전개할 필요가 있다. 이 점을 밝히기 위하여 먼저 21자 주문의 뜻과 의미 그리고 그에 대한 몇몇 연구자들의 해석을 제시하고자 한다.

동학은 주문공부를 통해서 인간의 마음속에 있는 한울님에 대한 영적 자각을 통해서 인간과 한울이 일체가 되는 깨달음의 종교이다. 이는 수운의 시천주에서 시작하여 해월의 양천주를 거쳐 의암의 인내천에 이르는 신관의 모습에서 알 수 있다. 신관의 변천은 다음 도표가 참고가 될 것이다.

〈표1〉 동학 신관의 흐름[7]

주창자	신관	내용
수운	시천주	내유신령 외유기화 각지불이
해월	양천주	물물천 사사천 수심정기
의암	인내천	자천자각 이신환성

동학 신관의 변모와 함께 21자 주문에는 자유와 필연의 관계를 해명할 수 있는 요소를 발견할 수 있다. 다음은 동학의 핵심사상이며 수련공부의 방법이기도 한 21자 주문이다.

강령주문: 지기금지 원위대강

본주문: 시천주 조화정 영세불망 만사지[8]

　개벽사상의 자유와 필연의 문제에 관련하여 21자 주문 해석에는 두 가지를 주목해야 한다. 첫째는 강령주문에서의 지기(至氣)로서의 신 개념과 본주문에서의 천주(天主)로서의 신 개념의 관계에 관한 것이며, 둘째는 시천주에서 모실 시(侍)자 해석에 관한 것이다.

　먼저 지기와 천주의 관계에 관해서는 지기를 우주의 기운처럼 초월성의 성격으로, 천주를 인간 안에 모셔져 있는 내재성의 성격으로 해석하는 경향이 있다.[9] 강령주문과 본주문이 21자로써 동학 신관의 핵심 내용을 구성한다는 것은 개벽사상에도 이러한 두 가지 요소가 구현되어 있다는 것을 의미한다. 사계절의 변화, 하원갑이 가고 상원갑의 새시대가 도래하며, 낡은 것과 새 것이 교체하는 자연의 법칙은 초월적인 성격을 지닌 지기의 구체적인 표현이고, 반면에 시운을 기다려 수심정기, 사사천물물천, 오심즉여심이나 자천자각을 통해서 새로운 인격체로 다시 태어나야 한다는 도덕적 자유의지는 내재적 성격을 지닌 천주의 구체적 표현이라고 해석할 수 있을 것이다. 초월성과 내재성의 합일을 통해서 각자위심의 개인주의적인 태도에서 벗어나 오심즉여심의 평등한 공동체적인 태도로 전환하려는 것이 주문 수련의 목표였다면, 이러한 목표가 의식의 차원이 아니라 구체적인 사회·역사적 현실에서 구현되어 새로운 사회상을 창출하는 것이 개벽사상의 목표였다고 볼 수 있을 것이다.

　다음으로 시천주에 관한 해석이다. 천주를 모신다는 것이 개벽사상과 어떻게 관계하는지 살펴보도록 하자.

시라는 것은 안으로 신령이 있고, 밖으로 기화가 있어서, 세상 사람이 각각 알아서 옮기지 않는 것이다.[10]

모심에 관해서는 다양한 해석이 있으나 윤석산, 표영삼, 신일철의 해석을 중심으로 살펴보도록 하자. 먼저 윤석산에 의하면, 시천주의 모심의 철학이 개벽사상의 모태가 되었음을 강조하면서 인간이 개체로서의 생명체가 아니라 우주로서의 생명체임을 깨닫는 것이 중요하다는 점을 강조한다. "시천주의 모심이란 안과 밖으로 한울님 마음과 기운을 동시에 회복하고 융화일체를 이루므로, 자신이 단순한 하나의 개체가 아니라, 우주라는 전체와 동일한 기운으로 관통되어 있음을 체득하므로, 자신이 단순한 한 개체로서의 생명체가 아니라, 우주의 커다란 생명체임을 깨닫는 것을 말한다."[11]

표영삼은 동학의 신의 성격으로 인격성·유일성·시간성·내재성 등을 제시하면서, 이들 성격 중 인격성과 유일성은 보통 종교의 절대자의 성격과 유사하나 시간성과 내재성이라는 특성은 동학의 독특한 성격을 보여주는 것이라 본다.[12] 이 해석에서 주목할 부분은 노이무공의 시간적인 신관념은 예정설이나 결정론을 배제한다는 점이다. 이 세계는 신에 의해 이미 마련되어 있는 것이 아니라 신 자신이 스스로 이루어 가는 과정에 있기 때문이다. 신일철은 시천주를 평등이념으로 해석하여 적서차별의 신분 해방을 통해서 인간 평등의 이념을 표현하고 있는 것으로 본다. "그의 시천주 사상은 계층에 관계없이 모든 사람이 각기 보편자 천주를 내면화하게 되고, 따라서 양반과 서민, 대인과 소인의 본질적 차등을 인정할 수 없게 되어 만인 군자가 될 수 있는 인간 평등의 이념이기도 했다."[13]

한편 동학 신관의 특성을 '내재성', '초월성', '편재성'으로 구분하면서, 본주문의 13자를 내재성의 내용으로, 강령주문의 8자를 초월성의 내용으로,

그리고 내 마음이 곧 너의 마음이라는 오심즉여심을 편재성으로 보는 해석도 있다.[14] 편재성은 김경재가 주장했던 범재신론으로서의 신관 해석과 유사하다. 김경재에 의하면 동학 신관의 특징은 초월적인 유신론적 성격과 내재적인 범신론적인 성격을 종합하는 것으로 이것이 '범재신론'이라고 하였다.[15] 어떻게 표현하든 동학의 신관은 내재성과 초월성이 통일되어 있다는 것이며, 자유와 필연이라는 오늘의 주제와 관련해서는 내재성은 자유로 초월성은 필연으로 치환할 수 있으므로 자유와 필연의 통일을 추측해 볼 수 있을 것이다. 신을 자연적 필연성과 도덕적 자율성의 조화로서 해석해야 한다는 견해는 개벽사상의 특성 분석에도 도움이 될 것이다.

> 수운의 동학사상에서는 한편으로 음양오행성격인 자연주의적 필연의 우주순환 과정으로서 무위이화를 인정한다. 또 한편으로는 시천주의 신앙을 통해 도성덕립하여 모두 군자가 되어야 한다는 윤리적 당위를 강조한다. 이상 자연적 필연으로서의 무위이화와 윤리적 자율로서의 도석덕립의 두 계열이 결국 천주를 예정조화자로 이해하게 해준다.[16]

동학의 천주 개념은 우주적 생명체로서의 인간성 회복으로서의 시천주, 역사 주체로서의 신의 관념, 인간 평등으로서의 신 등으로 다양하게 표현되었지만, 이러한 다양한 표현은 결국 자유와 필연의 통일로서의 시천주로 귀결될 것이다. 우주 자연의 필연적인 자연법칙과 시천주라는 인간의 도덕적이며 종교적인 실천덕목인 자유의지가 병존할 수 있기 때문에 주문수련 공부는 곧 역사적인 맥락에서 개벽사상의 실천으로 나아갈 수 있는 것이다.

3. 개벽사상의 존재구조와 이원성

21자 주문에서 지기와 천주의 관계 그리고 시천주 해석을 통해서 동학의 신관은 초월성과 내재성, 자연적 필연과 도덕적 자유가 융합되어 있다는 점이 그 특징임을 살펴보았다. 이러한 신관의 구체적인 사회·역사적 표현이 개벽이고, 그 원리와 시기 그리고 실현 방법을 제시한 개벽사상은 시대의 분열과 모순을 통일과 평화로 전환할 수 있는 시대정신이라 할 수 있을 것이다.

새로운 시대에 대한 갈망은 구질서 내부의 모순 속에 내포되어 있었다. 새로운 시대로의 이행의 필연성을 외적 필연성과 내적 필연성으로 나누어 설명할 수 있겠다. 관료집단의 부패와 농민들에 대한 착취 그리고 외세의 침입 등과 같이 당대의 사회 역사적 분열의 상태와 같은 외적 필연성과 성리학의 공리공론적 담론으로 인해 시대적인 요구를 충족시키지 못하고 서학에 대처할 수 있는 대안 사상의 부재와 같은 내적 필연성이 새로운 시대로의 이행의 필연성이다. 이러한 시대적 상황은 경전에서는 다음과 같이 표현되어 있다.

> 가련하다 가련하다 我國運數 가련하다.
> 前歲壬辰 몇해런고 이백사십 아닐런가
> 십이제국 괴질운수 다시개벽 아닐런가.[17]

개벽사상은 반봉건 반외세라는 외적 위기와 서학의 유입에 제대로 대응할 수 없다고 하는 내적 위기에 대응하기 위하여 발생한 것이다. 개벽은 '부패한 것을 맑고 새롭게, 복잡한 것을 간단하고 깨끗하게 함을 말함'(『의암성사법설」,「인여물개벽설」)이다. 새로운 시대로 나아가기 위해서는 낡은 것, 부패한 것이 정화되어야 한다. 개벽은 만물이 형성된 선천개벽과 시운이 다 되어 새로운 시대로 바뀐 후천개벽으로 나뉜다.[18]

> 이 세상의 운수는 개벽의 운수라. 천지도 편안치 못하고, 산천초목도 편안치 못하고, 강물의 고기도 편안치 못하고, 나는 새, 기는 짐승도 편안치 못하리니, 유독 사람만이 따스하게 입고 배부르게 먹으며 편안하게 도를 구하겠는가. 선천과 후천의 운이 서로 엇갈리어 이치와 기운이 서로 싸우는지라, 만물이 다 싸우니 어찌 사람의 싸움이 없겠는가.[19]

후천개벽은 총체적 위기로 진단된 당대의 운수를 극복하기 위한 반봉건과 반외세의 방편으로 제시된 것이었다. "가련하고 기험한 아국운수와 그 위에 서양 세력과 일본의 침략이 더함으로 해서 도탄에 빠진 이 세상을 구하기 위해서는 새로운 운수를 가진 천도로서 포덕천하, 광제창생, 보국안민함으로써 후천운수로 다시 개벽해 내야 한다는 것이다."[20] 선천시대가 궁핍과 질병과 억압의 세계인 조선시대라면 후천시대는 선천의 모순이 극복되고 인문개혁을 통한 '인간해방의 원초적 상태'[21]를 말한다. "후천이란 우주 탄생 이후 인간에 의하여 하늘과 땅이 새롭게 열림을 의미한다. 선천 개벽이 우주 탄생이라면 후천개벽은 인간의 노력에 의하여 새로운 하늘과 땅을 창조하는 것이다."[22]

선천개벽과 후천개벽이라는 동학의 개벽사상의 존재 구조를 다음의 표로 정리해볼 수 있다. 실체적인 측면에서 보면 개벽은 객체성에서 주체성으로 변화하는 것이고, 변화의 측면에서 보자면 가변성이 불변성으로 바뀌는 것이고, 존재성의 측면에서 보면 불완전한 존재가 완전한 존재로 전환하는 것이고, 한계의 측면에서 보면 유한성이 무한성으로 고양하는 것이다.

〈표2〉 개벽사상의 존재론적 구조[23]

존재구조	선천개벽	후천개벽
실체성	객체성	주체성
변화성	가변성	불변성
존재성	불완전성	완전성
한계성	유한성	무한성

그런데 동학의 개벽사상에서 우리가 주목하고자 하는 부분은 자연의 필연성과 도덕적 자율성의 관계에 관한 것이다. 이 양자가 어떤 관계에 있는가? 그리고 역사를 움직이는 이념은 무엇인가? 그리고 유한한 인간은 역사의 거대한 추세인 자연적 우주적 시운을 어떻게 인식할 수 있는가? 물론 동학의 개벽사상에는 이 물음에 대한 답이 명시적으로 제시되어 있는 것은 아니지만 경전의 해석을 통해서 몇 가지 가능한 답을 추론하고자 한다.

『용담유사』, 『해월신사법설』, 『의암성사법설』 등의 동학 경전에서 양자 간의 관계를 해명할 수 있는 실마리를 찾아볼 수 있다. 앞에서 논의했듯이, 신의 개념에는 내재성과 초월성, 필연성과 자율성이 결합되어 있으며, 이 특성이 그대로 개벽사상에 구현되어 있을 것이라는 추론을 했었다. 이러한 신관의 특성을 염두에 두면서 앞서 제기한 세 가지 물음 중에서 우선 첫 번째 물음에 대해서만 논의하고자 한다.

자연적 필연성과 도덕적 자율성이 어떤 관계에 있는지 경전을 통해 살펴보고자 한다.

하원갑(下元甲) 지내거든 상원갑(上元甲) 호시절에

만고없는 무극대도(無極大道) 이 세상에 날 것이니….[24]

새것과 낡은 것이 같지 아니한지라 새것과 낡은 것이 서로 갈아드는 때에, 낡은 정치는 이미 물러가고 새 정치는 아직 펴지 못하여 이치와 기운이 고르지 못할 즈음에 천하가 혼란하리라. 이때를 당하여 윤리 도덕이 자연히 무너지고 사람은 다 금수의 무리에 가까우리니, 어찌 난리가 아니겠는가.[25]

성한 것이 오래면 쇠하고 쇠한 것이 오래면 성하고, 밝은 것이 오래면 어둡고 어두운 것이 오래면 밝나니 성쇠명암은 천도(天道)의 운(運)이요, 흥한 뒤에는 망하고 망한 뒤에는 흥하고, 길한 뒤에는 흉하고 흉한 뒤에는 길하나니 흥망길흉은 인도(人道)의 운(運)이니라.[26]

「몽중노소문답가」에서 무극대도의 출현을 하원갑과 상원갑이라는 역학 개념으로 예고하고 있다는 것은 개벽의 우주법칙적 필연성을 보여주는 것으로 해석할 수 있다. 역학의 시간단위는 60갑자이며, 일원은 60갑자로 이루어져 있다. 우주의 질서와 법칙을 숫자로 풀이한 것이 상수역(象數易)이다. 개벽 이후 새로이 도래할 무극대도의 출현을 인간의 자율적인 의지로서가 아니라 우주의 질서로서 설명하는 위 인용문은 개벽사상의 자연적 필연성을 보여준 것으로 볼 수 있다.

앞에서 인용한 「개벽운수」 부분도 역시 인간의 의지나 자율성을 강조한 것이라기보다는 자연적 필연성을 강조한 부분으로 해석할 수 있다. 새것과 낡은 것의 교체, 정치적 혼란, 윤리 도덕의 무너짐, 사람의 금수화는 새것과 낡은 것이 같지 않고 서로 교체하는 시기에 발생하는 것이다. 다시 말하면 인간과 사회의 변화의 필연성을 새것과 낡은 것이 교체하는 자연의 질서에서 찾고 있음을 알 수 있다.

세 번째 『해월신사법설』의 인용문도 자연적 필연성의 측면을 강조한 부분으로 볼 수 있다. 천도의 운과 인도의 운은 각각 성쇠명암과 흥망길흉이라는 자연과 사회의 법칙에 달려 있다는 것은 개벽의 필연성과 당위성을 말해주는 것이다. 변화는 사계절의 변화나 낮과 밤의 교체처럼 자연스러운 것이며 변화를 막는다고 해서 막을 수 있는 것은 아니라는 것이다. 자연의 이치를 빌려 변화의 필연성을 제시한 것은 합당한 개벽 논리라 할 수 있을 것이다.

이 점에서 동학의 개벽사상은 일종의 '천명적 자연법 사상'이라고 할 수 있다. 조선왕조와 양반사회의 질서는 영구불변한 것이 아니라 낡은 것은 새로운 것으로 교체되고, 겨울이 가면 봄이 오고, 삶이 있으면 죽음이 있듯이 무상한 자연법칙처럼 새로운 질서로 대체될 것이라고 예언하고 있다. "그의 혁명사관은 적극적으로 왕조의 교체를 명시하면서 천명이 갈아드는 혁명을 명시적으로 제시하지는 않았으나, 시운에는 성쇠가 있다는 변화에의 대망을 가지고 왕조의 쇠운이 지극하여 개벽될 것을 예언하고 있다. 수운은 왕조를 포함하여 양반사회 질서가 고정 불변적이 아니고 '무왕불복'(無往不復)의 역리를 빌려 변혁되어야 할 자연법적 필연성이라고 역설했다. 이는 천명적 자연법의 사상이다."[27]

그러나 다른 한편으로 동학의 개벽사상에는 천명적 자연법이나 역리, 우주법칙과 같은 자연적 필연성의 요소만 있는 것이 아니다. 이에 못지않게 인간의 도덕적 자율성과 의지의 노력을 강조하는 측면도 강하다. 인간의 주체적 노력의 중요성을 강조하는 경전 내용을 몇 가지 인용해 보도록 하자.

천지 만물의 개벽은 공기로써 하고 인생 만사의 개벽은 정신으로써 하나니, 너의 정신이 곧 천지의 공기이니라. 지금에 그대들은 가히 하지 못할 일을 생각지 말고 먼저 각자가 본래 있는 정신을 개벽하면, 만사의 개벽은 그 다음 차례의 일이니라.[28]

정신개벽을 언급하고 있는 위 인용문은 각자가 본래 있는 정신을 개벽할 것을 강조함으로써 인간의 자주적인 노력이 중요함을 언급한 것으로 해석할 수 있다. 2장에서 언급했듯이 '시천주 조화정 영세불망 만사지'는 개벽의 정신적인 원리이다. 동학의 개벽에는 의식개벽, 민족개벽, 사회개벽이 있으나 이 모든 개벽은 결국 정신의 개벽으로 돌아간다. 정신의 개벽은 육신의 관념을 영성의 관념으로 바꾸는 '이신환성'의 정신을 말한다. 정신의 개벽은 주문수련을 통해 도성덕립을 지향하는 인간적 노력에 의해서 가능하다는 점에서 이 부분도 인간의 도덕적 자율성을 강조하는 부분으로 해석할 수 있다.

정신을 개벽코자 하면 먼저 스스로 높은 체하는 마음을 모실 시(侍) 자로 개벽하고, 스스로 높은 체하는 마음을 개벽코자 하면 의심스럽고 두려운 마음을 정할 정(定)자로 개벽하고, 의심스럽고 두려운 마음을 개벽코자 하면 아득하고 망녕된 생각을 알 지(知)로 개벽하고, 아득하고 망녕된 생각을 개벽코자 하면 먼저 육신(肉身) 관념을 성령(性靈)으로 개벽하라.[29]

의암성사는 육신의 개벽을 위해서는 나를 움직이고 나를 생각하게 하고 나를 이끌어가는 것이 무엇인지를 깊이 있게 생각하는 습성을 지닐 필요가 있음을 강조한다. 앞의 맥락에서 영원한 것은 육신이 아니라 정신임을 깨닫는 것이 개벽 사상의 핵심이요, 그 방법은 시천주, 수심정기, 삼경, 성령출세설 등이다. 시정지(侍定知) 그리고 이신환성(以身換性)이라는 정신개벽의 방법은 인간의 적극적인 노력의 중요성을 강조한 부분으로 볼 수 있다.

　　내 속에 어떤 내가 있어 굴신동정하는 것을 가르치고 시키는가 하는 생각
　　을 일마다 생각하고 오래도록 습성을 지니면, 성품과 몸 두 가지에 어느 것이
　　주체요 어느 것이 객체인 것과 어느 것이 중하고 어느 것이 경한 것을 스스로
　　깨닫게 될 것이니, 이 깨달음이 곧 육신을 개벽하는 것이니라.[30]

　유한한 것, 가변적인 것, 시간 속에서 사라지는 것은 객체이지 주체가 아
니다. 경한 것이지 중한 것은 아니다. 이러한 깨달음을 통한 개벽의 중요성
을 언급한 위 인용문도 자연적 필연성보다는 인간의 자율성을 강조한 부분
이라고 볼 수 있다.

　지금까지 우리는 개벽사상의 이원성, 자연의 필연성과 인간의 도덕적 자
율성을 살펴보았다. 이 양 속성은 개벽사상에서 어떻게 결합되어 나타나는
가? 이 물음에 대한 답변의 실마리를 두 가지 방향에서 찾아볼 수 있을 것이
다. 그것은 동학의 인식방법과 시운관의 시간개념이다. 한울님 모심의 철학
은 수심정기,[31] 사인여천, 이신환성과 같은 적극적인 영성 수련으로 구체화
되며, 이러한 방법을 통해서 내가 곧 한울님임을 자각한 존재가 군자가 된
다. 군자는 몸의 관념이 아니라 정신의 관념으로 세상의 차별성을 평등성으
로 전환할 수 있는 능력을 갖춘 인격체를 의미한다. 이러한 인격적인 단계
에서는 우주 개벽의 필연성도 인식할 수 있으며 따라서 시대의 흐름과 변화
의 법칙을 자각할 수 있다. 이러한 점에서 볼 때 자유와 필연의 종합은 필연
의 인식을 통해서 가능할 것이다.

　또한 시운적 시간관은 필연과 자유의 매개 운동을 이해할 수 있는 방법이
다. 역사는 시간을 통해서 진행된다. 선천의 시간과 후천의 시간은 다르다.

선천의 시대란 우주만물이 창조된 물질의 시대라면 후천의 시대란 정신의 시대이다. 선천의 시간은 물리적 시간이며 후천의 시간은 개념의 시간으로 이해할 수 있다. 동학의 개벽사상은 선천의 시대를 후천의 시대로 전환하는 일이기 때문에, 새로운 시대는 개념의 시간의 바탕에서 진행될 것이다. 개념적 시간에서 역사를 본다면 역사 변화의 필연성과 그 이념이 무엇인지를 인식할 수 있기 때문에 자유와 필연은 대립 관계가 아니라 융합의 관계로 볼 수 있다.

4. 개벽사상의 역사철학적 의미

지금까지 우리는 동학의 신관과 개벽사상의 이원적 특성에 대하여 논의하였다. 경전 해석을 통해 개벽사상에는 자연의 필연성과 인간의 자율성이라는 서로 다른 계기가 존재하고 있다는 것을 살펴보았다. 이 점이 개벽사상을 역사철학으로 해석할 수 있는 요인이다. 개벽사상은 양 측면을 융합하고 있기 때문에 단순한 신앙이나 사회변혁이론을 넘어서서 한 시대를 사상으로 포착하고 있는 시대정신이 될 수 있는 것이다. 역사 철학은 정신이 시간 속에서 전개되어 가는 과정을 서술한다. 물론 이때의 시간은 물리적 시간이 아니라 역사적 시간이며 정신에 의해 매개된 시간이다. 동학의 시간관에서도 이러한 특징을 발견할 수 있다.

자연의 필연성을 인식함으로써 동귀일체의 세상을 구현할 수 있다는 이와 같은 동학의 개벽사상은 개념적 시간에 근거한다. 개념적 시간이란 객관적으로 존재하는 물리적 시간이 아니라 시천주를 통한 한울님 모심의 철학에서 구현되는 마음의 시간이며 광명의 시간이며 신화적이며 종교적인 시간이다. 달리 말하면 정신의 시간이다. 표영삼은 이 점을 다음과 같이 서술하고 있다. "수운이 말하는 5만년은 시간적인 5만년이 아니다. 온 시간을 10만년으로 보고 그 절반이란 뜻에서 5만년이라고 한 것이다. 수운의 시간관은 '지난 시절, 오는 시절,' '하원갑(下元甲), 상원갑(上元甲),' '전 만고 후 만고,' '전 춘추(春秋), 후 춘추(春秋)' 등의 표현에서 잘 나타나 있다.[32]

거대한 차원의 변화, 또는 새로운 전환을 맞이할 우주적 비밀을 수운은 '시운(時運)'이라고 말하였다. 시운적 시간은 개념적 시간이다. 물리적 시간은 생성과 소멸을 거듭한다. 그러나 개념적 시간은 생성과 소멸을 통해서도 소멸하지 않고 지속하는 시간이다. 개벽에 의해 도래할 이상사회는 '무극대도로서의 동학의 시천주 신앙에 의한 도덕 사회요, 군자적 공동체로 이해되는 동귀일체'[33]가 되는 사회이다. 이러한 사회가 정착될 수 있는 시간은 순화된 시간이요, 개념적 시간이다. 오문환은 동학의 역사관을 개인이 만들어내는 보통의 역사가 아니라 시천주의 한울님 모심을 통해서 군자 인격체가 만들어내는 도덕적이며 종교적인 시간의 역사로 보았다. 이 점이 다른 역사와 구별되는 동학의 개벽적 역사관의 특징으로 해석할 수 있을 것이다.[34]

"운수야 좋거니와 닦아야 도덕이라"(『용담유사』 「교훈가」)라는 구절은 인간의 노력과 의지가 중요하다는 뜻으로 해석할 수 있고, '나도 또한 개벽 이후 노이무공(勞而無功) 하다가서 너를 만나 성공하니 나도 성공 너도 득의'(용담유사, 「교훈가」) 라는 구절은 개벽의 필연성을 말한 것으로 해석할 수 있다. 이처럼 개벽은 인간의 자유와 신적 필연성이 융합되어야 가능한데, 이 논리는 동학의 신의 이원성(내재성과 초월성)에 근거하고 있다.

좋은 운수는 '시운'이라는 시대의 필연성 또는 영원회귀의 신에 의하여 돌아오게 되어 있는 것이지만, 수심정기와 사인여천과 같은 모심의 철학을 실천하려는 인간의 노력이 없다면 시대와 역사에서 구현될 수 없는 것이다. 자연적 필연성과 인간의 자유의지가 만남으로써 참된 시운과 개벽이 가능한 것이다. 동학의 개벽사상을 인식과 존재의 변증법의 관점에서 선천과 후천의 합덕으로 풀이한 해석도[35] 자연의 필연성과 인간의 도덕적 자유의 융합의 논리와 맞닿아 있다고 볼 수 있다.

동학의 개벽사상을 자연의 필연성과 인간의 자율성을 융합할 수 있는 역사철학으로 정립하기 위한 특징으로 몇 가지를 생각해볼 수 있다.

첫째, 정신의 개벽을 강조했다는 점을 들 수 있다. 21자 주문 수련의 목적은 결국 정신개벽이다. 시천주, 수심정기, 이신환성은 정신을 바꾸기 위한 방법들이다. 시천주를 통해서 각자위심의 마음과 독단적인 태도를 동귀일체의 마음과 보편적인 태도로 바꾸고, 수심정기를 통해서 복잡하고 혼란스런 기운을 맑고 단순하게 돌리고, 몸을 마음으로 바꿈으로써 인생과 세계와 우주에서 중요한 가치가 무엇인지를 자각하게 함으로써 시대의 분열과 모순을 극복할 수 있다는 믿음이 전제되어 있다. 사회구조를 바꾸려면 정신개벽이 선행되어야 한다는 것이다. "개벽은 정권의 바뀜을 의미하는 것이 아니다. 그것은 인간의 삶의 모든 양식에 일대 변혁을 가져 오는 문명사적 대전환을 의미하는 것이고, 필연적으로 인식의 대전환이나 세계관과 가치관의 대전환을 선행적으로 요구하는 것이다."[36] 새로운 존재로 탈바꿈한 사람은 군자로 불리는데, 개벽된 사회에서 군자공동체가 형성될 수 있는 1차적인 근거가 정신개벽에 있기 때문이다.

둘째, 시운관을 들 수 있다. 새로운 시대가 도래할 시운은 물리적 시간으로만 파악될 수 있는 것이 아니다. 개념적 지평에서 우주론적으로 이해되어야 할 시간이다. 그렇다고 하더라도 개념적 시간은 물리적 시간과 매개되어 있어야 한다. 동학이 시대와 동떨어진 개인의 기복신앙에 그치지 않는 이유이다. 개념적 시간은 세속적 시간과 매개되면서도 그것을 초월한 영원한 시간이다. 보통의 시간은 생성과 소멸을 거듭한다. 그러나 개념적 시간은 이러한 시간과 매개되어 있으면서도 독립되어 있는 시간이다. 개념적 시간은 인간과 신이 만날 수 있는 매개체 역할을 한다. 자연적 시간에 머물러 있는 한 인간과 신은 만날 수 없다. 개벽 사회의 주인이 될 군자들의 시간도 개념의 시간이며 정신의 시간이며, 이러한 개념적 시간의 지평에서 군자들의 공동체가 탄생될 수 있으며 그런 사회가 동학이 추구하는 동귀일체의 평등한 사회가 될 것이다.

셋째, 자연의 필연성과 인간의 자율성을 융합하고 있다는 점이다. 동학의 개벽사상의 근거가 되는 시운적 역사관은 서양철학에서 헤겔의 이성의 교지, 아담 스미스의 보이지 않는 손(욕망과 사회질서)의 논리와 유사하다. 세계정신과 인간의 열정의 결합, 세계정신은 자신의 손을 더럽히지 않고 인간의 의지와 정열을 이용하여 자신을 역사속에서 실현한다. 동학에서도 하원갑의 시기가 지나고 상원갑의 시기가 열리는 때인 '시운'은 시천주의 실천을 통해서 실현된다. 이 점에서 헤겔 역사철학에서 역사가 움직이는 힘의 논리와 동학에서 역사의 힘은 같은 논리적 기반 위에 있다고 볼 수 있다. "모심과 섬김, 이는 바로 우주적 질서인 천리와 삶의 도리인 인사가 부합하는 길이며, 동시에 만유를 살림의 길로 이끄는 길이 된다. 이것이 곧 동학에서 말하는 '새 하늘, 새 땅에 사람과 만물이 또한 새로워지는' 마음의 개벽, 사회의 개벽, 우주의 개벽인 다시 개벽의 길이다."[37]

5. 결론

역사를 움직이는 힘은 무엇인가? 역사는 인간의 자유로운 선택과 행동에 의해 움직이는가? 아니면 알 수 없는 신의 섭리와 같은 필연적인 이념에 의해 움직이는가?

동학의 개벽사상은 인간의 도덕적 자율성과 자연의 법칙적 필연성을 융합하고 있으며, 바로 이 점이 개벽사상을 역사철학적인 사각에서 탐구해 볼 만한 가치가 있는 테마라고 생각했다. 더구나 동학의 개벽사상은 내적 수양론과 논리를 갖추고 있다는 점에서 여타의 사회이론과는 차원을 달리한다.

초월성과 내재성의 합일을 통해서 각자위심의 개인주의적인 태도에서 벗어나 오심즉여심의 평등한 동귀일체의 보편적인 태도로 바꾸는 것이 시천주 공부의 목표였다면, 이러한 보편적 의식을 구체적인 사회 역사적 현실에서 구현하여 새로운 사회상을 창출하는 것이 개벽사상의 목표였다.

역사를 움직이는 힘은 무엇인가? 시천주의 깨달음과 실천이라는 인간의 의지적 노력인가 아니면 자연과 우주의 운행의 법칙인가. 만일 자연의 법칙이 역사의 주체라면 인간의 의식적인 노력은 필요가 없을 것이고, 거꾸로 인간의 의지가 역사의 주체라면 역사는 상대적일 것이다. 지금까지 논의한 개벽사상의 관점에서 볼 때 역사의 주체는 존재론적으로는 자연의 법칙이고 인식론적으로는 인간의 의지로 볼 수 있을 것이다. 우주와 자연의 존재 자체에는 필연적인 역사의 법칙이 존재하며 이것이 역사를 움직이게 하는 이념으로 볼 수 있다. 반면 인식론적으로 볼 때는 자연의 필연성을 인식하고 실현할 수 있는 인간의 의지가 역사의 이념이라고 할 수 있다. 왜냐하면 역사는 인간의 역사이며 인간이 인식한 만큼 자연의 필연성도 드러날 수 있을 것이기 때문이다.

따라서 역사는 자연의 필연성이라는 날줄과 인간의 의지라는 씨줄이 서로 짜여져 완성되어 가는 베(布)로 비유될 수 있을 것이다. 베틀에 의해 날줄과 씨줄이 정교하게 엮어져 삼베가 직조되듯, 동학 개벽사상의 자유와 필연의 변증법에 의해 포덕천하 광제창생 보국안민이라는 동학 개벽의 역사도 완성될 수 있을 것이다.

물론 인식론적으로 보면 인간의 의지나 열정이 세계사의 중심인 것처럼 보이고, 존재론적으로 보면 자연의 법칙이 세계사의 중심에 있는 것으로 보인다. 그러나 이것은 관점의 차이이자 강조점의 차이이며 역사는 양자가 서로 교차되면서 진행되는 것이다. 현상적인 측면에서 볼 때 역사는 맹목적이고 우연적인 사건들의 진행처럼 보이지만, 본질적인 측면에서 볼 때 역사는 일정한 패턴이나 법칙에 따라서 진행되는 것으로 볼 수 있다. 결국 역사의 주체가 무엇이며, 역사에는 목적이 있는가 그리고 역사에 있어서 자유와 필연의 문제는 어느 관점과 스펙트럼에 보느냐에 따라서 결정될 것이다. 인간의 마음과 인식 능력의 수준이 결국 역사의 수준도 결정한다고 볼 수 있지만, 그렇다고 그 수준 이상의 역사는 없다고 말할 수도 없는 것이다.

—— 부록

동비토론(東匪討論)
임영토비소록(臨瀛討匪小錄)

출처: 동학농민혁명기념재단의 협조로 동학농민혁명국역총서 제4권의 일부를 발췌한 것임

동비토론(東匪討論)

해제

본 자료는 강원도지역의 농민군과 관군의 전투상황 관련 문서를 모아 놓은 것이다. 강원도 지역의 동학농민혁명은 1894년 9월 영월(寧越)·정선(旌善)·평창(平昌) 농민군의 강릉부(江陵府) 점령으로 본격적으로 시작되었고, 10월에는 차기석(車箕錫)을 중심으로 홍천(洪川) 지역에서 전투를 벌이게 된다. 자료에는 1894년 9월부터 1895년 3월까지의 문서가 수록되어 있는데, 이 문서들은 지방관청에서 농민군 진압을 위해 강원도 각 지역에 보낸 전령과 각 지역으로부터 보고받은 첩보가 대부분이다. 주요 내용으로, 영월·평창·정선 등지의 농민군 활동상, 봉평(蓬坪) 내면(內面)의 농민군 차기석과 소모군관(召募軍官) 강위서(姜渭瑞)의 전투과정 등이 자세히 기록되어 있다.

본 자료는 강원도 지역 동학농민군의 동향과 이에 대한 진압활동 등을 상세히 알 수 있는 자료이다. 원본은 강릉 선교장(船橋莊)의 이회원(李會源) 후손인 이강융(李康隆) 씨가 소장하고 있다.

9월 초 8일 감영의 지시 [在營 九月初八日]

1894년 여름과 가을 사이에 먼저 충청도와 전라도에서 동학의 이름을 내걸고 일어났다. 본도(本道), 강원도의 원주·영월·평창·정선 4개 읍도 점점 그 피해를 입어 종종 동학의 접(接)을 설치하는 곳이 있게 되었다. 동학도는 겉으로 학을 숭상한다고 하면서 안으로는 재물을 탈취하려고 했으며, 몇 달 만에 그 무리가 번성하여 곧바로 세상을 뒤덮으니 참으로 예측하지 못한 일이었다.

1894년 9월 4일에 영월과 평창, 정선 등 5개 읍의 동학의 무리 수천 명이 부사(府使)가 바뀌는 때를 엿보아 일제히 읍내에 들어와서 삼정(三政)을 바로잡을 것을 사칭하고 백성을 구제하겠다고 핑계를 대었다. 그래서 우선 그들에게 음식을 제공한 연유를 공형(公兄)이 문장(文狀)으로 감영에 보고하였다. 그 보고에 대한 회제(回題)에서 말하기를, "삼정을 고르게 하는 것은 어찌 백성의 말을 기다려서 바로잡겠는가? 반드시 즉시 달려가서 조사하여 그것에 의거하여 처리하도록 겸관(兼官)에게 알려 보고하라"고 하였다.

9월 8일 재영(在營)

9월 초 8일 순영 및 겸관에 보고 [九月初八日 文告 巡營及兼官]

관아의 각처를 지키는 등의 일은 단단히 경계하도록 타일러서 무사하며, 이 달 4일에 어떤 난류(亂類)들이 동학을 칭하며 영월·평창·정선의 3개 읍에서 흘러들어 온 자가 수천 명이 되었고, 8개 읍에서 음식을 제공한 연유는 이미 보고하였습니다. 동학도가 지나는 곳의 길목에서 말을 빼앗아 타고, 총과 칼을 가져갔으며 심지어 부중(府中)에 4~5일을 머물렀습니다. 유정(維正)*과 군세(軍稅) 및 적세(糴稅), 환곡 등의 삼정(三政)을 마음대로 삭감하였고, 요호(饒戶)를 불러다가 재물을 요구하고 전답문서를 빼앗으려고 했습니다. 관원과 백성을 구타하여 관아의 옥사에 가두고 민간의 송사(訟詞)를 쉽게 처결했으며, 주리를 트는 형벌로 위협하고 도당(徒黨)들을 불러 모았을 뿐 아니라 군기를 탈취하려고 했습니다. 읍촌(邑村)에서 못된 짓은 끝이 없으니 화적이 분명합니다.

지금 도착한 감결 내의 절해(節該; 왕지(王旨)나 공문(公文)의 요지만 적은 것)에 의하면, "도(道)를 내세우며 무리를 지어 소란을 피우는 자들을, 곧 군사를 징집하여 토벌하는 거사가 있을 것이니 대소의 민인(民人)은 각자 경계하고 조심하라"고 하였습니다. 지난번에 하유(下諭)한 감사(甘辭)를 대수롭지 않게 보며 행동거지가 갈수록 더욱 놀랍고 패악스럽습니다. 그래서 본 관아 읍촌의 대소의 민인 4,000~5,000명은 울분을 참을 수가 없어 이번 달 7일 술시(戌時), 오후 7~9시쯤에 일제히 의병을 일으켜서 그들의 죄를 성토하고 내쫓았습니다. 그들이 먼저 병기를 잡아 사람의 목숨을 해치려고 했기 때문에 서로 구타할 때 적들 중에 죽음을 당한 자가 20명이 되었고 부상을 당한 백성들은 이루 셀 수가 없습니다. 빼앗은 총은 7자루이고 창은 150자루이며 말은 3필입니다. 이런 연유를 우선 황공스럽게 급히 보고합니다.

9월 8일 순영(巡營), 감영 및 겸관(兼官)에게 글로 보고합니다.

9월 16일 감영의 제사 [在營 同月十六日]

감영의 제사(題辭)** 에서 말하기를, "동도(東徒)가 무리를 모아 접(接)을 설치하여 두

---

* 유정지공(惟正之貢)으로, 維는 惟의 오기이다. 해마다 의례(儀禮)로 궁중 및 서울의 고관(高官)에게 바치는 공물
** 조선시대 관청에서 백성이 올리는 소지(所志; 소장(訴狀), 청원서(請願書), 진정서(陳情書) 등을 가리킨다.)에 대한 처분을 내리게 되는데 이것을 데김(題音) 또는 제사(題辭)라고 한다. 데김은 소지의 왼쪽 하단 여백에 쓰는 것이 보통이나 여백이 모자라면 후면

려워하거나 거리낌이 없는 것이 어찌 재물을 빼앗고 마을을 침탈하는 것 뿐이겠는가? 심지어 관부(官府)를 위협하고 군기를 탈취하는 따위의 못할 짓이 없다는 소문은 이미 들었다. 그 못된 악습을 살펴보면 다만 화적(火賊)을 다스리는 형률로만 해서는 안 된다. 지금 백성(민보군: 편집자주)들의 의거(義擧)는 매우 가상하다. 바로 그 사실과 의거를 먼저 제기한 사람들의 이름을 상세히 조사하여 급히 보고하고 특별히 단속하여 저들이 경내에 들어와서 다시 소란을 피우는 일이 없도록 하라"고 하였다.

　9월 16일 재영(在營)

9월 16일 겸관의 회제 [同日 兼官回題]

겸관의 회제에서 말하기를, "말을 타고 군기를 소지하여 관아에 들어와서 삼정(三政)을 고치고 관원과 백성에게 형벌을 가하여 옥에 가두니 그 밖의 약탈은 어떻게 충분히 논할 겨를이 있겠는가? 그들이 강상(綱常)을 거스르고 법을 무시하는 것은 강도에 그치지 않는다. 강도가 사람을 대적하면 사람은 모두 잡아서 죽이려고 하는데, 더욱이 강도에 비할 데가 없는 자들에게 있어서야 어떠하겠는가? 백성들이 의거를 도와 그들을 박살낸 것은 매우 가상하다. 먼저 의거를 제기한 사람과 현장의 사실을 바로 상세히 보고하고, 빼앗은 총과 창은 숫자를 대조하여 관아에 들이며 말은 본래 주인에게 돌려주라. 상해를 입은 백성에게는 영납(營納; 감영에 바치던 물건이나 돈) 중에서 넉넉히 주어 치료하게 하고 나중에 그 상황을 보고하라"고 하였다.

(後面)에 계속해 쓰기도 하고 별지를 첨부하여 쓰기도 한다. 데김을 내린 소지는 그 소지를 올린 사람에게 돌려주어 판결에 대한 증거자료로서 보존하게 되어 있었다.에 대한 처분을 내리게 되는데 이것을 데김(題音) 또는 제사(題辭)라고 한다. 데김은 소지의 왼쪽 하단 여백에 쓰는 것이 보통이나 여백이 모자라면 후면(後面)에 계속해 쓰기도 하고 별지를 첨부하여 쓰기도 한다. 데김을 내린 소지는 그 소지를 올린 사람에게 돌려주어 판결에 대한 증거자료로서 보존하게 되어 있었다.

향회의 통지 [鄕會知委]

지금 마을 백성들의 의견을 모아야 할 중대한 일이 있어 이 달 11일에 일제히 향사당(鄕射堂)에 모일 것이다. 만약 불참하는 사람이 있다면 반드시 후회하는 탄식이 있을 것이니 잘 헤아리기를 바란다.

   9월 8일 좌수(座首) 최동집(崔東集)

● 성산면(城山面) : 김참봉(金參奉) 김진사(金進士) 최성실(崔聖實) 김자성(金子成) 김광우(金光右) 김진사(金進士) 최동일(崔東一) 김정약(金正若) 함한백(咸漢白) 김참봉(金參奉) 조명옹(曺明翁) 김문약(金文若)

● 정동면(丁洞面) : 이승지(李承旨) 권도사(權都事) 권장의(權掌議) 김대진(金大振) 심감역(沈監役) 심내문(沈乃文) 정감찰(鄭監察) 정성국(鄭聖國) 김덕윤(金德潤) 김성칠(金聖七) 권경언(權敬彦) 김신범(金信凡) 권윤수(權允秀) 전재호(全在浩) 정영집(鄭永集) 민헌여(閔憲如)

● 남2리면(南二里面) : 김광노(金光老) 이윤실(李允實) 이준락(李俊樂) 심진팔(沈鎭八) 심석년(沈錫年) 심윤현(沈允玄) 김재경(金在卿) 최홍식(崔弘植) 최영근(崔榮根) 최예범(崔禮凡) 최문노(崔文老) 최문종(崔文宗) 김성대(金聖大) 최경보(崔敬甫) 박승실(朴升實) 최내진(崔乃秦) 진사(進士) 최경현(崔慶鉉) 최인백(崔仁伯) 조효칙(曺孝則) 조문숙(曺文叔) 조선명(曺善明) 조내심(曺乃心) 정원춘(鄭元春) 이치대(李致大) 진사 김진옥(金振玉) 김서홍(金瑞弘) 최기로(崔起老) 최사덕(崔士德) 최이옥(崔而玉) 최도사(崔都事) 조성도(趙聖道)

● 구정면(邱井面) : 정사간(鄭司諫) 조명칠(曺明七) 정보여(鄭普如) 조대익(曺大益) 최희숙

---

* 유향소(留鄕所)·풍헌당(風憲堂)·집헌당(執憲堂)을 의미한다. 향리를 규찰하고 향풍을 교정하는 것을 목적으로 세웠던 향촌의 단위조직으로 유향품관이 모이는 장소를 뜻하기도 했지만 인적 조직을 가리키기도 한다. 유향품관들이 중심이 되어 군현을 단위로 하여 설립했기 때문에 자치기관이라고는 하나, 근대적 의미의 자치성을 갖는 것은 아니었다. 본래 관청으로 설립되지 않았으나, 시간이 흐름에 따라 지방 군현의 업무를 일부 맡으면서 지방관청의 기구가 되어 이아(貳衙)로도 불렸다.

(崔喜叔) 정참봉(鄭參奉) 김현중(金顯中) 김윤각(金允覺) 김군보(金君甫) 이혜춘(李兮春) 조성효(曺聖孝) 이낙옹(李樂翁) 정숙문(鄭叔文) 김군화(金君化) 이경현(李敬玄) 박우범(朴右凡) 김성천(金聖天)

● 자가곡면(資可谷面) : 김원옹(金元翁) 김사준(金士準) 조경종(曺敬宗) 조덕원(曺德元) 조대보(曺大甫) 김도정(金都正) 최경노(崔敬老) 박윤섬(朴允贍) 이은집(李殷集) 박내옥(朴乃玉) 김내정(金乃正) 김내도(金乃道) 김형옥(金亨玉) 김성오(金成五) 신보서(辛甫西) 신남서(辛南西) 김화숙(金化叔) 김춘달(金春達) 심경렴(沈敬廉) 박가실(朴可實)

● 북1리면(北一里面) : 진사 최자원(崔子元) 최태집(崔泰集) 최혜옥(崔兮玉) 유우삼(柳禹三) 권사수(勸士洙) 최사필(崔士必) 최혜정(崔兮正) 김혜명(金兮明) 김군화(金君化) 김좌여(金佐如) 최계첨(崔季瞻) 김문용(金文容) 김호옹(金好翁) 김공수(金公洙)

● 하남면(河南面) : 동지(同知) 이주연(李柱淵) 이여문(李與文) 최치전(崔致典) 심공삼(沈公三) 심도연(沈道淵) 이성칠(李聖七) 이중오(李仲五) 최군원(崔君元) 최순범(崔順凡) 김순옹(金順翁) 권한종(權漢宗) 이문희(李文喜)

● 사천면(沙川面) : 박감찰(朴監察) 권성필(權聖必) 최문대(崔文大) 최취오(崔取五) 박순문(朴順文) 최성팔(崔成八) 최경중(崔敬中) 박내옥(朴乃玉) 권맹구(權孟九) 허영필(許永必) 염구서(廉九西) 진사 최이덕(崔而德) 김지옹(金志翁) 김성대(金聖大) 김사문(金士文) 김수여(金守如) 박자성(朴子成) 최승청(崔承淸) 권이문(權以文) 김명현(金明玄) 곽치순(郭致順) 장제영(張濟永) 도사(都事) 손윤증(孫允曾) 권명여(權明如)

● 덕방면(德方面) : 진사(進士) 최우약(崔禹若) 전중일(全仲一) 최운실(崔雲實) 박한여(朴漢如) 김윤문(金允文) 박윤실(朴允實) 진사 박준실(朴俊實) 김윤극(金允極) 진사(進士) 최혜춘(崔兮春) 최윤지(崔允之)

● 북2리면(北二里面) : 이혜노(李兮老) 권명팔(權明八) 정혜경(鄭兮京) 김윤언(金允彦) 최문천(崔文千) 최형오(崔亨五) 최승천(崔勝千) 최사은(崔士殷) 김홍명(金弘明) 최사규(崔士圭) 이신일(李信一)

● 임계면(臨溪面) : 김집강(金執綱) 김집강(金執綱) 최집강(崔執綱) 함집강(咸執綱) 최진사(崔進士) 이집강(李執綱)

● 남1리면(南一里面) : 권명중(權明仲) 권경수(權敬秀) 권숙정(權淑定) 진사 최성천(崔聖天) 최감역(崔監役) 최구옹(崔九翁) 최승주(崔勝柱) 최혜식(崔兮植) 박치실(朴致實) 강형보(姜亨甫) 김사규(金士圭) 윤존위(尹尊位)

● 신리면(新里面) : 홍원백(洪元伯) 최중소(崔仲召) 조서구(曺瑞九) 신경하(辛敬夏) 김미서(金美西) 김태용(金太容) 최내수(崔乃秀) 이윤화(李允化) 최형일(崔亨一) 최선칠(崔善七) 감찰 김사곤(金士坤) 정문거(鄭文巨) 이중일(李仲一) 최경오(崔京五)

● 연곡면(連谷面) : 권윤언(權允彦) 권영삼(權永三) 신덕삼(辛德三) 감찰 최원하(崔元河) 참봉(參奉) 최주삼(崔柱三) 최용근(崔龍根) 최예중(崔禮中) 최성보(崔聖甫) 강덕보(姜德甫) 강치서(姜致瑞) 김은노(金殷老) 최도집(崔道集) 이춘달(李春達)

영동의 각 면에 보내는 전령 [傳令 嶺東各面]

급히 거행할 일이다. 동학을 사칭하고 민간에서 폐단을 저지르는 자를 군사를 징발하여 토벌하는 일은 순영(巡營), 감영의 관문(關文)이 내려왔기 때문에 일전에 읍에 들어와서 폐단을 저지르는 동도를 읍촌(邑村)의 백성들이 힘을 합하여 토벌하고 쫓아냈다. 그러나 앞으로의 걱정이 없는 것이 아니니, 그것을 지키는 일을 조금이라도 소홀히 해서는 안 된다. 면내(面內)의 5가(家)를 1통(統)으로 만들어 10통을 2개의 초(哨)로 나누어 대장(隊長) 2명을 뽑고 총과 창을 준비하여 이번 달 13일 대점고(大點考)에 이르러 일제히 영솔하여 와서 점고를 받도록 배열하라. 이 일은 군령(軍令)에 관계되어 있으니 어겨서는 안 된다. 유념하여 거행하고 군율(軍律)을 범하지 말며 통(統)을 만든 것을 성책(成册)해서 대장의 이름을 마땅히 먼저 알려라.

　　1894년 9월 9일 유관(留官)

조약 [條約]

　一. 각 요호(饒戶)는 시장에서 쌀을 팔 때에 반드시 잘 정제된 쌀을 내어 팔 것.

　一. 군사와 포병(砲兵)을 양성하는 것은 200명으로 숫자를 정하여 입직(入直)을 서게 하되 매월 초하룻날에 성을 지키는 포병은 50명씩 입번(入番)을 한다. 그 급료는 1명당 한달에 정조(正租) 15두(斗)를 분급할 것.

一. 급료는 옛 포청(砲廳) 소속의 700석으로 한다. 근래에 더 배정한 둔지(屯地)* 인 임곡(林谷) 언별리(彦別里) 금산평(琴山坪)의 새로 경작한 논의 복조(卜租)를 거둘 것.

一. 각 면(面)의 군정(軍丁)은 매 통(統)마다 20명씩을 배정하여 각각 창과 총을 가지고 이번 달 17일에 대점고(大點考)를 할 것. 그날 한때의 호군(犒軍; 군정들에게 음식을 제공하는 것)은 1개 읍이 맡아서 하고, 음식을 제공하고 잠자는 등의 일은 각 통(統)마다 담당할 것.

一. 경내(境內) 동서남북으로 고개의 험준한 곳을 방비하는 일은 각자 고개 근처의 마을이 담당할 것. 각 면(面)과 각 리(里)의 인접한 곳에 막사를 짓고 수직(守直)할 때에 뜻밖의 변고가 있으면 즉시 알려서 온 경내가 두루 알게 할 것. 만약에 행동거지가 수상한 자가 왕래하는 폐단이 있으면 특별히 엄중하게 단속하고 금지할 것.

一. 군기와 잡물 중에 파손되어 쓸 수 없는 총·활·화살 등은 급히 수선하고 그것에 소용된 물력(物力)은 마을마다 공평하게 변통하여 처리할 것.

一. 중군(中軍)은 향촌 전체에서 그것을 감당할 만한 자를 가려서 뽑아 무기를 엄중히 단속하고 군호(軍號)를 내며 명령을 시행할 것.

一. 읍촌에서 만약 집을 떠난 자가 있으면 그 면과 리에서 적발하여 집을 허물

---

* 변경이나 군사요지에 설치해 군량에 충당하던 토지를 말한다. 농사도 짓고 전쟁도 수행한다는 취지 하에 부근의 황무지를 개간, 경작해 군량을 현지에서 조달함으로써 군량 운반의 수고를 덜고 국방을 충실히 수행하기 위한 것이다. 그러나 후대에는 관청의 경비를 보충하기 위해 설치한 토지도 둔전이라 하였다. 조선의 국법인 『경국대전』에는 전자를 국둔전(國屯田), 후자를 관둔전(官屯田)이라 하여 서로 구별하였다. 조선시대에는 각 궁과 관아에 속한 토지로 관노비나 일반 농민이 경작을 했으며, 그 소출의 일부를 거두어 경비로 사용하였다.

고 가재도구를 가지고 와서 읍내에 들어 군무(軍務)에 보태어 쓸 것.

ー. 군무에 소용되는 것과 무병(武兵) 및 포병(砲兵)의 방료(放料)와 전곡(錢穀)은 아전의 손에 들이지 말고, 향촌 전체에서 신망이 높고 일을 잘 아는 사람 2명을 뽑아 검사하고, 이교(吏校)는 문서만을 거행할 것.

ー. 영동(嶺東) 15개 면은 마을마다 매 호(戶)씩 각자 칼·창·총 등을 준비하고 일제히 규모를 갖추어 자신의 마을을 지키며 밤마다 순찰을 할 것. 만약 이웃 마을에 예기치 못한 변고가 있으면 힘을 모아 서로 구제할 것.

ー. 영서(嶺西) 각 면의 지사(知事)와 두민(頭民)을 불러다가 잘 타일러서 그들이 백성을 안심시켜 흩어지지 않고 편안하게 살도록 할 것.

ー. 각 역(驛)과 진(津) 및 산골마을에는 돌아오는 것을 받아들이지 말고, 5가를 1통으로 하고 20호를 1대로 하여 해당 두민(頭民)이 인솔해 와서 기다릴 것.

문장초 [文狀草]

삼가 준거하여 아뢸 것은, 본 관아의 신임부사는 아직 임소(任所)에 도착하지 않았고, 지난번에 동도를 몰아낸 이유는 글로 아뢰었습니다. 그랬더니 제사(題辭)에서 말하기를, "동도(東徒)가 당(黨)을 조직하고 접(接)을 설치하여 두려워하거나 거리낌이 없는 것이 어떻게 재물을 빼앗고 마을을 침탈하는 것뿐이겠는가? 심지어 관부(官府)를 위협하고 군기를 탈취하기를 끝이 없다는 소문은 이미 들었다. 그 못된 악습을 살펴보면 다만 화적을 다스리는 형률로만 해서 안 된다. 지금 백성들의 의거는 매우 가상하다. 바로 그 사실과 의거를 먼저 제기한 사람들의 이름을 상세히 조사하여 급히 보고하고 특별히 단속하여 저들이 경내에 들어와서 다시 소란을 피우는 일이 없도록 하라"고 하였습니다.

제사의 지시를 베껴 각 면의 대소의 민인(民人)들을 잘 타이르고 의거를 먼저 제창한 사람의 이름과 현장의 사실을 차례대로 급히 보고할 생각입니다.

본 관아의 대화면(大和面)은 읍의 관아에서 멀리 떨어져 있고 한양과 감영으로 가는 길목으로 공납(貢納)의 진상(進上)과 문첩(文牒)의 운송이 계속해서 끊이지 않습니다. 해당 면의 구도미(九道味)에 사는 김상오(金相五), 사전(士田)에 사는 공계정(孔啓正), 안미(鴈尾)에 사는 전순길(全順吉), 계촌(桂村)에 사는 손영팔(孫永八), 평창(平昌)의 진사(進士) 박재회(朴載會) 등이 동도라고 칭하며 본읍에서 그들을 몰아낸 것에 반감을 품어 군호(軍號)로 도당(徒黨)을 모으며 포수(砲手)를 모집해서 복수를 하러 영동(嶺東)을 공격할 계획이 있을 뿐만 아니라 영동 사람들을 왕래하지 못하게 하겠다고 합니다. 진상(進上)과 상납(上納) 및 각양의 문첩을 전달할 수가 없습니다. 또한 그중에 영월·평창·정선의 3개 읍은 죽음을 당한 친척들이 난류(亂類)와 결탁하였고, 영서(嶺西)지역에 머물고 있습니다. 영동 사람이 맞는 봉변을 당하는 일이 간혹 있고 끝내는 살해하려는 태도가 있는 것을 보면 이 불법한 부류와 비슷합니다. 읍에서 바로 잡아다가 훗날의 폐단을 막아야 하지만 본관(本官)에서는 그것을 감당할 수 없어서 이에 사실을 적어 글로 아룁니다. 위에서 말한 5명을 잡아들여 순영의 뜰에서 엄중히 징계하여 폐단을 막고 그 밖의 폐단을 저지르는 난류를 모두 몰아내어 이 영동 사람들이 편안한 땅으로 여길 수 있도록 해주시기 바랍니다.

　1894년 9월 26일 글로 순영에 보고합니다.

1894년 9월 ○일에 겸관에게 보고하는 글 [甲午九月日 報兼官道]

순영(巡營)의 제사(題辭)에 의하면, "신임부사는 조사(朝辭)를 생략하고 임소(任所)에 가는 즉시 포수를 모집하여 영서의 동도를 일일이 잡아 가두고 보고하라. 또한, 기세를 몰아 영월·평창·정선 등의 동학 무리를 몰아내어 영구히 해를 제거하라"고 하였습니다.

유향소의 좌수가 첩보하는 일 [留鄕座首爲牒報事]

방금 도착한 전령(傳令)에 의하면, "동도를 몰아낸 일을 첩보하라"고 하였습니다. 순영의 제사에 의하면, "말을 타고 군기를 소지한 채 관아에 들어와서 삼정(三政)을 고치고 관원과 백성에게 형벌을 가하여 옥에 가두니 그 밖의 약탈은 말할 거를이 있겠는가? 그들이 강상(綱常)을 거스르고 법을 무시하는 것은 강도에 그치지 않는다. 강도가 사람을 대적하면 사람들은 모두 잡아서 죽이려고 하는데, 더욱이 강도에 비할 데가 없는 자들에게 있어서야 어떠하겠는가? 백성들이 의거를 일으켜 그들을 박살낸 것은 매우 가상하다. 의거를 먼저 제기한 사람과 현장의 사실을 즉시 상세하게 보고하고, 빼앗은 창과 총은 숫자를 대조하여 관아에 들이며 말은 원래 주인을 찾아서 돌려주라. 부상을 입은 백성에게는 감영의 수납 중에서 넉넉히 주어 치료를 하게 하고 나중에 형편을 보고하라"고 하셨습니다. 당초의 사실은 이미 급히 감영에 보고하였습니다.

이번 달 4일에 평창의 전 좌수 이치택(李致澤), 이름을 알수 없는 권지관(權地官), 진사 박재회(朴載會), 영월의 이름을 알수 없는 나교장(羅敎長), 삼척(三陟)의 황찰방(黃察訪), 정선(旌善)과 여량역(餘糧驛)의 지왈길(池曰吉), 본 관아 대화면(大和面)의 김상오(金相五)·공계정(孔啓正)·김순길(金順吉)·손영팔(孫永八) 등이 동학을 칭하면서 영월·평창·정선 등의 3개 읍에서 수천여 명을 이끌었습니다.

먼저 노문(路文)을 내면 도착할 때에 지나가는 곳의 인접한 도로에서 말을 빼앗아 타고 총과 칼을 가져갔으며 포를 쏘고 관아에 들어가 공해(公廨)를 점거하여 4~5일을 머물렀습니다. 향촌의 두민(頭民)을 불러들여 군세(軍稅)와 적세(糴稅) 등의 삼정을 마음대로 삭감하였고 요호(饒戶)를 잡아가서 재물과 전답 문서를 요구하였으며 관원과 백성을 구타하고 잡아다가 옥에 가두었습니다. 민간의 송사(訟詞)를 쉽게 처결하고 주리를 트는 형벌로 위협하여 군기를 빼앗으려고 했습니다. 읍촌에서의 못된 짓이 끝이 없으니 그 광경을 상상하면 화적이 분명할 뿐만 아니라 그들이 말하는 접(接)의 이름이 각각 달라서 도착한 순서를 따지고 서로 접의 이름을 부르면서 시비(是非)가 어수선합니다. 마침 그때에 군사를 징발하여 토벌하라는 감영의 감결(甘結)이 도착했기 때문에 유향소의 수교(首校)와 공형이 그들에게 감사(甘辭)를 내려서 타일렀습니다. 이어서 다시 민간에 명령을 내려 단단히 경계하였습니다.

각 면(面)의 대소 민인 4,000~5,000명이 울분을 참지 못하고 이 달 7일 술시(戌

時)쯤에 의병을 일으켜 일제히 일어나 한꺼번에 읍에 들어왔고, 관아의 백성들도 의기(義氣)를 내어 힘을 합하여 그들의 죄를 성토하였습니다. 그들을 몰아낼 때에 현장에서 죽인 자가 20명이고, 부상을 당한 뒤에 도주하다가 죽은 자가 수십여 명이며 본읍의 백성들 중에 다친 자는 이루 셀 수가 없습니다. 빼앗은 총은 7자루이고 창은 157자루이며 말은 3필입니다. 부상을 당한 읍촌의 백성들은 여러 가지 방법으로 치료를 하여 거의 죽음을 면할 지경이 되었으나 감영의 물품으로 치료를 도와주는 것은 관아가 비어 마음대로 거행하기가 어렵기 때문에 감영의 처분을 기다리고 있습니다. 빼앗은 창과 총은 숫자를 대조하여 관아에 들였고, 말은 원래 주인이 찾으러 오는 것을 기다렸다가 내어 줄 계획입니다. 의거를 먼저 제기한 사람과 매우 심하게 다친 백성들의 이름을 모두 적어서 성책(成册)하여 올려 보내고 연유를 첩보합니다.

　　1894년 9월 일 겸관 사또에게 보고합니다.

후록 [後]

수창인(首倡人) 좌수 유학(幼學) 최동집(崔東集)

의거인(義擧人) 중군 출신(出身) 이진석(李震錫), 유학 박동의(朴東儀)

9월 29일 순영에 보고하는 글 [九月卄九日 文告 巡營]

회제(回題)가 도착하였는데, 동도를 몰아낸 일은 순영문에서 이미 의거를 일으킨 사람의 성명을 보고하라는 제사(題辭)가 있어 일일이 그것에 합당한 사람을 지적하여 그 이름을 적었습니다. 혹 사실과 맞지 않아도 함부로 바꾸기가 어려워서 보고합니다.

　　삼가 이것에 준거하여 아뢸 것은, 본 관아의 부사께서는 아직 부임한 곳에 오지 않았고, 본 관아의 군기 수리는 이미 오래되어 조총과 활 및 화살 등이 많이 파손되어 쓸 수가 없기 때문에 마을에서 회의하여 재물 600냥을 마련해서 방금 수리하여 보충하였습니다. 그 연유를 글로 보고합니다.

9월 29일 글로 순영에 보고합니다.

관동소모사(關東召募使)를 본 관아의 부사(府使)로 임명한다.

1894년 10월

1894년 11월 1일 순영에 첩보 [甲午十一月初一日 牒巡營]

첩보(牒報)하는 일입니다. 지난 달 22일 진시(辰時), 오전 7~9시에 도착한 비감(秘甘) 내 감결의 내용을 요약한 것에 의하면, "홍천 현감의 보고를 지금 받아보니, '동학의 무리가 이번 달 12일 밤에 불을 질렀습니다. 괴수(魁首) 차기석(車箕錫)과 접주 박종백(朴鍾伯)이 무리를 이끌고 와서 강릉 사람들을 함부로 죽였습니다. 행패를 부린 놈들은 모두 본 현의 사람들이어서 현감이 검시(檢屍)할 몇 사람을 데리고 시신이 보관된 곳에 도착하니 몇백 명의 동학의 무리들이 각기 총과 창을 소지하고 시신을 둔 곳을 에워싸서 검시를 하지 못하게 하였다'라고 하였습니다. 이른바 동학의 무리가 강릉으로 방향을 바꿔 운지(雲地)에 머물러서 점점 도당을 모으고 아직 해산하지 않고 있습니다. 포(砲)가 형편없고 교졸(校卒)이 열악한 본 읍으로서는 토벌할 계책이 전혀 없으니 특별히 강릉 관아에 관문을 내어 힘을 합쳐 토벌하도록 해주시기 바랍니다"라고 하였습니다.

지금 동비(東匪)가 끝내 귀화(歸化)하지 않고 갈수록 어리석고 완고하며 매우 극악합니다. 본 관아에서 포군(砲軍)을 징발하여 힘을 합쳐 토벌하는 것이 마땅하여 감사(甘辭)에 따라 그날 미시(未時), 오후 1~3시쯤에 본 관아의 중군(中軍) 이진석(李震錫)과 전 감찰 이영찬(李永燦)을 영수(領首)로 차출하였습니다. 그리고 그들로 하여금 포군과 읍하군(邑下軍) 150여 명을 이끌고 가서 영서의 군정과 힘을 합쳐 봉평(蓬坪) 내면(內面)의 동도들을 토벌하도록 단단히 타일러서 보냈습니다.

10월 28일에 중군 이진석과 영수 이영찬의 보고에 의하면, "봉평 비도의 괴수 윤태열(尹泰烈)과 같은 패거리 이창문(李昌文)·김대영(金大永)·김희열(金喜烈)·용하경(龍河京)·오순영(吳順永)·이화규(李和奎) 등 7명은 사람들의 분노가 격발하여 그 자리에서 총을 쏴서 죽였고, 나머지 도망간 적들은 특별히 추격하여 체포한 뒤에 내면(內面)으로 방향을 바꿀 계획입니다. 본 관아의 전 좌수 김상연(金商演)은 지난 번 9월 7일에 동학의 무리를 쫓아낼 때에 중군으로 그 일을 거행한 자입니다. 그러나 집이 영서에 있어서 동도가 김상연과 아들 3명을 붙잡아 모두 산 채로 묻어 죽였기 때문에 시신을 그의 큰아들에게 내어주었다고 하였습니다. 동도가 얼마나 어리석고 완고한 무리인지 4부자의 목숨을 함부로 죽였다는 소식을 듣고 매우 놀랐습니다.

정선과 평창 2개 읍의 비도가 창궐하여 각기 읍내에 모였는데, 그 수가 몇 천 명에 이르러 기세가 대단하고 본 부로 향하려 한다는 소문이 무성합니다. 그래서 군정을 여러 곳의 요충지에 보내어 각별히 지키고 그들을 섬멸하려고 하지만 본읍의 형편으로는 이 비도들을 혼자 수색하여 토벌하기 어렵습니다. 평창과 정선의 2개 읍에 감결을 보내 함께 그들을 섬멸하도록 엄중히 타일러 주십시오. 또한 삼척부(三陟府)와 삼척진(三陟鎭)에 감결을 보내 군정을 징집하여 힘을 합쳐 토벌하도록 해주십시오. 그러나 어떻게 될지는 모르겠습니다. 그 뒤의 형편은 계속해서 빨리 보고할 계획입니다. 그 연유를 우선 빨리 보고합니다.

1894년 11월 1일 순영(巡營)에 첩보합니다.

1894년 11월 2일 술시에 양양에 보내는 관문 [甲午十一月初二日 戌時 關襄陽]

관동소모사(關東召募使)가 상고하는 일이다. 본부 영서의 봉평(蓬坪) 등에 있던 비도(匪徒)는 이미 토벌하여 괴수 7명을 잡은 뒤에 도망간 나머지 무리들을 모두 추적하여 체포하였다. 지금 비도들이 창궐(猖獗)하여 정선과 평창의 2개 읍에 모였다는 소식을 듣고 병사를 징발하여 토벌하려고 하는데, 본 부에 사는 유학 이석범(李錫範)은 이미 의거를 일으켜 병사를 모집하였다. 그래서 종사관으로 차출하여 임명장과 전령을 보낸다. 이번 달 6일까지 병정 300명을 이끌고 내려오되, 각각 병기를 가지고 기한 내에 보내라. 만약 기한을 어기고 오지 않으면 문책이 돌아갈 것이니 대수롭게 여기지 말고 유념하여 서둘러서 거행하며 관문(關文)이 도착하는 날에 바로 즉시 보고하라.

1894년 11월 2일 술시에 양양(襄陽)에 관문을 보낸다.

유학 이석범에게 보내는 전령 [傳令 幼學李錫範]

급히 거행할 일이다. 본관 영서(嶺西)지역의 비도(匪徒)는 이미 가서 토벌하여 괴수 7명을 잡아서 효수(梟首)한 뒤에 도망간 나머지 일당들도 모두 찾아내어 체포하였다. 지금 비도들이 창궐하여 정선과 평창의 2개 읍에 모인다는 소식을 듣고 병사를 징발하여 섬멸하려고 종사관 임명장을 보낸다. 이번 달 6일까지 병정 300명을 이끌고 내려오되, 각자 병기를 지니고 기한 내에 와서 기다려라. 만약 기한을 어겨, 내려와서 기다리지 않으면 군율(軍律)을 시행할 것이니 범상하게 여기지 말고 서둘러서 거행하라.

   1894년 11월 2일

1894년 11월 2일 상운찰방에게 보내는 관문 [甲午十一月初二日 關祥雲察訪]

관동소모사가 상고하는 일이다. 본관 영서의 봉평(蓬坪) 등지 비도는 이미 가서 토벌하였고, 괴수 8명은 잡아서 목을 벤 뒤에 도망간 나머지 무리는 모두 뒤를 밟아 체포하였다. 양양관아에 사는 유학 이석범에게 종사관 임명장을 보내니 병사 300명을 이끌고 이번 달 6일까지 와서 기다리도록 명령을 내려 단단히 타이르고, 말 1필을 바로 종사관이 있는 곳으로 보내어 기한 내에 와서 기다릴 수 있도록 하라.

   1894년 11월 2일 상운찰방에 관문을 보낸다.

1894년 11월 3일 겸관에 첩보하는 글 [甲午十一月初三日 牒兼]

첩보하는 일입니다. 본부 봉평과 내면(內面) 등지의 비도 7명은 총을 쏴서 죽였고 남은 무리들을 차례대로 몰아낼 일과 정선과 평창 2개 읍의 비도가 창궐하여 진영(鎭營)에 관문을 보내 힘을 합쳐 지켜야 하는 이유는 이미 첩보하였습니다.

   이달 2일에 중군 이진석의 첩보에 의하면, "봉평의 비도 정창해(鄭昌海)는 뒤를 밝아 잡아서 총을 쏘아 죽인 뒤에 동도 안영보(安永甫)와 김순복(金順卜) 2명도 잡았다고 하기에 엄중히 조사하여 심문을 하였더니, 안영보가 말한 것에 의하면, '그 자신의 동생인 영달(永達)이 동도에 참여하여 저 무리 속에 왕래하다가 관군이 토벌하는 날에 먼저 도망하여 그 자신이 대신 잡혀 왔다'고 하였습니다. 김순복이 말한 것에 의하면, '그 자신의 아들 성칠(成七)이 동학에 참가하여 난류(亂類)와 결탁해서 저 무리 속에 나타나다가 관군이 토벌할 때에 먼저 도망하여 향방을 알지 못해 그 자신이 대신 잡혀 와서 다른 변명이 없다'고 하였습니다. 그러나 지난 날 김상연 4부자를 잡아서 산 채로 묻어 죽인 것은 안영보와 안영달 형제가 중간에서 조종하지 않은 것이 없고, 영서 등의 지역에서 평민을 위협하여 비도의 명단에 들어가게 한 것은 김순복 부자(父子)가 하지 않은 것이 없다는 소문이 무성하니 그들이 말한 것을 실제로 믿기가 어렵습니다. 그래서 회제(回題)를 기다려서 거행하려고 관아의 옥에 엄중히 가두었습니다. 정선과 평창에 정탐(偵探)을 따로 파견했는데, 그 보고에 의하면, '정선읍에 모인 비도는 3,000여 명이고, 평창의 후평(後坪)에 모인 비도는 1,000여 명으로 기세가 대단하여 근심이 적지 않을 뿐만 아니라 그들이 장차 본 관아로 향하려 한다'고 합니다"라고 하였습니다. 읍을 방어하는데 날로 고심하여 군정을 각처의 요충지에 보내어 순찰하며 엄중히 지키게 하였고, 영서의 진부(珍富) 등의 지역은 중군 이진석으로 하여금 포군(砲軍)을 이끌고 가서 민정(民丁)과 함께 내면의 비도를 박멸한 뒤에 주둔하여 지키게 하였습니다. 대화(大和)는 본면의 포수와 민정을 징발하여 지키게 하였습니다. 그 연유를 먼저 첩보합니다.

1894년 11월 3일 겸관에 첩보합니다.

임계와 대화 2개 면의 집강과 풍헌 및 각 마을의 대소의 민인에게 보내는 전령 [傳令 臨溪大和面執綱風憲及各洞大小民시]

각별히 거행할 일이다. 동학의 일로 본 면의 여러 요충지에 포수와 면 내의 군정을 징집하여 각별하게 지켜서 비도(匪徒)들이 경내(境內)를 침범하지 못하도록 이미 명령을 내려 단단히 타일렀다. 소모사(召募使)를 맡아서 비도를 섬멸하고 지키는 일을 지난날보다 더욱 갑절이나 해야 하기 때문에 지금 삼척과 양양 및 삼척 진영에서 병사를 징발하여 본 관아의 군정과 함께 그들을 토벌하려고 한다. 본 면을 지키는데, 만약 허술하게 해서 저들이 경내에 들어오면 토벌하는 날에 옥석(玉石)을 함께 잃는 화를 모면하기 어려울 것이다. 이 점을 잘 유념해서 포수와 면내(面內)의 군정을 징집하여 각별히 지켜 잠시라도 소홀히 하는 경우가 없도록 하라.

　1894년 11월 3일

11월 3일 미시에 도착하여 받음 [同日 未時到付]

순영 중군 겸 도토포사(巡中軍兼都討捕使)가 상고하는 일이다. 근래에 비도가 소요를 일으켜서 백성이 견디기 어렵기 때문에 지금 순영문(巡營門)의 분부를 받들어 직접 포군(砲軍)을 이끌고 토벌에 나서려고 한다. 영서지역에 주둔하고 있는 본 관아의 포군 800명에게도 할 일이 있어 이에 관문을 보내니 관문이 도착하는 즉시 엄중히 타일러서 경계하고 특별히 단속하라. 이달 4일에 대화참에 당도할 것이다. 이 일은 기밀에 관련되니 반드시 화급하게 알려서 소홀히 하여 낭패스런 탄식에 이르지 않도록 해야 한다.

　1894년 11월 3일 오원참(烏原站)에서

　경내(境內)의 힘 꽤나 쓰는 사람인 선달(先達) 조자유(曺子由), 김성옹(金性翁), 김경화(金敬化), 김윤화(金允化) 등 4명에게 함께 가서 비도를 토벌하도록 알려라.

옥계 · 망상 · 자가곡 · 연곡 · 신리 · 사천에 보내는 전령 [傳令 玉溪望祥資可谷連谷新里沙川]

각별히 거행할 일이다. 소모사를 맡아 동비(東匪)를 섬멸하려고 지금 양양부와 삼척부 및 삼척 진영에 관문을 보냈다. 군병이 만약 본 면에 도착하면 접대하는 일은 각 마을의 임장(任掌)*을 불러 그 군병의 전체 숫자를 헤아려서 각별히 대접한 뒤에 그 형편을 보고하라.

1894년 11월 4일

행진중의 중군에게 보내는 전령 [傳令 行陣中軍]

유념하여 거행할 일이다. 지금 보고를 받아보니 군정을 이끌고 대화면에 나갔다고 하는데 지나가는 곳마다 군정들을 단속하여 백성에게 폐단이 없게 하고, 해당 면의 비류(匪類) 중에 귀화하지 않는 자가 있으면 모두 뒤를 밟아 체포해서 결박하여 잡아라. 또한 무리를 모은 자가 있으면 바로 섬멸하여 영원히 후환을 끊어 버려라. 거주하는 백성을 안정시키고 평창의 비도를 계속 염탐해서 정녕 흩어졌다면 많은 날을 지체하지 말고 바로 군대를 돌려라. 그러나 화약(火藥)을 만들어 저들에게 파는 놈들은 그 죄가 범비(犯匪)보다 더하니 바로 상세히 탐문(探問)하였다가 그들을 찾으면 시각을 지체하지 말고 성화같이 잡아들여서 처벌해야 할 일이다.

1894년 11월 4일

행진 중인 중군에게 보내는 전령 [傳令 行陣中軍]

급히 거행할 일이다. 지금 도착한 순영의 중군이 보낸 관문에 의하면, "근래에 비도가 소란을 피워서 백성이 견디기가 어렵기 때문에 지금 순영의 분부를 받들어 직접 포군을 이끌고 토벌을 나서려고 한다. 영서에 주둔하고 있는 본 관아의 포군 800명에게도 할 일이 있어 이에 관문을 보낸다. 관문이 도착하는 즉시 엄중히 타일러서 경계하고 특별히 단속하라. 이달 4일에 대화참(大和站)에 도착할 것

---

* 서울의 각 방(坊)이나 지방의 동리(洞里)에서 호적 및 기타의 공공사무를 맡아보던 사람을 말한다. 서울의 방(坊)에는 별문서와 별유사가 있고, 지방의 마을에는 면임(面任)·이임(里任)·감고(監考) 등이 있다.

이다. 이 일은 기밀에 관계되니 반드시 급속하게 알려서 소홀히 하여 낭패에 빠지지 않도록 해야 하므로 이에 전령을 보낸다. 일이 군무에 관계되니 시일을 잠시라도 지체해서는 안 된다. 통솔하는 포군과 군정은 한 명도 빠뜨리지 말고 모두 단속하여 대화참에 인솔하여 와서 지체하여 분란이 생기는 일이 없도록 하라"고 하였다.

　1894년 11월 4일

대화면의 집강과 풍헌에게 보내는 전령 [傳令 大和面執綱風憲]

급히 거행할 일이다. 동학을 토벌하는 일로 순영의 중영(中營)이 행군하여 본 면에 도착하였다고 하니 양식과 반찬 및 짚신 등을 각별히 공급한 뒤에 그 값을 어떻게 공전(公錢) 중에서 우선 융통했는지를 구별하여 급히 보고하라. 면 내에서도 군정을 많이 보내어 본 관아의 중군이 인솔하고 있는 군정과 힘을 합하여 동학의 무리를 토벌해서 소홀히 하여 크게 분란이 생기는 경우에 이르지 않도록 하라.

　1894년 11월 4일

각 면에 보내는 전령 [傳令 各面]

급히 바쳐야 할 일이다. 정선과 평창 2개 읍의 비도를 섬멸하려고 지금 양양과 삼척의 2개 읍에서 군정을 모집하였는데, 긴요한 것이 신발이다. 우선 준비해야 접대할 때의 군색함을 면할 수가 있다. 그러나 돈을 주어 사는 것은 시일이 지체될 뿐만 아니라 가게에서 내놓는 것은 몇 개에 지나지 않아 넉넉한 숫자를 사기가 어렵기 때문에 매 호(戶)마다 짚신 1켤레씩 배정하니 전령이 도착하는 대로 알려서 이달 6일 안으로 일제히 바쳐라. 그래서 크게 분란이 생기는 경우에 이르지 않도록 하라.

　1894년 11월 4일

각 면의 집강과 면임 및 출사장교에게 보내는 전령 [傳令 各面執綱及面任出使將校]

각별하게 거행할 일이다. 소모사를 맡아 동도를 섬멸하려고 지금 관문을 삼척부와 삼척진영에 보내 군사를 모으고 있다. 그 군병이 만약 본 면에 도착하거든 접대하는 일은 본 면에서 각 동(洞)의 임장(任掌)을 불러 그 군병의 전체 숫자를 헤아려 각별히 대접한 뒤에 그 형편을 보고하라.

1894년 11월 4일

행진 중인 중군에게 보내는 전령 [傳令 行陣中軍]

급히 거행할 일이다. 포군(砲軍)과 민정(民丁)을 이끌고 급히 대화면에 도착하도록 갑자기 명령을 내려 단단히 타일렀으니 영이 도착하는 대로 출사(出使)한 장색(將色; 지방 관아에서 군무(軍務)에 종사하는 하급 관원)과 함께 군대를 통솔하여 밤을 가리지 않고 거행하라. 그래서 잠시라도 지체하여 큰 분란이 생기는 처지에 이르지 않도록 하라.

1894년 11월 4일

대화면에 출사한 장색 및 포수들이 있는 곳에 보내는 전령 [傳令 大和面出使將色及砲手等處]

잘 알아서 거행할 일이다. 포군(砲軍)을 회군하는 일은 이미 전령을 내린 것이 있다. 오늘 미시에 도착한 순영 중영(中營)의 관문에 의하면, "본 관아의 포군을 대화에서 기다리라"고 하였다. 지금 보니 시일이 급박하다. 포군을 회군하여 모두 이끌고서 빨리 대화에 도착하고, 지체해서 분란이 생기는 처지에 이르지 않도록 하라.

1894년 11월 4일

1894년 11월 4일 순중영에 이첩함 [甲午十一月初四日 移牒巡中營]

첩보하는 일입니다. 이번 달 4일 미시에 도착한 관문에 의하면, "근래에 비도가 소요를 저질러 백성이 견디기 어렵기 때문에 지금 순영문(巡營門)의 분부를 받들어 직접 포군(砲軍)을 이끌고 토벌을 나섰다. 영서에 와서 머무르고 있는 본 관아의 포군 800명에게도 관문을 보내니 관문이 도착하는 즉시 엄중히 영을 내려 특별히 단속하고 이달 4일에 대화참에 당도해야한다. 이 일은 비밀에 관계되니 반드시 급속하게 알려서 소홀히 여겨 낭패에 이르지 않도록 하라"고 하였습니다. 본 관아의 중군 이진석은 포군 50명과 군정 수백 명을 인솔하여 진부(珍富) 등에 주둔하고 있습니다. 지금 도착한 관문의 내용이 이와 같기 때문에 중군 이진석에게 영을 내려 단단히 타일렀습니다. 포군과 군정을 모두 이끌고 밤을 가리지 않고 대화에 가서 기다리도록 이첩(移牒)하는 일입니다.

　1894년 11월 4일 순영 중영에 이첩하다.

부상의 반수와 접장에게 보내는 전령 [傳令 負商班首及接長]

급히 거행할 일이다. 정선에 모인 비도를 토벌하려고 내일 아침 일찍 군대를 출동시킨다고 하니 부상(負商) 중에 건장한 사람 30명에게 알려 기다리게 해서 식량을 운송하게 하라. 만약 지체하면 반수(班首), 부상의 우두머리와 접장(接長), 보부상의 하급조장은 군율을 모면하기 어려울 것이다. 감히 소홀히 여겨 후회하는 경우가 없도록 하라.

　1894년 11월 4일

1894년 11월 4일 강릉에서 [甲午十一月初四日 在江陵]

행 강릉대도호부사 겸 관동소모사(行江陵大都護府使兼關東召募使)가 상고하는 일이다. 비도를 섬멸하라는 의정부의 지시와 감영의 관문이 얼마나 엄중하며, 그것을 널리 받들어 알리는 방법으로 그들을 만나자마자 섬멸하지 않는 읍이 없었다. 그러나 본 군(郡)에 그 무리가 창궐하여 모두 모여서 별 어려움이 없이 난을 일으켜 인근 경내의 소요를 불러왔다는 소문을 듣고 매우 개탄하였다. 그들을 토벌하는 것을 잠시라도 늦출 수 없기 때문에 지금 양양과 삼척의 2개 읍에서 병정을 모아 본 관아의 군포(軍砲)와 함께 하루 안에 토벌하도록 하였다. 본 군에서도 포군을 징발하여 형세에 따라 대응하여 비도를 모두 없애고 저들의 동정을 상세히 탐문하여 빨리 보고해야 할 것이다. 이 일은 기밀에 관계되니 충분히 신중하게 거행하여 어기지 않도록 하라. 관문이 도착하는 대로 거행하고 그 형편을 먼저 빨리 보고하라.

　1894년 11월 4일 강릉에서

임계면 집강과 면임 및 각 동의 임장 그리고 출사한 장색에게 보내는 전령 [傳令 臨溪面執綱面任及各洞任掌及出使將色]

각별히 거행할 일이다. 지금 정선의 비도가 창궐하기 때문에 읍에서 군정을 각처의 요충지에 보내어 토벌한다고 하기에 본 면(面)의 각 동(洞)에서 백성을 징발하여 일제히 행진소(行陣所)에 와서 힘을 합쳐 지키게 하였다. 만약 한 마을이라도 불응하는 곳이 있다면 해당 마을의 임장(任掌)에게는 군율을 시행할 것이다. 이것을 유념하여 거행해서 후회하거나 죄를 범하는 처지에 이르지 않도록 하라.

　1894년 11월 5일

옥계면 집강과 면임 및 각 동의 임장 그리고 출사한 장색에게 보내는 전령 [傳令 玉溪面執綱面任及各洞任掌出使將色]

각별히 거행할 일이다. 지금 정선의 비도가 창궐하기 때문에 읍에서 군정을 각처의 요충지에 보내어 토벌한다고 하기에 본 면의 산계령(山溪嶺)은 바로 임계면에서 비도들이 다니는 요충지인데 지금 지키지 않으면 앞으로 생기는 분란은 어떠하겠는가? 군정을 징발하여 엄중히 타이르고 만약 한 마을이라도 불응하는 곳이 있으면 해당 마을의 임장에게는 군율을 시행할 것이다. 이것을 유념하여 거행해서 후회하거나 죄를 범하는 처지에 이르지 않도록 하라.

　11월 5일

1894년 11월 5일 진시에 도착함 [甲午十一月初五日 辰時 到]

지금 동도가 충주와 제천(堤川) 사이에서 많이 흩어졌다는 소식을 들었는데, 본 관아의 경내에 들어오지는 않았는지 생각되니 읍에서 반드시 지키고, 또한 그 들을 섬멸할 거동이 있어야 할 것이다. 순영문에서 남은 무리들을 추격하여 체포하려고 순영의 중군을 내려 보낸다. 혹시 영서의 본 관아가 지키는 곳에서 서로 만난다면 포군(砲軍)을 징발하여 그 순영 중군의 지휘를 따라 협력하여 서로 구제하도록 시급히 토벌 나간 관군에게 영을 내려 단단히 타일러라. 그리고 그 형편을 보고하라.

　11월 1일 감영에서

1894년 11월 5일 진시에 도착한 순영의 전령 [同時 到巡營傳令]

동도를 섬멸하고 체포하러 순영 중영(中營)이 지금 본 관아의 영서지역으로 내려가서 포군을 징발하여 그 순영 중군의 명령을 따라 거행하도록 먼저 본 관아에 감결을 보내 타일렀었다. 중군이 경내에 도착하는 날에 지키던 포수 중에서 순영 중군에게 부릴 만한 인원을 적당히 징발하여 떼어주고, 만약 적의 경고를 만나면 힘을 합쳐 섬멸하여 소홀히 해서 놓치는 폐단이 없도록 하라. 그 거행한 상황을 먼저 즉시 수본(手本)으로 보고하라.

　11월 1일 감영에서

1894년 11월 5일 양양에 보내는 감결 [甲午十一月初五日 甘結襄陽]

정선과 평창 2개 읍의 동비를 섬멸할 때에 이석범으로 하여금 병정 300명을 이끌고 오라는 지시는 이미 관문으로 알렸으며, 이달 4일에 순영 중영이 대화에 도착하여 본 관아로 하여금 포군 800명을 보내어 주둔하고 있는 진중에 합류하게 하였다. 일본군 2개 중대가 내려와서 양쪽에서 그들을 섬멸하려고 했기 때문에 다시 군정 1대(隊)를 뽑아 요충지를 지키게 하고 다른 1대는 정선읍의 요충지를 바로 공격하게 했다. 동서에서 공격하여 토벌하는 시점에 행군을 잠시라도 지체해서는 안 된다. 기한 내에 영군감관이방(領軍監官吏房; 군사를 영솔하고 돈과 곡식의 출납을 맡은 아전)을 따로 정하여 300명의 군정을 인솔하여 밤을 가리지 않고 와서 기한을 어겨 분란이 생기는 경우가 없도록 하라.

1894년 11월 5일 양양에 감결을 보낸다.

유학 김윤화에게 보내는 전령 [傳令 幼學金允化]

대솔군관(帶率軍官)에 천거했으니 빨리 와서 임무를 맡는 것이 옳겠다.

양양 작청에 회답 [襄陽作廳 回納]

보내준 통문은 잘 살폈다. 지금 평창과 정선의 비도가 모여서 난리를 일으켜 그 기세가 대단하여 순영(巡營)에서 따로 순영중군도토포사(巡營中軍都討捕使)를 정해 병정을 이끌고 일본군 2개 중대와 함께 이달 3일에 운교참(云交站)에 이르렀다. 읍의 포군(砲軍) 800명을 이끌고 대화참에 오라는 지시가 내려왔기 때문에 어제 신시(申時)에 영서의 유진중군(留陣中軍)으로 하여금 정해진 숫자대로 병정을 이끌고 와서 협력하여 정선과 평창 등지의 적을 토벌하게 하였다. 그리고 다시 읍에서 크게 영동의 군병을 보내고 내일 먼동이 틀 때에 정선읍으로 병정을 보내려고 한다. 그대들 읍의 군병 300명 중에 만약 기한을 넘겨 오지 않거나 몇 명을 누락하는 폐단이 있다면 종사관과 영군(領軍) 및 막료(幕僚)의 분란은 어느 지경에 이르게 될지 모르겠다. 이것을 유념한 뒤에 밤을 가리지 않고 병정을 징발하여 정해진 숫자대로 와서 기다려 제때에 도착하지 않는 잘못이 없도록 하라. 막중한 군무와 시급한 공사(公事)를 전달하여 바치는 것이 어찌 이처럼 소홀할 수 있는가? 다시는 이와 같이 하지 말라. 소모사 사또께서 공무를 집행하신 뒤에도 명령이 엄중하여 만약 죄를 범하면 조금도 용서하지 않으셨다. 늘 공명정대한 태도로 임하시는데, 아래에서 거행하는 것은 참으로 매우 송구스럽다. 이것을 잘 알아서 후회하는 처지에 이르지 않도록 하라. 사통(私通).

1894년 11월 5일 미시

1894년 11월 5일 유시에 간성군에 보낸 관문 [甲午十一月初五日 酉時 關杆城郡]

행 강릉대도호부사 겸 관동소모사(行江陵大都護府使兼關東召募使)가 상고하는 일이다. 본 부의 봉평 내면의 비도가 창궐하여 폐단을 일으켰기 때문에 본 관아에서 병사를 징집하여 섬멸하고 적의 괴수 9명을 잡아 목을 베어 사람들을 경계하였다. 도망간 남은 무리들은 해당 면에서 포수가 한편으로 모두 잡아 죽였고 중군 이진석이 이끌던 군병은 대화로 바로 향하여 순영 중군의 행진을 맞이하고 일본병사와 힘을 합쳐 평창과 정선 2개 읍의 비도를 토벌하였다. 그리고 삼척과 양양에서 병정을 소집하여 동서로 나누어 보내어 토벌하게 한 것에 대하여 봉평면 영군대장(領軍隊長) 강우서(姜羽西)의 수본에 의하면, "내면의 괴수 차기석이 몰래 기린(麒獜), 인제, 양양(襄陽), 간성(杆城) 등에 통문을 보내고 군호(軍號)로 비도를 모아 봉평을 도륙하려 한다고 해서 특별히 병정을 징집하여 우선 방비한다고 하므로 이에 관문을 보냅니다"라고 하였다. 본 군에 있는 비류는 군포(軍砲)를 많이 보내어 한꺼번에 토벌하라. 일이 시급하고 긴밀하니 잠시도 지체하지 말고 성화같이 거행하여 내면의 비류와 호응하지 못하도록 하고 그 거행한 형편을 바로 빨리 보고하라.

1894년 11월 5일 유시(酉時)에 간성군에 관문을 보낸다.

진부의 유진영관에게 보내는 전령 [傳令 珍富留陣領官]

각별히 거행할 일이다. 지금 봉평대장의 수본을 보니, 비도들의 괴수 차(車), (차기석)와 정(鄭) 2명이 내면 등지에서 무리를 모아 폐단이 많다고 하기 때문에 이에 명령을 내려 엄중히 경계한다. 계속 봉평과 내면을 탐문해 보니 비도들의 기세가 대단하다. 진부(珍富)와 도암(道巖) 2개 면의 포군(砲軍)을 징집하여 민정과 함께 합세하여 저들을 섬멸하도록 하고, 사로잡은 임용문(林龍文)은 중군이 돌아올 때에 목을 베어 사람들을 경계하라. 만약 원괴(元魁) 몇 명을 잡으면 진중에서 결박하여 사로잡아 와서 법에 따라 처벌하라.

1894년 11월 5일 술시

소모종사관 박동의에게 보내는 전령 [傳令 召募從事官朴東儀]

각별히 거행할 일이다. 곧 진부 집강소의 보고를 보니, "봉평대장 강위서(姜渭瑞)가 내면에 들어갔는데 1리(里) 창촌(倉村)에서 동도에 패했다고 하였으니 정말로 보고대로라면 매우 안타깝습니다. 그래서 특별히 지시를 내렸습니다. 중군이 군사를 돌릴때 봉평에서 보낸 포수는 각기 집으로 돌려 보냈습니다." 하였다. 법령이 있는데 어찌 용납하랴. 이와 같이 엄히 지시한다. 두 면의 포군은 급히 봉평에 들어가서 호응하여 위급을 구할 것이며 진부 도암 두 면의 민정을 넉넉하게 모아 뒤따라 영솔하여 빨리 그 면으로 가서 모여 있는 비도를 힘을 합해 초멸하라. 영서 각 면의 비도를 토벌하는 것을 오로지 맡아 받들고 기어코 실효가 있다면 마땅히 순무영에 보고하여 공로를 포창할 것이다. 이를 알아 각별히 거행하라.

1894년 11월 7일 진시

전령 [傳令]

알아서 거행할 일이다. 내면의 비도가 모여 소요를 일으켜서 강위서가 인솔한 군정이 1리 창촌 아래에 이르러 패배를 당했다는 진부면 집강의 보고는 과연 보고한 말과 같았다. 그곳을 지키고 그들을 섬멸하는 것이 매우 시급하니 진부와 도암 2개 면의 포군과 민정을 일제히 징발하여 소모종사관의 처소에서 기다리게 하라. 그리고 진부와 도암 2개 면의 포수는 바로 내면에 들어가 기세를 모아 그들을 몰아내라는 뜻을 중군이 이미 잘 알고 있으리라 생각되는데, 지금 들으니 각자 자기 집으로 돌아갔다고 하는 것은 무슨 도리인가? 이 일은 군무에 관계되니 이처럼 소홀하게 해서는 안 된다. 바로 종사관에게 전령을 보내니 지체하여 크게 분란이 생기는 처지에 이르지 않도록 하라.

1894년 11월 7일

연곡 · 신리 · 옥계 · 망상에 보내는 전령 [傳令 連谷新里玉溪望祥]

잘 알아서 거행할 일이다. 지금 내면의 비도가 모이고 흩어지는 것이 일정하지 않고, 분란과 소요가 갈수록 심하다. 그래서 포군과 민정을 징발하여 지금 몰아내면 저들이 각처로 흩어지는 것은 필연적인 행세이다. 요충지를 지키는데 더욱 신중해야 하기 때문에 본 면의 유학 권직현(權稷顯)과 유학 최진구(崔鎭九)를 모두 소모종사관으로 차출한다. 각 면(面)에서 포수와 궁수 10명, 창수 40명씩을 양반과 상놈을 가리지 말고 차출해서 인솔하여 우선 진고치(眞古峙)와 부연치(釜淵峙)의 요충지를 각별히 지키되 소홀히 하여 나중에 탄식하는 일이 없도록 하라. 내면의 어리석고 몽매한 백성 중에 비도에 참가한 자가 있으면 잘 타일러서 귀화시키고, 동학에 미혹되어 감염된 자는 즉시 잡아들여 법에 따라 처리해야 할 것이다. 모두 군무에 관계된 것이니 신중히 하고 충분히 단속해서 시급히 거행하라. 각 점주(店主)의 성명도 바로 빨리 보고하여 그것에 근거하여 살피도록 하고, 군정의 식량은 면내(面內) 각 통(統)의 환호(還戶; 곡식을 꾸어주었다가 이자를 받고 거두어 들이는 환상미를 낼 호구)에 적절하게 헤아려서 분배하여 대접하게 하라.

　　1894년 11월 7일

후록 [後]

연곡 포수 10명 · 창수 40명

신리 궁수 10명 · 창수 40명

　　모두 50명을 차출할 때에 30명은 왕현(王峴) 이상에서 군정을 뽑고, 20명은 왕현 이하 영진(領津) 이상에서 뽑아 각별히 여러 곳의 요충지를 지킬 것.

　　양식은 본면 각 통(統)의 환호와 촌역(村驛)의 통에 공평하게 분배하여 군정을 접대하게 하고 혹 지나치게 배정하여 원망을 하는 일이 없도록 할 것.

소모종사관 권익현에게 보내는 전령 [傳令 召募從事官權益顯]

잘 알아서 거행할 일이다. 연곡과 신리 2개 면의 궁수 · 포수 · 창수 100명을 인솔해서 각별히 진고현과 부연치를 지키다가 도망가는 비류가 경내를 침범하면 낱낱이 뒤를 밟아 결박해서 잡아들여 법에 따라 처벌하라. 그리고 올해 집강의 공무도 수행하고 사직하지 말아야 한다.

　　1894년 11월 7일

옥계와 망상 2개 면의 소모종사관에게 보내는 전령 [傳令 玉溪望祥兩面召募從事官]

잘 알아서 거행할 일이다. 근래에 동도가 4곳에 더욱 만연하여 지금 섬멸하려고 영관(領官)을 차출하니 면내에서 창수와 포수를 많이 징발하여 인솔해서 산계령(山溪嶺)과 삼척의 통행로를 지켜라. 군량을 공급하는 일은 모두 지시에 따라 적당히 분배한 뒤에 그것을 거행한 전말을 먼저 즉각 보고하라.

　　1894년 11월 7일

행군영관에게 보내는 전령 [傳令 行軍領官]

잘 알아서 거행할 일이다. 포수 20명과 창수 20명을 중군을 시켜 지금 보낸다고 하니 합세하여 임계에 주둔하고 각별히 지켜서 조금이라도 소홀히 하는 경우가 없도록 하라.

　　1894년 11월 8일

1894년 11월 8일 삼척부사에게 보내는 관문 [甲午十一月初八日 關 三陟府使]

상고할 일이다. 지금 본 관아 임계면에 출사한 장색의 수본을 보니 삼척 도상면(道上面) 유천동(柳川洞)의 비도들과 정선의 대전(大田) 및 궁전곡(弓田谷)에 있는 비도가 합세하여 정선과 삼척 2개 읍의 경계를 왕래한다고 한다. 본 관아의 군정을 하루가 가기 전에 많이 징발하여 강릉으로 가지 못하게 하라. 죽치(竹峙)에 행군하여 적도(賊徒)가 있는 곳을 한번 상세히 탐문하고 시급히 섬멸하여 잠시라도 소홀히 하는 폐단이 없도록 하고, 군정을 보낸 형편을 먼저 바로 보고하라.

　　1894년 11월 8일 삼척부사에게 관문을 보낸다.

전령 [傳令]

급히 거행할 일이다. 봉평의 비도를 지금 막 몰아내고 7명의 괴수를 잡아 효수하였으니 읍에서는 방비를 전보다 갑절이나 해야 할 것이다. 또 근래에 정선과 평창 2개 읍의 비도가 창궐하여 모였다는 소문이 낭자하니 그들을 방어하는 계책은 포병보다 긴요한 것이 없다. 그래서 읍에서는 마땅히 포(砲)를 설치하고 번(番)을 서는 일이 있어야 한다. 우선 방비할 때에 포군 300명을 관아 부근의 11면에서 통(統)마다 3명씩 배정하여 차출하고, 통마다 포수 3명씩을 다음 달 3일까지 해당 면의 임장과 통수(統首)가 인솔하여 와서 기다려라. 포(砲)가 없는 통은 반드시 건장한 자를 뽑아서 고립(雇立; 돈을 주고 다른 사람을 대신 보내어 군역(軍役)이나 부역(賦役)을 치르게 하는 것)하게 하라. 만약 명령을 어기고 오지 않으면 해당 통수와 임장에게는 군율을 시행할 것이니 대수롭게 여기지 말고 빠르게 거행하여 후회하는 처지에 이르지 않도록 하라.

1894년 11월 8일

진부면 집강과 풍헌 및 대소 민인에게 보내는 전령 [傳令 珍富面執綱及風憲大小民시]

잘 알아서 거행할 일이다. 비도를 방어할 때 본 면 속사리(束沙里)에 사는 참군(參軍) 홍종우(洪鍾愚)를 소모종사관으로 차출하고, 본 면 방내(防內)에 사는 전 만호(前萬戶) 홍인범(洪仁範)과 하거문리(下巨文里)에 사는 출신(出身) 임원호(任源鎬)를 솔군대장(率軍隊長)으로 차출하여 임명장을 보낸다. 면내(面內) 각 동(洞)의 민정을 모두 전령과 후록한 것에 따라 바로 뽑아서 각별히 지킨 뒤에 그 형편을 즉시 보고하라.

1894년 11월 8일

후록 [後]

대장(隊長) 홍인범(洪仁凡)은 군정 200명을 이끌고 방내(防內)를 지키고 군정은 상진부(上珍富) · 하진부(下珍富) · 탑동(榻洞) · 병내(瓶內) · 월정가(月精街) · 직동(直洞) 부근의 각 마을에서 차출할 것.

대장 임원호는 군정 200명을 이끌고 모로치(毛老峙)를 지키고, 군정은 상거문리(上巨文里) · 하거문리(下巨文里) · 신기(新基) · 마평(馬坪) · 장전(長前) · 막동(幕洞) · 후동(後洞) · 인락원(仁樂院) 부근의 각 마을에서 차출할 것.

소모종사관 홍종우는 군정 200명을 이끌고 은두령(銀頭嶺)을 지키고, 군정은 속사리와 도사동(都事洞) 내외 및 입석(立石) 부근의 각 마을에서 차출할 것.

도암면 집강과 존위 및 대소 민인에게 보내는 전령 [傳令 道岩面執綱及尊位大小民人]

잘 알아서 거행할 일이다. 비도를 방어할 때에 본 면의 병내(瓶內)에 사는 유학 최보경(崔普敬)과 이야지(梨野池)에 사는 권정문(權正文)을 소모종사관으로 차출하여 임명장을 보낸다. 면내 각 마을의 백성을 전령과 후록에 따라 바로 뽑아서 각별히 지키고, 그 형편을 즉시 보고하라.

1894년 11월 8일

후록 [後]

종사관 최보경은 군정 200명을 인솔하여 월정가를 지키고, 군정은 미면(米面) · 호명(虎鳴) · 유목정(楡木亭)과 부근의 각 마을에서 차출할 것.

종사관 권인규(權仁圭)는 군정 200명을 인솔하여 횡계(橫溪)를 지키고, 군정은 부근의 각 마을에서 차출할 것.

1894년 11월 8일 양양에 보내는 감결 [甲午十一月初八日 甘結襄陽]

지금 동비들이 도처에서 분란을 일으킨다는 소식을 들으니 매우 애통하다. 청두(青頭)라는 땅은 본 관아의 접경지역으로 그곳을 지키는 일도 소홀히 해서는 안 된다. 인솔해 온 군정 외는 다시 명령을 기다렸다가 보내고, 경내의 건장한 군정을 많이 보내어 청두와 각처의 요충지를 엄중하게 지켜서 저들이 감히 접근하지 못하게 하며 형세를 보아 저들을 토벌하라. 소홀히 하지 않도록 하라.

1894년 11월 8일 양양에 감결을 보낸다.

소모종사관 박동의와 진부면 도집강 김윤희에게 보내는 전령 [傳令 召募從事官朴東儀珍富面都執綱金允熙]

잘 알아서 거행할 일이다. 지금 집강의 보고에 의하면, "봉평의 포수대장(砲手隊長) 강위서가 해당 면에 돌아왔는데, 창촌에서 부상을 당한 군정은 3명이고, 내면의 비도 수백 명이 민가 10여 호를 불태웠으며 찔러 죽인 민인도 10여 명이 된다"고 하였다. 비류의 행위가 갈수록 통탄스럽고 사람의 목숨까지 해쳤다는 소식을 들으니 매우 놀랍고 참담하다. 이들을 섬멸하는 것은 잠시도 늦춰서는 안된다. 2개 면의 포수 20명을 봉평에 보낼 때에 이미 장교(將校)를 보냈고, 연이어 포수들과 2개 면의 민정들을 엄중히 타일러 뒤에서 호응하여 성원하게 하였으며, 양양에 사는 종사관 이석범으로 하여금 포병(砲兵) 50여 명을 인솔하게 하여 지금 그들을 토벌하려고 출동하였다. 2개 면의 군정을 징발하여 각처의 요충지를 지키고 양양의 이종사관(李從事官), 이석범이 도착하기를 기다렸다가 각별히 영접하여 대접하라. 진부와 도암 2개 면의 포군은 출사한 장교를 시켜 우선 인솔하여 봉평으로 따라가도록 하였다. 군무를 거행하는 것은 매우 시급하니 그 형편을 계속해서 빨리 보고하여 그것에 의거하여 처리하도록 하라.

　1894년 11월 9일 진시

1894년 11월 9일 삼척진영에 보내는 관문 [甲午十一月初九日 關三陟鎭營]

상고할 일이다. 영월·평창·정선 등의 비도를 섬멸할 때에 순영 중군이 포군을 인솔하여 일본군과 함께 먼저 평창에 근거하고 있는 동도를 친 뒤에 정선읍으로 향하면 저들이 흩어져 도망쳐서 동쪽 길에 이르게 될 것은 필연적인 형세이다. 그러므로 본부에서는 이 달 6일에 군정을 보내 임계 등지를 지키고 또한 본진(本鎭), 삼척진영에서는 하장(下長)과 소달(所達) 2개 면을 엄중히 지키고 그들을 토벌하며 포군은 넉넉하게 준비하였다가 명령을 기다려 보내도록 하라.

1894년 11월 의정부의 관문 [甲午十一月 議政府]

강원도 행 강릉대도호부사(江原道行江陵大都護府使)가 첩보하는 일입니다. 본 부는 관동(關東)에서 진(鎭)을 주관하는 읍이나 본래 무기를 갖추거나 포군을 양성하는 폐단이 없었습니다. 지난 무진(戊辰), 1868년에 각 서원을 헐어버린 뒤에* 서원의 전답을 본부에 주어 포청(砲廳)을 만들고 번(番)을 서는 지방(支放)의 급료로 삼게 하였습니다. 지난 해에 이르러 총제영(摠制營)에서 관문을 보내어 포답(砲畓)의 복조(卜租)를 해영(該營), 총제영에 옮겨 상납하게 하여 포청은 저절로 혁파되고 포수도 따라서 흩어지게 되었습니다. 부사(府使)가 부임하여 지금 비도가 폐단을 저지르는 때를 만나서 포청(砲廳)을 다시 설치하여 방어를 준비하려는데, 급료를 마련할 방법이 달리 없을 뿐만 아니라 총제영이 이미 혁파되었습니다. 해당 답(畓)을 다시 본 관아에 돌려주어 예전대로 포군을 기르고 급료를 주어 그들로 하여금 지키도록 특별히 관문을 보냅니다. 그것을 거행한 연유를 사실에 근거하여 첩보합니다.

　1894년 11월 의정부

1894년 11월 9일 양양관아에 보내는 관문 [甲午十一月初九日 關 襄陽府]

행 강릉대도호부사 겸 관동소모사가 상고할 일이다. 지금 종사관이 인솔해 온 분의군병(奮義軍兵) 50명은 대장 장혁주(張爀周)로 하여금 비도가 있는 내면 운둔령(雲屯嶺)에 이끌고 가서 그들을 섬멸하게 하였다. 본 관아에 있는 별군관(別軍官) 50명도 바로 징발하여 종사관 이석범으로 구룡(九龍)·신배(新排)·응봉(鷹峰) 3곳의 고개에 가서 협공하도록 하라. 각 면의 군정들도 건장한 사람들을 많이 뽑아서 감관중군(監官中軍)과 영군이방(領軍吏房)을 따로 차정하여 뒤에서 호응하고 성원하여 힘을 합쳐 그들을 토벌해서 실효를 거둘 수 있게 하라. 그것을 거행한 형편을

＊　홍선대원군이 1868년 사액서원을 제외한 전국의 서원을 없애고 거기에 딸린 토지를 거두어 지방관아에 준 일을 말한다.

먼저 바로 보고하라.

　1894년 11월 9일 양양관아에 관문을 보낸다.

소모종사관 이석범에게 보내는 전령 [傳令 召募從事官李錫範]

각별히 거행할 일이다. 지금 인솔해서 온 분의군(奮義軍) 50명은 대장 장혁주에게 내면의 비도가 지나가는 곳으로 이끌어 가게 하고, 별군관 50명은 바로 인솔하여 구룡령(九龍嶺)·신배령(新排嶺)·응봉령(鷹峰嶺) 3곳으로 빨리 가서 협공하도록 하라. 영솔감관(領率監官)과 색리(色吏)들이 만약 그것을 거행하는 것을 지체한다면 군율을 시행할 것이니 엄중히 타일러서 거행하라. 각처에 모인 비도를 힘을 합쳐 섬멸하여 실효를 거둘 수 있도록 하라.

　1894년 11월 9일

양양관아 군무색리 [襄陽府 軍務色吏 記]

이제덕(李濟悳)·김동표(金東杓)·이순모(李淳謨)·김창하(金昌河)

소모군관 강위서에게 보내는 전령 [傳令 召募軍官姜渭瑞]

잘 알아서 거행할 일이다. 지금 봉평면 집강의 보고를 보니 인솔한 군정 중에 죽거나 다친 자가 8~9명에 이른다고 하는 것을 듣고 매우 참담하다. 죽은 자는 장례를 치러 주고 다친 자를 치료하도록 면(面)의 보고에 이미 답장했으니 각별히 돌봐 주라. 내면의 비도를 섬멸하러 양양의 포수 30여 명이 지금 길을 떠났으니 그들이 도착하는 날을 기다렸다가 힘을 합쳐 비도를 토벌하도록 하고, 진부와 도암의 포군 20여 명과 민정 가운데 건장한 자를 많이 뽑아서 보내어 뒤에서 호응하여 협공하라. 이것을 잘 알아 근실하게 거행하여 실효를 거둘 수 있도록 하고, 화약은 장색(將色)에게 보냈으니 대조해서 배분하여 쓰게 하라.

　1894년 11월 9일

행군영관과 부이방에게 보내는 전령 [傳令 行軍領官及副吏房]

지금 정선 군수의 보고를 보니, 비도가 도망가서 숨었다고 해도 이때를 이용하여 섬멸하는 것을 잠시라도 늦춰서는 안 되는데, 중도에서 군대를 돌렸으니 이것은 어찌 된 행동인지 모르겠다. 중군 및 이세완(李世完)과 함께 포군과 면정(面丁)을 인솔하여 밤을 가리지 않고 정선읍의 순영중군행진소(巡營中軍行陣所)에 빨리 가서 힘을 합쳐 변고에 대응하고 도망간 비도를 남김없이 토벌한 뒤에 돌아오라. 이처럼 명령을 내려 타이른 뒤에도 만약 그것을 거행하는 것을 소홀히 한다면 영군(領軍)과 이방(吏房)은 군율을 모면하기 어려울 것이다. 대수롭게 여기지 말고 유념하여 거행하라.

　1894년 11월 9일 해시(亥時)

중군에게 보내는 전령 [傳令 中軍]

지금 정선군수의 보고를 보니, 비도가 비록 도망가서 숨었다고 해도 이때를 이용하여 그들을 토벌하는 것을 잠시라도 늦춰서는 안 된다. 포군과 창수 및 민정을 인솔하여 밤을 가리지 않고 정선읍의 순영중군행진소(巡營中軍行陣所)에 달려가서 힘을 합쳐 그들을 섬멸하라.

　1894년 11월 9일 해시

연곡면 종사관 권익현과 신리면 종사관 최진구에게 보내는 전령 [傳令 連谷面從事官權益顯 新里面從事官崔鎭九]

각별히 거행할 일이다. 내면의 비도가 갈수록 창궐하여 읍에서 양양 포수 30명과 영서(嶺西) 포수를 보내니 힘을 합쳐 해당 면의 비도를 섬멸하고, 양양의 종사관 이석범을 보내어 포군과 창수를 인솔하여 해당 읍의 신배령과 응봉 등지에서 그들을 몰아 협공하도록 단단히 타일러서 보냈다. 적도가 4곳에서 쫓겨나면 반드시 본 면의 부연치와 전후치(前後峙)를 지날 것이니 본 면의 군정 중에 건강한 사람 100명씩을 인솔하여 총·창·활·화살 등을 소지해서 이달 12일까지 미리 부연치 등지에서 지키고 있다가 비도가 쫓겨나서 내려오면 그들을 섬멸하여 소홀함이 없도록 하라. 만약 시일이 지체되거나 제때에 거행하지 않으면 해당 임장은 결단코 군율을 모면하기 어려울 것이다. 심상하게 여기지 말고 유념해서 거행하여 소홀히 해 분란이 생기는 경우에 이르지 않도록 하라.

　　1894년 11월 10일

행군중군과 부이방 및 이세완·강동오에게 보내는 전령 [傳令 行軍中軍及副吏房李世完姜東五]

급히 거행할 일이다. 정선의 비도가 비록 도망가서 흩어졌다고 해도 어찌하여 신지(信地; 조선시대 군사용어로 미리 약속을 해서 만나는 지점으로 목적지라는 말)에 달려가서 적당(賊黨)의 거취를 보지 않고 갑자기 회군(回軍)을 계획할 수 있는가? 군령이 있는데, 오히려 이와 같은 것을 용납할 수 있는가? 완력이 대단한 전동원(全東元)을 따로 차정하여 명령을 내려 길을 재촉해서 보내어 포병과 창수 및 민정들을 인솔해서 신속하게 여량(餘良) 등지로 달려가 한편으로 그들의 근거지를 불태우고 다른 한편으로는 그들의 뒤를 밟아 체포하여 죄를 묻고 섬멸하라. 그 뒤에 정선읍에 순영 중군과 일본군이 도착하는 소식을 탐문하여 밤을 가리지 않고 정선군에 달려가 본부에서 군정을 보낸 위의(威儀)를 보여주라. 또한 바로 도망하여 숨은 나머지 무리들을 찾아내어 토벌한 뒤에 민심을 위로하고, 폐단이 없이 군사를 돌려 저들이 인근 경내에 귀화하여 머물러서 살 수 있도록 하라.

　　1894년 11월 10일

1894년 11월 일에 순사에게 첩보하는 글 [甲午十一月日 牒巡使]

첩보하는 일입니다. 이달 5일 진시에 도착한 감결에 의하면, "지금 동도가 충주와 제천 사이에서 패하여 흩어진 자가 많다고 들었다. 혹시 본 관아의 경내로 흘러 들어가지는 않았는지 생각되니 읍에서는 반드시 그들을 방비하고 또한 토벌하는 일이 있어야 할 것이다. 순영문에서 나머지 무리를 추격하여 체포할 때에 순영 중군을 내려 보내니 만약에 혹시 영서(嶺西)의 방비하는 곳에서 서로 만난다면 포군을 징발하여 순영 중군의 지휘에 따라 힘을 합쳐 서로 구제하도록 즉시 출토군관(出討軍官)에게 명령을 내려 단단히 타이르고 그 형편을 보고하라"고 하였습니다.

이달 4일 미시에 도착한 순영 중군 이문(移文)의 절해에 의하면, "근래에 비도가 소요를 일으켜서 지금 순영문의 분부를 받들어 직접 포군을 이끌고 그들을 잡으러 나왔는데, 영서에 주둔하고 있는 본 관아의 포군에게도 할 일이 있으니 신속하게 알려서 소홀히 하여 낭패에 이르지 않도록 하시오"라고 했기 때문에 봉평의 비도를 토벌하러 나온 중군 이진석에게 명령을 내려 본 관아의 임계면과 정선의 통행로를 지키고 순중군의 명령을 전적으로 따라 회군(回軍)하도록 단단히 타일렀습니다. 그래서 이달 7일에 포군을 인솔하여 정선읍에 가서 순영 중군과 함께 동서로 나누어 토벌하였으며, 봉평의 비도를 섬멸한 뒤에 내면의 비류를 추격하여 체포할 때에 봉평에 사는 강위서를 포군대장(砲軍隊長)으로 차출하고 해당 면의 포군을 인솔하여 가서 토벌하게 하였습니다.

강위서가 내면 1리 창촌에 달려들어 가서 동비가 각각 도망하여 흩어진 때에 차기석이란 놈이 몰래 산 위에서 무리를 모았다가 밤에 강위서의 진중(陣中)을 습격했는데 뜻밖에 일이라서 그들을 감당하지 못했습니다. 저들에게 죽임을 당한 자가 3명이고 다친 자가 8명에 이르렀고 패하여 돌아왔다고 합니다. 봉평면 집강의 보고뿐만 아니라 저들이 다시 무리를 모아 백성을 위협하고 자신의 당(黨)에 들어오지 않아서 그 사이에 해친 목숨이 60여 명이고 불을 지른 민가도 10여 호에 이릅니다. 그 패악한 행동은 용서할 여지가 없는데, 하물며 저들이 무리를 모아 당을 만들어 그 수가 적지 않다고 합니다. 이것을 미루어 보면 비도의 괴수인 차기석이 아직 내면에 있으면서 흉악한 행동을 꾸미고 저지르는 것은 정말로 의심할 수가 없습니다. 이에 한편으로는 경내에 남은 포군을 뽑고, 양양 관아에서 군정을 모집하였습니다. 양양관아의 유생인 이석범이 분의군병 50명을 인솔하여 왔기 때문에 바로 내면 등지로 보내어 본 읍의 포군과 함께 그들을 토벌하도록 하였습니다. 그 연유를 우선 함께 첩보합니다.

1894년 11월 일 순사에게 첩보합니다.

1894년 11월 10일 겸사와 의정부에 첩보하는 글 [甲午十一月初十日 牒兼使又報議政府]

행 강릉대도호부사(行江陵大都護府使)가 첩보할 일입니다. 본부는 관동의 주진(主鎭)
이나 본래 무기와 포군을 양성할 자금이 없었습니다. 지난 무진년에 각 서원을
철폐한 뒤에 그곳의 전답을 본 읍에 주어 포청을 설치하고 번(番)을 서는 지방(支
放)의 급료로 삼게 하였습니다. 지난해에 총제영에서 관문을 보내 포답(砲畓)의 복
조(卜租)를 총제영에 옮겨 바치게 하여 포청은 저절로 혁파되었고 포수도 따라서
흩어져 버렸습니다. 부사가 임소(任所)에 와서 지금 비도가 폐단을 저지르는 때를
만나 포청을 설치하고 방비를 갖추려는데 급료를 달리 마련할 방법이 없을 뿐만
이 아니라 총제영이 지금 이미 혁파되었으니 해당 포답을 관아에 다시 돌려주어
예전대로 급료를 주어 포군을 길러서 방어할 수 있도록 특별히 의정부에 전보(轉
報)해 주십시오.

　1894년 11월 10일 겸사에게 첩보하고 다시 의정부에 전보합니다.

　감영의 답장에서 말하기를, "첩보한 것이 사리에 맞으니 전보할 때에 적어서
성책하여 올려 보낼 것이다"라고 하였다.

　의정부의 제사에서 말하기를, "첩보한 대로 특별히 허락하니 포군의 급료로
쓰라"고 하였다.

대화면 풍헌과 상리·하리의 대장에게 보내는 전령 [傳令 大和面風憲及上下里隊長]

급히 거행할 일이다. 지금 온 보장(報狀)을 제송(題送)하는데, 어떠한 것을 막론하
고 길거리에 떠도는 뜬소문으로 실제로 그대로 믿기가 어렵다. 사람을 평창읍의
순영 중영과 일본군의 진중(陣中)에 보내어 동도를 몇 명이나 쏘아 죽였는지와 나
머지 무리들은 어느 곳으로 도망갔는지를 상세히 탐지하여 이달 14일 오시(午時,
오전 11~오후 1시)까지 급히 보고하라. 평창에 정탐할 사람을 함께 보내어 밤을 가
리지 말고 빠른 속도로 길을 가도록 명령하라. 만약 이 기한을 어기면 면임과 대

장은 군율을 면하기 어려울 것이니 유념하여 거행해서 후회하는 처지에 이르지 않도록 하라.

　1894년 11월 10일 유시

1894년 11월 11일 정선군에 보내는 관문 [甲午十一月十一日 關旌善郡]

상고할 일이다. 동도를 토벌할 때에 군병을 모집하라는 관문은 이미 보냈다. 본군의 하리(下吏) 고연학(高演學)을 지금 조사할 일이 있으니 나장(羅將)을 정하여 시급히 압송하고, 놓쳐서 크게 분란이 생기는 경우가 없도록 하라.

　1894년 11월 11일 정선군에 관문을 보내다.

임계면 유진중군과 부이방 및 이세완 · 강동오 등에게 보내는 전령 [傳令 臨溪面留陣中軍 副吏房及李世完姜東五等]

각별히 거행할 일이다. 지금 정선읍의 비도가 도망가서 숨은 것은 이미 잘 알고 있고 그 괴수를 잡지 않을 수가 없다. 그런 뒤에야 앞으로 생길 폐단을 제거할 수 있다고 하니 포군과 창수 및 군정을 인솔하여 차례대로 정선 경내의 여량 등지로 달려가라. 그리고 숨은 비도와 돌아가서 집에 있는 자들을 모두 체포하여 범죄를 들추어내어 섬멸하라. 그 뒤에 중군은 포수와 창수 가운데 정예병사 100명을 데리고 바로 정선읍의 일본군이 머무는 곳에 달려가서 힘을 합쳐 그들을 토벌하라. 비괴(匪魁)인 성두환(成斗煥)*과 유도원(劉道元) 등은 기한 내에 뒤를 밟아 잡아들여 뒷날의 폐단을 제거하도록 하라.

　1894년 11월 11일. 11월 11일 오시에 도착하였다.

---

* 　충청도 청풍출신의 동학 접주로 충청도 일대에서 활동하였다. 판결선고서에는 성두한 (成斗漢)으로 기재되었으나 동일인으로 보인다.

평창읍에서 10일에 순중군 겸 도토사가 보낸 글 [在平昌邑 初十日]

순영중군 겸 도토사(巡中軍兼討使)가 상고하는 일이다. 순영문(巡營門)의 분부를 받들어 직접 포군을 이끌고 일본군과 함께 동도를 토벌한 연유는 이미 관문을 보내어 알렸다. 이달 5일에 평창·후평 등지에서 동학 10,000여 명과 싸움을 하여 비도 100여 명을 쏘아 죽였고, 연이어 접주 이문보(李文甫) 등 5명을 잡아서 목을 베어 사람들을 경계하였으며 정선 등지로 추격하여 들어갔다고 한다. 지금 각처로 흩어진 10,000여 명은 쫓기는 대로 흩어졌다가 모이니 훗날의 걱정이 없지 않을 뿐만이 아니라 군대가 만약 정선을 나가면 강릉의 요충지에 방략을 많이 마련하여 엄중히 지키고, 수상한 자가 경내를 지나가면 보이는 대로 체포하여 소홀히 해서 나중에 후환이 되지 않도록 하라.

　평창읍에서 10일에

연곡면 영서 각처의 점주 등에게 보내는 전령 [傳令 連谷面嶺西 各處店主等]

잘 알아서 거행할 일이다. 비도를 토벌할 때에 연곡과 신리 2개 면의 군정을 징발해 지키고 수상한 자가 있으면 기찰(譏察)하여 체포해서 허술하게 하지 말라. 그리고 너희들을 감고(監考)로 정해 임명장을 보내니 만약 수상한 사람이 있으면 모두 결박하여 잡아들여서 그들을 엄호하여 죄를 짓는 처지에 이르지 않도록 하라.

　1894년 11월 11일

후록 [後]

　영서(嶺西) 구숙동(狗宿洞)　점주(店主) 하진주(河晋州)

　영상(嶺上)　점주 김경윤(金敬允)

　이토치(泥土峙)　점주 정학보(鄭學甫)

　구길리(九吉里)　점주 조명서(趙明瑞)

　전후치(前後峙)　점주 김경순(金景順)

| 부동(釜洞) | 점주 조마동(曹馬童) |
| 두두랑(頭頭郎) | 점주 권정보(權正甫) |

행진중군과 영군이방에게 보내는 전령 [傳令 行陣中軍領軍吏房]

잘 알아서 거행할 일이다. 동도를 섬멸하는 것을 잠시도 지체해서는 안 된다. 여량리(餘糧里)에 달려가서 일일이 정탐하여 체포하고 정선읍으로 전진하여 일본군과 힘을 합쳐 그들을 찾아내어 토벌하도록 여러 번 명령을 내려 단단히 타일렀다. 지금 순영 중영의 이문(移文)이 평창읍에서 왔기 때문에 뒤에 붙여 전령을 보낸다. 전에 명령한 것에 따라 해당 군(郡)에 달려가서 도망간 나머지 무리를 일일이 뒤를 밟아 체포하고, 요충지를 지키는 것을 엄중히 거행하도록 하라.

　1894년 11월 11일

각 면에 보내는 전령의 초안 [傳令 各面草]

성화같이 거행할 일이다. 지금 동도가 도망가고 나머지 무리들이 길 떠난 사람이나 거지라고 하면서 각 마을을 돌아다녀 근심이 없지 않다. 이러한 무리들을 각 마을마다 일일이 기찰하여 잡아들여서 감히 경내에 발을 붙이지 못하게 하고, 이러한 명령을 거리의 벽에 붙여 늘 보고 경계하도록 하라.

　1894년 11월 11일

연곡면 집강과 면임에게 보내는 전령 [傳令 連谷面執綱及面任]

성화같이 보고할 일이다. 이번 4일에 본 면의 군정을 점고(點考)할 때에 무뢰한 역졸(驛卒)들이 멋대로 술을 마시고 마을 사람을 때리고 모욕을 주었다는 소식을 듣고 매우 놀랐다. 이것을 만약 방치한다면 뒷날의 폐단은 말로 다할 수가 없으니 적발하여 징계하지 않으면 안 된다. 그래서 특별히 명령을 내리니 행패를 부린 몇 놈의 이름을 일일이 빨리 보고하여 엄중히 징계해서 폐단을 막도록 하라.

　11월 12일

1894년 11월 13일 양양관아에 보내는 관문 [甲午十一月十三日 關襄陽府]

상고할 일이다. 본 관아에 있는 별군관 50명과 차출한 군정을 종사관 이석범으로 하여금 인솔하게 하여 구룡령·신배령·응봉령 3곳으로 떠나도록 이미 관문을 보냈는데, 그 사이에 군정을 이끌고 떠났는지 모르겠다. 지금 본 관아의 종사관 박동의의 수본을 보니, "내면의 비도 정창호(丁昌浩) 등 10여 명을 우선 체포하여 머리를 베었다"라고 하였고, 이어서 도착하여 받은 양양 부종사관(副從事官) 장혁주의 수본에 의하면, "비도 500여 명이 약수포(藥水泡)로 도망하였다고 하여 홍천(洪川)의 의병 3진(三陣)과 합세하여 함께 토벌한다"라고 하였다. 저들의 형세가 장차 쫓겨서 양양의 통행로로 흘러 내려올 것이니 즉시 갑절이나 되는 속도로 3곳의 고개 아래로 달려가 양쪽에서 도망가는 비도를 협공하고 남김없이 찾아서 토벌하여 뿌리를 뽑아 버려라. 만약 잠시라도 지체하면 이런 폐단이 먼저 본 관아와 영동에 미칠 것이니 급속히 거행하도록 하라.

1894년 11월 13일 양양관아에 관문을 보낸다.

신리면 종사관 최진구·연곡면 종사관 권익현·양양부 종사관 이석범에게 보내는 전령 [傳令 新里面從事官崔鎭九連谷面從事官權益顯襄陽府從事官李錫範]

급히 거행할 일이다. 지금 본 관아 도암면 종사관 박동의의 수본에 의하면, "내면의 비도 정창호 등 10여 명을 우선 체포하여 목을 베었다"라고 하였고, 함께 도착하여 받은 양양 부종사관 장혁주의 수본에 의하면, "비도 500여 명이 약수포로 도망했다고 하여 홍천 의병 3진과 합세하여 토벌하려고 한다"고 하였다. 저들의 형세가 장차 쫓겨서 양양의 통로로 내려올 것이니 급히 군정을 인솔하여 평소의 두 배 속도로 신배령으로 달려가서 각별히 지키고, 새로운 각 요충지에 민정을 징발하여 엄중히 방비하라. 혹시 소홀히 하여 저들이 도망가서 흩어지거나 남은 무리들이 경내를 침범하여 발을 붙이는 경우가 없도록 하라.

1894년 11월 13일

홍천 소모종사관 허경에게 보내는 전령 [傳令 洪川召募從事官許炯]

각별히 거행할 일이다. 지금 온 보장에 제송했는데, 본 관아가 군정을 모집하여 관동 각처의 비도를 토벌하는 것이 지난 날보다 갑절이나 시급한 때를 만났고, 의병을 일으켜서 나라를 위해 해를 제거하는 것도 군정을 모집하는 소임과 관계되기 때문에 종사관 첩문(帖文)을 보내니 잘 받아서 근실히 받들어 행하라. 번거로움을 회피하지 말고 비도가 있는 곳을 강위서와 합세하여 힘이 닿는 대로 섬멸하여 의병을 일으킨 실효를 거둔다면 다만 그들이 소탕되는 것을 기다렸다가 순무영에 보고하고 임금에게 아뢰어 포상할 것이다. 유의하여 거행하도록 하라.

1894년 11월 14일

1894년 11월 15일 순사에게 첩보하는 글 [甲午十一月十五日 牒巡使]

첩보하는 일입니다. 이 달 15일 신시에 도착한 비감(秘甘)의 절해에 의하면, "지금 비도가 이미 도망가서 숨었고 그 형세가 본 관아의 경내로 흘러들어올 것이니 특별히 명령을 내려 방비하도록 타이르고 기찰하여 체포해서 조금도 소홀함이 없도록 하라"라고 하였습니다. 그래서 감결에 따라 엄중히 지키고 그 연유를 첩보합니다.

1894년 11월 15일 순사에게 첩보합니다.

대화면 집강과 풍헌 및 영솔군관에게 보내는 전령 [傳令 大和面執綱風憲及領率軍官]

각별히 거행할 일이다. 지금 도착한 순영(巡營)의 감결에 의하면, "평창에 모인 동도를 토벌할 때에 순영 중군과 소모관 및 일본군을 내려보냈다. 지금 그 보고를 받아보니, '이달 5일에 관군과 일본군이 동도와 평창에서 접전을 하여 100여 명을 쏘아 죽였고 나머지 무리들은 각기 도망가서 숨었기에 지금은 주둔하여 행적을 탐문하고 있다'고 하였다. 지금 비도가 이미 도망가서 숨었고 그 형세가 본 관아의 경내로 흘러들어올 것이다. 대화와 방림(芳林) 등지에 토벌을 나간 군관들에게 특별히 명령을 내려 각처의 요충지를 지키고 일일이 기찰하여 체포해서 조금

도 소홀함이 없도록 하라"라고 하였다. 이에 명령을 내려 타이르니 본 면의 포군
과 민정을 각처의 요충지에 많이 보내어 통로를 엄중하게 지켜서 도망간 비도가
감히 경내를 침범하지 못하게 하고, 수상한 사람은 보이는 대로 잡아들여라. 만
약 조금이라도 소홀히 하여 경내를 침범하는 폐단이 있으면, 해당 임장과 군관
에게 모두 결단코 군율을 시행할 것이다. 이것을 알아 유념하여 거행하고 그 형
편을 빨리 보고하라.

　1894년 11월 15일

소모종사관 박동의 · 홍종우, 부종사관 장혁주 · 김준수 · 최주하, 군관 강위서에게
보내는 전령 [傳令 召募從事官朴東儀洪鍾愚副從事官張爀周金儁秀崔舟河軍官姜渭瑞]

잘 알아서 거행할 일이다. 지금 보고를 받아보니, "원당리(元堂里)에 행군하여 내
면 비도의 괴수 차기석과 같은 패거리 오덕현(吳德玄) 및 집강 박석원(朴碩元) 등 3명
을 사로잡았다"고 하였다. 격앙된 사람들의 울분이 매우 상쾌해졌고, 귀신과 사
람이 모두 그들을 죽이려는 처지에서 한마디 한마디가 가상하다. 이놈들이 저질
렀던 죄악은 차고 넘쳐서 그냥 쏘아 죽여서는 안 된다. 당장 사람들을 모아서 1명
의 목을 베어 효수해야만이 1명을 징계하여 100명을 경계할 수 있는 것이다. 근
실한 군인을 따로 정하여 결박해서 잡아 올리고 그 밖의 나머지 무리들은 기한
내에 남김없이 잡아서 없애라. 연곡과 신리 2개 면의 군정이 부연치와 신배령 아
래에 도착했으리라 생각되는데, 양쪽에서 협공하라. 여러 날을 행군하여 추위에
일찍 주둔해서 양식과 말먹이 등의 일이 많이 군색할 것이라고 생각되니 매우 걱
정스럽다. 빨리 적당을 섬멸하고 바로 돌아오도록 하라.

　1894년 11월 16일

홍천 종사관 허경에게 보내는 전령 [傳令 洪川從事官許坰]

잘 알아서 거행할 일이다. 지금 본 관아의 종사관 박동의의 보고를 받아보니,
"내면 비도의 괴수 차기석 등 3명을 사로잡았다"고 하는 소식을 듣고 매우 상쾌

하였다. 이것은 본진(本陣)이 합세하여 협공한 덕이 아닌 것이 없으니 매우 가상하다. 그 밖의 나머지 무리도 남김없이 섬멸하여 후환을 없애고 특별히 뒤를 밟아서 일일이 체포하여 없애버리도록 하라.

　1894년 11월 16일

1894년 11월 16일 묘시 정선군에 보내는 관문 [開國五百三年十一月十六日 卯時 關旌善郡]

상고할 일이다. 본 군(郡)은 매우 작은데도 불구하고 여러 번 전에 없는 변고를 겪어 읍촌의 피폐한 모습과 아전이 거의 죽게 된 처지가 귀에 들리고 눈에는 참담함이 가득하다. 불쌍한 이 산골짜기의 생령도 국가가 기르는 백성이다. 그런데 어떤 비류가 스스로 동도가 되어 옛 습관을 고치지 않고 호남의 비도와 결탁하여 창궐해서 소요를 일으켰기 때문에 명령을 받들어 토벌하여 괴수를 죽이고 책을 불태웠다. 위협에 못이겨 따른 나머지 무리들은 그 허물을 스스로 뉘우치어 새로운 길로 들어서게 하였다. 읍에서 엄중하게 과율(科律)을 세우고 각 마을의 백성들 중에서 명망과 일을 잘 알고 있는 자를 선택하여 지명해서 뽑아 각자 해당 마을을 징계하라. 한 사람이라도 전의 허물을 뉘우치지 않고 다시 죄를 저지른다면 관에서 법에 따라 머리를 벨 것이다. 하나를 징계하는 것으로 100명을 경계해서 고을을 유지해야 할 것이다. 그런데 이처럼 관문으로 타이른 뒤에도 어리석은 산골짜기의 백성이 다시 동학을 칭하며 당을 이룬다고 하니 본 관아에서는 각 읍의 군병을 모집하여 토벌해서 모두 없애라. 이 관문을 각 마을과 곳곳에 붙여 모두 경계하여 한 백성이라도 알지 못하는 폐단이 없도록 하고 관문이 도착하는 즉시 거행하라. 그 형편을 먼저 빨리 보고하도록 하라.

　개국 503년 11월 16일 묘시에 정선군에 관문을 보낸다.

내면 행진소의 종사관들에게 보내는 전령 [傳令 內面行陣所諸從事官]

잘 알아서 거행할 일이다. 지금 보고를 받아보니, "지덕화(池德化)는 다시 잡아들여 문초를 하고 박석원·오덕현과 함께 바로 쏘아 죽였으며 그 나머지 9명은 문초를 한 뒤에 개고기를 나누어 먹이고 바로 정도(正道)로 돌아가게 하였다"고 한다. 쏘아 죽이는 것과 정도로 돌아가게 하는 것은 법을 집행하는 것에 관계되는데, 실제로 공평했다는 소식을 들으니 매우 가상하다. 약수포와 청두동(靑頭洞)으로 도망간 비도를 일일이 뒤를 밟아 잡아오는 일은 잘 헤아려서 거행하고, 본 면의 어리석은 백성이 이 겨울철에 편안하지 못하니 각별히 타일러서 생업을 안정시켜라. 이처럼 비도를 토벌한 뒤에 혹시 도망간 나머지 무리가 어두운 밤에 다시 침입하는 폐단이 있으면 해당 마을은 힘을 합쳐 잡아서 결박해 바치도록 엄중하게 두민(頭民)에게 타일러라. 차기석은 회군할 때에 데리고 와서 놓치는 경우가 없도록 하라.

1894년 11월 17일

전령 [傳令]

잘 알아서 거행할 일이다. 영서 각 면에 창궐한 비류를 섬멸하려고 각 대에서 차출한 군정을 양쪽 길에 나누어 보내어 토벌하게 하였다. 읍의 방어를 엄중히 하지 않으면 안되기 때문에 각 통마다 군정이 번을 바꾸어 읍내에서 경계를 돈 것이 여러 날이 되어 민폐가 없지 않았다. 지금 잠시 정지하니 해당 임장은 각 통의 백성들이 읍내에 입번하여 경계 도는 것을 그만두고 기다리지 말도록 잘 타일러라. 그리고 나중에 갑자기 소집하는 명령이 있으면 반드시 장정이 제때에 와서 기다리고 혹시 소홀히 하여 죄를 짓는 경우가 없도록 하라.

1894년 11월 17일

소모종사관 고연학에게 보내는 전령 [傳令 召募從事官高演學]

각별히 거행할 일이다. 본 군의 비도를 지금 토벌하였다고 하니 거주하는 백성을 안심시키는 방도와 요충지를 지키는 일은 각 면의 두민을 불러 더욱 단속하고 엄중히 규율을 세우라. 만약 명령을 어겨 따르지 않는 자가 있으면 즉시 보고하고 군율을 시행해야 할 것이다. 이것을 잘 알아 유념하여 거행하도록 하다.

1894년 11월 18일

정선읍 공형에게 보내는 전령 [傳令 旌善邑公兄]

소모종사관으로 본읍의 공형 고연학을 정하니 그곳을 지키는 방도와 그들을 토벌할 일은 지시에 따라 근실히 거행해서 백성을 안심시키고 실효를 거둘 수 있도록 하라.

1894년 11월 18일

정선에 주둔한 일본군의 대솔군관에게 보내는 고목 초안 [告目草 旌善留陣日兵帶率軍官]

군수에 소용되는 잡물을 사서 보내라는 지시가 왔으므로 방어(方魚) 20마리를 마리당 2냥 5전씩에, 연방(連方) 50마리를 마리당 8전씩에 값을 주어 산 뒤에 남은 돈 40냥을 모두 지금 온 관예(官隷)에게 내어주었습니다. 말과 철(鐵)은 관아의 경내에서 널리 구했으나 애초에 남아 있는 곳이 없어서 사서 보내지 못합니다. 읍에서 거행한 것이 매우 송구스럽고 근심스럽습니다. 그 연유를 형식과 절차를 갖추어 빨리 보고합니다.

1894년 11월 18일

1894년 11월 19일 [甲午十一月十九日]

연곡과 신리 2개 면의 종사관이 보고하기를, "본 면의 고마동(古馬洞) 신씨 집과 평창 동비의 괴수 오덕보(吳德甫)의 유치조(留置租) 10여 석을 본 면에 나누어 주어서 군량에 보충하게 해 달라"라고 하여, 제송하기를, "보고에 따라 나누어 주라"고 하였다. 이어서 다시 2개 면의 종사관이 보고하기를, "본면의 최수진(崔秀鎭)이 백미(白米) 20두(斗)와 큰 소 한 마리를 군정의 대접에 출연했다"라고 하여, 제음(題音)하기를, "군정을 대접하도록 출연했다는 소식을 듣고 매우 감탄을 했고, 매우 가상한 일이다"라고 하였다.

1894년 11월 19일

1894년 11월 20일에 삼척관아에 보내는 관문 [甲午十一月二十日 關三陟府]

상고할 일이다. 지금 본 관아 임계면에 주둔한 대장의 수본을 보니 영월·평창·정선에서 쫓겨난 비도가 모두 삼척의 상하장면(上下長面)에 도망가서 숨었다고 하였다. 이에 관문을 보내니 본 관아에서는 병사를 징집하여 하루 내에 그들을 찾아내어 섬멸하고 관문이 도착하는 대로 거행하여 그 형편을 먼저 빨리 보고하도록 하라.

　1894년 11월 20일 삼척관아에 관문을 보내고 삼척진영에 이첩(移牒)한다.

1894년 11월 21일 평창군에 보내는 관문 [甲午十一月二十一日 關平昌郡]

상고할 일이다. 본 군에 사는 동도 오덕보(吳德甫)라는 놈은 지난 8월에 포교(布敎)를 한다고 본 관아의 신리면에 와서 머무르며 접(接)을 설치했을 뿐만 아니라, 도처에서 분란을 일으키지 않는 곳이 없었다. 지금 비류를 토벌할 때에 자취를 감추고 도망갔는데, 그놈이 한 짓을 보면 단순한 동비로 간주해서는 안 된다. 은밀히 잡아 압송하여 놓치는 분란이 생기는 일이 없도록 하고, 이놈의 논과 집이 신리 등지에 있으므로 도조(賭租) 15석은 우선 조사하여 군수에 사용한 뒤에 논과 집은 일일이 찾아내어 본 관아의 포청에 주어 포군을 양성하는 자금으로 삼아라. 오덕보란 놈은 기한 내에 뒤를 밟아 잡고 나장을 따로 정하여 결박해서 압송하며 법에 따라 처벌하도록 하고, 관문이 도착하는 대로 먼저 빨리 보고하도록 하라.

　1894년 11월 21일에 평창군에 관문을 보낸다.

　봉평면 집강 겸 소모종사관 강위서(姜渭瑞), 포수대장(砲手隊長) 추운서(秋云瑞)

　진부면 도암면 포수도대장(砲手都隊長) 이순서(李順瑞)

　진부면 포수대장 출신(出身) 최윤범(崔允凡)

　도암면 포수대장 권학여(權學汝)

　내면3리 방수도대장(防守都隊長) 황호여(黃好汝)

　내면1리 방수도대장 김윤신(金允信)

속사리 은두령(銀頭嶺) 방수군관(防守軍官) 김정선(金正善)

내면1리 집강 한학유(韓學愈)

강원도 행 강릉대도호부사 겸 관동소모사(江原道行江陵大都護府使兼關東召募使)

첩보하는 일입니다. 지난 달 29일에 도착하여 받은 전령에 의하면, "소모사로 임금이 계하(啓下)했으니 직임(職任)을 살펴라"고 하였습니다. 본 관아의 영서 6면은 외진 산골짜기에 있어 읍과의 거리가 수백 리가 되고 민심이 어리석어 부랑하고 패악한 부류가 동도와 결탁하여 창고에 불을 지르고 사람의 목숨을 해치지 않은 곳이 없습니다. 그래서 지난 달 22일에 군정을 징발하여 본부의 중군 출신 이진석과 전 감찰 이영찬(李英燦) 및 유생 박동의로 하여금 인솔해서 봉평면의 비도를 치게 하였습니다. 해당 면에 사는 강우서(姜禹瑞), 강위서가 비도의 못된 짓에 격분하고 백성들이 목숨을 보존하기가 어려울 것을 염려하였습니다. 그래서 의병을 모집해서 비도의 괴수인 윤태열과 정창호 등 13명을 이미 잡아서 바쳤습니다. 중군 이진석이 들어가는 날에는 그 죄상의 경중을 따져 총살하거나 목을 벤 뒤에 강위서를 대장으로 차출하여 군정을 이끌게 하였습니다. 내면과 봉평 등지의 비도를 토벌하고 각별히 지키도록 더욱 엄중하게 타일렀습니다. 박동의를 소모종사관으로 차출하고 그 다음 날에 이진석과 박동의는 대화면에 나가 백성들의 마음을 잘 추스렸습니다. 그 뒤에 이진석은 그대로 정선군 여량으로 가서 비도와 접전을 하여 접사(接司) 이중집(李仲集) 등 14명을 쏘아 죽였습니다.

이달 6일에 강위서의 수본에 의하면, "동도 거괴(巨魁) 차기석이 1,000여 명을 모아 봉평과 내면 및 영서의 각 읍 등지에 출몰해서 창과 총을 빼앗아 사람의 목숨을 해치고 창고와 가옥에 불을 질러 태워버렸습니다. 그 기세가 대단하여 약간의 군병으로는 막기가 어렵습니다"라고 하였기 때문에 박동의에게 군병을 인솔하도록 하여 바로 내면으로 보내고 이어서 다시 양양관아에 관문을 보내어 병정을 모집하였습니다. 해당 관아의 사인(士人) 이석범은 진신(縉紳)의 후예로서 이미 의병을 모집하여 경내의 비도를 토벌하였고, 소모사의 명령을 듣고 바로 같은 마을의 유생인 최주하·김준수·장혁주와 함께 병정을 이끌고 왔기 때문에 내면 등지로 보냈습니다.

이달 11일에 박동의가 내면 1리 창촌에 주둔하고 강위서와 홍천(洪川)의 허경(許坰)에게 통문을 내어 합세하여 바로 토벌을 해서 자운포(自雲包)에서 접주 위승국(魏承國)과 접사 심성숙(沈成淑) 등 17명을 쏘아 죽였습니다. 그 다음 날에 박동의가 이석범의 분의군병과 합세하여 바로 원당리로 진격하였습니다. 차기석을 토벌할 때에 성찰(省察) 오덕현 등 3명을 우선 쏘아 죽였고, 차기석은 승세를 타서 사로잡았습니다. 청두리(靑頭里)로 진격하여 홍천의 비괴인 권성오(權成五) 등 12명을 쏘아 죽이고 약수포로 들어갔습니다. 이석범의 동생인 국범(國範)은 병정을 이끌고 신배령으로 바로 들어갔습니다. 이석범의 부종(副從)인 김익제(金翼濟)는 병정을 인솔하여 응봉령으로 바로 나아가 세 방향의 길에서 협공하여 접주 김치실(金致實) 등 11명을 쏘아 죽였으며, 접사 박학조(朴學祚)를 사로잡았습니다. 사로잡은 비도 중에 손응선(孫應先) 등 60여 명은 개고기를 나누어서 먹게 하고, 잘 타일러서 귀화시켰습니다.

강위서는 홍정(興亭) 3리 등지로 방향을 바꿔 임정호(林正浩) 등 38명을 쏘아 죽였고 나머지 무리 100여 명은 잘 타일러서 귀화시켰습니다. 홍천 등지에서는 지평현감(砥平縣監)이 군사를 인솔하여 토벌하였고, 횡성 등지에서는 해당 현감이 소모관 정준시(鄭俊時)와 함께 군사를 이끌고 토벌하였으며, 평창과 영월 등지에서는 일본군이 먼저 토벌을 하였습니다. 다른 군대가 이미 지나간 곳은 나아갈 필요가 없었기 때문에 각 군대는 그대로 돌아갔습니다.

사로잡은 거괴 차기석과 박학조 두 놈은 이달 22일에 교장(敎場)에서 머리를 베어 사람들을 경계한 뒤에 수급(首級)은 역자(驛子; 역에 속한 마부나 역졸)를 정해 본도의 감영에 보냈습니다. 부사가 지금 소모의 임무를 맡아 각처의 비도를 직접 가서 토벌할 겨를이 없고 쇠약한 몸에 병까지 연이어 얻어서 직접 보고하는 것이 불편하였으며, 병사를 모아 행군하는 것을 지금에야 조정하였습니다. 추운 겨울에 눈은 쌓이고 날씨가 차가운 때를 맞아 병사들이 가련하기 때문에 차례대로 돌아가게 하고 여러 차례 비도의 약탈을 겪은 백성들은 잘 타일러서 불러 모아 각각 안집(安集)시킨 연유를 사실에 의거하여 첩보합니다.

1894년 11월 23일 도순무영에 첩보합니다.

봉평 내면 집강과 각 마을의 두민에게 보내는 전령 [傳令 蓬坪內面執綱及各里頭民]

급히 거행할 일이다. 본 면이 한 차례 비도의 토벌을 겪은 뒤에 거주하는 약간의 백성이 단지 후환을 생각하여 모두 짐을 메는 폐단을 감당하려고 하나 안정시키기가 어렵다. 비도는 반드시 없어질 것이니 각 마을마다 일일이 잘 타일러서 생업을 안정시켜라. 또한 화재를 입은 집에 대해 말을 한다면, 이런 추운 겨울을 맞아 거처를 잃고 방황하니 가련하고 걱정스럽다. 면(面)에서 촌(村)에 힘을 빌려 도와서 하루 안에 집을 지어 각자 안주할 수 있게 하고, 방비하는 일은 더욱 엄중히 해서 비류의 나머지 무리가 다시는 경내를 침범하는 폐단이 없도록 하라.

1894년 11월 24일

내면 1리 집강과 방수도대장에게 보내는 전령 [傳令 內面一里執綱及防守都隊長]

지시에 따라 거행할 일이다. 지금 본 면의 조항리(鳥項里)에 있는 김영모(金榮模) 등 네 집이 모두 농상계원(農桑禊員)으로 비도를 토벌할 것을 주창하다가 도리어 비도의 방화를 입어 가재도구와 식량이 모두 잿더미가 되었다. 추운 계절에 집을 잃고 방황하는 것이 더욱 가련하고 불쌍하다. 그들이 집을 지을 방도를 면내(面內)에서 전례를 살펴 도와주고, 식량은 비도의 곡식을 압류한 것 중에서 넉넉히 주어 돌아가서 집을 짓게 한 뒤에 그 형편을 보고하도록 하라.

1894년 11월 24일

1894년 11월 일 순사에게 첩보하는 글 [甲午十一月日 牒巡使]

첩보한 일입니다. 본부의 봉평과 내면 등지의 동비를 토벌하는 일은 포수대장 강위서와 양양의 유생 이석범이 분의군병 50명을 인솔하여 힘을 합쳐 그들을 보낸 연유를 이미 첩보하였고, 본 관아의 유생 박동의를 종사관으로 차출하여 보냈습니다. 이달 14일에 박동의와 이석범의 수본에 의하면, "지금 12일에 내면 원당리에 행군하니 강릉·양양·원주·횡성·홍천 등 5개 읍의 동비를 접주 차기석이 무리를 인솔하여 깃발을 세웠습니다. 그런데 그 기세가 매우 대단하였기 때문에 양양과 강릉의 2개 진영이 길을 나누어 협공하여 차기석을 사로잡았고, 다시 이른바 성찰 오덕현·집강 박석원·지덕화 등 3명을 문초(問招)하니, '내면의 창고와 김학서(金學瑞) 등 14명의 집을 방화할 때에 함께 모의하여 흉악한 짓을 했다'고 하여 한꺼번에 쏘아 죽였으며, 나머지 무리 19명은 어리석은 기질로 차기석의 협박에 빠졌고 이와 같은 실상이 가련하였기 때문에 개고기를 나누어 먹게 한 뒤에 잘 타일러서 귀화시켰다"라고 하였습니다.

16일에 수본에 의하면, "13일에 청두리에 나아가 홍천의 비도 중에 흉악한 자인 권성오와 권수청(權守淸) 등 13명을 잡아서 바로 쏘아 죽였습니다. 14일에는 약수포(藥水包)로 방향을 바꿔 잔도(棧道) 70리 길을 벽(壁)을 의지하면서 나아갔다. 이석범의 부종인 김익제는 병정을 이끌고 응봉령으로 곧장 나아갔고, 이석범의 동생인 국범은 병사를 인솔하여 신배령으로 바로 나아가 길 세 곳에서 크게 협공을 하여 접주 김치실 등 11명을 잡아 바로 쏘아 죽였다. 접사 박학조는 사로잡았고, 그 밖에 사로잡은 손응선과 김성화(金成化) 등 40여 명은 잘 타일러서 귀화시켰으며 세 곳의 별당(別堂)은 바로 태워 버렸다. 비도의 집 37채가 험준한 곳에 있어 만약 그대로 둔다면 흩어진 비도가 다시 거처하여 소굴이 될 수가 있기 때문에 바로 태워 버렸고, 화철총(火鐵銃) 세 자루와 철창(鐵鎗) 아홉 자루를 획득하여 왔다"라고 하였습니다.

같은 날에 도착하여 받은 강위서의 수본에 의하면, "홍천의 유생 허경이 의병 60여 명을 이끌고 자운동(自雲洞)에 와서 힘을 합쳐 비도를 토벌하여 접주 위승국 형제·접사 심성숙·박군오(朴君五)·정창호 등 17명을 쏘아 죽인 뒤에 홍천 의병이 그대로 물러났다"고 하였습니다. 이어서 도착하여 받은 강위서의 수본에 의하면, "차례대로 3리·홍정·신흥동(新興洞) 등지에 나아가 비도인 임정호 등

38명을 쏘아 죽였고 나머지 무리 100여 명은 잘 타일러서 귀화시켰다"라고 하였습니다.

정선읍의 비도를 토벌할 때에 이달 6일에 본 관아 중군 출신 이진석과 출신 조철승(曺轍承)이 군정을 이끌고 가서 바로 정선군 여량으로 들어가 비도와 접전을 하여 10여 명을 쏘아 죽였고 이중집 등 5명을 사로잡아 결박하여 보냈습니다. 비도의 빈집 70여 호는 흩어진 비도가 돌아와서 거처하여 소굴이 될 것을 염려하여 바로 불태웠습니다. 방향을 바꿔 해당 읍으로 들어갈 때에 일본군이 먼저 들어가 그들을 섬멸했다고 합니다. 다른 군대가 이미 지나간 곳을 나아가서는 안 되기 때문에 그대로 회군하였고, 봉평대장 강위서가 인술한 병정과 이석범이 인술한 분의군(奮義軍)은 모두 박동의가 통솔하였습니다. 차기석과 박학조 괴수 2명은 한꺼번에 왔기 때문에 이달 22일에 장시(場市)에서 우선 비괴 차기석과 박학조의 목을 벤 뒤에 수급은 역자를 정해 감사에게 올려 보냈습니다. 정선의 비도 이중집·임순철(林順哲)·김윤언 등 3명은 한꺼번에 쏘아 죽였고, 나정백(羅正伯)과 정만천(鄭萬千) 등 3명은 산골짜기 백성으로 협박에 겁을 먹고 어쩔 수 없이 이름을 올렸다가 바로 돌아왔다고 했기 때문에 잘 타일러서 귀화시켰다고 하였습니다.

아! 저 동비가 얼마나 완악합니까? 창궐하여 무리를 모으고 사람의 목숨을 해치며 돈과 곡식을 빼앗고 창과 총을 쌓아 놓았습니다. 반역의 형세가 이미 드러났고 그 죄를 살펴보면 죽여 없애는 형벌을 시행하는 것이 합당합니다.

본 관아의 종사관 박동의는 궁벽한 산골에 있지만 이런 일을 맞아 의병을 일으켜서 계책을 세워 승리하였습니다. 이석범 형제는 진신의 후예로서 해당 읍에서 의병을 일으켜 비류를 토벌하였고, 지금 병사를 모집할 때에 같은 마을의 유생 김익제·최주하·김준수·장혁주 등을 이끌고 때에 맞춰 협공을 했으니 매우 가상합니다. 봉평대장 강위서는 포수를 모아 의병을 일으켜 해당 면의 비도를 토벌하는 데에 공을 세웠고, 홍천 의병과 힘을 합하여 도처에서 50여 명을 쏘아 죽였으며 귀화시킨 자들도 100여 명에 이르니 그 뜻이 가상합니다.

중군 출신 이진석과 출신 조철승 등은 두 차례 행군하여 비당(匪黨)을 섬멸하였으니 상을 주지 않을 수가 없습니다. 부사가 병사를 모집하는 임무를 맡아 각처의 비도를 직접 토벌할 겨를이 없고 쇠약한 몸에 병까지 연이어 침범하여 움직일 수가 없습니다. 병사를 모집하여 본 관아의 영서와 정선 및 여량 등지에 행군해서 비도를 지금에야 평정했습니다. 각 요충지를 지키는 일을 특별히 단속하여 감히 흩어진 비도가 다시 침범하지 못하게 하고, 이런 엄동의 추운 날씨에 눈이 산마루에 쌓인 때를 만나 군정을 점차 돌려보내며 잘 타일러서 생업을 안정시켰습니다. 그 연유를 첩보합니다.

1894년 11월 일 순사에게 첩보합니다.

1894년 11월 26일 순사에게 첩보하는 글 [甲午十一月二十六日 牒巡使]

첩보한 일입니다. 본부 임계면의 요충지는 해당 면의 진사 최윤수(崔允秀)가 지키도록 잘 타일렀습니다. 정선군 여량의 비괴인 지왈길을 잡아서 이달 25일에 바로 목을 베었고, 삼척 상하장면(上下長面) 등지에 비도의 나머지 무리가 있다고 해서 최윤수를 보내어 모두 섬멸하였습니다. 그 연유를 첩보합니다.

1894년 11월 26일 순사에게 첩보합니다.

임계면 1리(一里) 대장(隊長) 김두원(金斗源)

　　　　군량종사(軍糧從事) 함건섭(咸建燮)

　　　　군정도총장(軍丁都摠長) 최상집(崔常集)

　　　　2리(二里) 대장 이민두(李敏斗)

　　　　군량종사 이제덕(李濟德)

　　　　군정도총장 김장경(金章卿)

　　　　3리(三里) 대장 허증(許增)

　　　　군량종사 최윤엽(崔允燁)

　　　　군정도총장 최돈승(崔燉升)

　　　　도집강(都執綱) 함주섭(咸柱燮)

내면의 1리와 3리 집강에게 보내는 전령 [傳令 內面一三里執綱]

급히 보고할 일이다. 지금 본 면을 방어한 보고를 보니 비도 도금찰(都禁察)과 김흥조(金興祚)를 잡아서 보낸다고 하였다. 그들을 호송할 때에 중도에서 본 면의 김기봉(金奇峯)과 정만석(鄭萬石)이 자기 아비의 원수를 갚는다고 함부로 죽인 뒤에 와서 그 일을 호소하였다. 죄인의 호송이 얼마나 신중해야 하는가? 그럼에도 면의 보고는 심부름꾼을 보내지 않고, 오히려 지금 복수한 사람이 면의 보고를 가지고 와서 호소하니 법이 있는데 오히려 이와 같은 것을 용납할 수 있겠는가? 흉악한 행동을 한 본래의 처지를 소상히 탐문한 뒤에 어떻게 때려서 죽였는지 어떤 도구로 쳤는지를 상세히 조사하고 빨리 감영에 보고하도록 하라.

1894년 11월 28일

내면1리 집강과 두민 및 방수대장에게 보내는 전령 [傳令 內面一里 執綱頭民 及防守隊長]

잘 알아서 거행할 일이다. 지금 본면 김기봉과 정만석 등의 발괄(白活; 관청에 대하여 억울한 사정을 글이나 말로 하소연하는 것)에 의하면, "그들의 아비는 다만 농상계원인데, 뜻하지 않게 동도에게 잡혀 생매장되어 죽었다"라는 말을 들으니 매우 참담하다. 정만석은 집과 식량이 모두 잿더미가 되었다고 하니 더욱 가련하다. 면내(面內)에서 재물을 빌려주고 힘을 보태서 각별히 집을 지어 안주하게 하라. 두 아이의 처지가 실제로 불쌍하니 본 면 비도의 곡물을 압류한 것 중에서 김(金, 김기봉)과 정(鄭, 정만석) 두 아이에게 넉넉히 주어 그 아비의 장례를 치르는 비용으로 쓰게 하라. 그리고 정만석이 잃어버린 소 2마리도 바로 조사해서 지급해 주어 억울함을 호소하는 일이 없도록 하라.

1894년 11월 28일

1894년 11월 29일 남북의 각 읍에 보내는 관문 [甲午十一月二十九日 關南北各邑]

행 강릉대도호부사 겸 관동소모사(行江陵大都護府使兼關東召募使)가 상고할 일이다. 관동의 비도는 보이는 대로 토벌하였는데, 도망간 비도의 나머지 무리가 각 읍에 흘러들었으리라 생각된다. 나중의 폐단과 관계되니 이러한 비종(匪種)을 용서해서는 안 된다. 그들을 막는 비책은 일찍 제거하여 없애는 것만한 것이 없다. 특별히 기찰군관(譏察軍官)에게 명령하여 기한 내에 섬멸하도록 하고 그것을 거행한 형편을 관문이 도착하는 대로 우선 보고하도록 하라.

　1894년 11월 29일 남북의 각 읍에 관문을 보낸다.

1894년 11월 29일 평창군에 보내는 관문 [甲午十一月二十九日 關平昌郡]

상고할 일이다. 본군에 사는 비도 오덕보를 잡아서 압송하라는 지시가 오래되었으나 아직 조백(皂白; 흑백이나 시비(是非)를 의미하나, 여기서는 결과나 소식)이 없으니 거행한 전례에 비추어보아 지체되는 것이 매우 심하다. 비도인 오덕보가 전후에 걸쳐 저지른 못된 짓을 용서해서는 안 된다. 영리한 교졸(校卒)을 많이 보내어 기한 내에 뒤를 밟아 잡고 나장을 정해 압송하라. 만약 이전처럼 소홀히 한다면 책임이 돌아갈 것이니 대수롭게 여기지 말고 유념하여 거행하도록 하라.

　1894년 11월 29일 평창군에 관문을 보낸다.

1894년 11월 29일 양양관아에 보내는 관문 [同日 關襄陽府]

상고할 일이다. 지금 내면 1리 방수대장의 수본에 의하면, "약수포(藥水包)의 비도 10여 명을 본 면의 민정과 양양의 군병이 합세하여 토벌해서 본 관아로 압송했다"고 하였다. 지금 이놈들이 반역한 실상이 이미 드러났으니 조금도 용서해서는 안 된다. 동학을 배도(背道)했다고 갑자기 풀어주지 말고 일일이 물고(物故)한 뒤에 이름을 적어 성책하여 보고해서 그것에 의거해 처벌하도록 하라.

　1894년 11월 29일 양양관아에 관문을 보낸다.

대화면 소모군관 공긍렬(孔兢烈)을 전령으로 차출한다. 아울러 첩보할 일이다.

1894년 12월 2일 겸사에게 첩보하는 글 [甲午十二月初二日 牒兼使]

무진년에 서원이 철파되어 전답을 본 관아에 주어 포청을 창설해서 지방의 급료로 삼게 하였습니다. 지난해에 총제영에 이속되어서 포청을 만들어 방비할 방법이 달리 없었습니다. 그러나 총제영이 지금 혁파되었으니 전답을 돌려주어 예전대로 포군을 기르도록 정부에 전보해 줄 것을 보장으로 아룁니다. 제사에 의하면, "보고한 것이 정당하니 전보할 때에 적어서 성책하여 올려 보내라"라고 말씀하셨습니다. 또한 이런 뜻을 적어 의정부에 보고하였더니 회제에서 말하기를, "보고한 것을 특별히 허가하니 포군의 급료로 사용하라"라고 하셨습니다. 그래서 성책하여 적어서 올려보내고 다시 처분을 기다립니다. 그 연유를 첩보합니다.

1894년 12월 2일 겸사에게 첩보합니다.

1894년 12월 2일 겸사에게 첩보하는 글 [甲午十二月初二日 牒兼使]

첩보하는 일입니다. 평창군에 사는 동학 오덕보란 놈이 지난 8월경에 포교를 한다고 비류를 많이 이끌고 본 관아에 소속된 연곡과 신리 2개 면에 와서 평민을 침탈하고 허다하게 분란을 저질러서 용서할 여지가 없었는데, 그들을 토벌할 때에 이르러 기미를 알아차리고 몰래 도망가서 잡지 못하는 데에 이르렀습니다. 그래서 그를 잡아오도록 평창군에 관문을 보낸 것이 이미 두차례나 되었으나 아직도 소식이 막연하므로 오덕보란 놈을 본 관아에 잡아 보내도록 특별히 해당 군(郡)에 관문을 보냈습니다. 그리고 신리(新里)에 있는 오가(吳哥, 오덕보)의 논 20여 두락(斗落)을 본 관아의 포청(砲廳)에 주어 포군을 기르는 재원으로 삼는 것이 어떠할는지 모르겠습니다. 그 연유를 아울러 첩보합니다.

1894년 12월 2일 겸사에게 첩보합니다.

1894년 12월 2일 삼척진영에 보내는 관문 [甲午十二月初二日 關三陟鎭營]

상고할 일이다. 지금 온 보장(報狀)을 보낸다. 근래에 동비를 토벌함에 따라 비록 소요가 없어졌다고 하지만 비류(匪類)는 본래 돌림병을 만나는 것과 같아서 급하면 도망가서 흩어지고 느슨하면 무리를 모으는 것이 그들의 본성이다. 어떤 읍을 막론하고 주변을 탐문하여 체포해서 그 씨를 없앤 뒤에야 백성이 생업에 안정할 수 있다. 그러니 기찰군관을 엄중히 타일러서 삼척 등지에 숨어 있는 동도를 일일이 뒤를 밟아 잡고, 교졸배가 평민을 동학의 무리로 오인하여 잡아서 침탈하는 폐단이 없지 않으니 특별히 더욱 타일러라. 본 관아의 임계면 등지에는 아직 이들이 머무르지 않았기 때문에 이미 군진(軍陣)을 해산하였다. 본 진영의 2패(二牌) 교졸을 보내는 것을 그만두는 것이 마땅하다.

1894년 12월 2일 삼척진영에 관문을 보낸다.

1894년 12월 5일의 첩보 [甲午十二月初五日]

첩보하는 일입니다. 본부의 영서 등지에 비도가 흩어졌다가 모이며 소요를 일으킨다는 얘기를 들었기 때문에 장교와 포수를 특별히 파견하였습니다. 신배령에 도착하여 비도 손장업(孫長業)·김창수(金昌守)·이관구(李寬九)·오주실(吳周實)·이동익(李東益)·고준성(高俊成) 등을 잡아와서 우선 엄중히 형을 가하고 문초를 하였습니다. 손장업·김창수·이관구·오주실은 위협에 못 이겨 어쩔 수 없이 이름을 넣었다가 바로 동비의 도를 배반했다고 합니다. 이동익은 본래 유명한 놈으로 진사를 칭하며 도처에서 폐단을 저질러 온 경내에 소문이 낭자합니다. 고준성은 전후에 저지른 죄를 숨김없이 자복하였습니다. 문초한 것을 참조하고 상세히 여론을 탐문해보니 손장업 등 4명은 비도의 도를 배반하고 귀화한 것을 진실로 의심할 수가 없어 모두 잘 타일러서 풀어주었고, 이동익과 고준성 2명은 저지른 죄가 가볍지가 않아 우선 관아의 옥사에 가두었습니다. 그 연유를 첩보합니다.

1894년 12월 5일

1894년 12월 6일 궁내부에 첩보하는 글 [甲午十二月初六日 牒宮內府]

첩보하는 일입니다. 본부는 영동 9읍의 주진(主鎭)으로 바닷가 남북의 요충지에 자리 잡고 있습니다. 그래서 지난 무진(戊辰), 1868년에 서원이 철파되고 조정의 명령에 의해 서원의 전답을 본부에 포군의 급료로 주어 비상시에 대비하게 하였습니다. 지난해에 총제영이 관문으로 포답의 도조를 거두어 가서 포군의 설립은 저절로 허사로 돌아간 것은 말할 필요도 없고, 지금 동비를 토벌하는 때를 맞아 포군이 아니면 적을 상대할 수가 없습니다. 그러므로 총제영이 이미 혁파되었으니 포답을 돌려주어 예전처럼 포군을 설치하도록 의정부에 첩보하여 허락한다는 답장을 받기에 이르렀습니다. 포답과 같은 것을 거두는 일은 늘 지방을 주지 못할 것을 걱정합니다. 그래서 달리 마련한 뒤에야 군색한 탄식을 면할 수 있다고 합니다. 본 경시동(境詩洞) 앞뒤의 포(浦)에 있는 화순궁(和順宮)*의 둔답(屯畓)에서 나오는 수확이 100석이나 됩니다. 그런데 화순궁에서 바치는 소출은 단지 책임만을 모면하는 정도에 그치고 있을 따름입니다. 포군의 급료가 부족하지만 변통할 길이 없어서 화순궁의 도조를 우선 가져다 사용한 뒤에 사실에 근거하여 첩보합니다. 특별히 본 관아에 주어 포군을 길러 방비하는 재원으로 삼는 것이 어떠할지 모르겠습니다. 잘 헤아려서 처분해 주십시오.

　1894년 12월 6일 궁내부에 첩보합니다.

군관 고연학에게 보내는 전령 [傳令 軍官高演學]

정선군수가 이미 상경(上京)했다는 소식을 듣고 비류가 창궐해서 일본군이 와서 토벌하였다. 그 사이에 그들을 토벌한 것이 어떠했는지를 계속해서 탐문하려고 했으나 멀어서 뜻을 이루지 못하였다. 그래서 군관을 시켜 그 사실을 탐문하여 계속 빨리 보고하게 했는데, 하직한 지가 여러 날이 되었으나 아직 어떠한 보고도 없다. 군무의 일에 오히려 이처럼 매우 소홀할 수 있는가? 달아난 비도의 뒤를 밟아 체포하는 일과 일본군이 움직인 연유를 이전처럼 누설하지 말고 계속해서 보고하라. 군대에서는 군율이 엄격한 것이니 충분히 유념해서 거행하도록 하라.

　1894년 12월 7일

---

* 　영조의 둘째 딸인 화순옹주를 가리킴. 화순옹주의 묘는 예산군 신암면 용궁리의 김정희 고택 언저리에 있는데 궁방전은 강원도 강릉 일대에 있었던 것으로 보인다.

봉평면 집강과 두민에게 보내는 전령 [傳令 蓬坪面執綱及頭民]

잘 알아서 거행할 일이다. 본 면의 비도 중에 유명한 김성칠(金聖七)은 지금 잡아서 쏘아 죽인 뒤에 그의 집에 있는 가재도구는 심문한 대로 전령 뒤에 적었다. 한 차례 침탈을 겪은 뒤에 본 면의 집이 불타고 사람들이 죽어서 올해의 신역(身役)을 받아낼 곳이 없다. 각 물건은 시가에 따라 돈으로 바꾸어 불탄 집과 죽은 자에게 보충해 주고, 납부한 잡역(雜役)은 뒤에 물가가 어떠한지를 비교하여 상세히 보고해서 믿을 수 있도록 하라. 이처럼 명령한 뒤에도 만약 명목 없이 모두 써 버리는 폐단이 있다면 조사할 때에 집강과 두민은 사실대로 보고하지 않은 죄를 모면하기가 어려울 것이다. 유념하여 거행하도록 하라.

1894년 12월 7일

후록 [後]

조(粟) 3석, 콩(太) 2석, 팥(豆) 1석, 목맥(木麥, 메밀) 2석

정조(正租, 벼) 1석, 식기 3개, 꿀(淸) 1척(隻)

해당 면의 집강이 이미 보관하고 있다고 한다.

정선의 소모군관 고연학에게 보내는 전령 [傳令 旌善召募軍官高演學]

잘 알아서 거행할 일이다. 본군에 흩어진 비도의 나머지 무리를 찾아내어 토벌하고 귀화시켜야 하는데, 침탈을 겪은 어리석은 백성을 잘 타일러서 생업을 안정시키는 일은 아직 어떻게 거행했는지 보고가 없기 때문에 어제 이미 명령을 내렸다. 군령이 있는데, 오히려 이처럼 매우 지체되는 것을 용납할 수 있겠는가? 지금 이청(吏廳)에 도착한 전령을 보니, 대구어(大口魚)를 진중(陣中)의 물품으로 시가에 따라 사서 보냈다고 한다. 일본군이 공도(公道)를 도모하려 이웃 읍에 와서 머문 지가 여러 날이 되었는데, 함께 구제하는 입장에서 접대하지 않을 수가 없으나 멀어서 뜻을 이루지 못하였다. 관(官)은 소모사의 임무를 맡았기에 몰라서는 안되기 때문에 지금 이 물건을 관이 사서 보내니 물건 값은 그만두고 이런 뜻

을 일본군의 유진소(留陣所)에 전하라. 그 거행한 형편을 먼저 빨리 보고하고 그 것에 근거하여 처리하며 혹시라도 예전처럼 소홀히 해서 죄를 범하는 경우가 없 도록 해야 할 일이다.

1894년 12월 8일 묘시

후록 [後]

생대구어 20마리, 생문어 8조(條), 곶감(乾柿) 10접(貼)

봉평면 흥정리 두민 유경환 등의 보고에 대한 제사 [蓬坪面興正里頭民兪慶煥等 報題]

비류가 창궐하여 농가의 산골짜기 백성이 난리를 만나 침탈을 겪으니 슬픔 이 나에게 있는 것 같다. 지금 다행히도 비괴를 목 베고 그 소굴을 태워 버렸으 니 이것은 참으로 백성과 나라에 큰 다행이다. 출전한 박동의와 강위서 등의 공 로는 이미 감영에 보고되고 임금께 보고하여 회계(回啓)를 공손히 기다리고 있다. 그러나 소장 중에 종사관의 임무를 수행한 권(權)·강(姜)·한(韓)에게 중한 상을 주어야 한다는 등의 말은 백성이 함부로 할 것이 아니다. 망령된 말은 매우 무엄 한 일에 관계되어 잘못을 적어 처벌해야 하나 무지해서 저지른 것이라서 책벌(責 罰)하기에 부족하여 그냥 두니 반드시 나중에 첩보하고 다시는 이처럼 제멋대로 하지 말라. 이성구(李成九)가 출전하여 죽은 것은 매우 참담하니 우선 부의(賻儀)를 보내고 장례를 치르는 일은 각별히 넉넉히 주라. 다른 관할의 교졸배와 행패를 저지르는 무뢰한 부류가 귀화한 백성을 침탈할 염려가 없지 않으니 관소(官所)에 끊임없이 폐단을 저지른 놈을 일일이 결박하여 잡아 보내고, 촌가의 침탈을 겪 은 가난한 백성을 이후부터 서로 도와 집에 돌아가서 안심을 하도록 하라.

1894년 12월 9일

후록 [後]

一. 징계하여 토벌하는 것은 엄중하지 않으면 안 된다. 죄가 있고 없고 간에 모두 그만두고 문초하지 않는다면 적은 도망갈 수 있고 민은 반드시 복종하지 않을 것이다. 아! 저 도망간 괴수는 완악하여 마음을 바꾸지 않았다. 지금 비록 위엄에 겁이 나서 숨었으나 나중에 반드시 사악함을 타고 일어날 것이니 이것을 제거하지 않으면 끝내 다시 근심이 될 것이다. 동향(洞鄉)에서 모두 "죽일 만하다" 라고 하고, 죄악이 가득하며 행적이 드러난 자는 모두 결박하여 반드시 죽이고 용서하지 말 것.

一. 살육을 마음대로 해서는 안 된다. 명령을 받아 임시로 맡은 자가 함부로 처형을 시행하는 것은 온당하지가 않은데, 더욱이 명령 없이 함부로 시행할 수 있는가? 근래에 참모군관(參謀軍官)과 유회(儒會) 및 상사(商社) 등은 애초에 인패(印 牌)가 없는데, 석방과 처형을 한다는 소문을 들었다.* 이것은 모두 법을 벗어난 행 동이다. 출전한 장령(將領)과 초토(招討) 및 소모(召募) 등의 직임 이외에는 함부로 처형하지 못하도록 할 것.

一. 적산(籍産)과 납속(納贖)은 신중하게 하지 않으면 안 된다. 역도(逆盜)의 재산 을 몰수하는 것은 그 법이 있다고 해도 죄가 분명하여 형벌을 시행한 뒤에야 할 수 있다. 근래에 각 진영에서 죄의 경중을 묻지 않고 포획한 자와 도망간 자를 찾아내어 잡아갈 때에 먼저 그 재산을 몰수하여 없애 버린다고 들었다. 의지할 데 없이 떠돌아다니며 울부짖는 이가 얼마나 되며 서로 모여서 도적이 되지 않 겠는가? 원악(元惡, 수괴)과 체포하여 처형한 자 이외에는 재산을 몰수하지 말라. 더욱이 납속(納贖)은 해서는 안 된다. 경비가 비록 엄청나도 자연히 뇌물이 있을 것이고 또한 백성의 재산을 수용하는 것이니 장차 어찌 하겠는가? 이 길을 한 번 열면 그 폐단은 이루 말할 수가 없다. 납속하는 일은 영구히 금지하고 시행하지 말 것.

一. 상민(商民)이 비도를 토벌하는 것은 온당하지 않다. 보부상은 원래 규율이

---

* 상사는 보부상을 가르키며, 이들은 유회군과 함께 정부의 허가를 받지 않고 농민군을 불법으로 학살하였다.

있어 서로 경계하고 도와서 사악한 것에 물들지 아니하였다. 그러나 비도를 토벌하는 것과 같은 일은 본래 그들의 책임이 아니니 보발(步撥)로 소식을 알리는 것 외에는 이유 없이 사람들을 모으지 말 것.

　12월 9일 순무영에서

1894년 12월 10일 겸사에게 첩보하는 글 [甲午十二月初十日牒兼使]

첩보하는 일입니다. 이 달 1일에 본부의 내면 대장 김두연(金斗演)의 수본에 의하면, "본면에 흩어져 도망간 비도 12명을 양양의 민정과 함께 뒤를 밟아 체포해서 양양관아로 압송하였다"라고 하므로 해당 관아에 관문을 보내 취조하여 보고하게 하였습니다. 회보(回報)에 의하면, "전에 이미 비도를 배반하고 귀화했기 때문에 잘 타일러서 풀어주었다"라고 하였습니다.

　이달 7일에 진부면 소모종사 박동의가 비도인 성찰 김성칠을 잡아들였기 때문에 위엄을 펼쳐 엄중히 문초하였더니, 그는 비류 중에 성찰과 초장(哨長)의 직임을 가지고 있고 김상연 4부자를 생매장한 일과 전후에 저지른 폐단을 일일이 자복하였습니다. 그 죄를 용서하기가 어려워서 시장에 개좌(開坐)*하고 군민(軍民)을 많이 모아 그를 쏘아 죽여 사람들을 경계하였습니다. 평창과 정선에 도망간 비도의 괴수는 특별히 기찰하여 체포하도록 타일렀고, 그 연유를 첩보합니다.

　1894년 12월 10일 겸사에게 첩보합니다.

소모종사 홍종우에게 보내는 전령 [傳令 召募從事洪鍾愚]

지금 들으니, 비도에게 빼앗긴 각 마을의 총과 칼의 값을 대화면에서 거두려고 손쉽게 명령을 내려 침탈을 겪은 저 백성에게 도리어 두려운 마음이 들게 해서 이런 호소를 하기에 이르렀다. 어찌 이처럼 거리낌이 없고 무엄한 악습이 있을

---

*　법정이나 행정 관청에서 한 가지 공사(公事)를 처리하기 위하여 관계 직원이 자리를 정하고 기구를 갖추어 앉는 것

수 있는가? 이 산골짜기 백성을 안정시키는 때를 맞아 설령 잃어버린 증거가 있더라도 일을 벌이고 말을 고집할 필요가 없을 것이다. 더욱이 증거가 없는 처지에 공연히 추궁하는 것은 부당할 뿐만 아니라 군무도 아닌데 제멋대로 민간에 명령했다니 더욱 놀랍고 통탄스럽다. 마땅히 종사관의 첩지(帖紙)를 바로 거두고 잡아다가 엄중히 처벌해야 하나 참고하여 헤아릴 것이 있어 이에 우선 특별히 명령한다. 앞으로는 거행하는데 각별히 조심하여 혹시라도 죄를 지어 후회하는 일이 없도록 하라.

　　1894년 12월 14일

진부와 도남 2개면에 보내는 전령 [傳令 珍富道南兩面]

유념하여 거행할 일이다. 영서의 각 면에서 비도를 섬멸한 뒤에도 민심이 안정되지 않아 그들을 안무(按撫)할 방도를 생각하고 있는데, 2개 면에서 잃어버린 총과 칼의 값을 대화에 책임 지웠다. 저 침탈을 겪은 백성에게 도리어 소요를 초래하니 어찌 이와 같은 민습이 있을 수 있는가? 마땅히 조사해 처리해야 할 것이다. 지금부터 이른바 총과 칼의 값은 절대로 책임 지우지 말고 서로 도와 안주하도록 하라.

　　1894년 12월 14일

감영에서 12월 14일에 보내는 관문 [在營 同月十四日]

겸 순찰사(兼巡察使)가 상고할 일입니다. 새로이 도착하여 받은 양호도순무영(兩湖都巡撫營)의 관문에 의하면, "생도로 사물을 죽이는 것은 엄중하나 가혹하지 않고, 어지러운 법으로 사람을 다스리는 것은 관대하면 사람들이 반드시 업신여긴다. 대숙은 관대함으로 정나라를 다스렸으나 도적이 그치지 않았으며, 제갈공명은 오히려 엄격함으로 촉나라를 다스려서 백성이 편안해졌다. 어찌 위엄을 드러내어 안정시키지 않겠는가? 대개 조치가 다름에 따라 죄 있는 자가 벌을 받지 않고 무고한 사람을 보호하지 못하였다. 이미 악을 저지른 뒤에 징계하고 다시 일어나기 전에 해(害)를 제거해서 뿌리를 없애 남김없이 한 뒤에야 착한 선을 권장할 수 있고 평정을 기대할 수 있다. 지금 비도의 변고가 조금 수습되고 잔당들이 도망가서 숨었는데 종기에 비유하면 밖은 아물었으나 안은 곪은 것과 같다. 지금 치료하지 않으면 장차 어떠하겠는가? 죄가 강상을 범한 것에 관계되는 매우 흉악한 자는 모두 일일이 토벌하여 죽여서 후환을 없애도록 하라. 혹시라도 함부로 폭력을 행사하여 죄 없는 자를 다치게 한다면 군율이 지엄하여 용서하지 않을 것이다. 관문이 도착하는 대로 여러 읍에 보내어 각각 유념하여 거행하도록 하는 것이 마땅하다. 또한 관문과 후록을 두었으니, 관문의 뜻을 자세히 살펴서 거행하되, 이러한 폐단은 더욱 살펴서 금지하여 죄를 짓는 지경에 이르지 않도록 하고 관문이 도착하는 대로 그 형편을 먼저 빨리 보고하도록 하라"하였습니다.

감영에서 12월 14일

정선 소모군관 고연학에게 보내는 전령 [傳令 旌善召募軍官高演學]

보고한 것은 잘 알았다. 본 군은 여러 달 동안 수령이 없었고 하물며 난리를 겪은 잔패한 읍이었으니 연말에 군색한 읍의 사무는 보지 않아도 알 수가 있다. 하지만 수비하는 일본군 진영에 읍에서 거행할 조건과 음식을 대접할 일은 혹시라도 관이 비었다고 핑계를 대지 말고 각별히 유념하여 거행하도록 유향소의 좌수와 공형에게 엄중히 명령하라. 평창과 정선 2개 읍의 비괴를 아직 잡지 못했으므로 특별히 뒤를 밟아 체포하도록 명령한다. 영월·평창·정선·제천을 수비하는 일본군의 소식과 비괴를 잡은 형편을 계속해서 빨리 보고하도록 하라.

1894년 12월 16일

봉평면 집강에게 보내는 전령 [傳令 蓬坪面執綱]

잘 알아서 거행할 일이다. 본 면에 흩어진 비도를 방어하는 일과 백성을 안도시키는 방도를 혹시라도 소홀히 하여 나중에 탄식하는 일이 없게 하고, 더욱이 각종의 공납(公納)도 편리한 대로 잘 타일러 거행하며 근실한지의 여부를 탐문하여 아는 방도가 있어야 한다. 지금 행상(行商)과 부상(負商)들이 내면과 봉평 등지에 모여서 여러 가지로 폐단을 저질러 백성들을 안정시키기 어렵게 한다는 소식을 들으니 매우 통탄스럽다. 일일이 조사한 뒤에 폐단을 저지른 놈은 즉시 결박하여 잡아들이고 특별히 징계하도록 하라. 지난번 행군할 때에 평민에게 비도가 맡긴 총 5자루를 거두어 가지고 와서 관아의 창고에 들이지 않고 자기 것으로 하였다고 한다. 어찌 이와 같은 도리가 있을 수 있는가? 백성을 안무하고 적을 방어하는 이때를 맞아 부고(府庫)의 군물이라도 민간에 나누어주어 방비하는 계책으로 삼아야 하는데, 더욱이 적의 물건을 장물(贓物)로 들인 총을 개인 물건으로 만들었다니 이것이 어찌 말이 되겠는가? 이 총 5자루는 내면의 방수대장에게 내어주어 방어하도록 하고, 거행한 형편도 빨리 보고하도록 하라.

1894년 12월 16일

내면 집강과 방수대장에게 보내는 전령 [傳令 內面執綱及防守隊長]

잘 알아서 거행할 일이다. 본 면에 흩어진 비도를 방어하는 일과 평민을 안도시키는 방도를 혹시라도 소홀히 하여 나중에 탄식하는 일이 없는 지는 관이 염려하는 것으로, 근심이 끝이 없다. 지금 행상과 부상들이 무리지어서 각 마을에 출몰하여 여러 가지로 폐단을 저질러 백성을 안정시키기 어려운 지경으로 만든다는 소식을 들으니 매우 통탄스럽다. 이에 따로 명령을 내린다. 폐단을 저지른 이런 놈은 일일이 결박하여 잡아들이고 특별히 징계하도록 하라.

1894년 12월 16일

1894년 12월 17일 도순무사에 첩보하는 글 [甲午十二月十七日 牒都巡撫使]

첩보할 일입니다. 지금 도착한 전령으로 말미암아 죄가 인륜에 관계되고 강상(綱常)을 범한 매우 흉악하고 패악한 자는 일일이 죽인 뒤에 여러 조항들을 적고 아울러 영사(令辭)에 따라 거행했습니다. 그 연유를 첩보합니다.

1894년 12월 17일 도순무사에게 첩보합니다.

대화면 집강과 풍헌 및 방수군관에게 보내는 전령 [傳令 大和面執綱及風憲防守軍官]

유념하여 거행할 일이다. 비도의 한 가지 일로 전후의 명령이 엄중할 뿐만이 아니라. 반드시 유의하여 거행할 것이니 다시 번거롭게 명령할 필요가 없을 것이다. 그러나 이 불쌍한 산골짜기 백성이 한 차례 침탈을 겪은 뒤에 저절로 두려운 마음이 생겨 의심하지 않을 경우에 의심을 하고 난리가 끝난 때에 난리를 생각하게 되었다. 이 때문에 안주하는 자가 거의 없고, 짐을 진 자가 대부분이어서 안정시키기가 어려워 반드시 백성들이 없어지게 될 것이다. 해당 임장은 관이 백성을 다친 사람처럼 보는 고심과 지극한 뜻을 알아 집집마다 잘 타일러서 각각 그 생업을 편안히 여기고 그 삶을 즐기게 하여 백성을 위로하고 도와주려는 본래 의도에 부응하게 하라. 지금 들으니, 진부와 도암 2개 면에서 비도에게 총과 창을 빼앗기고 오히려 본 면에 침입했다고 한다. 어찌 이와 같은 민습이 있을 수 있는가? 해당 임장들은 마땅히 조사하여 처리해야 할 것이다. 이처럼 명령한 뒤에 혹시라도 이런 일이 있고 다시 침입하는 폐단이 있으면 절대로 기다려서 시행하지 말고 지명하여 빨리 보고해서 악습을 징계하고 폐단을 막을 수 있도록 하라.

1894년 12월 18일

소모사 강릉부사 이원회에게 보내는 전령 [傳令 召募使江陵府使李]

생도(生道)로 만물을 죽이는 것은 엄중하나 가혹하지 않고, 어지러운 법으로 사람을 다스리는 것은 관대하면 사람들이 반드시 업신여긴다. 대숙(大叔)은 관대함으로 정(鄭)나라를 다스렸으나 도적이 그치지 않았으며* 제갈공명은 오히려 엄격함

---

* "정(鄭)나라 자산(子産)이 아들 대숙에게 이르기를, '정치하는 데는 맹렬하게 할 만한 것이 없으니, 대체로 불은 맹렬하므로 민중이 바라보고 두려워하기 때문에 불에 죽는 사람은 적고, 물은 무르고 부드러우므로 민중이 허물없이 여겨 함부로 보기 때문에 죽는 이가 많다고 하였는데, 대숙이 차마 맹렬하게 하지 못하고 관대하게 하였더니, 정나라에 도둑이 많아져서 사람을 풀숲에서 뽑아 쓰게 되매, 대숙이 뉘우쳐 말하기를, '내 진작 부자(夫

으로 촉(蜀)나라를 다스려서 백성이 편안해졌다. 어찌 위엄을 드러내어 안정시키지 않겠는가? 대개 조치가 다름에 따라 죄 있는 자가 두려워하지 않고 무고한 사람을 보호하지 못하였다. 이미 악을 저지른 뒤에 징계하고 다시 일어나기 전에 해를 제거해서 뿌리를 없애 남김없이 한 뒤에야 착한 선을 권장할 수 있고 평정을 기대할 수 있다. 지금 비도의 변고가 조금 수습되고 잔당들이 도망가서 숨었는데 종기에 비유하면 밖은 아물었으나 안은 곪은 것과 같다. 지금 치료하지 않으면 장차 어떠하겠는가? 죄가 강상을 범한 것에 관계되는 매우 흉악한 자는 모두 일일이 토벌하여 죽여서 후환을 없애도록 하라. 혹시라도 함부로 폭력을 행사하여 죄 없는 자를 다치게 한다면 지엄한 군율이 용서하지 않을 것이다. 전령이 도착하는 대로 유념하여 거행하도록 하라.

임계면 집강과 방수대장 및 경내의 여러 두민에게 보내는 전령 [傳令 臨溪面執綱防守隊長及地境僉位頭民]

실정에 따라 보고할 일이다. 본면에 사는 이동익은 지금 잡아서 쏘아 죽였다고 하는데, 그 집의 가재도구와 전답 문서는 일일이 찾아내어 적어서 보고하라. 만약 혹시라도 남기거나 빼는 폐단이 있으면 나중에 조사하여 그 일이 드러나는 날에 해당 임장과 방수대장을 모두 잡아다가 엄중히 다스릴 것이다. 이것을 잘 알아 유념하여 거행해서 사사로움을 따르다가 죄를 짓는 경우가 없도록 하라.

　1894년 12월 19일

각 면에 보내는 전령의 초안 [傳令 各面草]

잘 알아서 거행할 일이다. 비도를 토벌하는 일로 양호순무영(兩湖巡撫營)의 전령이 내려왔기 때문에 베껴서 보내니 모두 잘 알도록 하라. 전령이 도착하는대로 각

　子)의 말을 따랐던들 이에 이르지 않았을 것이다.' 하고, 군사를 일으켜 숲속의 도둑들을 쳐서 다 죽이니 도둑이 좀 그치게 되었다.'는 고사에서 인용한 글이다.

기 빨리 보고하도록 하라.

1894년 12월 19일

후록 [後]

생도로 만물을 죽이는 것은 엄중하나 가혹하지 않고, 어지러운 법으로 사람을
다스리는 것은 관대하면 사람들이 반드시 업신여긴다. 대숙은 관대함으로 정나
라를 다스렸으나 도적이 그치지 않았으며, 제갈공명은 오히려 엄격함으로 촉나
라를 다스려서 백성이 편안해졌다. 어찌 위엄을 드러내어 안정시키지 않겠는
가? 대개 조치가 다름에 따라 죄 있는 자가 두려워하지 않고 무고한 사람을 보호
하지 못하였다. 이미 악을 저지른 뒤에 징계하고 다시 일어나기 전에 해를 제거
해서 뿌리를 없애 남김없이 한 뒤에야 착한 선을 권장할 수 있고 평정을 기대할
수 있다. 지금 비도의 변고가 조금 수습되고 잔당들이 도망가서 숨었는데 종기
에 비유하면 밖은 아물었으나 안은 곪은 것과 같다. 지금 치료하지 않으면 장차
어떠하겠는가? 죄가 강상을 범한 것에 관계되는 매우 흉악한 자는 모두 일일이
토벌하여 죽여서 후환을 없애도록 하라. 혹시라도 함부로 폭력을 행사하여 죄없
는 자를 다치게 한다면 지엄한 군율이 용서하지 않을 것이다. 〈전령〉이 도착하
는 대로 유념하여 거행하도록 하라.

1894년 12월 20일 순사에게 첩보하는 글 [甲午十二月二十日 牒巡使]

첩보하는 일입니다. 새로 도착하여 받은 양호도순무영(兩湖都巡撫營)의 관문에
의거하여 비도를 토벌하는 일은 관문과 후록에 따라 거행했고, 도순무사의 관문
은 이달 20일 술시(戌時) 경에 도착하여 받았습니다. 그 연유를 첩보합니다.

1894년 12월 20일 순사에게 첩보합니다.

1894년 12월 21일 남북의 각 읍에 보내는 관문 [開國百三年十二月二十一日 關南北各邑]

행 강릉대도호부사 겸 관동소모사(行江陵大都護府使兼關東召募使)가 상고하는 일이다.

지금 평창 공형의 보고를 보니, "양호(兩湖)의 비류 가운데 나머지 무리 수천 명이 배를 타고 바다 위에 떠 있다"고 하였다. 지금 수상한 배 2척이 연해(沿海)에 떠 있다는 소문을 듣고, 청나라 군대가 처음부터 육지에 내려오지 않고 군량과 군병을 요구한 말이 퍼진 것이거나 흩어진 비도가 청나라 배를 빌려 타고 갔다는 말이 생겨서 그런 것이라고 생각되어 은밀히 각 진(津)과 포(浦)의 요충지에 탐문을 했다. 그러나 애초부터 그런 흔적이 없을 뿐만 아니라 각 읍에 있는 비류는 이미 차례대로 제거되어 다시는 기도(企圖)할 폐단이 없다고 하였다. 지금 이런 소문은 매우 허황된 것이다. 그러나 전쟁은 생각하지 못한 데서 일어나고, 재앙의 시작은 재앙이 일어난 날에 생기지 않고 반드시 조짐이 있다. 그것을 미리 대비하는 방법을 소홀히 해서는 안 되기 때문에 이에 관문을 보내니 각 읍마다 각 진과 포 및 요충지에 명령하여 만약 수상한 기미가 있으면 방수(防守) 등의 일을 갑절이나 단속한 뒤에 그 형편을 빨리 보고하도록 하라.

1894년 12월 21일 남북의 각 읍에 관문을 보낸다.

1895년 1월 7일 정선읍에 보내는 관문 [乙未正月初七日 關旌善邑]

상고할 일이다. 본 군에 일본군이 해를 넘겨 주둔하여 비류를 찾아내고 담을 지키어 백성을 안심시키니 접경지역에서 보아도 매우 유쾌하고 다행스럽다. 가난한 읍에서 음식을 대접하는데 어려움이 없지 않을 것이기 때문에 약간의 쌀과 반찬을 보내니 바로 해당 진중(陣中)에 가서 그 형편을 빨리 보고하도록 하라.

1895년 1월 7일 정선읍에 관문을 보낸다.

1895년 1월 7일 순사에게 첩보하는 글 [乙未正月初七日 牒巡使]

첩보하는 일입니다. 본 관아 각처의 비류를 여러 달 동안 토벌한 연유는 이미 첩보하였고, 군수에 쓰인 것은 합하여 9,030냥이며 정조(正租) 150석 · 백미(白米) 20석 · 돈 3,000냥으로 전곡(錢穀)을 합하면 모두 4,525냥입니다. 그 밖에 요호(饒戶)에게 빌린 전곡이 모두 630냥이고, 공전(公錢)에서 융통하여 쓴 돈이 3,875냥이며 이 중에서 공전은 시급히 상납해야 하기에 어쩔 수 없이 지금 마련한 뒤에야 분란이 생기는 것을 면할 수 있습니다. 군기와 잡물(雜物) 중에 조총(鳥銃)과 장창(長鎗)은 파손되어 쓸 수 없어서 수리하여 보충할 계획입니다. 화약에 지출된 것은 900근(斤)이고 연환(鉛丸)으로 지출된 것은 11,000개입니다. 소요를 겪은 민읍(民邑)의 형편으로는 실제로 마련하기가 어렵기 때문에 사실에 근거하여 첩보하오니 헤아리신 뒤에 군무아문(軍務衙門)에 전보하여 조치해주시기 바랍니다.

1895년 1월 7일 순사에게 첩보합니다.

1895년 3월 2일 겸사에게 첩보하는 글 [乙未三月初二日 牒兼使]

첩보하는 일입니다. 지난 가을에 본 관아의 비도를 토벌할 때에 군수에 쓴 돈 9,300냥이 시급하고 공전 또한 민간에서 융통해서 쓴 것이니 헤아려서 조치해주시어 공사(公私) 간에 편리하도록 해주십시오.

1895년 3월 2일 겸사에게 첩보합니다.

3월 초 9일 감영의 제사 [同月初九日 在營]

감영의 제사에서 말하기를, "많은 돈을 마련하기가 어려우며 읍에서 전적으로 감당할 수가 없다. 결환전(結還錢) 가운데 4,000냥을 떼어 사용하고, 나머지는 반드시 읍에서 마련하며 화약을 만들고 납을 구입한 비용도 본읍에서 마련하도록 하라"고 하였다.

3월 9일 감영에서

번역 : 최원경

임영토비소록(臨瀛討匪小錄)

본 자료는 농민군 토벌을 지휘했던 강릉부사 이회원(李會源)의 관련 기록이다. 끝부분에 어떤 과객이 '견주인초토비소록왈(見主人抄討匪小錄曰)'이라고 한 것으로 보아 이회원이 기록한 것으로 추정된다. 주요 내용으로, 앞부분에 동학이 사설(邪說)이라는 것을 설명하고 강원도 지역 농민군의 활동, 소모관의 활동 등을 기록하고 있다. 본 자료는 『동비토론(東匪討論)』과 함께 강원도 지역 동학농민군의 동향과 이에 대한 진압 활동을 이해하는 데 매우 중요한 자료이다. 원본은 강릉 선교장(船橋莊)에 소장되어 있다.

한창려(韓昌黎, 763~824. 자(字)는 퇴지(退之)이고, 당송 8대가의 한 사람인 한유(韓愈))가 말하기를, "공자의 도가 밝지 않아 이단의 가르침이 없어지지 않는다"라고 하였는데, 이것이 밝으면 저것이 쇠하여짐을 말한 것이다. 비유하면 태양이 하늘에 있어 만국(萬國)이 밝으면 비록 요마(妖魔)나 호정(狐精, 호선(狐仙), 여우가 수련하여 신선이 되어서 사람으로 변하여 인가에 내왕한다고 한다.)이라도 감히 모습을 드러낼 수가 없으니, 그 빛이 가려져 양기(陽氣)가 내려가고 음기(陰氣)가 오르면 온갖 사악한 것들이 일어나게 되는 것과 같다. 심지어 도깨비불과 반딧불이 오히려 빛나고 썩은 뼈와 썩은 나무들도 빛을 낸다. 설령 밝은 별과 달이 있어도 밝은 아침이나 대낮만 같지 못한데, 더욱이 구름과 흙비로 가려짐에 있어서야 어찌하겠는가? 그러나 지혜로운 자는 그 요망함을 볼 수 있으나 어리석은 자는 도리어 신령스럽게 생각하여 두려워하거나 받들기도 한다.

아! 평소에 학문하는 노력과 격물치지(格物致知)의 공부가 있다면 마음에서 의(義)와 리(利)를 구분하고, 눈앞에서 사도(邪道)와 정도(正道)를 명료하게 구별하여 참으로 의(義)가 목숨보다 중하고, 예(禮)가 밥보다 중하다는 것을 알 것이다. 차라리 정도를 지켜 곤궁하게 죽을지언정 좌도(左道)에 현혹되어 스스로 금수의 지경에 빠지겠는가?

세상의 도가 이미 떨어져서 성인의 학문은 점점 어두워지고, 스승마다 그 가르침이 다르고 사람마다 이론(異論)을 세워 나라에는 하나로 관통하는 가르침이 없고 사람들은 나아갈 방향을 모르게 되니, 한밤중에 어두운 거리를 더듬으며 무턱대고 가는 것과 같다. 누가 몽매한 백성들을 위해 깨우쳐주겠는가? 어린 아이가 기어서 우물에 들어가니 가련하다. 증자(曾子)가 말하기를, "백성들이 흩어진지 오래되었다. 불쌍히 여기고 기뻐하지 말라"고 하였다. 그런 구절을 살펴보면 우리의 도가 밝지 못한 탓이니 누구를 원망하겠는가? 그들이 사설(邪說)에 내몰려져 어리석게 따랐을 뿐이다.

이른바 '동학'이라는 것은 어떤 학문인지 알지 못하나 오로지 요망한 술법으로 사람을 속여 재물을 빼앗는 도(道)에 지나지 않는다. 저 계해(癸亥, 1863)년간에 최북술(崔北術; 최제우(崔濟愚, 1824~1864). 동학의 창시자로 초명은 복술(福述)·제선(濟宣)이다. 호는 수운(水雲)이며 본관은 경주이다. 북술은 복술의 잘못 전해진 오식이다.)이 영남의 경주에서 교를 세우자 영남감영에서 효수하여 사람들을 경계하였다. 그 후 30년이 지나 비도(匪徒)들이 양호(兩湖)에서 무리를 지어 북술이 남긴 가르침이라고 칭하며 '동학'이라는 새로운 이름을 다시 세웠는데, 척양척왜(斥洋斥倭)를 칭탁해 부르고, 사람과 재물을 겁탈하여 이익을 탐하였다. 1893년 봄*에 이르러 더욱 심해져서 묘당에서 초유사(招諭使)와 안무사(安撫使) 등을 뽑아서 양호에 보내니, 이에 놀라서 흩어졌을 뿐이었다. 1894 갑오(甲午)년 여름에 다시 무리를 모아 전철(황토현전투 등 1차봉기)을 다시 밟았다. 아! 진시황의 채찍**은 미치지 못하고 초석(楚石; 초(楚)나라의 돌로 국가의 기둥이 되는 것을 말한다. 벼슬아치 등 통치계급)은 쓸모없는 것이 많아서 마침내 급속하게 양호 영남에까지 두루 퍼져 두려워하거나 거리낌 없이 약탈을 자행하였다.

연달아 관동(關東)에 들어와 처음에는 백성을 꾀어 재물을 취하다가 끝내는 다른 뜻을 가지게 되어 장각(張角)과 황건적(黃巾賊)의 잘못된 계책을 펼치고, 송강(宋江; 송(宋)의 운성(鄆城) 사람으로 휘종(徽宗) 때 도적이 되어 하삭(河朔) 등을 약탈하고, 뒤에 해주지주(海州知州)가 되어 장숙야(張叔夜)에게 항복하였다.)과 흑선풍(黑旋風; 양산박(梁山泊)의 호남아인 이규(李逵)의 별호)의 못된 짓을 답습하였다. 접소(接所)의 배열은 36방(三十六方: 모든 방위를 뜻하는 것으로 빈틈없다는 것)을 다 지키는 듯하고 노략질을 자행하는 것은 108명의

---

* 보은 장내집회와 금구 원평집회를 말함. 당시 어윤중이 안무의 소임을 띠고 내려왔다.
** 진편(秦鞭): 채찍으로 돌을 때려 옮겼다는 진시황(秦始皇)의 고사이다. 진시황이 석교(石橋)를 놓아 바다에 나가 해가 뜨는 것을 보려 했다. 그러자 신인(神人)이 돌을 굴려 바다를 메우는데, 돌이 빨리 구르지 않자 채찍으로 돌을 때리니 돌에서 피(石血)가 났다고 한다. 형벌을 뜻하기도 한다.

장수(一百八將: 백팔번뇌의 뜻을 따다 붙여진 신장(神將))와 같았다. 그 무리에 붙으면 매우 흉악한 자라도 종주나 맹주(宗盟)로 떠받드나, 그 명을 어기면 사족과 양민이라도 극악한 형벌을 가하였다. 지난날에 앙심을 품고 몸을 움츠렸던 자가 호응하여 손에 침을 바르고 일어났고, 재산을 보전하려 몸조심을 하는 자는 숨을 죽이고 사지를 떨며 두려워하여 바람을 따라 쓰러지듯 하니 누군들 감히 어찌할 수가 없었다. 서쪽으로부터 오는 소식이 날마다 심해지니, 가까이서 이를 따르는 자는 살아 있는 부처를 보듯이 살아갈 방도를 바라고, 멀리서 이를 듣는 자는 야차(夜叉; 염라국에서 죄인을 다루는 옥졸)와 나찰(羅刹; 사람을 잡아먹으며, 지옥에서 죄인을 못살게 군다는 악귀)처럼 두려워하였다. 설령 나약한 사람이 큰 마음을 품더라도 이는 바로 사마귀가 수레바퀴를 막아서는 꼴이다.

8월 20일쯤에 본읍의 대관령 서쪽 대화면(大和面)을 침범하여 김장수(金長水)의 집을 훼손하고 그 집의 가사와 집기를 탈취한 뒤에 대관령을 넘어간다고 큰소리쳤다. 이때 본읍 수령은 비어 있어서 백성들이 의지할 곳이 없었고 일은 통솔이 되지 않았으며, 아전과 군교(軍校)들은 간이 오그라들고 촌민들은 입을 다물었다. 한두 사람이 모의하여 도모하고자 했으나 그들의 무리가 마을에 퍼져 있는 것을 알고 보복이 두려워서 사람들에게 말하지 못하였다. 마을의 아래위 어디에도 전혀 방책을 세울 수가 없었다.

지난 날, 본읍의 신리면(新里面) 사람들이 화적을 방비하려는 뜻으로 마을 사람들이 의논하여, 본면 가구마다 한 사람씩 창검을 가지고 모여서 점고하는 전례처럼 검열하여 동정상구(同井相救; 마을에서 서로 구제한다는 것)의 뜻을 보였다. 이때 본읍 정동면(丁洞面) 선교(仙橋)의 이 승지 ○○씨가 새로 임금의 은혜를 받아 성묘하려고 고향에 왔다가 한양에 가지 못하고 길이 막혀 버렸다. 이달 25일에 신리의 거사를 따라 본면의 사람들과 의논하여 운정(雲亭), 선교장 안에 있는 정자 앞 공터에서 장정을 검열하였다. 사람마다 창을 한 자루씩 가지고 나오되 창이 없는 사람은 죽창을 가지고 나왔는데, 검열해 보니 425자루뿐이었다. 이날 이 승지와 감찰(監察)인 정용화(鄭龍和) 씨 집에서 점심으로 밥과 고깃국을 마련하였는데, 본

면의 사람들을 모두 모이게 하여서 대접한 것이었다.

이에 영서(嶺西)에 있던 비도들이 큰소리치기를, "강릉의 어떤 부잣집은 우리들을 위해 술을 빚고 소를 잡아 저장하여 우리가 오기를 기다리는데, 선교의 이 아무개는 우리를 해치려고 창검을 점고하고 있다"라고 하였다. 어떤 이가 이에 대해 해명하기를, "선교에서 창을 검열한 것은 다른 도둑을 방비하려는 것으로 결코 다른 뜻이 없다"라고 하였다. 그들이 자기네들을 칠까 혹 의심하기도 했는데, 위협하고 공갈치는 그들의 말들을 모두 기록하기는 어렵다.

호중(湖中)의 내군(內郡)인 제천과 청주 등지의 비도와 영동 산골의 영월과 평창의 비도들이 합세하니 1,000명이 되었다. 본읍의 대화면에 들어와 모로치(毛老峙)를 넘어 진부면(珍富面)으로 가서는 노략질이 더욱 심해졌다. 수십 명을 사방으로 보내어 물건을 찾아내게 하였는데, 외진 산골 마을이라도 조금도 모면하지 못하였다. 포와 총 그리고 말은 있는 대로 빼앗았고, 창검과 미투리(麻鞋)도 있는 대로 빼앗아 갔고 없으면 돈으로 대신 거두었다. 총 1자루는 10냥, 창 1자루는 2냥, 미투리 1켤레는 5전(錢)으로 호(戶)마다 내는 돈이 3~4냥에 이르렀다. 수많은 돈을 거둬 가지고 가서 도소(都所)에 낸 것은 10분의 1도 되지 않았다고 한다. 이것은 이른바 예의가 없으면 도적이 될 수도 없다는 것이니, 선현의 말씀을 어찌 믿지 못하겠는가?

9월 3일에 대관령을 넘어와 득의양양하게 참새가 날고 이리가 날뛰듯이 무질서하게 와서 구산역(邱山驛)에 묵었다. 이날 밤에 사람을 보내 성산면(城山面) 집강(執綱)을 잡아왔는데, 집강은 바로 금산(琴山) 김양반이었다. 정강이 아래에 커다란 종기를 앓아 거동하지 못하고 자리에 누워 괴로워하고 있었는데, 수십 명이 크게 소리를 지르며 난입하여 갑자기 병자를 끌어내었다. 가족들이 소리내어 울면서 살려줄 것을 간청했으나 조금도 용서하지 아니하였다. 그 집에서 어쩔 수 없이 교자(轎子)에 태워 매고 구산역에 이르자 바로 덮어 씌우고 곤봉으로 어깨를 난타하여 거의 죽게 되었다. 울며 목숨을 구걸하니, 위에 앉은 사람이 말하기를, "너처럼 완악한 놈이 집강이 되어 이번 우리 행차에 와서 기다리지 않은 것은 바로 양반의 기세인가? 그 죄가 죽음에 해당된다"라고 하였다. 인사불성이 되어서야 끌어내었다. 약으로 치료하여 겨우 회복되었는데, 다행히 나이가 적고 몸이 강건한 까닭이었다. 의지할 곳 없고 불쌍한 백성들의 처지가 한결같이 이런 지경에 이르렀는가?

9월 4일 사시(巳時, 오전 9~11시)경에 읍에 들어오는데, 말을 타거나 가마를 탄 자가 수십 명이고 나머지는 모두 걸어서 뒤를 따랐다. 길게 늘어져서 모이고 흩어지는데 통솔이 되지 않았고 존비(尊卑)도 없었다. 반은 대낮에 우비를 입었고, 검은 때가 묻은 파의(破衣)를 걸쳤으며, 수백 대(隊)의 귀신 얼굴을 한 병사들은 도읍을 통과해 시장에 가는 백성들처럼 보였다. 13자(字) 천주주문(天主呪文; 동학의 기본 주문인 시천주조화정 영세불망만사지(侍天主造化定 永世不忘萬事知))은 상가집에서 죽은 사람의 혼을 부르는 곡소리처럼 들렸다. 눈썹을 치켜세우고 눈을 깜박이며 웃으면서 귓속말을 하는 비루한 모습들을 모두 적을 수는 없었다. 그러나 그 세력은 대단하여 백성들의 민심이 그것에 눌리어 따랐다. 이에 마을에서 항산(恒産)이 없는 무뢰배들은 살 수 있는 길을 찾았다고 하고, 지각이 없는 어리석은 사람들은 징험할 수 있는 신비한 술법이 있다고 하였다. 심지어 양반에게 눌린 분노가 있어도 지체가 낮아 펴지 못한 자나 남의 재물을 빼앗을 마음이 있으나 재주가 모자라서 빼앗기 어려운 자도 스스로 운수가 형통하리라 말하며 다투어 지름길을 찾아 몰려들었다.

아! 앞에서 "백성이 흩어진 지 오래되었다"라고 말한 것이 그릇된 것인가? 며칠이 지난다면 사방의 백성들이 서로 이끌어서 그것에 감염되지 않는 자가 거의 드물 것이다. 예전에 성현이 말하기를, "이단의 폐해는 홍수나 맹수보다 심하다"라고 했는데, 지금 더욱 그것을 징험할 수가 있다. 대개 사람의 정리가 이익을 따르는 것은 물이 아래로 흘러가는 것과 같아서 인의(仁義)로 이끌고 예법(禮法)으로 막지 않는다면 그 범람하는 물결을 누가 막고 돌려서 아래로 흘러가는 본성으로 나아가게 하겠는가?

지난날, 작청(作廳; 고을아전이 일을 보는 곳으로 길청(秩廳)이라고도 한다.)의 아전들이 마을마다 요호(饒戶)에게서 쌀과 돈을 거두어 이날 여러 점막(店幕)에 비용으로 나누어주었다. 한 사람마다 1끼에 1되씩을 주어 먹이게 하였다. 먼저 온 자 수백 명이 작청에 들어가니 아전들이 술과 쇠고기를 미리 준비하고 있다가 대접하였다. 그리고 바로 일어나 경방(庚方)의 도사(都事) 최윤정(崔允鼎)의 집에 가니 그 집에서 점심으로 술과 밥을 대접하였는데, 그 수가 모두 1,000여 명이 되었다. 그날 저녁부터 각 점막을 나누어 거처하였고, 삼경(三更)에 이르자 비도 수백 명이 구산역에서 내려와 길가의 촌민을 위협하여 횃불을 들어 비추게 하였다. 그 횃불이 성을 이뤄 몇 리에 걸쳤고, 그 후부터 밤마다 이처럼 하였다. 구산역에서 경방까지 길가의 10여 리의 촌민이 밤에는 잠을 자지 못하면서 분주히 그들을 전송하여 그 괴로움을 이루 견딜 수가 없었다. 그 뒤에 알아보니, 점막에 나누어 거처한 무리들이 매번 어두워졌을 때 삼삼오오 대오를 지어 언덕가로 갔다가 다음날 아침 밥 먹을 때 왔는데 그 숫자가 여전하여 더하거나 줄지가 않았다. 이것은 돌아가며 왕래해서 그 위세를 과장하려는 것이었다. 점주(店主) 모두 그것을 보아서 알고 있었으나 감히 말을 하지 못하였다. 아아, 촌민들의 고통을 생각하지 않고 어린애 장난 같은 이런 술수를 행하니 놀랍고도 가소롭다.

9월 5일에 읍의 동문에 방을 내걸었는데, 삼정(三政)의 폐단을 개혁하고, 보국안민(輔國安民)을 한다고 하였다. 옛날부터 난을 일으킨 자들 중에 어찌 그렇지 않는 자가 있겠는가? 또한 엄연히 묘당(廟堂)과 영읍(營邑)의 일을 행하려고 하니 어찌 통탄스럽지 않은가?

진사 박재호(朴在浩)는 본래 강릉 사람인데, 지금 평창에 거주하다가 스스로 비도들의 괴수가 되었다. 앞서 와서 요호들을 두루 찾아가서 협박하거나 회유하여 몰래 돈과 재물을 토색질하였다. 대화 사람 김상오(金尙五)는 스스로 '접장'이라고 칭하고 비도들과 함께 와서 제멋대로 패(牌)를 발령하여 도(道)를 훼손했다는 죄목으로 사족들을 잡아들였다. 또 상좌(上座)를 핑계대고 거짓으로 둘 사이를 거간질한다고 하여 강제로 받아낸 전표(錢標)는 이루 다 헤아릴 수가 없었다. 패(牌)를 가지고 심부름 나간 비도는 다시 족채(足債; 먼 곳에 심부름을 보내는 사람에게 발품 값으로 여비나 사례로 주는 돈)를 강제로 거두어 많게는 100여 민(緡)이나 되었고 적게라도 40~50민으로 내려가지 않았다.

지난 날, 사탕을 파는 최가(崔哥)가 옥가(玉街)에 살고 있었는데, 비도들이 온다는 소리를 듣고 먼저 가서 맞이해서는 자신의 집에 접(接)을 마련하니, 2~3일 사이에 모여 강(講; 주문 등을 외우고 교리를 듣는 것)한 자가 무려 300명이 되었다. 비도들을 토벌하는 날 밤에 군인들이 그 집을 부수었다.

9월 6일 날에 비도들이 말하기를, "내일 선교(船橋)에 들어가겠다"라고 하여 위험이 눈앞에 있게 되었다. 읍의 아전인 정시중(鄭始中)과 최희민(崔熙民) 등은 본래 선교에서 신임하는 아전이었다. 종종 선교를 왕래하며 고을의 소식과 비도들의 동정을 알려 왔다. 이날에 정(鄭)과 최(崔) 두 아전이 은밀히 선교에 통보하기를, "오늘 밤 닭이 운 뒤에 읍인(邑人)과 최도사(崔都事)가 은밀히 비도들을 토벌하는 논의를 이미 끝냈고, 정동면도 한밤중에 북문 안 군기고 앞에 와서 호응하기로 하였다"라고 하였다.

이승지가 바로 사람을 각 마을에 보내어 이런 뜻을 은밀히 알리는 한편, 사람들로 하여금 쌀 100말과 돈 300민(緡)을 가지고 가게 하여 비도들을 위해 점심과 저녁밥을 대접하게 하였는데, 그들이 선교에 들어오는 것을 늦추려는 계획이었다. 그날 밤에 5~6개의 부근마을에서 몰래 군정(軍丁)을 모아 배부르게 먹이고 단단히 채비하여 말하기를, "북문 안에 들어가지 말고, 읍후(邑後; 작은 재 이름)에 가서 일어날 때를 기다리다가 읍내에서 나는 신호를 듣고 일제히 일어나라. 만약 읍에 신호가 없으면 함부로 행동해서는 안 된다"라고 훈계하였다. 과연 모든 군사들이 가서 일어날 때를 기다렸고, 읍내에서도 조용히 여러 시간을 기다렸는데, 동쪽에서 갑자기 비가 쏟아져 내리니 모든 군사가 놀라서 흩어져 각각 제 집으로 돌아갔다. 군사들의 마음이 흉흉하여 어지럽고 두려워하였다. 다행히도 큰비가 계속되어 비도들이 모두 처소에 머무르고 또한 길에 행인이 끊겨서 대오를 아는 자가 없었다.

아침에 이승지가 비를 무릅쓰고 사람을 보내 최아전을 책망하고 사정을 따지니, 최아전이 최도사(崔都事)와 주고받은 서찰을 첨부하여 보낸 글에서 말하기를, "어젯밤 저에게 사람이 없어서 거동하지 못했을 뿐입니다. 모두들 비가 지금 그치지 않은 것은 곧 하늘이 돌보아주신 행운이라고 합니다. 비가 멈추면 반드시 거사할 것입니다. 이미 고무되었는데 어찌 중지할 수 있겠습니까"라고 하였다. 바로 사람을 옥가(玉街) 길의 남쪽에 보내어 권씨와 여러 무리들을 보고, 그 돌아가는 형편을 이야기하였다.

권수동(權秀東)이 말하기를, "일이 다급해졌습니다. 오늘 다행히 비가 왔으나, 내일이 되면 도로의 점막에서 그것을 보고 아는 자가 없지 않을 것이니 어찌 가서 말하지 않겠습니까? 오늘 밤을 넘겨서는 안 됩니다"라고 하였다. 마침내 남쪽으로 길을 잡고 아전들에게 비밀리에 알려서 초저녁에 함성을 지르며 일제히 일어나 각자 단봉(短棒)을 들고 동문에 난입하였다. 각 점막에 있던 비도들은 함성을 듣고 많이 도주하였고, 각 관아에 있던 비도들 중에는 도망가거나 부상을 당한 자들이 있었다. 어두운 밤에 난타를 당하여 죽은 자가 많았다. 정동면은 조금 멀고 어두운 밤에 함성을 지르는 것이 약속보다 먼저 일어났기 때문에 함성을 듣고서야 일제히 달려갔더니 일이 이미 절반이 이루어졌다. 이때에 비는 개이지 않아, 빗방울이 오락가락하였으며 달은 지고, 별은 어두워 상황이 참담하였다. 동남문 밖과 각 관아의 문 앞에는 시체가 이미 땅에 널려 있었다. 당일 밤에 죽은 자가 모두 100여 명이라고 말했는데, 다음날 아침에는 20~30여 명이라고 하니, 밤새 많이 살아서 가 버린 것인지 많이 죽은 것을 읍인들이 놀라서 숨긴 것인지 모르겠다.

9월 8일 새벽에 어떤 사람이 비도 수천 명이 창과 포를 가지고 대관령을 넘어 다시 온다는 헛소문을 전하니, 읍의 어리석은 백성들이 이고 지고 서로를 부축하며 외진 마을로 흩어졌다. 이를 금지했으나 그치지 않았는데, 며칠이 지나서야 진정되었다.

아전들과 약간의 백성들이 부사청(府司廳)에 모여 공형(公兄)의 글을 삼척 수령에게 보내어 감영에 보고하도록 하였다. 또한 각 마을에 통문을 보내어 11일에 모두 모여서 일을 논의하자고 하였다.

이때에 마을의 군정은 모두 수백 명이 되었는데, 해가 다섯 길이나 되었어도 아침을 먹지 못하였다. 어떤 사람이 잘못 말하기를, "경방(庚方) 최도사 집에서 아침 밥을 준비하였다"라고 하여 사람들이 몰려갔더니, 최씨 집은 전혀 사정을 알지 못하고 놀라서 연유를 물었다. 사람들이 말하기를, "아침을 먹으려고 왔다"라고 하니, 주인이 화를 내며 말하기를, "먼저 통보도 없이 갑자기 아침 밥을 찾는데, 내 집이 주막인가"라고 하였다. 사람들이 시끄럽게 소리를 지르며 난입하여 창과 문을 부수고 주인을 밀치니 누가 그만두게 할 수 있었겠는가? 주인이 사과를 한 뒤에야 해산하였다. 이에 군정들이 전 좌수(前座首) 김상연(金商淵)을 추대하여 중군장으로 삼았는데, 갑옷을 입고 말에 타서 큰소리로, "비도들을 물리치러 금산평(琴山坪)으로 가겠다"라고 호언하였다. 금산의 진사 김상경(金尙卿)의 집에서 밥을 마련하여 대접하였다. 날이 저물어서 돌아가다가 회산(淮山)을 지날 때에 심씨 집안에서 갑자기 밥을 마련하기 어려워 읍으로 돌아갈 것을 권유하고, 밥을 지어 보낸 것이 모두 70~80말이나 되었다.

이날 최도사가 읍에 들어가 부사청에 갔더니 분노가 아직 가시지 않아 사람을 선교 이승지에게 보내어 읍의 일을 함께 의논하자고 요청하였다. 승지가 순순히 허락하지 않고 말하기를, "지금 부사가 빈 상황에서 누가 명령을 내고 관장(官長)의 일을 하겠는가? 비도들도 토벌하여 내쫓아서 마을이 전처럼 편안해졌는데, 달리 무슨 일이 있겠는가? 만약 시행하는 대책이 마땅하지 않으면 민심이 도리어 동요하니 나는 가고 싶지 않다"라고 하였다. 여러 번 간청하여 어쩔 수 없이 오후에 읍에 가서 최도사를 보고 나서 이교(吏校)들을 불러 모으고 말하기를, "영동의 농사일이 지금 한창이어서 마을 사람들을 여러 날 머무르게 할 수 없다. 또한 군졸들이 창을 들고 포를 메어 동서로 달려가는 것을 백성들이 보고 들으면 놀라지 않을 수가 없으니 바로 각 마을의 민졸(民卒)들을 돌려보내라. 영서 지역은 겁을 떨쳐버리지 못한 평민과 죄를 지어 의구심을 풀지 못한 자가 있다. 건장한 이교 30~40명을 뽑아서 비도들의 잔당들을 몰아내려 대관령을 넘어서 왔다고 말한다. 면민(面民)들을 안무(安撫)시킬 수 있을 것이다. 죄가 있고 없고를 다시 묻지 않고 모두 돌려보낸다면 죄를 지은 자는 의구심을 저절로 풀 것이고, 겁을 먹은 평민도 안정될 것이다. 영동은 마을마다 옛 규약을 정비하여 마을마다 각기 사는 곳을 보호하며, 한곳에 경고가 있으면 즉시 모이도록 한다. 이와 같이 하면 안으로는 내부의 변고가 없고, 밖으로는 넘겨다보는 변고가 없어 백성들은 저절로 안심하고 읍도 무사할 것이니, 함부로 조치를 취하여 도리어 민심을 동요시켜서는 아니된다"라고 하였다. 읍인들이 말하기를, "저 바깥 마을이 각각 그 거처를 보호하고 있다가 읍에 갑자기 변고가 생기면 어찌하겠습니까? 종종 점고하여 시위하고 방비해서 저들의 간담을 먼저 서늘하게 하는 것이 옳습니다"라고 하였다. 이승지가 말하기를, "여러 차례 점고하는 것은 좋은 계책이 아니다. 반드시 그만둘 수가 없다면 한 번 점고하는 것도 가능하다. 나는 돈 300냥을 내어 수직(守直)하는 읍인들을 대접할 생각뿐이다"라고 하였다. 그리고 최도사를 돌아보며 말하기를, "너희가 그것을 계속 받들 수 있는가?"라고 하니, 여러 사람들이 흔쾌히 그렇게 하겠다고 대답하였다. 즉시 군민(軍民)을 해산하여 보내고, 내일 아침식사 후에 일제히 모여 점고하기를 약속하였다. 바로 일어나 돌아갔는데, 이미 밤이 되어 어두워졌다.

9월 9일에 정동면민(丁洞面民) 수백 명이 읍에 왔으나, 다른 마을에서는 한 사람도 오지 않았다. 다만 읍내의 군정들과 더불어 점고 흉내만 내고 돌아갔다.

9월 11일에 각 마을의 대민(大民)들이 객관(客館)의 동쪽 대청에 모두 모였는데, 아전들이 동비(東匪)에게 음식을 제공한 기록을 올려서 보았더니 전부 700냥이 넘었다. 각 요호에게 배당하려고 의논을 모았으나 이승지만 참석하지 않았다. 의견이 분분하여 일정한 결말을 내리지 못하고 날이 저물어서야 흩어졌다.

9월 15일에 각 요호들이 향사당(鄕射堂; 한량들이 모여 편을 갈라서 활쏘기 재주를 겨루는 곳)에 모였으나 이승지는 오지 않았다. 선교와 내곡(萊谷) 두 집은 계산하지 않고, 그 나머지의 요호들이 많게는 120냥에서부터 적게는 25냥까지 60여 집안에 분배하여 돈을 모으니 모두 2,000냥이 넘었다. 600냥은 군기를 보수하는 비용으로,

700여 냥은 비도들의 음식을 접대한 비용으로 내주고, 나머지는 점고할 때에 군정들의 요기 비용으로 한다고 하였다.

9월 22일에 각 마을의 군정들이 동문 밖 사대(射臺) 앞에서 크게 점고를 했는데, 먼 곳의 4개 면을 제외하고 나머지 11면의 군정들이 모두 수천 명이 되었다. 향중(鄕中)에서 출신(出身) 이진석(李震錫)을 추천하여 중군장(中軍將)으로 삼고 사대 앞에 의막(依幕)을 설치하였다. 읍내의 군정들이 유산(幼山)의 조검서(曺檢書)가 요호전(饒戶錢)을 기꺼이 내지 않으려 한다는 것을 빌미삼아, 읍의 군정 수백 명이 유산의 검서 조헌승(曺憲承)의 집에 가서 크게 난리를 쳤다.

그때에 조검서는 상(喪)중이어서 여막을 지키고 있었는데, 군정들이 조검서를 끌어내어 둘러싸서 중군 앞에 데려왔다. 읍 밖의 마을 사람들이 실색하고 낙담하지 않는 이가 없었다. 부모의 상사(喪事)로 풀어주기를 요청하여 집에 돌아갔다. 그날 밤에 읍의 100여 명이 다시 금산의 김진사 집에 가서 요호전을 거두겠다며 소란을 피우니, 그 집에서는 놀라고 당황하여 어찌할 줄을 몰랐다. 밤에 여기저기에서 돈을 꾸어 80냥을 마련하여 주었다. 돌아오는 길에 다시 회산의 장의(掌議) 심진팔(沈鎭八)의 집에서 소란을 피우고 돌아갔다.

10월 1일에 읍내 6개 동과 부근의 몇개 동, 모두 8~9개 동민이 좌수(座首)를 대장으로 삼아 스스로 점고하였다. 객관에서 신동문(新東門)으로 내려가서 구불구불한 길을 따라 옥가로 갔다. 남쪽으로 길을 잡아 다시 장승가(長承街)에 이르러 북쪽 길을 따라 읍의 구동문(舊東門)으로 들어갔다. 대포 소리가 끊이지 않았고, 물고기가 꿰인 것처럼 걸어가는 자가 몇 리에 걸쳐 이어지니 민심이 놀라고 두려워하였다.

이날 초저녁에 경사(京司)에서 삼현령(三懸鈴, 매우 급한 공문을 보낼 때에 가죽부대에 방울 세 개를 다는 것)으로 공문을 보내와, 특별히 전 승지 이○○李(○○)*을 강릉부사로

---

* 본 글의 저자인 이회원(李會源)을 말한다.

임명하였다. 이에 읍과 촌민들 모두가 임금의 은혜에 감축하지 않는 이가 없었다. 그리고 구덩이에 빠져 줄을 던져 구해줄 사람이 하나도 없는 것과 같았던 민심이 한순간에 반석(盤石)과 태산(泰山)의 위보다 편안해졌다. 이를테면 겨울이 지난 뒤에 따뜻한 봄이 다시 숨 쉬는 것과 같으니 매우 다행스럽지 않겠는가?

지난 날, 내면(內面)에 있는 비도들의 괴수 차기석(車箕錫)이 스스로 득도했다고 하면서 어리석은 백성들을 속이고 회유하니 그 무리가 1,000여 명이 되었다. 전하는 말에, "자신들과 호비(湖匪, 호남과 호서의 동학도)는 같지 않고 다만 학업을 하며 의롭지 않은 행동은 하지 않는다"라고 했으나 이것은 한갓 그들 무리를 보호하려는 말로 참으로 믿을 수가 없다. 그러나 내면은 오대산 서북쪽에 자리잡고 있어 길이 막히고 멀고 산과 계곡이 험준하여 가서 토벌하기가 어려웠다. 또한 현저하게 나쁜 행적이 없어 잠시 그대로 두었으나 식자(識者)들은 그것을 걱정하였다.

9월 그믐쯤에 군사를 모아 난리를 일으켜서 창고를 불사르고 인민을 위협하며 따르지 않는 자가 있으면 그 집을 태우고 사람을 죽였다. 또한 포목(布木)·해산물·가축 등의 상인들을 회유하여 그 재물을 빼앗고 사람들을 죽여서 태워 버렸다. 산골짜기 길의 행상 중에 죽은 자가 수백 명이었으나 길이 끊겨서 영동에서는 전혀 그것을 알지 못하였다. 봉평면(蓬坪面)도 읍의 관아와 떨어져 있었다.

내면 근처에 거주하는 윤태열(尹泰烈)·정창해(丁昌海)·조원중(趙元中)·정운심(鄭雲心) 등은 본래 무뢰배들인데, 교활하게 차적(車賊, 차기석)을 빙자하여 마을 사람들을 속이고 군사들을 모았으며 창고 옆에 목책을 세우고 강제로 각 마을에 명령을 내려, 호(戶)마다 속미(粟米) 6말, 미투리 한 켤레씩을 빠짐없이 거두었다. 또한, 소를 빼앗아 날마다 여러 마리를 잡으니 고기와 포(脯)가 산과 숲을 이룰 정도였다. 기꺼이 자신들을 따르지 않으려는 자가 조금이라도 있으면 바로 죽였다. 이에 완악한 무리들이 모두 일어나 한 패가 되었다. 진부면 안영달(安永達)·김성칠(金成七) 등도 거기에 가담하였다. 김상연은 진부면 두일촌(斗逸村)에 살았는데, 어느 날 밤에 잡혀가서 4부자(父子)가 함께 구덩이 안에서 죽었다. 지난 날에 잠시

중군을 했다는 소문 때문이었다. 행상과 부고(負賈, 보부상)들이 모두 불 속의 귀신이 되었고, 요호와 양민이 솥 안의 물고기로 절로 나뉘어졌다.

오대산이 10년 동안 적의 소굴이 된다는 정감록의 말을 누가 허무맹랑하다고 했는가? 두개의 면[내면과 봉평면]은 100리가 되는 산골짜기인데 곧 양산박(梁山泊; 산동성에 있는 못 이름으로 송(宋)대 농민들이 봉기했던 근거지)과 같은 소굴이 되었다. 대화면에 잠복한 비도들이 그 형세에 의지하여 사람들의 왕래를 살펴보았고, 약탈을 당한 진부의 면민들은 이고지고 가며 그들의 동정을 듣고 죽이고 빼앗는 것을 원망하지 않는 이가 없었다. 지난번에 단양과 청주의 비도들도 이와 같지 않았는데, 누가 강량(强梁; 귀신을 잡아먹는 전설에 나오는 신(神))보다 두려워하지 않겠는가?

옛날 녹림(綠林; 한말 왕망(王莽)때 왕광(王匡) · 왕봉(王鳳) 등이 호북성 녹림산을 근거지로 하여 농민군을 조직한 것) 무리들도 이와 같지 않았으리라 생각되는데, 하늘이 알고 있으니 어찌 천벌을 피하겠는가? 죄 없는 백성들이 공공연히 죽음을 당하는 것을 면하기 어려웠다.

10월 보름쯤에 봉평의 주민들이 새로 수령이 왔다는 기쁜 소식을 듣고는 몰래 와서 글을 올렸는데, 동비들의 전말을 구체적으로 아뢰었다. 본 수령이 바로 교졸(校卒) 몇 명을 보내어 염탐하여 보고하게 하였다. 보고 내용에, "비도들이 조만간에 진부와 도남(都南)을 가로막고 죽이겠다고 말하여 두 곳 면민들이 놀라고 낙담하여 활에 다친 새가 활의 그림자에 겁을 먹은 것과 같았습니다. 학의 울음소리와 바람소리*를 듣고 귀박(鬼朴; 귀신이 될 자로 정치가 가혹하여 관리가 되면 곧 죽게 된다는 것)이 다시 온 것에 혼백을 빼앗겼으니, 단공(단공책(檀公策); 송(宋)의 단도제(檀道濟)가 지모가 뛰어나 고조(高祖)를 따라 북벌을 하여 전공을 세웠으며 36계의 병법으로 유명하다. 뒤에 정벌을 하기 위한 계책을 일컫게 되었다.) 같은 최상의 계책을 세워도 영서의 여러 면들이 조만간에 황폐해질 텐데 영동만이 어찌 홀로 존립할 수 있겠습니까"라고 하였다. 그들

---

* 학려풍성(鶴唳風聲): 바람소리와 학의 소리로 바스락 소리에도 놀라 떠는 것

의 말이 모두 한결같았다. 이에 읍내가 흉흉해져서 어찌할 줄을 몰랐다. 어떤 이는 말하기를, "영서는 지키기 어려우니 고갯길을 튼튼히 지켜 영동을 보호하는 것이 옳다"라고 하거나, 또 어떤 이는 말하기를, "읍 밖 마을 군정들을 징발하고 요호들에게 돈과 곡식을 분배하고, 고갯길마다 막아서 그 결말을 살피는 것이 옳다"라고 하였다. 태수가 말하기를, "그렇지 않다. 내 백성이 아닌 자가 없다. 영서의 6개 면은 부모를 잃어버린 어린애와 같은데, 내가 돌보지 않고 차마 사지(死地)에 던져두겠는가? 영동은 난리를 새로 겪어 민심이 모두 흩어지려 하는데, 다시 군사를 모집하고 곡식을 거둔다면 반드시 민심이 크게 동요를 할 것이니 어찌 차마 그것을 하겠는가"라고 하였다.

10월 22일에 읍내의 작대군(作隊軍)을 징발하니 100여 명이 되었다. 다시 보부상 100여 명을 선발하여 좌사(左司)와 우사(右司)로 삼고, 또한 각지의 포수 100여 명을 모집하여 중군장 이진석으로 하여금 지휘하게 하였다. 전 감찰 이영찬(李永璨)과 부이방(副吏房) 박인필(朴寅弼)이 보좌하였다. 구산(邱山)으로 보낼 때에 훈계하기를, "나는 이미 늙어서 군대에 종사할 수가 없다. 그러나 지금 백성들이 도탄에 빠졌는데 구해주지 않는다면 어찌 백성들의 부모라고 하겠는가? 너희들은 나의 이런 뜻을 명심하여 가서 백성들을 침범하지 말고 그 괴수를 베어, 백성을 안정시키는 데에만 뜻을 두어라. 저 비도들이 다만 재물을 빼앗고 사람을 죽이기만 하니 반드시 장구한 계책이 없는 것 같고, 대군이 온다는 소리를 들으면 반드시 놀라서 흩어질 것이다. 그들을 잡아들일 때에 옥석이 함께 불타버리는 탄식[玉石俱焚之歎]이 있을까 걱정이 되니 신중하게 살피도록 하라. 흩어졌다가 다시 모이는 것이 도적들의 본래 모습이니 철저히 소굴을 타파하여 훗날의 염려가 없도록 하라. 소용되는 군수는 내가 창고에서 낼 터이니 조금도 백성에게서 거두지 말라"라고 하였다. 같은 날에 구산역에서 묵었고 날마다 수십 리를 행군하였다.

10월 25일에 진부역에 도착하여 주둔하였다. 봉평 면민 강위서(姜渭瑞)는 본래 의기(義氣)가 많고 포(砲)를 잘 쏘았는데, 비도들의 불의에 분개하여 몰래 여러 사람들과 모의하였다. 은밀히 사람을 본진(本陣)에 보내어 말하기를, "군대가 들어

오면 우리가 내응할 것입니다"라고 하였다. 진중의 사람들이 의심스러워 결정하지 못하고 박동의(朴東儀)에게 청하여 점을 쳐보았더니 길하였다.

10월 26일에 바로 진군하여 봉평의 창촌(倉村)에 들어갔더니 정말로 적들이 모두 도망하여 흩어졌고, 단지 빈 목채(木寨)만 있어 마침내 창촌에 주둔하였다. 이날 강위서가 윤태열 등 7명을 사로잡아 진영 앞에 포박하여 데리고 와서 심문을 한 뒤에 바로 목을 베거나 총살하였다. 그래서 강위서를 대장으로 삼아 본 면의 군정과 포군(砲軍)을 통솔하여 내면에 가서 비도들을 토벌하게 하였다. 관군은 다음 날에 바로 출병하여 진부역에 다시 주둔하고 장차 대화면으로 가려고 하였다. 마침 원주(原州) 중군(中軍)과 소모관(召募官) 정준시(鄭俊時) 등이 일본군과 함께 대화에 도착하였다. 강릉 중군 이진석과 박동의와 상의하여 그 포병을 숨기고 다만 창을 든 약간의 병졸만을 데리고 원진(原陣; 원주에서 온 군대의 진영)에 갔는데, "포군은 어디에 있는가"라고 묻기에, "모두 내면에 비도들을 토벌하러 보냈다"라고 대답하였더니, "창을 든 이런 병졸을 어디에 쓰겠는가"라고 하였다. 그래서 모두 돌아왔다.

이때에 영월과 평창의 비도들이 제천과 청주 등지의 비도들과 합하여 1,000명이 정선군에 몰려갔다. 그때가 10월 20일쯤인데, 군수가 한양으로 도망쳤다. 비도들이 이방의 목을 자르고 평민들을 약탈하며 널리 말하기를, "강릉에 가서 9월의 원수를 갚겠다"라고 하였다. 정선군 여량(餘粮) 등지의 비도들의 괴수인 지왈길(池曰吉)·이중집(李仲集) 등이 위세를 믿고 난리를 일으켜서 강릉 임계(臨溪) 등지의 부유한 자들을 잡아가서 재물을 빼앗았다. 따르지 않으면 형벌을 가하니 이에 민심이 크게 동요하였다.

면임(面任)들이 연달아 첩보하여 말하기를, "지금 병사를 징발하여 막지 않으면 임계 등지는 빈 땅이 되고 읍내가 흉흉하고 두려워할 것입니다"라고 하였다. 마침 순무영(巡撫營)에서 강릉부사 이○○를 묘당에다 관동소모사(關東召募使)로 특별히 추천하여 군사를 일으켜 비도들을 토벌하게 하였다. 10월 1일에 첩문(帖文)이 내려왔다. 이에 소모사가 각 마을의 요호와 대성(大姓)에게 명령을 내려 건장한 종 10명씩을 뽑게 하였는데, 응모한 숫자가 100여 명이 되었다. 다시 각 진민(津民), 뱃사공과 역졸들을 뽑고, 별선군관(別選軍官)을 정하니 그 수효가 수백 명이 되었다. 진부에서 박인필을 불러들여 전 좌수 최○○ 崔○○ 함께 통솔하여 구산역에 보냈는데, 봉평의 군사를 보내는 것처럼 하였다. 이날 저녁에 이진석이 대화에서 군대를 이끌고 돌아왔는데, 다시 임계로 보내어 다른 사람들과 함께 군대를 통솔하게 하였다.

임계면에 7~8일간 주둔했다가 출병하여 정선군 여량마을을 공략하여 그 접소(接所)와 비괴(匪魁)들의 집을 불태웠다. 그때에 원주의 중군과 일본군이 평창의 비도들을 격파하고 100여 명을 포살(砲殺)하였다. 정선에 있던 비도들이 이를 듣고 그 예봉(銳鋒)을 피하려고 동쪽 강릉으로 내려가다가, 다시 강릉의 군사가 여량을 불태우고 올라온다는 소문을 듣고 한꺼번에 놀라 흩어졌다. 정선의 군민들이 와서 그 연유를 아뢰고 군대를 물릴 것을 청하였다. 이진석 등이 드디어 군대를 돌리고 이중집 등 10여 명을 사로잡았다.

10월 19일에 읍에 돌아오니 소모사가 남문 밖까지 나와서 맞이하여 군사들에게 음식을 크게 대접하고 상을 주었으며, 정조(正租) 100석을 읍군(邑軍)에게 나누어 주었다.

11월 6일에 봉평 대장 강위서 등이 군정을 이끌고 내면에 출병하여 1리(里) 창고에서 묵었다. 차기석·정운심 등이 밤을 이용하여 진채(陣寨)를 공격하니 강위서가 크게 패하여 돌아왔다. 부상자 몇 명이 소모영(召募營)에 수본(手本)을 올리며 말하기를, "비도 수천 명이 몰려왔는데, 본 읍의 군대는 수백 명에 지나지 않아서 상대할 수가 없으니 군사를 증파해 주시기를 바랍니다"라고 하였다. 이에 소모사가 박동의를 소모영 종사관으로 삼아 진부면의 군정을 인솔하여 강위서에게 가서 돕게 하였다. 또한 강위서를 종사관으로 올려 기한을 정하여 비도들을 섬멸하도록 하였다.

지난 날 양양부(襄陽府)에 관문을 보내어 병정을 모집하게 하였다. 양양부의 사족 이석범(李錫範)은 작고한 승지 휘진(暉晋)의 후손으로 사람됨이 과감하고 절개를 숭상하였다. 지난 10월 초에 마을 사람들을 이끌고 경내에 숨어 있는 비도들을 토벌하였다. 이때에 이르러 소모사의 명령을 듣고 동생인 국범(國範)과 동향의 사족 최주하(崔舟河) 김준태(金儁泰) 등과 함께 포병 100여 명을 인솔하여 왔다. 소모사가 크게 기뻐하고 바로 이석범을 종사관으로 임명하여 내면에 파견하여 강위서·박동의 등과 함께 합세하여 비도들을 토벌하게 하였다. 다시 이석범의 동생인 국범과 부종사관인 김익제(金翼濟) 등을 양양에 돌려보내어 나머지 병사들을 규합하게 하였다.

이들에게 명령하여 내면 동북쪽의 길로 나와서 불시에 강위서·이석범 등과 동서에서 협공하게 하여 비도들이 앞뒤에서 서로 돌아보지 못하도록 하는 등 일일이 그 계략을 주어서 보내었다. 이에 강위서는 보래령(甫來嶺)을 넘어서 들어와 홍천 의병인 허경(許坰)과 합세하여 자운포(自雲包)를 바로 공략하였다. 이석범은 박동의와 합세하여 운두령(雲頭嶺)을 넘어 들어와 바로 청두리(靑頭里)로 진격하였고, 이국범은 신배령(新排嶺)을 넘어 들어왔다. 김익제는 응봉령(鷹峰嶺)을 넘어서 들어왔다. 사방의 길에서 협공하니 포 소리가 땅을 울렸고, 연기가 골짜기에 가득하여 비도들이 놀라서 궤멸하였다. 강위서 등은 접주(接主)인 위승국(魏承國)과 접사(接司)인 심성숙(沈成淑) 등 7명을 포살하였고, 이석범 등은 오덕현(吳德玄)과 홍천의 비괴인 권성오(權成五) 등 5명을 포살하였다. 여러 군사가 약수포(藥水包)를 돌아 들어가서 차기석을 생포하였고, 김치실(金致實) 등 3명을 포살하였다. 또한, 거괴(巨魁) 박학조(朴學祚)를 사로잡았고, 그 나머지 손응선(孫應先) 등 70여 명은 개고기를 먹이고 잘 타일러서 풀어주었다. 3리(里) 홍정(興亭) 등으로 방향을 바꿔 적의 괴수 임정호(林正浩) 등 30명을 포살하고, 붙잡힌 수백 명의 무리들은 잘 타일러서 풀어주었다.

11월 22일에 내면의 군사가 돌아와서 차기석과 박학조를 면박(面縛; 두 손을 등 뒤로 묶고 얼굴은 앞을 향하게 하는 것)하여 소모영에 바쳤다. 소모사가 사대(射臺)앞에 교장(敎場)을 열어 두 놈의 목을 베고, 여량의 괴적인 이중집 등 7명을 포살하였다. 차(車)·박(朴) 두 놈의 머리를 원주(原州) 순무영(巡撫營; 원주에는 강원도 동부지방 농민군 토벌을 위해 관군과 일본군이 주둔하여 수리로 출동하였으며, 곧 순무영 파견군사들이 주둔하였다.)에 담아 보내었다. 다음날 여량의 주민들이 괴적 지왈길을 사로잡아 바치기에 바로 목을 베었다. 그래서 관동 일대의 동비가 마침내 평정되었다.

어떤 객(客)이 돈천재(沌泉齋)를 지나다 주인이 쓴 토비소록(討匪小錄)을 보고 말하기를, "이것은 실록입니다. 지난날에 강릉의 운수가 형통하고 태평했고 강릉주민의 명(命)도 길했습니다. 그렇지 않았다면 거의 모두 고기밥이 되었을 것입니다"라고 하였다. 주인이 쳐다보고 탄식하며 말하기를, "공자는 명(命)을 말한 적이 드문데, 그대는 인사(人事)의 마땅한 바에 대해 말하지 않고 먼저 명(命)이 형통하고 길함을 말씀하시니 어찌 그 사리를 아는 것입니까"라고 하였다. 객이 말하기를, "나는 그렇게 된 사리는 알지 못하나 눈으로 본 것은 말할 수 있습니다. 지난번에 비도들이 한창 극성일 때에 하루 이틀을 늦추고 토벌하지 않았다면, 강릉을 둘러싼 100리 안이 모두 금수의 땅이 되었을 것입니다. 다행히 하늘이 길운(吉運)을 빌려주어 기세를 타서 토벌하여 마침내 온 나라 사람들로 하여금 듣고 놀라게 하여 모두 본읍을 절의의 고향으로 우러러보게 하였습니다.

곳곳마다 의병이 바람을 따라 일제히 일어나서 마침내 동비들을 남겨 두지 않았는데, 마치 박랑사(博浪沙; 하남성의 지명으로 한(漢)의 장량(張良)이 역사(力士)시켜 진시황을 저격한 곳)에서 한 번 철퇴를 휘둘러 천하의 호걸들이 모두 일어나 진(秦)을 망하게 한 것과 같으니, 이것이 어찌 명(命)이 아니겠습니까? 비도를 토벌한 뒤에 읍촌이 서로 원망하고 두려워하여 거의 변란이 일어날 정도였습니다. 다행히 강명(剛明)한 우리 태수께서 위력과 은혜로 진무(鎭撫)하여 모두 편안하게 했으니 이것도 명(命)이 아닙니까? 내면의 차적(車賊)이 난리를 일으켰을 때에 영서의 주민은 새롭게 노략질을 당한 뒤라서 모두 새나 짐승처럼 놀라 흩어지려는 마음을 품고 있었습니다. 영동 사람들은 이미 심한 괴로움을 겪어서 이때보다 순망치한(脣亡齒寒)의 걱정이 더한 때가 없었습니다. 이럴 때에 월척(越瘠; 자신과 관계없는 고통을 비유할 때 쓰는 말이다. 월척시진(越瘠視秦)의 줄임말)처럼 보고는 가서 구제하지 않았다면 영서의 주민들이 대나무가 쪼개지고 하천이 터지는 것처럼 되는 것은 머지않아 알 수가 있습니다.

만약 마음이 조급하여 군사를 징발하여 백성들에게 거두었다면 영동 주민들이 흙이나 기와처럼 무너지는 것은 필연의 일이었습니다. 어질고 밝은 태수께서 도리에 맞게 지휘하고 마땅하게 조치하여 10,000냥에 가까운 비용을 아까워하지 않고 1,000명에 가까운 병사들을 마련하는데, 요호에게서 조금도 거두지 않고 평민에게서도 터럭 하나도 빌리지 않으셨습니다. 한 번 북을 치고 나아가 적의 소굴을 깨뜨렸으니 이것도 명(命)이 아니겠습니다? 그 후에 정선의 비도들이 다시 동쪽으로 내려오기를 도모할 때에, 일본군이 서쪽에서 평창을 압박하여 궁박한 비도들의 형세가 물이 아래로 흐르는 것처럼 동쪽으로 내려오려고 하였습니다. 이미 고개를 넘었다면 실제로 격퇴하기가 어려웠을 것이고, 만약 토벌하여 흩어졌다면 일본군이 동쪽으로 오는 형세를 모면하기 어려웠을 것입니다. 그렇게 되면 영동의 주민들이 어떻게 안도할 수 있었겠습니까?

미리 일의 형세를 헤아려 군사를 파견하여 막고 남들보다 앞서 인력을 빼앗으니 적의 간담이 놀라서 하룻밤 사이에 도망하여 흩어졌습니다. 영동 사람으로 하여금 밭을 갈고 시장가는 것을 변함없이 하고 지금까지 편안하고 즐겁게 사는 것은 어찌 명(命)이 아니겠습니까? 그대는 어떻게 생각합니까"라고 하였다.

주인이 말하기를, "그대가 태수의 공(功)과 덕(德)을 먼저 말하고 그 마지막에 바로 명(命)에 맡기면서 태수의 은혜를 말하지 않은 것은 무엇입니까? 명은 미묘한 하늘의 이치로 길한 천명이 있더라도 인사(人事)가 미치지 못하면 길(吉)이 변하여 흉(凶)이 되는 경우가 있습니다. 또한 천명을 어겼으나 인사에 정성을 쌓으면 도리어 흉이 바뀌어 길이 되는 경우도 있는데, 이것이 바로 하늘의 상도(常道)입니다. 그래서 정자(程子)는 '사람이 최상의 수명을 다하고, 국가의 명이 영원하기를 하늘에 바라는 것은 공부가 그 안에 도달해야만 이런 효과가 있다'고 하였습니다. 그렇다면 일의 성패는 다분히 인도(人道)가 선한지 아닌지에 달려 있습니다.

지난 번에 동비들이 동쪽으로 온다는 말에 모든 마을 사람들이 두렵거나 사모하는 마음이 들어 토벌하여 내쫓자는 말이 전혀 없었고, 도리어 심복을 몰래 보내어 그들이 오는 것을 안내하고 아첨하여 화를 모면하려는 자도 있었습니다. 내가 수령의 지팡이를 잡고서 혼자 마음속으로 계책을 세워 먼저 문 앞에서 창과 칼을 점검하고 비밀리에 친분이 있는 아전에게 방략을 주었습니다. 그 신묘한 계획으로 그들이 알거나 보지도 못하는 사이에 번개처럼 공격하여 적도(賊徒)들로 하여금 잠시 동안에도 듣거나 보지 못하게 하였습니다. 소위 이것이 잠자리 위에서 사람의 일을 지시하여 여러 사람들이 들판에서 짐승을 쫓아 잡게 하는 것과 같습니다.

이때에 '천명이 있다'고 말하는 것과 같으나 사람이 하는 일이 없으면 하늘이 어찌 신병(神兵)을 내려 토벌하겠습니까? 하릴 없이 놀라서 꾸는 꿈(噩夢)으로 그들을 누르겠습니까? 남에게 은혜를 입고 보답을 생각하지 않는 자는 오히려 사람답지 않다고 하는데, 하물며 잊어버리는 것에 있어서야 어떠하겠습니까? 이것은 참으로 기기(器欹; 기울어져 엎어지기 쉽게 생긴 물그릇)를 바로 잡았으나 공을 자랑하지 않았으니 장익주(張益州)*에 부끄럽지 않고, 편안을 조처했으나 자랑하지 않았으니 한위공(韓魏公)**에 견줄 수가 있습니다. 강릉 사람들이 실을 사서 평원군(平原君)***의 얼굴을 수놓고, 화사(畫師)가 넉넉히 두어 사마상여(司馬相如; 한(漢)대의 관료이자 문장가)의 모습을 그리는 것이 마땅합니다. 지금 그대가 천명을 말하니 사람이

---

* 송(宋)의 장방평(張方平)으로 이름은 영(詠)이고 익주자사(益州刺史)를 지냈다. 익주에 적(賊)이 침범하여 유언비어가 난무하고 민심이 흉흉하여 당시의 상황이 마치 그릇이 기울어지기만 하고 아직 땅에 떨어지지 않은 것과 같았다. 조정에서 문무를 겸비한 인재로 장방평을 보내 진무하게 하였는데, 그는 무력보다 법과 질서를 존중토록 하여 민심을 안정시켰다.

** 송(宋)의 한기(韓琦)로 위국공(魏國公)에 봉해져서 한위공으로 부른 것이다. 그는 일의 옳고 그름과 사람의 착하고 간특한 것을 세밀히 분석하여 구차하게 하지 않으면서 확고하게 지켰고, 올바른 도리를 간직한 채 뭇사람들의 떠드는 소리는 개의하지 않았다고 한다.

*** 전국시대 조승(趙勝)으로 조(趙)나라 재상으로서 식객을 많이 두어 유명해졌다. 진(秦)나라 군대가 조나라의 서울 한단(邯鄲)을 포위·공격하자, 초(楚)나라의 춘신군 및 위(魏)나라의 신릉군 등의 원조를 받아 진나라 군대를 물리쳤다.

어찌 거기에 간여하겠습니까? 그렇다면 신주(神州), 중국본토가 적에게 점령되어 100년 동안 비게 된 것은 왕이보(王夷甫)*의 잘못이 아닙니까? 성인의 학문이 다시 밝아져서 당세에 빛난 것은 바로 주렴계(周濂溪; 송(宋)의 주돈이(周敦頤)로 염계는 그의 호다. 태극도설 등을 지어 송(宋)과 명(明)의 성리학에 큰 영향을 끼쳤다.)의 공이 아니겠습니까"라고 하였다.

　객이 말하기를, "나는 죽고 사는 것은 명이 있고, 부귀(富貴)는 하늘에 달려 있다고 들었는데, 이것은 믿기에 부족합니까?"라고 하니 대답하기를, "어찌 믿지 못하겠습니까? 사람의 수명은 바로 하늘에서 받은 기(氣)가 많고 적은 차이에 있고, 받은 기를 모두 쓰고 죽는 것이 바로 정해진 운명입니다. 조심하지 않아 생(生)을 해쳐서 일찍 죽고, 죄를 지어 형벌을 받아 죽는 것이 어찌 명(命)이겠습니까? 부귀에 합당하면서 부귀한 자가 명인데, 부당한 부귀를 분수에 맞지 않게 함부로 바라는 것이 어찌 명을 안다고 하겠습니까? 이런 이치가 시(詩)·서(書)·예(禮), 예기·역(易), 주역에 실려 있으니 그대는 돌아가서 그것을 구하십시오"라고 하였다. 객이 일어나서 사례하며 말하기를, "지금 지극한 말씀을 들으니 마치 저의 어리석음을 환기시키는 것 같습니다. 그대가 아니라면 사람답지 못하게 되는 것을 면하지 못했을 것입니다"라고 하였다. 그리고 다음날 아침에 떠나갔다. 따라서 문답한 말을 모아서 그 뒤에 붙인다.

　상(上)의 32년 을미(乙未) 국월(菊月)하한(下澣) 돈천재에서 짓다.

번역 : 최원경

---

* 이름은 연(衍)이고 진(晉)나라 임기(臨沂)사람으로 재상의 자리에 있으면서, 오직 자신의 이익만을 도모하였다. 동해왕(東海王) 사마월(司馬越)이 죽고 사람들이 그를 북쪽 오랑캐를 토벌하는 원수로 추대했으나 전군(全軍)이 석륵(石勒)에게 패배를 당하고 그 자신도 죽음을 당하였다.

주석

강원도 일대의 동학 전파와 홍천의 포조직 분석/ 임형진

1 황현, 『매천야록』, 국사편찬위원회, 1996.
2 홍수의 피해는 심각하여 1729년의 경우 함경도에서만 1000여 명이 사망하기도 하였으며, 1832년에는 293명의 인명 손실이 있었다. 또 1845년에는 500여 명의 사망자가 발생하였다. 조선 후기 수재보다 더 큰 피해를 준 것은 한발로 17세기 중엽부터 19세기 중엽 동안 규모가 큰 기근이 모두 52회에 달한다. 1672년의 경우 아사자의 수가 18,950여 명에 이르며, 1733년 기근 때에는 13,113명의 아사자가 발생하였다. 그리고 1763년의 기근에서도 729명의 아사자가 나타나고 있다. 이러한 피해는 전국적일 때도 있었고 일부 지방에 국한된 경우도 있었다. 조광, 「21세기 민란의 사회경제적 배경」, 진덕규(외) 『19세기 한국전통사회의 변모와 민중의식』, 일지사, 1999, 185-189쪽.
3 『도원기서』(동학사상자료집), 171~172쪽 참조.
4 『도원기서』(동학사상자료집), 172쪽 참조.
5 여전히 관의 사교 탄압 열풍이 거세지자 최제우는 흥해 매곡리 손봉조의 집에서 접포제를 반포하였다. 지금의 매곡동은 동남쪽의 장기, 연일, 구룡포, 서쪽의 신광, 기계, 영천은 물론 북쪽의 청하, 영덕, 영해 방면에 이르는 교통이 편리한 중간지점이다. 위의 글, 같은 쪽.
6 최제우는 1862년 12월 그믐날 친히 각처의 접주를 임명했는데 이것은 동학 최초의 교단 조직이라고 할 수 있다. 접의 규모는 50호 내외이며 임명된 접주는 40여 명이었다.(『천도교창건사』, 제1편, 42쪽). 확인된 접주는 ① 경주부내 : 백사길 · 강원보, ② 영덕 : 오명철, ③ 영해 : 박하선, ④ 대구 · 청도 · 기내 일대 : 김주서, ⑤ 청하 : 이민순, ⑥ 연일 : 김이서, ⑦ 안동 : 이무중, ⑧ 단양 : 민사엽, ⑨ 영양 : 황재민, ⑩ 영천 : 김선달, ⑪ 신영 : 하치욱, ⑫ 고성 : 성한서, ⑬ 울산 : 서군효, ⑭ 경주본부 : 이내겸, ⑮ 장기 : 최중희,(『도원기서』(전계자료집), 179~180쪽 참조.)
7 『도원기서』, 180-182쪽 참조.
8 1863년 7월 수운은 해월 최시형을 북도중주인에 임명하여 모든 접의 위에 존재한다고 선언했다. 최제우는 "各地道人이 先히 北接大道主를 往見한 然後에 我를 來見함이 可하다"라고 할 정도로 해월의 권위를 인정해 주었다. 「천도교서」, 『아세아연구』 9, 1962. 5. 219쪽.
9 『고종실록』고종 즉위년 12월 21일조.
10 『고종실록』고종 1년 3월 2일조.
11 표영삼, 「동학조직의 변천」, 『동학의 현대적 이해』, 한국동학학회, 2001. 3, 57쪽 참조.
12 燈明水上無嫌隙(등명수상무혐극) 등불이 물위에 밝아 빈틈이 없도다
   柱似枯形力有餘(주사고형력유여) 고목은 말라 죽음으로써 힘이 넘치니

吾順受天命(오순수천명)	나는 이제 천명을 받으리
汝高飛遠走(여고비원주)	너는 높이 날고 멀리 뛰어라.

13 『해월선생문집』, 39~40쪽.

14 이처럼 해월이 경상도 북부 지방에 집중적으로 포덕을 시행한 것은 수운으로부터 경주 북부 지방에 대한 포덕을 전념하라는 특별한 지시가 있었던 것으로도 해석된다. 강우, 「해월선생칠십이년사」,『신인간』11, 1927.3, 13쪽.

15 강우,「해월선생칠십이년사」,『신인간』11, 1927.3, 13쪽.

16 표영삼, 앞의 글, 57쪽 참조.

17 「최선생문집도원기서」,『동학사상연구자료집』壹, 203쪽.

18 이돈화,『천도교창건사』제2편, 10쪽.

19 영해 지방의 교조신원운동은 이필제의 난, 영해동학농민혁명 등 여러 명칭으로 불리고 있다. 분명 그들의 구호나 외침에는 혁명적 내용을 담고 있었으나 혁명이라고 하기에는 너무나 허술하고 조직적이지도 못했다. 정확한 호칭이 붙여지기까지는 보다 깊은 연구가 필요한 영역이다.

20 즉 1870년대 초 주로 강원도 지역에서 포덕 활동을 하던 해월은 풍비박산(風比雹散) 난 경상도 동학을 재건하기 위해 간간이 강원도와 경계 지역을 중심으로 경상도 지역을 넘나들었다. 안동과 상주 그리고 영주 지역 등이 그곳이다.

21 李慶化는 李景華와 동일인물이다. 그러나『고종실록』고종 1년 2월 29일 조 서헌순의 장계에 의하면 李正華로 기록되어 있다. 성주현,『동학과 동학혁명의 재인식』, 2010, 국학자료원, 275쪽.

22 강원도의 동학이 이경화가 유배 오면서 바로 뿌리내리기 시작한 것은 아니었을 것이다. 다만 동학에 대한 탄압이 어느 정도 수그러지거나 이경화에 대한 감시가 소홀한 틈을 계기로 동학이 포교된 것으로 불 수 있다. 때문에 강원도에 언제 포교되었는지는 명확하게 드러나지 않는다. 그렇지만 1860년대 이미 동학이 강원도에 포교된 것은 이경화로부터 시작되었음은 분명한 것으로 추정된다. 성주현,「강원도의 동학 조직과 동경대전 간행」,『인제의 동학과 동경대전 재조명』, 2013, 11, 학술대회 발표논문 참조.

23 『도원기서』, 경오년조. 그러나 이 기록에는 의문점이 있다. 장기서는 원주 사람으로 정배지에서 입도하였다고 했는데 이는 이경화의 첫 정배지가 소밀원이 아닌 원주였을 가능성이 있다는 점이 그것이다. 만약에 이경화의 첫 정배지가 원주였다면 강원도 지역의 동학 첫 포덕지는 영월이 아닌 원주가 되기 때문이다. 물론 원주 출신인 장기서가 소밀원 부근에 살다가 입도했을 가능성도 배제할 수는 없다.

24 『도원기서』, 기사년조.

25 『도원기서』, 기사년조.

26 공생은『시천교역사』에 의하면 孔根錫으로 이경화가 유배되었던 영월 소밀원 출신으로 추정된다. 왜냐하면 공생은 상주 동관음에 있던 수운 최제우의 아들 최세정을 소밀원으로 이주시키는데 결정적인 역할을 하였기 때문이다. 최류현,『시천교역사』하, 34쪽.

27 표영삼, 『동학1』, 통나무, 2004, 348쪽.

28 『도원기서』, 기사년조.

29 표영삼, 앞의 책, 같은 쪽 참조.

30 이는 당시 최제우의 아들 최세정이 양양에 머물고 있었는데, 공생이 와서 양양의 도인들이 영월로 옮기는 것이 좋겠다고 하였고, 최세정이 이를 수용하여 영월 소밀원으로 이거하였다. 이로 볼 때 소밀원에서 이경화로부터 동학에 입도한 공생이 양양을 왕래하면서 동학을 포교한 것으로 본다.

31 이돈화, 『천도교창건사』 제2편, 10~11쪽.

32 엄찬호, 「강원도 동학의 전래와 농민항쟁」, 『강원문화사연구』 2, 강원향토문화연구회, 1997, 121쪽.

33 경오년 10월 공생이라는 사람이 세정을 유혹하여 말하였다. "지금 양양의 도인들이 선생님의 집안을 모시고 영월로 옮기기를 원하고 있습니다. 그곳으로 옮기게 되면 출입하고 서로 만나기가 좋고, 생계 역시 이곳보다 좋아질 것이니, 영월로 옮기심이 어떻습니까?" 세정이 공생의 말을 듣고 소홀히 영월 소밀원으로 이거하였다. 『도원기서』, 경오년조.

34 『도원기서』, 신미년조. 이를 계기로 해월 최시형과 박용걸은 의형제를 맺었다. 직동은 흔히 '피골'이라고 하며, 상막동(상막골)과 하막동(하막골)에 密陽朴氏들이 자리 잡고 있었는데 박용걸은 하막동 밀양박씨 문중 사람이었을 것으로 판단된다.

35 『천도교창건사』 제2편, 14-18쪽.

36 지달준은 박용걸과 죽마고우이다.

37 오지영, 『동학사』 제2장, 영창서관, 1938, 53쪽.

38 『시천교역사』, 임신년조.

39 『시천교역사』(별책), 임신년조. 이 책은 『시천교역사』라고 표제가 되었지만 김연국의 일대기가 기록되어 있다.

40 『도원기서』 임신년조.

41 『해월선생문집』, 임신년조.

42 『동학사』, 54-55쪽. 적조암에서의 생활경비 일체는 유인상이 담당했다.

43 『도원기서』, 계해년조.

44 『도원기서』, 임신년조.

45 영해교조신원운동 이후 1872년 6월 강원도에 정착하였던 사가는 3년 동안 영월과 정선을 떠돌아다니다가 끝내 막을 내렸다. 이로써 한때 사가를 추종하였던 교인들은 해월 최시형을 중심으로 단일지도체제를 형성하였다. 이를 계기로 동학 교단은 새로운 전기를 마련하게 되었다. 성주현, 앞의 글 참조.

46 삼암 표영삼에 의하면 당시 교단의 조직은 100여 호였으며, 이중 정선과 인제가 30여 호로 가장 많았고 양양, 영월, 단양이 각 10여 호, 청송이 5호 정도였다.(표영삼, 『동학』 2, 통나무, 2005, 74쪽)

47 해월이 최초로 경전 간행을 준비한 것은 수운이 순도한 지 1년후인 1865년 영양 용화동

에 은거한 이후에 "비밀리에 사람을 각처에 보내 도인의 신심을 鼓吹하게 하고 다시 49일기도를 행하게 하되 1년에 4번으로 정하여 정성을 드리게 한 후 일변으로 동경대전과 용사 8편을 입으로 불러 복사하여 도인에게 전하게"하였다는 기록으로도 확인된다.(이돈화, 『천도교창건사』, 제2편, 경인문화사, 6쪽) 그런데 최시형이 "입으로 불러"경전을 '복사'한 이유는 최제우의 사후 "火爐에 속하고 기한"때문이었다.(「천도교회사초고」, 『동학사상연구자료집』 1, 아세아문화사, 1979, 411쪽)

48 박맹수, 「『동경대전』에 대한 기초적 연구-연구성과를 중심으로」, 『사료로 보는 동학과 동학농민혁명』, 모시는사람들, 2009, 52쪽. 동학경전은 수운의 저서를 필사했다는 주장과 해월의 암송으로 이루어졌다는 설 그리고 두 설을 절충한 절충설 등이 있다.

49 이하의 내용은 주로 성주현, 「강원도의 동학 조직과 동경대전 간행」, 『인제의 동학과 동경대전 재조명』, 2013, 11, 학술대회 발표논문을 참조.

50 『도원기서』, 을해년조.

51 『시천교역사』에는 인제 남면 김연호의 집에서 봉행하였다고 기록하였다. 그리고 『해월선생문집』에는 인제 남면 김연국의 집에서 행하였다고 하였다. 이로 볼 때 김연호는 김계원과 동일 인물이고 김연국과 함께 생활하였음을 알 수 있다.

52 『도원기서』, 병자년조.

53 표영삼, 『동학』 2, 79쪽.

54 『도원기사』, 정축년조.

55 『도원기서』, 기묘년조.

56 동학의 역사를 정리하게 된 배경과 심정을 차도주 강수는 다음과 같이 밝히고 있다. "세월은 흐르는 물과 같이 빨라서 기묘년 가을에 이르러 나와 주인이 선생님(수운 최제우 : 필자주)의 도원을 잇고자 하는 뜻이 있어 이에 선생님의 일과 자취를 수단한즉 두미가 착잡하고 전후가 문란하여 쓰되, 능히 붓을 범하지 못하여 혹 잘못할 단초가 있을까 두려웠습니다. 먼 것을 궁구하여 잇고자 하였으나 이치가 기연에 가깝지 않고 근원을 탐색하여 근본됨을 캐고자 하였으나 불연에 같이하지 못하였습니다. 또 그 끝을 살피지 못하였습니다. 도로써 이를 말하고자 하였으나 이치가 묘연하여 측량할 수 없고, 덕으로써 이를 논하고자 하였으나 실로 빛에 밝음이 있었습니다. (중략) 오늘 수찬하여 기록하는 것은 감히 칭찬을 듣고자 하는 것이 아니요, 시원의 박식천견이 또한 능히 본말 시종의 근본을 가지런하게 못하였으니 더욱 이것이 그 마음을 불안하게 하는 것입니다."(하략), 『도원기서』 후서 1.

57 『도원기사』, 경진년조. 비용은 인제 교인들이 130금, 정선 교인들이 35민, 상주의 윤하성이 40금, 청송 교인들이 6민을 각각 후원하였다.

58 『시천교종역사』, 신사년조.

59 박맹수, 앞의 책, 모시는사람들, 2009, 56쪽.

60 『주한일본공사관기록』 2, 기밀송제 79호. 〈동학당의 건〉 일본군은 농민군을 전라도 서남방면으로 몰아서 포위한 다음 섬멸할 계획을 세웠다. 이에 따라 군대를 동로 서로 중로로 나누어 파견하였는데, 동로의 군대를 먼저 앞으로 나아가게 하여 농민군을 중로

와 서로방면으로 도망치게 하여 이들의 포위망을 점차 좁혀나갔다(『주한일본공사관기록』 1, 도제 79호, 〈공주목수요청과 강원 함경도상도방면으로의 패도침입경고〉).

61 김양식, 「고종조(1876~1893) 민란연구」, 『용엄차문변교수화갑기념사학논총』. 간행위원회, 1989.

62 당시의 기록에는 원주의 이원팔 대접주가 200여 명을 이끌고 왔다고 했지만 인접지역인 홍천에서도 상당수의 동학도들이 참여했을 것이다.

63 『天道敎書』, 『東學道宗繹史』

64 『동비토론』

65 강원도 동학혁명의 상황은 주로 『동비토론(東匪討論)』과 『임영토비소록(臨瀛討匪小錄)』 등에 실려 전한다. 『동비토론』은 민보군을 조직해 동학군을 토벌하는데 앞장섰던 강릉의 유생 이회원(李會源)이 남긴 것으로 추정되며 갑오년 9월 초 8일부터 이듬해 3월 초 9일까지의 상황을 자세히 기록하고 있다. 『임영토비소록』 역시 임영(강릉의 옛 이름) 지역을 중심으로 동학군과 민보군의 전투상황을 기록하고 있다.

66 『천도교창건사』, 상, 〈견오〉, 1894년 4월 초3일, 국사편찬위원회, 1971, 124쪽.

67 「소록」, 380쪽.

68 위의 책, 같은 쪽.

69 동창은 강원도 내륙지방의 중요한 사창으로 세곡을 거둬 보관해 두었다가 비가 많이 와서 강물이 불어나면 뗏목에 실어 한강을 통해 서울로 보내던 곳이다. 박준성, 「1894년 강원도 농민군의 활동과 반농민군의 대응」, 『동학농민혁명의 지역적 전개와 사회변동』, 새길, 1995, 207쪽 참조.

70 「토론」, 갑오년 11월 초1일, 첩순영.

71 박준성, 위의 글, 208쪽.

72 去月二十二日辰時 到府 秘甘內節該接洪川縣監所報 卽東徒今月十三日夜 突入東倉 放火倉舍 魁帥車箕錫接主朴鍾伯 率其同黨壇殺人令於江陵地是乎矣(東匪討錄) 卽去十月二十一日行軍 到洪川長野村 砲殺匪類三十餘名 翌日轉向瑞石面 卽匪徒數千餘名 揷立白旗 結陣屯聚衣 放銃接戰以丸中殺者 不知其數(『甲午實記』)

73 『천도교회사초고』.

74 당시 전투에서 희생당한 시신에서 흐른 피가 고개를 자작하게 적셨다고 해서 자작고개가 되었다.

75 『천도교백년약사(상권)』, 천도교중앙총부교사편찬위원회, 1981; 엄찬호, 「차기석계 동학농민혁명군의 활동과 이후 동향」, 『동학창도 160주년 기념 춘계학술대회』, 2009. 학술대회 발표논문 재인용.

76 『동비토론』. 이 자료는 동학농민전쟁의 전개과정이 지방행정의 말단인 면리 단위에서 어떻게 이루어지는가를 세밀히 보여주고 있다.

일본군 제19대대 동로군, 제18대대, 원산수비대의 강원도 농민군 탄압/ 강효숙

1 http://www.e-donghak.go.kr/index.jsp
2 http://www.koreanhistory.or.kr/
3 http://www.jacar.go.jp/
4 구양근,「東學農民軍の戰鬪課程の檢討 -第二次蜂起と日本軍との交戰を中心に-」,『學術論文』5, 朝鮮獎學會, 1975.
5 박종근,『日淸戰爭と朝鮮』, 靑木書店, 1982.
6 姜孝叔,「第二次東學農民戰爭と日淸戰爭」,『歷史學硏究』762, 靑木書店, 2002.5 : 동,「청일전쟁기 일본군의 조선병참부」,『한국근현대사연구』, 한국근현대사연구회, 2009 : 동,「황해ㆍ평안도의 제2차 동학농민전쟁」,『한국근현대사연구』, 한국근현대사연구회, 2008.
7 국사편찬위원회,『재한일본공사관기록』, 1987.
8 한우근,「동학농민의 봉기와 전투- 강원ㆍ황해도의 경우」,『한국사론』4, 1978.
9 송찬섭,「황해도지방의 농민전쟁의 전개와 성격」,『동학농민혁명의 지역적 전개와 사회변동』, 새길, 1995.4.
10 정은경,「1894년 황해도ㆍ강원도지역의 농민전쟁」,『1894년 농민전쟁연구 4』, 역사비평사, 1995.11.
11 조재곤,「청일전쟁에 대한 농민군의 인식과 대응」,『1894년 농민전쟁연구 4』, 역사비평사, 1995.11
12 「황해ㆍ평안도의 제2차 동학농민전쟁」,『한국근현대사연구』, 한국근현대사연구회, 2008.
13 「청일전쟁기 일본군의 조선병참부」,『한국근현대사연구』, 한국근현대사연구회, 2009.
14 강효숙, 姜孝叔,「第2次東學農民戰爭と日淸戰爭」,『歷史學硏究』762號, 歷史學硏究會 編集, 靑木書店, 2002. 5 : 동,「청일전쟁에 있어 일본군의 동학농민군 진압」,『인문학연구』제6집, 원광대학교 인문학연구소, 2005. 4
15 방위연구소,『진중일지』제1군 병참감부 7월 10일조. (이하,『진중일지』로 표기).
16 앞의 자료,「韓國東學党蜂起一件」, 10월 7·12일자.
17 박종근,『日淸戰爭と朝鮮』, 193~194쪽.
18 『진중일지 제3호 남부병참감부』10월 28일조.
19 『진중일지 제3호 남부병참감부』10월 24일조.
20 앞의 자료,「後備步兵連隊編成表」『천대전문고531전시편성』, 大江志乃夫『徵兵制』岩波書店(新書), 1993, 83-84쪽. 한편, 1894년 4월의「第1号 戰史步兵大隊編成表」에 의하면 본부는 74명·1중대는 222명으로 구성되었으며,「第3号 後備步兵中隊編成表」에 의하면 1중대는 237명으로 구성되었다. (방위연구소도서관소장『明治 278年 密大日記 陸軍省』).
21 서울수비대인 18대대에만 스나이더 총보다 최신식인 무라다(村田)총이 지급되었다.

22 방위연구소소장, 『남부병참감부일지』, 11월 16일조. 앞의 자료 「附錄七ノ一」「附錄 八 ノ乙」『明治27, 8年 日淸戰史 第1卷』. 조강호는 1894년 7월 25일의 풍도해전에서 일본 군이 포획한 중국군함이다.

23 앞의 글, 「동학농민군의 전투경과 검토」: 「도쿄아사히신문(東京朝日新聞)」 1894년 11 월 20일자.

24 「마이니치신문(每日新聞)」 1894년 11월 18일자 : 「마이니치신문」 1894년 11월 19일자.

25 앞의 자료, 『천대전 사료』 301, 26쪽.

26 1-215쪽.

27 1-2. 12, 15쪽.

28 1-2. 15쪽.

29 『천대전』 77, 1109쪽.

30 3, 379.

31 병1-2, 86쪽 : 『천대전』 77, 1113쪽.

32 해-4, 34쪽.

33 『천대전』 77, 1113쪽.

34 『천대전』 301, 53쪽.

35 1, 229, 〈영월 등지에 있는 이시모리 대위에게 보낸 훈령 사본 송부〉.

36 『천대전』 301, 53쪽.

37 2-516쪽.

38 방위연구소 소장, 『戰史編纂準備書類 東學黨 全 暴民』, 1894년 11월 16일.

39 3-733쪽.

40 방위연구소 소장, 『南部兵站監部日誌』, 1894년 12월 11일.

41 해-4, 34쪽.

42 「日淸戰爭實記 第37編 日淸交戰日誌(承前)」(38). 해-4 45쪽.

43 「도쿄아사히신문」, 1894년 12월 12일자.

44 방위연구소 소장, 『천대전』 7, 52 · 54쪽.

45 『천대전』 7, 57쪽.

46 『천대전』 46, 25쪽.

47 앞의 자료, 『천대전 사료』 7, 118 .

48 앞의 자료, 『천대전 사료』 50, 833쪽. 앞의 자료, 『천대전 사료』 46, 31-32쪽.

49 앞의 자료, 『천대전 사료』 47, 49-50, 55쪽. 앞의 자료, 『천대전 사료』 6, 270쪽.

50 원산수비대는 1894년 9월 25일부터 후비보병 제6연대 제2중대가 새롭게 배치되었다.

51 3-731쪽 : 앞의 자료, 『南部兵站監部日誌』, 1894년 11월 25일

52 병1-2, 32쪽 ; 『南部兵站監部日誌』, 1894년 11월 25일.

53 3-31쪽.

54 병1-2, 83쪽.

동학농민군의 전투 유형과 홍천 풍암리전투/ 신영우

1 동학농민혁명 관련 사료에는 관찬사료가 많다. 관찬사료는 조선의 관치질서 속에서 행정 절차에 따라서 작성되었다. 동학농민군의 무장 활동이나 봉기는 병란에 해당하는 중죄였다. 이런 사건이 일어나면 일차로 해당 군현의 지방관이 단속하는 동시에 즉각 감영에 알리면서 조정에도 보고를 해야 했다. 감사는 해당 군현의 지방관이 올린 보고를 장계로 정부에 전하면서 지방관에게 전후 사실을 캐어묻거나 직접 영병을 보내 무력으로 제압하면서, 그 결과를 조정에 보고해야 했다. 국왕에게 올린 요약 보고가 『고종실록』 등에 실려 있다. 이런 사료를 통해 주요 사건들을 파악할 수 있지만 지나치게 간략해서 전모 파악이 어려운 경우가 많다.

2 『동비토론』 『임영토비소록』(『동학농민혁명사료총서』 12권 수록).

3 『취어』(『동학농민전쟁사료총서』 2. 33쪽). "十八日探知 … 築二石城 於十山下平地 … 建旗幟整 … 二十日探知 … 中旗 忠義 善義 尙功 淸義"

4 대접주 이름과 포명을 들어보면 다음과 같다. 關東包 大接主 李元八. 內面包 大接主 車箕錫. 洪川包 大接主 沈相賢. 麟蹄包 大接主 金致雲. 旌善包 大接主 劉時憲.

5 內面은 서석면 동쪽에 접경한 깊은 산골 지역이었다. 본래 강릉에 속했는데 1906년 인제군에 넘어갔다가 다시 1945년 홍천에 편입되어 오늘에 이르고 있다.

6 『임영토비소록』.

7 필자는 봉기 이후에는 동학농민군으로 규정해서 용어를 사용하고, 봉기 이전은 동학도라고 표현하고 있다.

8 『승정원일기』, 1894년 7월 21일. '군량 등을 민간에서 거두어들인 강원도와 함경도의 도신을 추고할 것 등을 청하는 의정부의 계.'

9 『연려실기술』, 별집 8권, 官職典故.

10 『고종실록』, 1883년 1월 17일.

11 『승정원일기』, 1894년 5월 17일. 이날의 兵批에 張基弘을 春川中軍으로, 韓澤履를 洪川營將으로 임명한다는 기사가 나온다.

12 『일성록』, 1894년 3월 19일; 『주한일본공사관기록』 3권, 一. 通常報告 附雜件 (10) 東學亂徒 蜂起 및 春川府 新兵營 등에 관한 件. "春川 留守인 閔斗鎬씨가 직접 모집·훈련한 병정은 이제 크게 숙련되고 또한 그 營制도 정비되었기 때문에 지금부터 이 영을 親軍에 편입시켜 親軍鎭禦營이라고 칭하라는 취지의 왕명이 있었다." 『갑오군정실기』 10월 22일. '춘천유수 임상준(任商準) 첩보'.

13 『동비토론』, 9월 8일.

14 지평의 주요 동학 지도자들의 이름도 확인된다. 거괴로 표현되는 이인오(李寅五)와 함께 신재규(申載奎)와 정사원(鄭士元)이 나오고, 상동면(上洞面)의 비도(匪徒) 이지신(李之信)과 접사 이원구(李源求)와 그의 형 이풍구(李豊求) 등이 전해진다. 이들이 홍천의 동학 접소를 오가며 활동했을 수도 있다.

15 『고종실록』 번역에는 관청으로 나오나 관포군을 의미한다.

16 『오하기문』에는 홍순형으로 나온다. 이것은 잘못 쓴 것이다. 이때 경기 감사는 신헌구 였다.

17 필곡은 팔봉 서남쪽에 있는 두미리에 있다.

18 『갑오척사록』.

19 신영우, 「1894년 영남 예천의 농민군과 보수집강소」, 『동방학지』 44, 1984.

20 『동비토론』.

21 『갑오군정실기』 9월 27일. 지평현감 안욱상에게 전령함(傳令 砥平縣監 安昱相).

22 『일성록』 1894년 9월 28일.

23 위 자료, 1894년 9월 29일. 10월 22일에는 소모관인 지평현감 맹영재의 참모관으로 유학 한용익(韓用翼)을 선임해서 보냈다.

24 『갑오군정실기』 9월 29일. "9월 26일 본영(本營)에서 지평현감 맹영재를 기전소모관으로 임명하도록 임금께 아뢰어 처결을 받았다. 지금 비류들이 시끄럽게 떠들고 어수선한 시기에 소모하는 직임은 가벼운 것이 아니다. 만일 비류들을 초토하는 일로 충청도 산골이나 강원도 등지를 왕래하게 되더라도 경계를 넘는 것을 구애받지 말고 편의에 따라 힘을 다하도록 하게 하는 것이 진실로 이치에 맞는다. 그러므로 이에 비밀히 관문을 보내니, 이로써 해당 현감에게 명령하여 알게 하고 편의에 따라서 왕래하도록 함이 마땅하다."

25 위 자료, 9월 30일. '진어병방(鎭禦兵房) 장기홍(張基弘)에게 전령함'; 10월 5일.

26 『고종실록』 1894년 10월 1일.

27 『갑오군정실기』 9월 30일. "경기감사 신헌구가 원본을 베껴 보고합니다. 이번에 여주목사 이재윤(李載允)이 보고한 것을 보니, '9월 24일 오시(午時)에 지평현에 사는 전 감역인 맹영재가 의병포군(義旅砲軍) 600여 명을 이끌고 여주에 도착하였습니다.'"

28 수계면은 1914년 지방제도를 개편할 때 영릉 서쪽을 뜻하는 능서면(陵西面)으로 면 이름을 바꾸었다.

29 길천면은 흥천면으로 이름을 바꾸었다.

30 『균암장 임동호씨 약력』.

31 『갑오군정실기』 9월 29일. "소모관 지평현감 맹영재에게 전령함. 지금 안성의 비도들이 충주 진천 광혜원에 많은 사람들을 불러들이고 있어서, 장차 어떤 일이 일어날지 알 수 없다는 말을 들었다. 그래서 이미 죽산 안성 2개 읍에 있는 행진소(行陣所)에 전령을 내려, 그들로 하여금 비도들을 상대하도록 하였다. 그러니 죽산과 안성의 진영에 보낸 공문이 도착하면, 서로 날을 정하여 진을 움직여 응대하면서 때에 따라 적을 물리치고 사로잡으라."

32 위 자료, 10월 12일. "소모관 지평현감 맹영재가 충청도 산골과 강원도 등지에서 동비를 무찌르는 일로 편의에 따라 왕래할 때, 군량이나 말에게 먹일 콩 등과 같은 것을 충분히 미리 준비하여 기다리도록 하였다. 또한 그가 이끄는 포군들이 약환(藥丸)이 모자란다고 들었다. 각 고을에서 가지고 있는 군물 중에서 소모관을 따라서 명령하고 알려서 거행한 후에, 필요한 물력은 얼마의 공전과 공곡 중에서 사실대로 사용한 것을 성책하여

보고할 것이며, 이를 회감하는 것이 마땅하다." "경기 소모관 맹영재가 이끄는 포군(砲軍)은 관병이 의지할 수 있는 것과 비교할 것이 못된다. 이렇게 날씨가 추운 때에 그들이 입고 있는 것은 얇은 옷 하나로 매우 걱정스럽다. 탁지목(度支木) 10동을 특별히 조치하여 나누어 보내, 순무영에서 내려 보내 조정이 특별히 보살피고 있다는 뜻을 보여 주라."

33 『고종실록』 1894년 10월 13일, 10월 22일.

34 『갑오군정실기』, 9월 30일.

35 『갑오군정실기』, 10월 17일.

36 무기(無基)는 동학농민군 집결지였던 無極의 오자로 보인다.

37 『양호우선봉일기』 10월.

38 『駐韓日本公使館記錄』 1, 四. 東學黨에 關한 件 附巡査派遺의 件一 (39) 後備步兵 第19大隊 運營上의 訓令과 日程表.

39 후비보병 제19대가 스나이더총으로 무장한 것에 비하여 이들은 신형 무라타(村田)총을 지급받았다. 「JACAR(アジア歴史資料センター)Ref.C06061237800 明治27年自9月24日至11月1日「臨着書類綴 庶」(防衛省防衛研究所)」. '10, 23 臨着928号 陸軍大臣西郷從道発 参謀総長熾仁親王宛 後備步兵第18大隊携帯銃交換의 義에 協議의 趣了承'

40 「JACAR(アジア歴史資料センター)Ref.C06061208800 明治27年自9月30日至11月13日「臨発書類綴 庶」(防衛省防衛研究所)」

41 19대대 동로군과 18대대는 인천병참감에게 전투 결과를 보고했으나 그 내용이 『주한일본공사관기록』에 전재되지 않아 강원도 관련 내용은 알려지지 않고 있다.

42 『동비토론』 1894년 11월. "江襄原横洪五邑東匪接主車箕錫".

43 『갑오군정실기』, 10월 21일.

44 신영우, 「북접농민군의 황산 집결과 괴산전투」 『한국근현대사연구』 55, 2010. 10월 초에는 경기도와 강원도에서 모인 황산 집결지의 동학농민군이 보은으로 행군을 시작한 10월 3일 가흥병참부에서 온 하라다 소위의 일본군과 괴산전투를 벌여서 물리쳤다. 그 과정에서 인명 손실이 적지 않았다.

45 『임영토비소록』

46 위 자료.

47 위 자료.

48 『승정원일기』 1894년 7월 5일. "徐學淳을 洪川縣監으로 삼았다."

49 『동비토론』 1894년 11월 1일. "순영에 첩보[甲午十一月初一日 牒巡營]".

50 위 자료, 10월 22일.

51 위 자료, 10월 28일.

52 위 자료, 10월 28일.

53 위 자료, 10월 25일. "경기·호서·관동을 지나는 각 읍에 보내는 전령. 소모관 맹영재가 행군하여 가는 곳에서 그 접대하는 일이 지체되어 때를 놓치지 않아야 할 것이다."

54 『승정원일기』 1894년 11월 2일.

55 『고종실록』 1894년 11월 2일. 실록 기록은 비슷하다. "소모관 맹영재가 행군하여 홍천 장야촌에 이르러 비적 30여 명을 쏘아 죽이고, 방향을 바꾸어 서석면에 이르니 비적 수 천여 명이 흰 깃발을 세우고 진을 치고 모여 있기에 총을 쏘며 접전하였는데, 사상자는 그 수를 알 수 없고 사로잡은 놈들은 모두 어리석어서 강제로 끌려들어간 자들이기 때문에, 자세히 조사하고 일일이 타일러서 놓아 보내어 귀순하여서 생업에 안착하게 하였습니다."

56 『갑오군정실기』, 11월 2일.

57 배도표(背道標)는 동학의 도를 저버렸다고 기재한 표이다.

58 『갑오척사록』, 7월. "집강과 도감은 모두 답호(褡護)를 입고, 유사ㆍ집사 및 부병은 모두 흑삼(黑衫)을 입고 머리를 싸매어서 흰옷과 구별한다." 경상도 예천의 민보군 약조 중 하나이다. 신영우, 「1894년 영남 예천의 농민군과 보수집강소」, 『동방학지』 44, 1984.

59 다음 증언은 희생자의 숫자 등에 과장이 있지만 당시의 상황을 전해주는 중요한 증거가 된다. 『신인간』 1, 2호, 1926년. "동학군이 극성일 때는 소위 관군이란 자들이 감히 접전도 못하고 동학군의 방귀 소리만 들어도 머리를 싸서 안고 쥐죽은 듯이 도망질을 하였지만, 동학군이 한, 일, 청 3국병에게 패하여 각지로 흩어질 때에는 관군이 간 곳에는 풀도 한 포기 남지 못할 만큼 전멸이 되었다. 재산의 약탈은 물론이고 부녀의 강간도 함부로 하며 무고한 양민이라도 동학군이 있던 곳의 사람이면 이유를 불문하고 죽였다. 내가 어릴 때 실제로 듣고 본 것을 말하면, 강원도 홍천군 서석면 풍암리에서 일어난 사실이 특히 참혹하였다. 그때에 홍천군에는 동학의 대접주로 유명한 차기석이라는 사람이 있었다. 그는 인물이 비범하여 부하의 신도가 수만여 명이었는데, 갑오 당시에 역시 강원도 일대를 중심으로 크게 활동하여 관군과 여러 번 싸워서 이기고, 횡포한 양반과 부호 계급의 죄악을 웅징하여 일시 일반 민중의 환영을 받아 그 세력이 매우 컸다. 그러나 삼남의 동학군이 일, 청 양군에 패하매 관동의 동학군도 역시 고립된 상태에 빠졌다. 그 기회를 타서 맹영재라는 유학자는 토벌군을 일으키고, 춘천의 관군은 포군 200명과 보졸 300명으로 동학군의 근거지인 홍천군을 좌우로 협공하였다. 창으로 찌르고 칼로도 찌르고 총개머리로 때려서 눈 빠진 사람, 창자 나온 사람, 다리 부러진 사람이 즐비하게 거꾸러지고 산과 들은 모두 피바다가 되며 비린 냄새가 코를 찔러서 아무리 포악한 관군이라도 눈물을 흘린 자가 많았다. 이러한 이야기는 지금에 하여도 온몸에 소름이 끼쳐서 말을 잘 못하겠다. 어찌 하였든 그때에 그곳에서 죽은 사람이 약 수천여 명이나 되는데 몇 해 동안 송장 냄새 때문에 행인들이 잘 다니지 못하고 또 집을 잃은 개떼들이 송장을 뜯어먹고는 아주 미쳐서 산과 들로 돌아다니며 소리를 지르고 야단을 쳐서 관청에서 포수를 풀어서 개사냥을 다 하였다. 지금도 그 동네에는 동학군의 무덤이 70여 곳이나 있는데 모두가 산더미 같이 크고 그 한 무덤에는 대개가 삼사십 명씩 합장을 하였다."

60 『갑오군정실기』 11월 9일.

61 위 자료, 11월 3일.

62 위 자료.

63 『大韓民國 獨立有功者 功勳錄』第1卷(國家報勳處, 1986年, 517~521)에 다음과 같이 소개되어 있다. "김백선은 경기도 砥平(현재 楊平) 출신이다. 원래 기개가 있고 용력이 비상하였으며, 학문은 없지만 대의를 위해서는 누구보다도 앞장서는 인물이었다. 일찍이 '갑오동학운동'이 있을 때에는 지평·洪川 등지에서 난군들의 약탈로 민간의 폐해가 매우 큰 것을 보고 앞장서서 감역 맹영재와 함께 지방 포수를 모아 조직 훈련하고 난동군들을 쳐서 부근 일대를 편안하게 하였다. … 맹영재의 휘하에 砲軍 4백 명이 있었는데, 그들은 모두 김백선이 맹영재와 동학 혁명군을 토벌할 때에 양성시켜 지휘하던 김백선의 수하 병력이었다."

64 『갑오군정실기』 11월 8일.

65 『임영토비소록』

66 위 자료. "홍천 종사관 허경에게 보내는 전령[傳令 洪川從事官許烱]. 지금 본 관아의 종사관 박동의의 보고를 받아보니, '내면 비도의 괴수 차기석 등 3명을 사로잡았다'고 하는 소식을 듣고 매우 상쾌하였다. 이것은 본진(本陣)이 합세하여 협공한 덕이 아닌 것이 없으니 매우 가상하다. 그 밖의 나머지 무리도 남김없이 섬멸하여 후환을 없애고 특별히 뒤를 밟아서 일일이 체포하여 없애 버리도록 하라. 1894년 11월 16일."

67 『임영토비소록』 "11월 22일에 내면의 군사가 돌아와서 차기석과 박학조를 면박(面縛)하여 소모영에 바쳤다. 소모사가 사대(射臺) 앞에 교장을 열어 두 사람의 목을 베었다."

68 일본공사의 지시를 따르지 않고 일본군과 협력이 되지 않는 양호도순무영을 업무를 마치기 전에 폐지한 것이다. 신영우, 「장신 신정희의 사환 이력과 활동」, 『역사와 담론』 57집.

69 『갑오군공록』. "지평 출신 신재정(申在政) 맹영재를 수행하며 많은 비류를 죽였다. 지평포군 이기원(李基元) 비도를 토벌하고 소탕하여 한 고을의 청송을 받았다. 양근진사 서병승(徐丙升) 의병을 통솔하고 거괴를 염탐하여 붙잡았다. 양근유학 유덕준(兪德濬) 의병을 통솔하여 괴수를 붙잡고 그 무리들을 해산시켰다. 양근유학 이덕래(李德來) 의병을 통솔하여 괴수를 붙잡고 그 무리들을 해산시켰다."

70 『갑오군정실기』 10책.

71 『동학당정토인록』은 『갑오군공록』의 초고처럼 보인다. 여기에 실린 지평의려는 전 출신 신재정(申在政), 전 수문장 최인순(崔仁淳) 6품, 종사랑 최태헌(崔台憲) 동 이익수(李益珠), 동 김노수(金魯洙) 동 남정덕(南廷德) 전 사과 심상희(沈相喜) 진사 맹건호(孟建鎬) 유학 맹중호(孟重鎬)이고, 양근의려는 전 판관 김태영(金泰穎) 5품 진사 서병승(徐丙升)이다.

72 『주한일본공사관기록』 9, 三. 機密本省往來 一·二 (13) 事變 후의 情況 續報, 문서번호 機密第18號. "南漢山城은 廣州府 관할에 속하고 경성에서 겨우 50리 떨어진 예전 국왕 피난처로서 성벽의 완전함이 거의 경성과 유사하여 북쪽의 北漢산성과 서로 對峙해서 가장 嶮要無比의 곳입니다. 그런데 처음 堤川에서 일어났던 賊魁 孟英在의 부하들이 점차 각처에 만연, 발호하는 기세였지만 끝내는 지난 달 26일 밤 갑자기 그 산성을

습격, 이를 탈환했는데 郡守 朴仁이 이 난으로 죽었습니다. 그리고 폭도의 수는 1,000명 정도이며, 그 중 소위 砲軍이라고 해서 총기를 가진 자가 400여 명이 된다는 警報가 경성에 도달하자 정부는 크게 놀래어 같은 달 29일에 현재 경성에 남아 있던 친위대 3개 중대 중에서 1개 중대(이중 포병 50명)에 대포 2門을 따르게 해서 이들을 정토하러 가게 했습니다. 다음날 3월 1일 위 부대는 경성에서 30리 떨어진 松坡鎭(漢江 기슭에 있으며 우리 兵站支部가 있는 곳)에 숙영하고 다음날 2일부터 산성 공격을 개시하였습니다. 관군은 나아가 南門 산 밑 碑堂 부근에 砲列을 배치하고 포격을 했는데 적은 빠른 기세로 산 밑으로 밀고 내려와 접전해서 관군은 크게 무너져 대포를 버리고 퇴각하였습니다. 그리고 포 1門은 산계곡에 떨어져 파괴되었지만 다른 포 1門은 끝내 적에게 빼앗겼습니다. 현재 관군 100명은 산성 남문과 송파 사이에 있는 梅着里(戶數 20여 호)에 주둔하고, 100명은 東門으로 통하는 鳥峴街道를 끼고 적의 통로를 끊어놓고 다시 더 원병을 보내줄 것을 줄곧 요구해 오므로 정부에서는 오늘 다시 친위대 1개 중대를 후원병으로 파견하였습니다. 또한 江華에 있는 구식병 200명을 경성으로 소집해서 만일에 대비한 경비에 충당하기로 했습니다(현재 출정병은 7개 중대이며 경성에 남아 있는 것은 겨우 1개 중대에 불과함)."

해월 최시형의 동학경전 간행의 역사적 의의/ 전석환

1 로버트 B. 다운즈, 김지운 옮김, 『역사를 움직인 책들』, 서울:삼성미술문화재단, 1976, 9쪽.

2 같은 책, 같은 쪽.

3 천도교중앙총부, 『天道教百年略史(上)』, (서울:미래문화사, 1981), 139-142쪽 참조.

4 최준식, 『한국의 종교, 문화로 읽는다 2 - 도교·동학·신종교』, (서울:사계절, 2000), 285-286쪽.

5 송호근, 『시민의 탄생-조선의 근대와 공론장의 지각 변동』, (서울:민음사, 2013), 113-116쪽.

6 오문환, 『동학의 정치철학: 도덕, 생명, 권력』, 도서출판 모시는사람들, 2003, 319-320쪽.

7 오문환, 『해월 최시형의 정치사상』, (서울:도서출판 모시는사람들, 2003), 142-143쪽.

8 월터 J. 옹, 이기우·임명진 옮김, 『구술문화와 문자문화』, (서울:문예출판사), 2009, 12쪽 참조.

9 전석환, 「의사소통을 통해 본 신종교의 의미-Walter J. Ong의 구술성(Orality)과 문자성(literacy) 개념을 중심으로」, 『신종교연구』 제8집, 2003, 229쪽 참조.

10 같은 책, 44쪽.

11 『동학대전』, 「포덕문」: 有何仙語, 忽靈耳中, 驚起探問則, 日勿懼勿恐 … 어떤 신선의 말씀이 있어 문득 귀에 들리므로 놀라 캐어 물은즉 대답하시길 두려워 하지 말고 두려워 하지 말라 ….

12 정재호,「동학경전과 동학가사 연구」,『동학연구』제8집, 2001, 22-23쪽 참조.

13 김상일,「전·후기 동학가사의 동학사상과 그 변모」, 동학학회(편저),『동학과 전통사상』, 도서출판 모시는사람들, 2004, 161쪽.

14 수운행록(水雲行錄), 한국정신문화연구원 간,『한국학 자료총서 9: 동학농민운동편』참조. 여기서는 김상일,「전·후기 동학가사의 동학사상과 그 변모」, 동학학회(편저),『동학과 전통사상』, 도서출판 모시는사람들, 2004, 163쪽 참조.

15 같은 글, 163-164쪽.

16 『용담유사』,「(부) 검결」: 용천검 날랜칼은 일월을 희롱하고 게으른 무수장삼 우주에 덮혀있네 만고명장 어데있나 장부당전 무장사라 좋을시고 좋을시고 이내신명 좋을시고,『천도교경전』, 391-392쪽; 김용휘,『우리 학문으로서의 동학』, (서울:책세상, 2007), 126-128쪽 참조.

17 전석환,「교정과 로봇(robot)사용의 연관 문제 - 소통 안에서 '구술적 감성(an orally constituted sensibility)'의 변모 과정을 중심으로」,『교정담론』제6권 제2호, (사)아사아교정포럼, 2012. 35-36쪽 참조.

18 오스발트 슈펭글러, 양우석 옮김,『인간과 기술』, (서울:서광사, 1998), 44쪽.

19 전석환,「의사소통을 통해 본 신종교의 의미 - Walter J. Ong의 구술성(Orality)과 문자성(literacy) 개념을 중심으로」,『신종교연구』제8집, 한국신종교학회, 2003, 5, 229-233쪽 참조.

20 손병욱,「동학과 성리학의 수련법 비교 - 수심정기와 경법을 중심으로」,『동학학보』제27호, 동학학회, 2013, 257쪽 참조. 손병욱,「동학의 '삼칠자 주문'과 '다시 개벽'의 함의」,『동학학보』제18호, 동학학회, 2009 참조. 김용휘,『우리 학문으로서의 동학』, (서울:책세상, 2007), 122쪽 참조.

21 『해월신사법설』,「천지부모」: 사람은 하울을 떠날 수 없고 한울은 사람을 떠날 수 없나니, 그러므로 사람의 한 호흡, 한 동정(動靜), 한 벌의 옷과 한 그릇의 밥도 한울과 인간이 서로 관여하는 기틀이니라…, 사람의 호흡, 동정, 굴신(屈伸), 그리고 의식이 모두 한울님 조화의 힘(천지(天地)造化之力)이니, 한울과 인간이 서로 관여하는 기틀은 잠깐이라도 떨어질 수 없는니라.

22 오스발트 슈펭글러, 양우석 옮김,『인간과 기술』, (서울:서광사, 1998), 47쪽.

23 손병욱,「동학과 성리학의 수련법 비교 - 수심정기와 경법을 중심으로」,『동학학보』제27호, 동학학회, 2013, 267쪽 참조.

24 같은 책, 같은 쪽.

25 알베르트 망구엘, 정명진 옮김,『독서의 역사』, (서울:세종서적, 2000), 73쪽.

26 같은 책, 같은 쪽.

27 같은 책, 같은 쪽.

28 리차드 팔머, 이한우 옮김,『해석학이란 무엇인가』, (서울:문예출판사, 2001), 45쪽.

29 같은 책, 39쪽.

30 같은 책, 같은 쪽.

31 같은 책, 같은 쪽.

32 오문환, 『해월 최시형의 정치사상』, (서울:도서출판 모시는사람들, 2003), 143쪽.

33 마샬 맥루한, 박정규 옮김, 『미디어의 이해』, (서울:커뮤니케이션북스, 1999). 33쪽.

34 같은 책, 같은 쪽,

35 월터 J. 옹, 이기우·임명진 옮김, 『구술문화와 문자문화』, (서울:문예출판사, 2009), 71쪽.

36 같은 책, 같은 쪽.

37 천정환, 『근대의 책 읽기-독자의 탄생과 한국 근대문화』, 푸른역사. 2006, 119쪽. 알베르트 망구엘, 정명진 옮김, 『독서의 역사』, (서울:세종서적, 2000), 참조.

38 전석환, 「동학·천도교의 '계몽 프로젝트'안에서 본 어린이교육운동 - 공론장(公論場) 구조변동의 관점을 중심으로」, 『동학학보』제31호, 동학학회, 2014. 6, 67쪽 참조.

39 J. Habermas, Strukturwandel der Öffentlichkeit, (Frankfurt am Main: Suhrkamp, 1990), S.104. 본 논문에서는 〈하버마스, J. 『공론장의 구조변화』,한승완 역, 나남(출), 2002) 번역판을 참조 사용하는데, 경우에 따라 보완 수정해서 인용하기로 한다. 유르겐 하버마스, 한승원 옮김, 『공론장의 구조변화』, (서울:나남출판사, 2001), 115쪽 참조.

40 천정환, 『근대의 책 읽기-독자의 탄생과 한국 근대문화』, (서울:푸른역사. 2006), 129쪽/131쪽 참조.

41 송호근, 『시민의 탄생-조선의 근대와 공론장의 지각 변동』, (서울:민음사, 2013), 115쪽.

42 같은 책, 115-116쪽.

43 같은 책, 116쪽.

44 J. Habermas, Strukturwandel der Öffentlichkeit, (Frankfurt am Main: Suhrkamp, 1990), S.107.

45 Ibid. S.96-97.

46 최수길, 『'개벽'연구』, (서울:소명출판, 2008), 267-333쪽 참조. 김정호, 「20세기 초 한국 천도교의 계몽운동과 중국 신문화운동의 특성 비교」, 『동학학보』제22호, 동학학회, 2011, 273-274쪽 참조.

47 송호근, 『시민의 탄생-조선의 근대와 공론장의 지각 변동』, (서울:민음사, 2013), 331쪽.

48 전석환, 「동학·천도교의 '계몽 프로젝트'안에서 본 어린이교육운동 - 공론장(公論場) 구조변동의 관점을 중심으로」, 『동학학보』제31호, 동학학회, 2014. 6, 참조.

49 김정인, 『천도교 근대 민족운동 연구』, (서울:도서출판 한울, 2009), 126쪽.

50 이규성, 『최시형의 철학 - 표현과 개벽』, (서울:이화여자대학교출판부), 29쪽.

51 같은 책, 같은 쪽.

52 김용휘, 『우리 학문으로서의 동학』, (서울:책세상, 2007), 143쪽.

53 케빈 켈리, 이한음 옮김, 『기술의 충격』, (서울:민음사, 2011), 21쪽.

54 마샬 맥루한, 박정규 옮김, 『구텐베르크 은하계 - 활자 인간의 형성』, (서울:커뮤니케이션북스, 2001), 69쪽.

55 같은 책, 70쪽.

56 『동경대전』, 「논학문」: "그러나 운인즉 하나요 도인즉 같으나 이치인즉 아니니라".

57 전석환, 「한국 신종교의 서구에 대한 인식 및 그 시각의 문제」, 『신종교연구』, 제17집, 한국신종교학회, 2007, 10, 172-200쪽 참조.

구비 전승담으로 고찰한 홍천 동학농민혁명 전개 양상/ 채길순

1 대표적인 문서 기록은 다음과 같다. 『동비토론(東匪討論)』; 『임영토비소록(臨瀛討匪小錄)』; 「甲午實記」; 『叢書』; 『承政院日記』; 『官報』; 「天道敎會史草稿」; 『東學思想資料集』1.

2 주요 연구는 다음과 같다. (이 밖의 자료는 참고문헌 참조)

박맹수, 「강원도 지방의 동학 비밀포교지에 관한 연구」, 『춘주문화』 10, 춘천문화원, 1995.

배항섭, 「강원도에 서린 동학농민군의 발자취」, 『역사비평』 11, 역사문제연구소, 1990.

엄찬호, 「강원도 동학의 전래와 농민항쟁」, 『강원문화사연구』 2, 강원향토문화연구회, 1997.

원영환, 「강원도 지방의 동학과 동학혁명」, 『강원문화사연구』 5, 강원향토문화연구회, 2000.

조동걸, 「홍천동학군전적지」 『신인간』 354호, 신인간사, 1978.2.

채길순, 「강릉의 일장춘몽같았던 동학군세상」, 『신인간』, 2008.10.

_____, 「관동지방최대격전지, 풍암리전투」, 『신인간』, 2008.5.

최영숙, 「강원도 동학농민혁명에 대한 일고찰」, 강릉대학교 석사학위논문, 2004.

최재숙, 「강원도 동학농민혁명에 대한 일고찰」, 강릉대학교 교육대학원, 석사역사교육전공, 2002.

한국동학학회, 「동학의 문화유적 순례II (강원지역)」, 『동학연구』 9·10, 한국동학학회, 2001.

한우근, 「동학농민군의 봉기와 전투-강원·황해도의 경우」, 『한국사론』 4, 서울대 국사학과, 1978.

3 『홍천 풍암리 동학혁명군전적지 성역화사업 기본계획』, 홍천군 편, 2004.

4 강원도 동학혁명 정황은 주로 『동비토론(東匪討論)』과 『임영토비소록(臨瀛討匪小錄)』에 기록되어 있다. 위 두 문서는 강릉시 운정동 선교장에 소장되어 있다. 『東匪討論』은 저자 미상의 필사본인데 강릉의 유생 이회원(李會源)의 기록으로 추정하고 있다. 『임영토비소록』은 임영(강릉의 옛이름) 지역의 동학군과 민보군의 전투 상황을 기록하고 있다. 이밖에 『承政院日記』, 『官報』 등에 지방에서 중앙정부에 보고한 내용과 행정 조치한 사항을 인용하고 있다.

5 「天道敎會史草稿」, 『東學思想資料集』 壹, 464쪽.

6 「甲午實記」, 『叢書』 6, 323쪽; 『承政院日記』.

7 「甲午實記」,『叢書』 6, 323쪽; 『承政院日記』; 『官報』.

8 「天道敎會史草稿」,『東學思想資料集』 壹, 464쪽.

9 『동비토론(東匪討論)』은 갑오년 9월 초 8일부터 이듬해 3월 초 9일까지의 상황을 자세히 기록하고 있다.

10 1차 증언자 최주호(崔州鎬, 1992년 사망)의 전승담을 그의 아들 최낙인(崔洛仁)이 구술했다. 두 사람은 1894년 10월 23일 풍암리전투에서 희생된 최도열(崔道烈)의 유족이다. 여기서 인용한 전승담은 『다시피는 녹두꽃 : 동학농민군 후손 증언록』(동학농민전쟁백주년기념사업추진위원회 엮음, 1994)에 실린 내용을 정리한 것이다.
http://blog.naver.com/PostView.nhn?blogId=myk61&logNo=80192847662

11 사 씨 19세 손으로, 족보에 10월 20일 사망 일시와 일치했다.

12 박장호(朴長浩, 1850~1922. 조선 말기의 의병·독립운동가, 황해도 출신, 한말에 개화 정책에 반대하여 유인석(柳麟錫)·홍재학(洪在鶴) 등과 함께 여러 차례 상소하여 일제의 침략을 규탄했다. 1905년 을사조약이 강제 체결되자 홍천(洪川)에서 관동의병(關東義兵)을 일으켜 항일 전투를 전개했다. 1910년 주권을 빼앗기자 의병 부대를 인솔하여 만주로 이동하였으며, 그곳에서 이진룡(李鎭龍)·조맹선(趙孟善) 등의 의병장과 함께 계속 항전했다. 1919년 유하현(柳河縣) 삼원보(三源堡)에서 각 단체 대표를 소집하여 대한독립단(大韓獨立團)을 결성했는데, 도총재(都總裁)로 추대되어 항일 운동을 지휘했다. 그 뒤 청년들을 규합하여 독립군을 편성하는 한편, 국내에 조직을 확대하여 지단(支團)을 편성하는 등 항일 운동에 종사하다가, 1922년 일제의 앞잡이 김헌(金憲)에게 암살당했다. 1962년 건국훈장 독립장이 추서되었다.

13 홍천군지 편찬위원회 편찬, 『홍천군지』, 홍천군, 1989.

강원도 동학농민혁명 유적지와 동학농민군/ 이병규

1 지금까지 강원도 지역 동학농민혁명에 대한 연구 성과는 다음과 같다.
한우근, 「동학농민군의 봉기와 전투-강원·황해도의 경우-」, 『한국사론』 4, 서울대 국사학과, 1978
박준성, 「1894년 강원도 농민군의 활동과 반농민군의 대응」, 『동학농민혁명의 지역적전개와 사회변동』, 새길, 1995
박맹수, 「강원도의 비밀포교지에 관한 연구」, 『춘천문화』 10, 1995
정은경, 「1894년 황해도·강원도지역의 농민전쟁」, 『1894년 농민전쟁 연구』 4, 역사비평사, 1995
엄찬호, 「강원도 동학의 전래와 농민항쟁」, 『강원문화사연구』 2, 강원대학교 사학회
원영환, 「강원도 지방의 동학과 동학혁명」, 『강원문화사연구』 5, 강원향토문화연구회, 2000
이기원, 「강원지역 동학농민운동의 연구」, 『강원사학』 15·16, 강원대학교 사학회, 2000
강대덕, 「원주지역 동학농민운동의 조직과 활동」, 『강원문화사연구』 14, 강원향토문화

연구회,

엄찬호, 「차기석계 동학농민혁명군의 활동과 이후 동향」, 『강원사학』 24 · 25, 강원대학
교 사학회

2 강원도 지역 동학농민혁명 유적지 분포와 현황은 『동학농민혁명 유적지 및 기념시설
현황조사-서울, 경기, 강원, 경북, 경남』, 2010을 참조하였음.

3 강원지역에는 동학농민혁명 이전 동학 포교와 관련된 유적지가 있는데 원영환, 「강원
도 지방의 동학과 동학혁명」, 『강원문화사연구』 5, 2000에 따르면 최제우 은신지(정선
군 남면 문두곡), 최제우 은신지(영월군 중동면 화원리), 최시형 은신석굴(영월군 중동
면 직동 두리봉 아래), 최시형 기도처(유인상 집터, 정선군 남면 낙동리 무은담), 최시형
기도처(정선군 고한읍 고안리 적조암터), 최제우 장자 최세정 옥사터(현 양양군청) 등
이 있다.

4 강원도 동학농민군의 활동은 동학농민혁명 참여자 명예회복 심의위원회, 『동학농민혁
명 참여자 명예회복 심의위원회 백서』, 2009의 내용을 중심으로 정리하였다.

최시형의 퍼실리테이션 지향점/ 임상욱

1 물론 각 인물의 재임 기간에 큰 차이가 있다는 점을 고려하지 않을 수 없겠지만, 그럼에
도 이렇듯 큰 차이는 단순한 기간의 문제로만 보기에 무리가 있는 것도 사실이다. 임태
홍에 따르면, 1862년 10월, 최제우가 관아에 붙잡혀 있을 때 그곳으로 몰려가 항의하던
교도들의 수는 5, 6백 명에 지나지 않았다고 한다. 임태홍, 「최시형의 양천주 사상 형성
과정」, 『종교와 문화』 Vol.12, 2006, 114쪽.

2 리더십 특성이론과 리더십 행동이론은 주로 스톡딜(R. Stogdill)에 의해, 그리고 리더십
상황이론은 주로 피들러(F. Fiedler)에 의해 주창되었다. cf. 강정애 외, 『리더십론』, 시
그마프레스, 2010.

3 유클(G. Yukl)의 경우, 여기에 제시된 세 가지 접근법 외에도 '리더십 권력-영향력 접근
방법론'과 '리더십 통합 접근 방법론'을 추가하고 있다. 그렇지만 전자는 리더 중심의 영
향력 과정을 탐색하는 방법론이라는 점에서 특성이론이나 행동이론과 그 방향성이 대
동소이하고, 리더가 아닌 팔로워에 초점을 둘 수도 있는 후자의 방법론은 상황이론에
서도 다룰 수 있다는 점에서, 여기에서는 본문에 명시한 세 가지 이론적 틀만으로 충분
할 것으로 판단된다. cf. 게리 유클, 『현대조직의 리더십 이론』, 2004, 15-19쪽.

4 리더의 특성으로 스톡딜은 지능(intelligence), 자신감(self-confidence), 결단력
(detrmination), 성실성(intergrity), 그리고 사교성(sociability)의 다섯 가지를 들었다.
cf. Stogdill, "Personal Factors Associated with Leadership: A Survey of the Literature",
Journal of Psychology 25, 1948, pp. 35-71. 강정애 외, 앞의 책, 31쪽에서 재인용.

5 표영삼이 개인 인터뷰를 통해 수집한 정보에 따르면, 최시형은 필부의 가정에서 태어
나 15세까지 서당에 다녔으나, 15세에 부친을 여의고 먼 친척에게 맡겨져 배고픈 나날
을 보내야 했다고 한다. 이후 17세에 한지 생산 기술을 배우고, 19세에 결혼을 한다. cf.

표영삼,「신사 최시형의 생애」,『동학연구』Vol.7, 2000, 25-28쪽. 그러나 인터뷰의 내용 중 적어도 '15세까지 서당에 다녔다는' 것은 사실과 다른 것 같다. 최시형은 도통을 이어 받은 순간까지도 글을 몰랐기 때문이다.

6 리더로서 최시형의 권위는 오랫동안 최제우의 유족에도 못 미쳤을 뿐 아니라, 자신의 독자적인 사상을 전파하기에도 역부족이었다는 점을 임태홍은 다음의 5가지 근거를 들어 설명하고 있다. "1. 동학에 입도한 후 공부에 전념할 수 있는 기간이 짧았기 때문에 (많아야 3년 정도임) 한문과 한글로 된 문장을 완전히 파악하기가 어려웠을 것이다. 2. 최시형은 글을 몰랐기 때문에 문장을 통한 지식의 수용이 거의 불가능했다. 그렇기 때문에, 교조 최제우가 사망한 후 자신의 독자적인 사상을 구축하여 곧바로 제시하기가 곤란하였을 것이다. 3. 설사 그럴 능력이 있었더라도, 최제우 사망 자체가 갑작스러운 일이었기 때문에 새로운 사상을 정립할 겨를이 없었을 것이다. 4. 당시는 생명의 위협을 느끼고 피신하는 기간이었기 때문에 자신의 독자적인 사상 제시보다는 몸을 숨겨서 생존하는 것이 최대의 과제였다. 5. 최시형이 새로운 사상을 제시하였더라도 진지하게 들어줄 제자들이 많지 않았다. 특히, 자신이 가르칠 수 있는 제자들은 거의 없었을 것이며, 오히려 글을 아는 제자나 최제우로부터 직접 가르침을 받은 사람들의 조언이 필요했을 것이다." 임태홍, 앞의 논문, 104-105쪽.

7 cf. 강정애 외, 앞의 책, 75쪽.

8 예를 들어, '쫓기느라 며칠 동안 아무것도 먹지 못하는' 특수 상황으로부터 적극적인 사상의 전파를 기대하는 것은 분명 무리일 것으로 보인다. cf. 표영삼,『동학 2. 해월의 고난 역정』, 2005, 13-20쪽.

9 cf. J. Burns, *Leadership*, 1978.

10 cf. 마이클 해크먼 & 크레이그 존슨,『소통의 리더십』, 2010, 77-82쪽.

11 cf. 위의 책, 77쪽.

12 cf. 위의 책, 80쪽.

13 그렇지만, 이러한 소통 방식이 과연 조직의 효과성 증진을 위해 직접적으로 기여했는가의 여부는 확실치 않다. 그 반대 증거 역시 존재하기 때문이다. 예컨대 최시형이 공식 석상에서 영부의 복용을 금지시켰음에도 불구하고 이 '지시'는 대부분 지켜지지 않았다.

14 cf. 마이클 해크먼 & 크레이그 존슨, 앞의 책, 80쪽.

15 cf. 임상욱,「슈퍼리더십의 관점에서 바라본 최시형의 수양론」,『동학학보』Vol.24, 2012, 84-88.

16 cf. 마이클 해크먼 & 크레이그 존슨, 앞의 책, 81쪽.

17 cf. 윤석산(역),『도원기서』, 1991, 91쪽. 임태홍, 앞의 논문, 109-110쪽에서 재인용. 이를 두고 임태홍은 '최시형의 권위가 그때만 해도 최제우만큼 독보적인 것이 아니라는' 점에서 그 이유를 찾고 있으나, 이는 사실과 조금 다른 것 같다. 최시형의 권위가 최제우에 비해 부족하지 않은 시기인 1894년에조차 역시 최시형은 다음 세대의 지도부 구축을 위해 손병희에게 의암, 손천민에게 송암, 그리고 김연국에게 구암이라는 도호를 주어 3암의 집단 지도 체제를 만들었기 때문이다. cf. 표영삼,「해월신사 연대기」,『해

월 최시형과 동학사상』, 1999, 227-228쪽. 단, 1879년과 1894년은 양자 모두 시기적으로
최시형의 피신 기간이라는 점을 감안한다면, 여기엔 특정 상황에 따른 비상지도체제
구축이라는 의미가 부여될 수는 있을 듯하다. 권한의 동등한 분배는 조직의 생존율을
더욱 높여줄 것이기 때문이다.

18 cf. 마이클 해크먼 & 크레이그 존슨, 앞의 책, 82쪽.

19 cf. 표영삼, 「신사 최시형의 생애」, 『동학연구』 Vol.7, 2000, 66쪽. "가난한 화전민으로
살던 신사는 35세에 대신사로부터 가르침을 받아 36년간에 걸쳐 동학을 이 땅에 뿌리
내리게 하였으며 새로운 삶의 틀을 만들어 나가게 한 선각자의 역할을 다 하시다 갔다."

20 cf. 임상욱, 「최제우의 민주적 리더십에 내재된 니체적 허무주의의 요소」, 『동학학보』
Vol. 21, 2011, 149-154.

21 유클에 따르면, 카리스마는 '부하들이 리더를 비범한 존재로 자각'할 때 나타난다. cf.
게리 유클, 앞의 책, 294쪽.

22 표영삼, 『동학 2. 해월의 고난 역정』, 2005, 66쪽.

23 표영삼, 위의 책, 197쪽.

24 cf. 표영삼, 위의 책, 87-88쪽.

25 cf. 표영삼, 위의 책, 130쪽.

26 표영삼, 위의 책, 134쪽. "천지만물이 시천주 아님이 없다."

27 cf. 표영삼, 위의 책, 166-167쪽. 상벌에 대한 좀더 공식적인 규정은 도인들이 행할 바를
공포한 신정절목의 내용에서 찾아볼 수 있다. 이를 테면, 보상에 대한 절목으로는 '가족
간에 사이가 좋고 가난한 벗을 구제하면 충효한 사람의 사례에 따라 상을 준다.' 또는
채찍에 대한 절목으로는 '수도함에 바르게 하지 않으면 해당 접주와 범한 사람을 같이
벌한다.' 등이 있다. cf. 같은 책, 150-151쪽.

28 표영삼, 위의 책, 40쪽.

29 cf. 잉그리드 벤스(I. Bens), 『퍼실리테이션 쉽게 하기』, 2006.

30 cf. 호리 기미토시, 『문제 해결을 위한 퍼실리테이션의 기술』, 2005.

31 기업을 비롯한 오늘날 퍼실리테이션이 행해지는 실제 상황에서 집단 구성원에게 잠재
되어 있다고 가정하는 '능력과 가치'는 대개 '집단지성'을 의미한다. 즉, 오늘날의 퍼실
리테이션은 집단지성에 대한 믿음을 전제로 하는 것이다.

32 cf. 「神師法說」, 4-2, 『天道教經典』, 1997(3판).

33 「神師法說」, 10-6, 위의 책.

34 「神師法說」, 25-1, 위의 책. "한울을 養할 줄 아는 者라야 한울을 모실 줄 아나니라. 한울이
내 마음 속에 있음이 마치 種子의 生命이 種子 속에 있음과 같으니, 種子를 땅에 심어 그 生
命을 養하는 것과 같이 사람의 마음은 道에 依하여 한울을 養하게 되는 것이라."

35 cf. 「神師法說」, 위의 책, 4-2, "일월성신이 걸려 있는 곳을 사람이 다 한울이라 하지마는, 나
는 홀로 한울이라고 하지 않노라. 알지 못하는 사람은 나의 이 말을 깨닫지 못할 것이니라."

36 「神師法說」, 위의 책, 7-1.

37 Ibid..

38 cf.「神師法說」, 위의 책, 7-4.

39 cf.「神師法說」, 위의 책, 7-5.

40 cf.「神師法說」, 위의 책, 7-9.

41 임태홍은 최제우의 사상이 민족 중심이었던 것에 반해, 최시형은 민주·민권 중심이었으며, 시천주에서 양천주로의 사상적 변환이 최시형 대에 이르러 폭발적으로 동학이 확산된 이유로 보고 있다. cf. 임태홍, 앞의 논문, 127쪽.

42 육임직에 대한 구상은 일견 업무 지향적 성격의 것으로만 보이지만, 그 직분을 맡을 수 있는 자격 요건을 살펴보면 이는 구성원의 동의를 온전히 이끌어내기 위한 관계 지향적 성격의 것임을 알 수 있다. "① 교장은 알차고 덕망 있는 이로 삼고, ② 교수는 성심 수도하여 가히 전수할 이로 삼고, ③ 도집은 위풍이 있고 기강을 밝히고 선악의 한계를 가릴 줄 아는 이로 삼고, ④ 집강은 시비를 밝히고 가히 기강을 세울 줄 아는 이로 삼고, ⑤ 대정은 공평하고 부지런하고 신임이 두터운 이로 삼으며, ⑥ 중정은 능히 바른말을 하는 강직한 이로 삼는다." 표영삼, 앞의 책, 126-127쪽.

43 cf.「神師法說」, 위의 책, 26, 27.

44 cf.「神師法說」, 위의 책, 10.

45 「神師法說」, 위의 책, 28.

46 「神師法說」, 위의 책, 8-12.

47 cf.「神師法說」, 위의 책, 10-5. "한 어린이가 나막신을 신고 빠르게 앞을 지나니, 그 소리 땅을 울리어 놀라서 일어나 가슴을 어루만지며, '그 어린이의 나막신 소리에 내 가슴이 아프더라'고 말했었노라. 땅을 소중히 여기기를 어머님의 살같이 하라."

48 cf. 표영삼, 앞의 책, 134-135쪽.

49 「神師法說」; 앞의 책, 7-17.

50 모든 사람에게 내재한 고귀한 가치가 수행을 통해 안정적으로 발현하도록 도움을 준다는 점에서, 이는 퍼실리테이션의 핵심 가치인 동시에 슈퍼리더십의 완결된 형태라고도 볼 수 있다. cf. 임상욱, 앞의 논문,『동학학보』Vol.24, 2012.

51 cf.「神師法說」, 앞의 책, 37-3.

52 표영삼, 앞의 책, 41쪽.

53 cf.「神師法說」, 앞의 책, 22. "내 항상 말할 때에 한울님 말씀을 이야기하였으나 한울님 말씀이 어찌 따로 있으리오. … 말이 이치에 합하고 도에 통한다 하면 어느 것이 한울님 말씀 아님이 있겠느냐."

동학 개벽사상의 역사철학적 의미/ 조극훈

1 R.G. 콜링우드,『역사학의 이념』, 이상현 옮김, 서울: 박문각, 1993, 54쪽 참조.

2 개념시간이라는 개념은 헤겔의 역사철학의 시간론에서 착상하였다. 헤겔은 역사를 '시간에 있어서 정신의 전개'(Vorlesungen ueber die Philosophie der Geschichte, Suhrkamp Verlag, Frankfurt am Main. 1970. 96-97쪽)라고 규정하고 불변적인 개념시간

과 가변적인 자연시간을 구분하였다. 그는 개념시간의 지평에서 역사를 '자유의식의 진보'(32쪽)로 파악하고 있다. 이에 관해서는 조극훈의 논문(「헤겔 역사철학에 나타난 자유와 필연의 변증법」, 중앙대학교 중앙철학연구소, 『철학탐구』 제27집, 2010)을 참고할 것.

3 본 연구에서 사용되는 '역사철학'이라는 개념은 철학적 역사를 말한다. 개별적 사건을 시간적 순서에 따라 나열하는 연대기 또는 과거의 사건을 통해 교훈을 얻기 위한 교훈사와는 달리, 역사적 사건을 지배하는 내적인 필연성을 역사 전체와의 관련성에서 파악하는 개념사로서의 철학적 역사를 말한다.

4 동학 천도교에서 '개벽'의 개념은 『용담유사』의 「몽중노소문답가」, 『해월신사법설』의 「개벽운수」, 『의암성사법설』의 「인여물개벽설」에 서술된 내용으로서 동학이 궁극적으로 지향하는 이상사회의 모습과 구현 방법을 담고 있다. 정신으로 다시 개벽한다는 의미로 '다시개벽'이라는 용어도 사용하지만, 본고에서는 역사철학적 측면을 고려하여 '선천개벽', '후천개벽'이라는 용어를 사용하였다.

5 이현희, 「최제우의 개벽사상과 19세기의 한국사회」, 『동학연구1』, 한국동학학회, 1997, 19쪽 참조.

6 Hegel, G.W.F., *Grundlinien der Philosophie des Rechts*, Suhrkamp Verlag, Frankfurt am Main. 1970. 26쪽. "개인에 관해서 말한다면, 누구나 그 시대의 아들이요, 철학도 또한 그 시대를 사상으로 포착하는 것이다."

7 조극훈, 「의암 손병희의 '이신환성'에 나타난 철학적 의미」, 동학학회, 『동학학보』 24호, 2012. 285쪽.

8 『동경대전』, 「주문」.

9 이에 대한 자세한 논의에 대해서는 다음 연구를 참고할 것. 조극훈, 「동학의 신개념에 대한 변증법적 해석」, 한국동학학회, 『동학연구』 31호, IV장 천주와 지기의 변증법 참조.

10 동경대전, 「논학문」.

11 윤석산, 「동학의 개벽사상 연구」, 한국언어문화학회, 『한국언어문화』, 2010, 331쪽.

12 표영삼, 『동학1. 수운의 삶과 생각』, 서울: 통나무, 2004, 113-124쪽 참조.

13 신일철, 『동학사상의 이해』, 서울: 사회비평사, 1995, 53쪽.

14 앞의 「의암 손병희의 '이신환성'에 나타난 철학적 의미」, 280쪽 참조.

15 김경재, 「최수운의 신개념」, 이현희 편, 『동학사상과 동학혁명』, 서울: 청아출판사, 1992 참조.

16 신일철, 『동학사상의 이해』, 서울: 사회비평사, 1995, 155쪽.

17 『용담유사』, 「안심가」.

18 후천개벽의 실천 단계는 '인간성 회복의 정신개벽', '광제창생의 사회개벽', '보국안민의 민족개벽'으로 구분된다.(이현희, 「수운의 개벽사상 연구」, 이현희 편, 앞의 책, 58쪽 참조.). 천도교의 3대 개벽사상에 관한 자세한 논의에 대해서는 황선희, 『동학 천도교 역사의 재조명』, 서울: 모시는사람들, 2009, 125-153쪽 참조.

19 『해월신사법설』, 「개벽운수」.

20 고건호, 「개항기 신종교의 후천개벽론의 '현대적' 변용-동학 천도교를 중심으로」, 한국
종교문화연구소, 『한국종교연구회회보』 6권, 1995, 27쪽.

21 조민, 「동학: 국가없는 사회의 이상」, 한국동학학회, 『동학연구』 3, 1989, 35쪽.

22 오문환, 『동학의 정치철학』, 서울: 모시는사람들, 2003, 306쪽.

23 이 표는 개벽의 존재론적 구조가 청수의 존재론적 구조와 유사하다는 전제 하에 선천
개벽과 후천개벽의 존재론적 구조를 나타낸 것이다. (조극훈, 「동학 천도교의 청수의
철학적 의미」, 『동학학보』 24호, 2012, 동학학회, 393쪽 참조)

24 『용담유사』, 「몽중노소문답가」.

25 『해월신사법설』, 「개벽운수」.

26 앞의 글.

27 신일철, 앞의 책, 83쪽.

28 앞의 글.

29 앞의 글.

30 『의암성사법설』, 「인여물개벽설」.

31 "'수심정기'란 시천주의 자각을 통해 회복한 한울님 마음을 지키므로 우주적 질서를 내
안에 회복하는 길이요(守心), 나아가 한울님 기운을 바르게 하여 이를 바르게 실천함으
로써 우주 운행의 법칙에 매우 주체적으로 참여하는 길(正氣)이라고 하겠다."(윤석산,
앞의 논문, 341쪽)

32 표영삼, 앞의 책. 78쪽.

33 신일철, 앞의 책, 96-97쪽.

34 오문환, 앞의 책, 307쪽 참조. 윤석산도 개벽 이후 새로운 사회를 군자 공동체로 보고 있
다.(윤석산, 앞의 논문, 332쪽 참조)

35 최민자, 『인식과 존재의 변증법』, 서울: 모시는사람들, 2011, 355-367쪽 참조. "천지개벽
의 도수에 조응하여 인위의 정신개벽과 사회개벽이 이루어지면 천지가 합덕하는 후천
의 새 세상이 열리는 것이다."(365쪽)

36 김춘성, 「해월 사상의 현대적 의의」, 부산예술문화대학 동학연구소 엮음, 『해월 최시형
과 동학 사상』, 서울: 예문서원, 1999, 66쪽.

37 윤석산, 앞의 논문, 343쪽.

참고문헌

강원도 일대의 동학 전파와 홍천의 포조직 분석/ 임형진

『최선생문집도원기서』　　　　　『갑오실기』
『고종실록』　　　　　　　　　　『도원기서』
『동비토론』　　　　　　　　　　『시천교역사』
『시천교종역사』　　　　　　　　『임영토비소록』
『주한일본공사관기록』
『천도교백년약사(상권)』, 천도교중앙총부교사편찬위원회, 1981.
『천도교서』　　　　　　　　　　『천도교회사초고』
『천도교창건사』　　　　　　　　『해월선생문집』
강우, 「해월선생칠십년사」, 『신인간』11, 1927.3.
김양식, 「고종조(1876~1893) 민란연구」, 『용엄차문변교수화갑기념사학논총』. 간행위원회, 1989.
김정기, 「자본주의 열강의 이권침탈연구」, 『역사비평』, 1990 가을.
박맹수, 「『동경대전』에 대한 기초적 연구-연구성과를 중심으로」, 『사료로 보는 동학과 동학농민혁명』, 모시는사람들, 2009.
박준성, 「1894년 강원도 농민군의 활동과 반농민군의 대응」, 『동학농민혁명의 지역적 전개와 사회변동』, 새길, 1995.
성주현, 「강원도의 동학 조직과 동경대전 간행」, 『인제의 동학과 동경대전 재조명』, 2013, 11, 학술대회 발표논문.
성주현, 『동학과 동학혁명의 재인식』, 국학자료원, 2010.
엄찬호, 「강원도 동학의 전래와 농민항쟁」, 『강원문화사연구』 2, 강원향토문화연구회, 1997.
_____, 「차기석계 동학농민혁명군의 활동과 이후 동향」, 『동학창도 160주년 기념 춘계학술대회』, 2009. 학술대회 발표논문.
조광, 「19세기 민란의 사회경제적 배경」, 진덕규(외), 『19세기 한국전통사회의 변모와 민중의식』, 일지사, 1999.
표영삼, 「동학조직의 변천」, 『동학의 현대적 이해』, 한국동학학회, 2001. 3.
_____, 『동학』 1, 통나무, 2004.
_____, 『동학』 2, 통나무, 2005.
황현, 『매천야록』, 국사편찬위원회, 1996.

일본군 제19대대 동로군, 제18대대, 원산수비대의 강원도 농민군 탄압/ 강효숙

大江志乃夫,『徵兵制』, 동경: 岩波書店(新書), 1993, 동경.

박종근,『日淸戰爭と朝鮮』, 동경: 靑木書店, 1982, 동경.

강효숙,「동학농민전쟁에 있어 고부봉기의 위상-사발통문과 일본 측 자료를 중심으로-」,
　　『한국민족운동사연구』77, 한국민족운동사학회, 2013.12.

강효숙,「청일전쟁기 일본군의 조선병참부」,『한국근현대사연구』, 한국근현대사연구회,
　　2009.

＿＿＿,「황해 · 평안도의 제2차 동학농민전쟁」,『한국근현대사연구』, 한국근현대사연구회,
　　2008.

＿＿＿,「제2차 동학농민전쟁 시기 일본군의 농민군 진압-서울 이남 지역을 중심으로-」,『한
　　국민족운동사연구』, 한국민족운동사학회, 2007.

＿＿＿,「청일전쟁에 있어 일본군의 동학농민군 진압」,『인문학연구』제6집, 원광대학교 인
　　문학연구소, 2005. 4

＿＿＿,「第2次 東學農民戰爭と日淸戰爭」,『歷史學硏究』762號, 歷史學硏究會編集, 靑木書
　　店, 2002. 5

송찬섭,「황해도지방의 농민전쟁의 전개와 성격」,『동학농민혁명의 지역적 전개와 사회변
　　동』, 새길, 1995.4.

정은경,「1894년 황해도 · 강원도지역의 농민전쟁」,『1894년 농민전쟁연구』4, 역사비평사,
　　1995.11.

조재곤,「청일전쟁에 대한 농민군의 인식과 대응」,『1894년 농민전쟁연구』4, 역사비평사,
　　1995.11.

한우근,「동학농민의 봉기와 전투- 강원 · 황해도의 경우」,『한국사론』4, 1978.

구양근,「東學農民軍の戰鬪課程の檢討 -第二次蜂起と日本軍との交戰を中心に-」,『學術論
　　文5』, 朝鮮獎學會, 1975, 東京.

국사편찬위원회,『주한일본공사관기록』1~3, 1991.

일본 방위연구소,『진중일지 제1군 병참감부』.

일본 방위연구소,『진중일지 제3호 남부병참감부』.

일본 방위연구소,『남부병참감부일지』.

일본 방위연구소,「후비보병대편성표」,『천대전 문고 531 전시편성』.

일본 방위연구소,「第1号 戰史步兵大隊編成表」·「第3号 後備步兵中隊編成表」,『明治278
　　年 密大日記 陸軍省』

일본 방위연구소,『천대전 문고』, 4, 6, 7, 46, 50, 77, 301

일본 외교사료관,「別紙 第1號」「東學黨事件＝付會審ノ顚末具報」,『韓國東學黨蜂起一件』,
　　1894년 9월 20일 內田 報告.

山口縣立圖書館, 南小西郎,『南小西郎 履歷』.

「도쿄아사히신문(東京朝日新聞)」, 1894년 12월 12일자, 1894년 11월 20일자.

「마이니치신문(毎日新聞)」1894년 11월 18, 19일자.

강원도 홍천의 동학농민군과 풍암리전투/ 신영우

『天道教書』 　　　　　　　　　　　『東學道宗繹史』
『侍天教宗繹史』 　　　　　　　　　『高宗實錄』
『承政院日記』 　　　　　　　　　　『日省錄』
『燃藜室記述』 　　　　　　　　　　『甲午軍政實記』
『聚語』 　　　　　　　　　　　　　『兩湖右先鋒日記』
『臨瀛討匪小錄』 　　　　　　　　　『東匪討論』
『甲午斥邪錄』 　　　　　　　　　　『甲午軍功錄』
『東學黨征討人錄』 　　　　　　　　『駐韓日本公使館記錄』
『梧下記聞』 　　　　　　　　　　　『新人間』
『大韓民國 獨立有功者 功勳錄』 第1卷(國家報勳處, 1986)
「JACAR(アジア歴史資料センター)Ref.C06061237800 明治27年自9月24日至11月1日「臨着
　　書類綴 庶」(防衛省防衛研究所)」.
「JACAR(アジア歴史資料センター)Ref.C06061208800 明治27年自9月30日至11月13日「臨着
　　書類綴 庶」(防衛省防衛研究所)」
박준성, 「1894년 강원도 농민군의 활동과 반농민군의 대응」, 『동학농민혁명의 지역적 전개
　　와 사회변동』, 1995, 새길.
신영우, 「1894년 영남 예천의 농민군과 보수집강소」, 『동방학지』 44, 1984.
_____, 「장신 신정희의 사환 이력과 활동」, 『역사와 담론』 57집, 2009.
_____, 「북접농민군의 황산 집결과 괴산전투」, 『한국근현대사연구』 55, 2010.

해월 최시형의 동학경전 간행의 역사적 의의/ 전석환

김상준, 『유교의 정치적 무의식』, 서울: 글항아리, 2014.
김용휘, 『우리 학문으로서의 동학』, 서울: 책세상, 2007.
김정인, 『천도교 근대 민족운동 연구』, 서울: 도서출판 한울, 2009.
김정호, 「20세기 초 한국 천도교의 계몽운동과 중국 신문화운동의 특성 비교」, 『동학학보』
　　제22호, 동학학회, 2011.
나인호, 『개념사란 무엇인가 - 역사와 언어의 새로운 만남』, 역사비평사, 2011.
망구엘, A., 정명진 옮김, 『독서의 역사』, 서울: 세종서적, 2000.
맥루한, M., 박정규 옮김, 『미디어의 이해』, 서울: 커뮤니케이션북스, 1999.
_____, 박정규 옮김, 『구텐베르크 은하계 - 활자 인간의 형성』, 서울: 커뮤니케이션북스,
　　2001.
손병욱, 「동학의 '삼칠자 주문'과 '다시 개벽'의 함의」, 『동학학보』 제18호, 동학학회, 2009.

_____,「동학과 성리학의 수련법 비교 - 수심정기와 경법을 중심으로」,『동학학보』제27호, 동학학회, 2013.

송호근,『시민의 탄생-조선의 근대와 공론장의 지각 변동』, 서울: 민음사, 2013.

슈펭글러, O., 양우석 옮김,『인간과 기술』, 서울: 서광사, 1998.

오문환,『해월 최시형의 정치사상』, 서울: 도서출판 모시는사람들, 2003.

_____,『동학의 정치철학: 도덕, 생명, 권력』, 도서출판 모시는사람들, 2003.

옹, 월터 J., 이기우 · 임명진 옮김,『구술문화와 문자문화』, 서울: 문예출판사, 2009.

이규성,『최시형의 철학 - 표현과 개벽』, 서울: 이화여자대학교출판부.

전석환,「의사소통을 통해 본 신종교의 의미 - Walter J. Ong의 구술성(Orality)과 문자성 (literacy) 개념을 중심으로」,『신종교연구』제8집, 한국신종교학회, 2003, 05.

_____,「현대성의 담론 안에서 본 한국 신종교의 유토피아적 성격 - '현대'에 대한 하버마스 (Habermas)의 논의를 중심으로」,『종교연구』제37호, 한국종교학회, 2004 겨울.

_____,「한국 신종교의 서구에 대한 인식 및 그 시각의 문제」,『신종교연구』제17집, 한국신 종교학회, 2007, 10.

_____,「공론장(公論場)에 기초한 종교의 의미지평 - 한국 신종교의 자기인식 확대를 위한 시론(試論)」,『신종교연구』제18집, 한국신종교학회, 2008, 04.

_____,「교정과 로봇(robot)사용의 연관 문제-소통 안에서 '구술적 감성(an orally constituted sensibility)'의 변모 과정을 중심으로」,『교정담론』제6권 제2호, (사)아사아교정포럼, 2012.

_____,「동학 · 천도교의 '계몽 프로젝트' 안에서 본 어린이교육운동 - 공론장(公論場) 구조 변동의 관점을 중심으로」,『동학학보』제31호, 동학학회, 2014. 6.

천도교중앙총부,『天道教百年略史(上)』, 서울: 미래문화사, 1981.

천정환,『근대의 책 읽기-독자의 탄생과 한국 근대문화』, 서울: 푸른역사. 2006.

최수길,『'개벽' 연구』, 서울: 소명출판, 2008.

최준식,『한국의 종교, 문화로 읽는다 2 - 도교 · 동학 · 신종교』, 서울: 사계절, 2000.

켈리, K., 이한음 옮김,『기술의 충격』, 서울: 민음사, 2011.

팔머, R., 이한우 옮김,『해석학이란 무엇인가』, 서울: 문예출판사, 2001.

하버마스, J., 한승원 옮김,『공론장의 구조변화』, 서울: 나남출판사, 2001.

Habermas, J., *Strukturwandel der Öffentlichkeit*, (Frankfurt am Main: Suhrkamp, 1990)

Oelkers, J. (u. a. Hrsg.), *Öffentlichkeit und Bildung in erziehungsphilosophischer Sicht-Beiträge der Kommission "Erziehung und Bildungsphilosophie" zur 11.Jahrestagung der Deutschen Gesellschaft für Erziehungswissenschaft*, (Köln:JANUS Verlaggesellschaft, 1989).

구비 전승담으로 고찰한 홍천 동학농민혁명 전개 양상/ 채길순

강원도지편찬위원회,『강원도지』, 강원도, 2005.

김병용, 「강원도동학농민전쟁에 관한 연구- 강릉지방을 중심으로」, 관동대학교 석사학위논문, 1996.

김열규 외, 우리민속문학의 이해, 개문사, 1979.

동학농민전쟁백주년기념사업추진위원회 엮음, 『다시피는 녹두꽃 : 동학농민군 후손 증언록』, 역사비평사, 1994.

박맹수, 「강원도 지방의 동학비밀 포교지에 관한 연구」, 『춘천문화』 10, 춘천문화원, 1995.

배항섭, 「강원도에 서린 동학농민군의 발자취」, 『역사비평』 11, 역사문제연구소, 1990.

엄찬호, 「강원도 동학의 전래와 농민항쟁」, 『강원문화사연구』 2, 강원향토문화연구회, 1997.

원영환, 「강원도 지방의 동학과 동학혁명」, 『강원문화사연구』 5, 강원향토문화연구회, 2000.

이기원, 「강원지역 동학농민전쟁의 연구」, 『강원사학-운하김규호교수정년기념논총』, 강원대학교 사학회, 2000.

장덕순, 『한국설화문학연구』, 서울대학교 출판부, 1970.

조동걸, 「홍천동학군전적지」, 『신인간』 354호, 신인간사, 1978.2.

채길순, 「강릉의 일장춘몽 같았던 동학군 세상」 『신인간』, 2008.10.

_____, 「강원도에도 동학혁명이 있었다」, 『신인간』, 2008.3.

_____, 「관동 지방 최대 격전지, 풍암리전투」, 『신인간』, 2008.5.

_____, 「동학혁명의 애틋한 사연」, 『신인간』, 2008.4.

_____, 「절망의 늪에서 동학의 불씨를 피우다」, 『신인간』, 2008.7.

최영숙, 「강원도 동학농민혁명에 대한 일고찰」, 강릉대학교 석사학위논문, 2004.

최채숙, 「강원도 동학농민혁명에 대한 일고찰」, 강릉대학교 교육대학원, 석사역사교육전공, 2002.

충북대학교 중원문화연구소 편, 풍암리 동학혁명군 전적지 유해 발굴 조사, 2006.

표영삼, 「해월신사의발자취17, 태백산적조암」. 『신인간』 375호, 1980.2.

_____, 「해월신사의발자취18, 영월군직곡」. 『신인간』 376호, 1980.4.

_____, 「해월신사의 발자취22, 해월신사와 수레촌」, 『신인간』 393호, 1981.11.

_____, 「해월신사의발자취6, 인제느룹정이」. 『신인간』 363호, 1978.12.

_____, 「해월신사의정선·단양시절」. 『신인간』 503호, 1992.3.

한국구비문학회, 구비문학개설, 일조각, 1971.

한국동학학회, 「동학의 문화유적 순례II(강원지역)」, 『동학연구』 9, 한국동학학회, 2001.

한우근, 「동학농민군의 봉기와 전투-강원·황해도의 경우」, 『한국사론』 4, 서울대 국사학과, 1978.

홍천군지편찬위원회편, 『홍천군지』, 홍천군, 1989.

홍천군 편, 홍천 풍암리 동학혁명군전적지 성역화사업 기본계획, 2004.

강원도 동학농민혁명 유적지와 동학농민군/ 이병규

한우근,「동학농민군의 봉기와 전투-강원·황해도의 경우-」,『한국사론』4, 서울대 국사학과, 1978.

박준성,「1894년 강원도 농민군의 활동과 반농민군의 대응」,『동학농민혁명의 지역적전개와 사회변동』, 새길, 1995.

박맹수,「강원도의 비밀 포교지에 관한 연구」,『춘천문화』10, 1995.

정은경,「1894년 황해도·강원도지역의 농민전쟁」,『1894년 농민전쟁 연구』4, 역사비평사, 1995.

엄찬호,「강원도 동학의 전래와 농민항쟁」,『강원문화사연구』2, 강원대학교 사학회.

원영환,「강원도 지방의 동학과 동학혁명」,『강원문화사연구』5, 강원향토문화연구회, 2000.

이기원,「강원지역 동학농민운동의 연구」,『강원사학』15·16, 강원대학교 사학회, 2000.

강대덕,「원주지역 동학농민운동의 조직과 활동」,『강원문화사연구』14, 강원향토문화연구회.

엄찬호,「차기석계 동학농민혁명군의 활동과 이후 동향」,『강원사학』24·25, 강원대학교 사학회.

동학농민혁명기념재단,『동학농민혁명 유적지 및 기념시설 현황조사-서울·경기·강원·경북·경남』, 2010.

동학농민혁명참여자명예회복심의위원회,『동학농민혁명참여자명예회복심의위원회 백서』.

최시형의 퍼실리테이션 지향점/ 임상욱

강정애 외,『리더십론』, 시그마프레스, 2010.

기미토시 호리,『문제 해결을 위한 퍼실리테이션의 기술』, 일빛, 2005.

김용휘,「해월 최시형의 기초문헌연구; 해월의 마음의 철학」,『동학학보』Vol.4, 2002.

김정호,「해월 최시형 사상에 나타난 정치사회적 실천론의 인식론적 토대와 의의」,『동학학보』Vol.15, 2008.

김철,「동학 대도주 해월 최시형 선생과 동학혁명 전봉준 장군의 기본사상 차이점」,『동학연구』Vol.12, 2002.

문영석,「해월 최시형의 사상 연구; 신관, 인간관, 자연관을 중심으로」,『동학학보』Vol.3, 2002.

박맹수,「최시형의 종교사적 위치」,『한국종교사학회』Vol.5, 1996.

벤스, 잉그리드(I. Bens),『퍼실리테이션 쉽게 하기』, ORP PRESS, 2006.

슈워즈, 로저(R. Schwarz),『퍼실리테이션 스킬』, 다산서고, 2003.

유클, 게리(G. Yukl),『현대조직의 리더십 이론』, 시그마프레스, 2004.

윤석산(역), 『도원기서』, 문덕사, 1991.

_____, 「해월 최시형의 기초문헌연구; 최시형 법설의 기초문헌연구」, 『동학학보』 Vol.4, 2002.

이규성, 「최시형에서 '표현'과 시간」, 『동아시아문화연구』 Vol.39, 2005.

이돈화, 『천도교창건사』, 경인문화사, 1970.

임상욱, 「최제우의 민주적 리더십에 내재된 니체적 허무주의의 요소」, 『동학학보』 Vol.21, 2011.

_____, 「슈퍼리더십의 관점에서 바라본 최시형의 수양론」, 『동학학보』 Vol.24, 2012.

임태홍, 「최시형의 양천주 사상 형성과정」, 『종교와 문화』 Vol.12, 서울대학교 종교문제연구소, 2006.

정우일 외, 『리더와 리더십』, 박영사, 2010(2판).

조성운, 「해월 최시형의 도통 전수와 초기 포교활동(1862-1875)」, 『동학연구』 Vol.7, 2000.

조순, 「해월 최시형의 현실인식과 동학의 대중화」, 『동학연구』 Vol.19, 2005.

차남희, 「노동의 신성화와 동학의 근대성-최시형을 중심으로」, 『한국사회역사학회』 Vol.13, No.2, 2010.

천도교중앙총부(편), 『天道敎經典』, 천도교중앙총부 출판부, 1997(3판).

표영삼, 「해월 신사 연대기」, 『해월 최시형과 동학사상』, 예문서원, 1999.

_____, 「신사 최시형의 생애」, 『동학연구』 Vol.7, 2000.

_____, 『동학 2. 해월의 고난 역정』, 통나무, 2005.

M. Hackman & C. Johnson, 『소통의 리더십』, 에피스테메, 2010.

허호익, 「해월 최시형의 천지인 삼경론과 천지인의 신학」, 『한국기독교신학논총』 Vol.27, 2003.

황묘희, 「해월 최시형의 기초문헌연구; 동학혁명운동과 남북접 문제」, 『동학학보』 Vol.4, 2002.

Burns, J., *Leadership*, New York: Harper & Row, 1978.

Fiedler, F., *A Theory of Leadership Effectiveness*, New York: McGraw-Hill, 1967.

Stogdill, R., "Personal Factors Associated with Leadership: A Survey of the Literature", *Journal of Psychology* 25, 1948.

_____, *Leadership*, Columbus: The Ohio State Univ. Pr., 1977.

동학 개벽사상의 역사철학적 의미/ 조극훈

천도교중앙총부, 『천도교경전』, 서울: 천도교중앙총부출판부, 2000.

고건호, 「개항기 신종교의 후천개벽론의 '현대적' 변용-동학 천도교를 중심으로」, 한국종교문화연구소, 『한국종교연구회회보』 6권, 1995.

김경재, 「최수운의 신개념」, 『동학사상과 동학혁명』, 서울: 청아출판사, 1992,

김용휘, 『우리 학문으로서의 동학』, 서울: 책세상, 2007.

김춘성,「해월 사상의 현대적 의의」, 부산예술문화대학 동학연구소 엮음, 『해월 최시형과 동학 사상』, 서울: 예문서원, 1999.

박맹수,「한국 근대 민중종교의 개벽사상과 원불교의 마음공부」, 동학학회, 『동학학보』, 2007.

손병욱,「동학의 '삼칠자 주문'과 '다시개벽'의 함의」, 동학학회, 『동학학보』, 2009.

신일철,「최수운의 역사의식」, 이현희 편, 『동학사상과 동학혁명』, 서울: 청아출판사, 1987.

_____, 『동학사상의 이해』, 사회비평사, 1995.

오문환,「동학의 '후천개벽' 사상」, 동학학회, 『동학학보』, 2000.

_____, 『동학의 정치철학』, 서울: 모시는사람들, 2003,

윤석산,「동학의 개벽사상 연구」, 한국언어문화학회, 『한국언어문화』, 2010.

이정희,「동학의 선후천관 연구」, 동학학회, 『동학학보』, 2011.

이찬구,「역학의 선후천과 최수운의 '다시개벽'-『주역』과 『정역』의 비교를 중심으로」, 한국신종교학회, 『신종교연구』, 2010.

이현희,「최제우의 개벽사상과 19세기의 한국사회」, 한국동학학회, 『동학연구』 1, 1997.

_____,「수운의 개벽사상 연구」, 이현희 편, 『동학사상과 동학혁명』, 서울: 청아출판사, 1987.

임상욱,「니체의 영혼회귀 관점에서 바라본 후천개벽의 존재론적 특성」, 동학학회, 『동학학보』, 2011.

임형진,「수운의 이상사회론-개벽과 청우당의 이상사회를 중심으로」, 동학학회, 『동학학보』, 2011.

조극훈,「동학 천도교의 '청수'(淸水)의 철학적 의미」, 『동학학보』, 동학학회, 2012.

_____,「의암 손병희의 '이신환성'(以身換性)에 나타난 철학적 의미」, 동학학회, 『동학학보』, 2012.

_____,「동학의 신개념에 대한 변증법적 해석」, 한국동학학회, 『동학연구』, 2011.

_____,「동학의 불연기연과 변증법」, 한국동학학회, 『동학연구』, 2010.

_____,「헤겔 역사철학에 나타난 자유와 필연의 변증법」, 중앙대학교 중앙철학연구소, 『철학탐구』 제27집, 2010.

조민,「동학: 국가 없는 사회의 이상」, 한국동학학회, 『동학연구』 3, 1989.

최민자,「수운의 후천개벽과 에코토피아(Ecotopia)」, 동학학회, 『동학학보』, 2004.

_____, 『인식과 존재의 변증법』, 서울: 모시는사람들, 2011.

콜링우드, R.G., 『역사학의 이념』, 이상현 옮김, 서울: 박문각, 1993.

표영삼, 『동학1. 수운의 삶과 생각』, 서울: 통나무, 2004.

황선희, 『동학천도교 역사의 재조명』, 서울: 모시는사람들, 2009.

Hegel, G.W.F., *Grundlinien der Philosophie des Rechts*, Suhrkamp Verlag, Frankfurt am Main. 1970.

_____, *Vorlesungen ueber die Philosophie der Geschichte*, Suhrkamp Verlag, Frankfurt am Main. 1970.

찾아보기

[ㄱ]

각자위심 231
갑둔리 27, 176
『갑오군공록』 106
『갑오군정실기』 75, 83, 84, 98, 107
『갑오실기』 98, 142
강령주문 236
강릉관아 45, 170
강릉관아 점령 사건 157
강릉관아터 170
강릉선교장 171, 172
강릉여중 172
강수 37, 43
강원도 15, 18, 44, 51, 74, 92, 107
강원 동학농민혁명기념관 189
개념적 시간 246
개벽 232, 240
『개벽』 129
개벽론 233
개벽사상 231, 232, 233, 234, 235, 236,
    239, 241, 243, 245, 246, 248, 249,
    250
개벽운수 242
개접례 39
개혁 221, 225, 226
경기도 18, 75, 91
경복궁 108
경복궁 무력 점령 57
경복궁 점거 78
경상도 15, 17
경전 간행 41
고부봉기 14

『고종실록』 82, 98
공계정 195
공생 35
공주 전투 17
관동대접주 44
관동포 74, 79
관-민보군 144, 160
교조신원운동 44
구비 전승담 136, 137
구성제 39, 41
구술 121
구술문화 115, 122
국회도서관 54
권역 15
기전소모관 87
김개남 16

[ㄴ]

『나암수록』 98
남원 지역 16
내면 94
내면포 74, 79
내면포 대접주 78
내재성 237
내포지역 18
녹도 177
농민군 13

[ㄷ]

다시 개벽 249
대접주 76
『도원기서』 40
도접주 41, 44
독립후비보병 제19대대 58

『동경대전』 22, 27, 39, 40, 41, 43, 123, 139, 233

동관음 38

동귀일체 231, 246

동로분진대 91

「동비토론」 19, 75, 142

동창 47, 94

동창만세운동기념사업회 181

동창 습격 사건 157

동학 27, 29, 34, 51, 234, 249

동학가사 123

동학경전 114, 116, 127, 128, 133

동학교단 22

동학 교리의 철학화 129

동학군 49

동학군 토벌 작전 49

동학농민군 48, 56, 74, 93, 141, 144, 162

동학농민혁명 15, 27, 52

동학농민혁명군 44

『동학농민혁명자료대계』 13

『동학농민혁명참여자명예회복심의위원회 백서』 190

동학농민혁명백주년기념사업회 12

동학농민혁명 종합지식정보시스템 54

동학농민혁명 참여자 164

동학농민혁명 참여자 등의 명예회복에 관한 특별법 189

동학당 토벌대 59

동학도 14, 33

『동학도종역사』 76

『동학사』 13, 14

동학접소 75

동학·천도교 127, 129, 133

동학혁명군위령탑 185

[ㄹ]

리더십 209

리더십 스타일 208, 214, 216

리더 정체성 209

[ㅁ]

맹영재 20, 46, 48, 75, 81, 89, 108, 185

모심 234, 237

모심과 섬김 249

모심의 철학 245

무라다총 70

무은담 37, 39

무장기포 16

무장봉기 14

묵독 115, 122, 127

묵송 124

문자 121

문자문화 115, 122

문화재 지정 186, 187

물걸리 181

민란 15, 44

민보군 91, 108

민사엽 38

민상기 152

민족개벽 244

민주적 215, 216

[ㅂ]

박래홍 129

박용걸 36, 38

반봉건 반외세 239

방시학 41

방정환 127

범재신론 238
변혁적 리더 212
변혁적 리더십 211
보부상 93
보은 44, 74, 76
보은취회 45
본주문 236
봉평 178, 180
봉평면 94
부정부패 29
북접농민군 74

[ㅅ]

사영한 149
사인순 182, 183, 191
사인여천 221
사회개벽 244
사회적 연대 127, 132
생활양식 222
서로군 92
서석고개 52
선교장 46
선천개벽 240
설법제 39, 41
성리학 125
성하영 90
세성산전투 111
소밀원 32, 34, 36, 38, 139
손병희 109, 234
손영팔 195
송골 175
송찬섭 55
수운 30, 114, 132
순중군 143
승전곡 17, 18

『승정원일기』 77, 97
시운 247, 249
시운관 248
시운적 시간관 245
시천주 231, 235, 236, 249, 250
신례원 17, 18
『신여성』 130
신택우 194
심형기 148

[ㅇ]

아시아역사자료센터 54
안내 표지판 185, 186
양양 35, 36
양천주 235
양호도순무영 108
어린이 날 129
언어의 자기소외 126
엄하영 191
여규덕 43
영월 36
영장 78
영해교조신원운동 33, 36, 38
오심즉여심 231
오지영 13
『오하기문』 82
왕곡마을 173
외무성 외교문서사료관 54
용담 30
『용담유사』 27, 40, 43, 123, 233, 241
용화동 34, 38
우금치전투 16, 18, 74
원주민란 44
유교/유학 29
유인상 37, 41

은도시대 32
은적암 30
을미의병 111
음독 115, 122, 123, 124, 125, 127, 128
『의암성사법설』 241
의식개벽 244
이경화 34
이규홍 150
이돈화 130
이두황 90
이시모리 부대 65
이원팔 44 74
이천식천 224
인내천 235
인시천 221
인제 22, 27, 41
일본군 67, 91
일본 방위성 방위연구소 54, 62
「임영토비소록」 19
임순화 194
임학선 88

[ㅈ]

자작고개 19, 52, 162, 163, 185
자작고개전투 21
자작자작 185
장기서 34, 35
장야촌 97
장야촌 전투 111, 157
장흥 석대들 21
장흥성 18
재기포 16
적조암 37
전라도 16, 77
전봉준 12

전순길 195
전승담 138, 144, 166
전일적 퍼실리테이션 227
전일적 퍼실리테이터 223
전주성 12
정선 74
정신개벽 244
정신의 시간 246
제18대대 64, 92
제19대대 59, 60
제19대대 동로군 59
종교공동체 124, 125, 126, 129
종교철학 129
종교체험 122
좌도난정 31
주문 124
주문공부 235
주문수련 238
『주한일본공사관기록』 13, 19, 55
중로군 92
지달준 36
지역 봉기 15, 16
지왈길 196
지평 75
지평민보군 85, 89
직동 36, 174
집강소 16

[ㅊ]

차기석 19, 44, 46, 47, 49, 50, 74, 76, 77,
      78, 92, 106, 107, 111, 140, 141, 157,
      165, 196
천도교 132
『천도교백년약사』 50
『천도교서』 76

천도교소년회 129
천도교 서울교구 여성회 174
천도교중앙총부 128
천도교청년회 130
천명적 자연법 사상 243
천주 236
청수 125
청일전쟁 77
청주성 17
최낙인 145
최도열 192
『최선생문집도원기서』 42, 123
최세정 36
최시형 22, 26, 30, 31, 37, 76, 85, 133, 173,
    208, 210, 215, 216, 226, 234
최제우 26, 29, 31, 34, 234
최주호 145
최희경 35
충청도 15, 16, 18, 77
치악고미술동우회 175

[ㅍ]

파트너 227
파트너십으로서의 인간관 227
파트너십으로서의 자연관 227
퍼실리테이션 208
퍼실리테이터 217, 219
퍼실리테이터형 리더 218
편재성 237, 238
평안도 14, 18
포교 80
포덕 27, 33
포스트(post) 과학 133
표영삼 237, 246
표지석 186

풍암리 75, 96, 136, 184
풍암리전투 75, 97, 103, 107, 110, 142, 159
풍암리전투지 187

[ㅎ]

하늘 221
한국역사정보통합시스템 54
한우근 19, 55
한울님 235, 245
합송 124
해미성 18
해미 전투 17
『해월신사법설』 241, 243
현송 124
호남지역 13, 15
호흡 124
홍주성 18
홍주성 전투 17
홍천 52, 74, 93
홍천 동학농민혁명 144
홍천 지역 19, 21, 44, 46, 50, 136, 139, 156,
    165
화소 137
환곡 44
황해도 14, 15, 17
후비보병 91
후비보병 제19대대 91
후천개벽 240
후평리 180

[기타]

21자 주문 235
800의총 160

동학총서 005

강원도 홍천 동학농민혁명

등록 1994.7.1 제1-1071
1쇄 발행 2016년 3월 5일

기 획 동학학회
지은이 신순철 임형진 강효숙 신영우 전석환 채길순 이병규 임상욱 조극훈
펴낸이 박길수
편집인 소경희
편 집 조영준
관 리 위현정
디자인 이주향
펴낸곳 도서출판 모시는사람들
       110-775 서울시 종로구 삼일대로 457(경운동 88번지) 수운회관 1207호
전 화 02-735-7173, 02-737-7173 / 팩스 02-730-7173

인 쇄 상지사P&B(031-955-3636)
배 본 문화유통북스(031-937-6100)
홈페이지 http://modl.tistory.com/

값은 뒤표지에 있습니다.
ISBN 979-11-86502-43-3   94900
SET   979-89-97472-72-7   94900

이 도서의 국립중앙도서관 출판예정도서목록(CIP)은 서지정보유통지원시스
템 홈페이지(http://seoji.nl.go.kr)와 국가자료공동목록시스템(http://www.
nl.go.kr/kolisnet)에서 이용하실 수 있습니다.(CIP제어번호: 2016003986)